语言服务研究

[第二卷]

主编：司显柱　执行主编：徐珺

中国英汉语比较研究会
语言服务研究专业委员会

LANGUAGE SERVICE RESEARCH
(VOLUME 2)

中国出版集团
中译出版社

图书在版编目(CIP)数据

语言服务研究. 第二卷 / 司显柱主编. -- 北京：中译出版社，2022.8
ISBN 978-7-5001-7161-4

Ⅰ.①语… Ⅱ.①司… Ⅲ.①翻译事业-服务业-研究-中国 Ⅳ.①H059

中国版本图书馆 CIP 数据核字（2022）第 154185 号

出版发行／中译出版社
地　　址／北京市西城区新街口外大街28号普天德胜大厦主楼4层
电　　话／(010) 68359827，68359303（发行部）；68359725（编辑部）
邮　　编／100044
传　　真／(010) 68357870
电子邮箱／book@ctph.com.cn
网　　址／http://www.ctph.com.cn

出 版 人／乔卫兵
总 策 划／刘永淳
策划编辑／范祥镇　钱屹芝
责任编辑／钱屹芝　王诗同
营销编辑／吴雪峰　董思嫄

排　　版／冯　兴
封面设计／潘　峰
印　　刷／北京玺诚印务有限公司
经　　销／新华书店

规　　格／710毫米×1000毫米　1/16
印　　张／15.25
字　　数／218千字
版　　次／2022年8月第1版
印　　次／2022年8月第1次

ISBN 978-7-5001-7161-4　　定价：55.00元

版权所有　侵权必究
中译出版社

编　委　会

主　　任：司显柱

编委会委员（按姓氏音序排列）

曹　进（西北师范大学）	韩子满（上海外国语大学）
胡安江（四川外国语大学）	李春姬（大连外国语大学）
李　晶（天津外国语大学）	李满亮（内蒙古大学）
李瑞林（广东外语外贸大学）	李佐文（北京外国语大学）
任东升（中国海洋大学）	任　文（北京外国语大学）
司显柱（北京第二外国语学院）	王立非（北京语言大学）
文　军（北京航空航天大学）	吴耀武（西安外国语大学）
肖　琼（高等教育出版社）	谢旭升（新疆大学/吉林外国语大学）
徐　珺（中国政法大学）	许明武（华中科技大学）
曾剑平（江西财经大学）	张志强（河南师范大学）
周　震（宁夏大学）	

目　录

语言服务多维研究

语言学视角下的中国标准文本国际化：现状与建议
　　…………………………………………………… 蒙永业　王立非 3
人类命运共同体视域下我国涉外中医药语言服务人才培养研究：
回顾与展望
　　……………………………………………………… 徐　珺　宋佳音 22
四维空间视域下语言景观的语言管理研究
　　——以天津市两个街区为例 ……………………… 王晓军　巴丽蓉 45
京津冀协同发展的语言服务企业调查分析及启示
　　……………………………………………………… 崔启亮　郑丽萌 94

口笔译研究

粤港澳大湾区应急粤英口译策略研究
　　……………………………………………………… 朱　珊　谢　洪 113
术语"京剧"汉译英浅析
　　………………………………………………………………… 王立新 127
京剧术语英译研究现状综述
　　………………………………………………………………… 阚艳华 138

性别研究视角的电影研究文献翻译探析
——功能语境理论维度 ·· 芈 岚 146

外语教学与语言服务人才培养研究

GPWE 外语教学模式探索
·· 张伟年 黄彩梅 段宛云 165
新文科背景下翻译专业建设的若干思考
··· 辛衍君 179
新文科建设背景下华中科技大学英语专业人才培养理念与实践
··· 黄 勤 190
提升国际传播效能·语言服务·MTI 人才培养
——以中国政法大学 MTI 人才培养为例 ················ 刘艳萍 203
为教师发展赋能,让非通用语种"金课"出彩
——以阿拉伯语课程建设为例 ······························ 周玉森 215

学界之声

推进语言服务研究,助力外语学科供给侧改革
——语言服务研究专业委员会第二届全国学术研讨会暨语言
服务承德论坛综述 ························· 王 敬 蒙永业 227

语言服务多维研究

语言学视角下的中国标准文本国际化：现状与建议

河北民族师范学院　蒙永业

北京语言大学　王立非

【摘　要】我国致力于提高标准国际化水平，参与全球治理。标准文本国际化是中国标准国际化的重要组成部分。本文提出标准文本国际化评价的理论模型，从标准英文版母语接近度、标准文本国际化强度、标准文本国际化效度和标准文本国际化速度四个维度构建出标准文本国际化评价模型，并对该评价模型进行数据验证。本文建设百万词级别中外标准英文版语料库研究标准英文版语言特征，计算中国标准英文版母语接近度，另外采集1977—2017年期间标准文本国际化强度、速度、效度数据，评价改革开放40多年来中国标准文本国际化发展程度。笔者认为，中国标准文本国际化程度适中，中国标准英文版母语接近度为89.87%，有着较为明显的第二语言可读性特征，现行国家标准中只有34.7%在不同程度上采用国际标准或翻译为英文版，国际采标平均滞后8.61年，中国标准英文版不具备法律效力。本文就未来发展提供相关建议。

【关键词】标准国际化；文本语言特征；标准英文版；母语接近度

1 引言

2015年3月11日，国务院发布了关于印发《深化标准化工作改革方案》的通知。方案提出，要"提高标准国际化水平"。具体形式包括：鼓励各方积极参与国际标准化活动，争取承担更多国际标准组织技术机构和领导职务；加大国际标准跟踪、评估和转化力度，加强中国标准外文版翻译出版工作；推动主要贸易国标准互认，推进优势、特色领域标准国际化；推广中国标准，以中国标准"走出去"带动中国产品、技术、装备、服务"走出去"；进一步放宽外资企业参与中国标准的制定等。国务院后续又发布了《贯彻实施〈深化标准化工作改革方案〉行动计划（2015—2016年）》《标准联通"一带一路"行动计划（2015—2017年）》《〈深化标准化工作改革方案〉重点任务分工（2017—2018年）》《标准联通共建"一带一路"行动计划（2018—2020年）》等重要文件，致力于提高中国标准国际化水平。

2 "标准文本国际化"的定义

国际上尽管对"标准化"研究的论文颇具规模，却没有"标准国际化"相关研究。以"standards internationalization""internationalized standard""standard globalization"等关键词在SSCI索引中没有找到任何相关文献，其中原因是全球绝大多数国家的标准均是自愿性标准，认为标准是否在国际上通用只是商业层面问题，没有进行学术研究。中国对"标准国际化"有一个逐步认识与拓展的过程。20世纪八九十年代将"标准国际化"认定为让中国标准与国际接轨（孟庆元，1982；王晓军，1991；陆锡林，1994a，1994b，1994c，1995a，1995b，1995c，1995d，1995e，1995f）。21世纪前面十多年将"标准国际化"扩展到参加国际标准化活动、制定国际标准，扩大中国在国际标准的话语权与影响力

（瞭望新闻周刊，2005；朱梅、杨琦，2012；刘伊生等，2012）。随着"一带一路"倡议在2013年提出后，中国对"标准国际化"的理解拓展到让中国标准走向全球，为中国企业国际化服务（徐光黎，2013；焦建国，2014；李博，2014；刘春卉，2015；郭伟，2016；刘贤淼，2017）。迄今为止，"标准国际化"尚没有明确的定义。

本文尝试将"标准国际化"定义为"某一组织的标准及其所含内容通过各种方式在国际的存在"，包括标准编制国际化、标准文本国际化、标准使用国际化与标准活动国际化。本文进一步将"标准文本国际化"定义为一国标准文本易于被他国所理解与接受的程度，主要表现为用国际通用的语言与表达方式向他国呈现本国标准文本。

采用国际标准是中国标准文本国际化的重要途径，包括等同采用、等效采用、非等效采用（包括参照采用）、修改采用四种模式，加上翻译本国自有标准英文版，构成了中国标准文本国际化输出的主要形式。等同采用与等效采用两种模式在技术内容和文本结构上均与国际标准相同，但非等效采用与修改采用均存在技术性差异，文本需要进一步翻译与审校，加上本国自有标准需全文翻译与审校，因而翻译质量成为标准文本国际化的重要因素。Teichmann（2006）等非英语国家的标准专家尝试克服标准翻译过程中存在的翻译问题与英语语言质量问题。我国一些专家也认为，翻译与语言问题是影响中国标准国际化发展的一大关键因素（华梦圆等，2013；焦建国，2014；刘春卉、汪滨等，2015；刘春卉、旻苏等，2015；郭伟等，2016；丁瑶，2017；柴华、刘怡林，2018）。

相关标准文本国际化研究主要集中于发展现状、对策分析、战略思考等，没有涵盖我国政府明确提出的"标准文本国际化"发展方向。本文在既往研究的基础上，将从中外标准英文版的语言对比获得中国标准英文版母语接近度，并进一步通过等同采用、等效采用、非等效采用（包括参照采用）、修改采用四种采标模式，加上采标时滞、标准英文版效度等，综合计算改革开放40多年来我国标准文本国际化程度。

3 研究问题与方法

3.1 研究问题

本文基于标准化英汉双语语料库及相关统计信息,整理中国标准文本国际化发展里程碑事件,根据基础理论和前人的研究成果,重点回答以下 3 个问题:

(1) 如何测量改革开放 40 多年来我国标准文本国际化程度?

(2) 改革开放 40 多年来我国标准文本国际化呈现出怎样的特点和趋势?

(3) 对我国标准文本国际化今后发展有何对策性建议?

3.2 研究资料

本文从国家重点研发计划"国家质量基础的共性技术研究与应用"重点专项"中国标准走出去适用性技术研究(一期)"的标准化英汉双语语料库中提取 100 项具有代表性的英文版国际标准,从全国标准信息公共服务平台提供的国家标准英文版语料库提取 76 项具有代表性的英文版中国标准,分别进行去噪处理,删除所有封面、前言、引言、目录、章节标题、图表标题与内容、公式、符号、参考文献等,只保留完整句子,分别构建英文版国际标准语料库和英文版中国标准语料库。其中,英文版国际标准语料库共计 100 项标准,26308 段,39249 句,672823 单词,平均每项标准 392.49 句。英文版中国标准语料库共计 76 项标准,22568 段,29991 句,594985 单词,平均每项标准 394.62 句。英文版国际标准语料库和英文版中国标准语料库所收录的标准平均句子数偏差不到 1%,意味着所收录标准长度代表性比较均匀。上述语料主要用于研究中国标准英文版母语接近度。

本研究收集中国标准馆 1977—2017 年底馆藏采标国家标准的题录信

息（标准基本情况、采标情况、发布情况），总计 20694 条，其中现行标准数据 11413 条、作废标准数据 9281 条。从全国标准化信息公共服务平台国家标准外文版查询栏目收集到截至 2018 年 6 月 30 日已发布的 531 项国家标准英文版相关信息。这些数据主要用于研究中国标准文本国际化的强度、效度与速度。

3.3 研究方法

本文采用指数测量方法，测量标准英文版母语接近度、标准文本国际化强度、标准文本国际化效度与标准文本国际化速度，并研究彼此相互关系。通过语料库软件提取中外标准英文版的语言特征等指标，通过大数据工具分析标准文本内容国际化程度、标准编制国际化程度、标准使用国际化程度与标准活动国际化程度。

4 标准文本国际化指数模型构建

4.1 标准文本国际化理论模型和指数模型

本文从标准英文版母语接近度、标准文本国际化强度、标准文本国际化效度和标准文本国际化速度四个维度构建中国标准文本国际化理论模型，见图 1-1。中国标准英文版母语接近度测量指标主要借助 Coh-Metrix 计算工具（Graesser et al, 2003; Duran et al, 2007; McNamara & Magliano, 2009; Graesser & McNamara, 2011; McNamara et al, 2012），通过构建中国标准英文版语料库与国际标准英文版语料库来研究中国标准英文版与国际标准英文版的语言特征。中国国际采标标准存量中出现了等同采用、等效采用、非等效采用、修改采用四种模式，加上翻译本国自有标准英文版，本文将遵从这五种模式来研究中国标准文本国际化强度。中国标准文本国际化效度指的是中国标准外文版是否具备中文版的同等效力。中国标准文本国际化速度指的是在对应国际标准发布后平均多长时间被采用为中国标准,或中国标准在发布中文版后平均多长时间翻译为英文版。针对不同指标,给予相应赋分,见表1-1。

图1-1 标准文本国际化指数的理论模型

表1-1 标准文本国际化指数

一级指标	二级指标	赋值情况
标准英文版母语接近度	1. 描述性特征	本项下为单特征值,需统一评分
	2. 文本易读性	
	3. 指称衔接	
	4. 潜语义分析	
	5. 词汇多样性	
	6. 连接词	
	7. 情境模式	
	8. 句法复杂性	
	9. 句法模式密度	
	10. 单词信息	
	11. 可读性	

（续表）

一级指标	二级指标	赋值情况
标准文本国际化强度	1. 等同采用国际标准为本国标准	1 项标准计 0.1 分
	2. 等效采用国际标准为本国标准	1 项标准计 0.1 分
	3. 修改采用国际标准为本国标准	1 项标准计 0.1 分
	4. 非等效采用（包括参照采用）国际标准为本国标准	1 项标准计 0.1 分
	5. 自有标准英文版翻译	1 项标准计 0.1 分
标准文本国际化效度	自有标准英文版是否具有母语版的效力	无同等效力为 0.5，有同等效力为 1
标准文本国际化速度	1. 采标标准滞后年数	以平均滞后年数计算，滞后小于等于 2 年，系数为 1，滞后 2~4 年为 0.9，滞后 4~6 年为 0.8，滞后 6~8 年为 0.7，滞后 8~10 年为 0.6；滞后 10 年以上为 0.5
	2. 自有标准英文版发布滞后年数	以平均滞后年数计算，滞后小于等于 2 年，系数为 1，滞后 2~4 年为 0.9，滞后 4~6 年为 0.8，滞后 6~8 年为 0.7，滞后 8~10 年为 0.6；滞后 10 年以上为 0.5

4.2　标准文本国际化指标计算公式

第一步，本文通过语料库方法提取中外标准英文版的各类语言特征的对应值，通过 SPSS 19.0 软件进行描述性分析，分别获得 108 项中外标准英文版语言特征平均值，对 108 项中外标准英文版语言特征平均值进行成对样本 T 检验，以（国际标准 – 中国标准）后所得差值的均值绝对值为中外标准的偏差，按照如下公式计算中国标准英文版母语接近度指标：

$$In_{lang} = 1 - \frac{|Clang - Ilang|}{Ilang} \qquad （公式1-1）$$

式中，

In_{lang} ——中国标准英文版母语接近度指标

$Clang$ ——中国标准英文版语言特征指标

$Ilang$ ——国际标准英文版语言特征指标

第二步，计算中国标准文本国际化强度指标：

中国标准文本国际化强度指标 = 等同采用标准数 + 等效采用标准数 + 修改采用标准数 × [(1− 中国标准修改内容占比) + 中国标准修改内容占比 × In_{lang}] + 非等效采用标准数 × [(1− 中国标准非等效内容占比) + 中国标准非等效内容占比 × In_{lang}] + 参照采用标准数 × [(1− 中外标准不同内容占比) + 中外标准不同内容占比 × In_{lang}] + 自有标准英文版 × In_{lang}

（公式 1−2）

第三步，计算标准文本国际化指标：

中国标准文本国际化指标 = 中国标准文本国际化强度指标 × 中国标准文本国际化效度指标 × 中国标准文本国际化速度指标　（公式 1−3）

5　结果与讨论

5.1　中国标准文本国际化指数计算

本文将中外标准 108 项指标指数值导入 SPSS 19 软件中，进行成对样本 T 检验，得到国际标准 – 中国标准后所得差值的均值、标准差、标准误和 95% 置信区间。结果显示统计量 $t=-1.089$，因此认为中国标准与国际标准存在一定偏差，但偏差不是太大。我们以国际标准 – 中国标准后所得差值的均值绝对值 11.0991067 为中外标准的偏差，按照公式 1-1 计算出中国标准英文版母语接近度指标为 89.87%。

本文通过国家标准馆 1977—2017 年底馆藏采标国家标准的题录信息，筛分 1977—2017 年每年等同采用、等效采用、修改采用、非等效采用（包括参照采用）标准数量以及滞后年数，见表 1-2。全国标准化信息公共服务平台国家标准外文版查询栏目显示，截至 2018 年 6 月 30 日，已发布国家标准英文版 531 项，另外正在翻译 357 项，正在审查 11 项，正在批准 69 项。在发布国家标准英文版 531 项中，在 2015 年 12 月 30 日及之后发布 295 项有发布日期，之前发布的标准英文版均没有标注发布日期，也无法考证合适发布日期，为了统计方便，均以 2014 年为发布日期进行统计，见表 1-2。中国在 1977—2017 年间，国际采标达到 21,225 项（包括已作废标准），其中滞后年数最小为 0 年，最大为 53 年，平均滞后 8.61 年。时至今日，中国标准英文版不具备母语版的效力，因此采用系数为 0.5。

表 1-2　1977—2017 年中国采标与自有标准英文版汇总表

年份	平均滞后年数	等效采用 EVQ	等同采用 IDT	修改采用 MOD	非等效采用 NEQ	参照采用 REF	自有标准英文版	小计
1977	0	1	—	—	—	—	—	1
1978	0	—	—	—	—	—	—	0
1979	0	1	—	—	—	—	—	1
1980	3.50	9	—	—	—	8	—	17
1981	5.70	21	17	—	—	6	—	44
1982	5.70	24	1	—	—	100	—	125
1983	6.49	66	36	—	—	140	—	242
1984	6.80	100	30	—	—	163	2	295
1985	6.99	193	58	—	1	216	5	473
1986	7.32	233	67	—	—	406	5	711
1987	7.59	249	75	—	—	373	7	704
1988	7.90	340	98	—	—	661	9	1108
1989	7.87	304	63	—	1	606	9	983
1990	7.90	81	18	—	—	144	9	252
1991	9.42	91	39	—	—	136	4	270

(续表)

年份	平均滞后年数	等效采用 EVQ	等同采用 IDT	修改采用 MOD	非等效采用 NEQ	参照采用 REF	自有标准英文版	小计
1992	8.98	143	41	—	3	215	7	409
1993	9.76	150	33	—	5	284	6	478
1994	8.94	148	76	—	43	114	13	394
1995	8.38	155	94	—	61	69	12	391
1996	8.29	191	208	—	89	68	23	579
1997	8.36	261	281	—	76	58	17	693
1998	7.11	223	249	—	85	49	9	615
1999	7.09	164	190	—	86	25	3	468
2000	6.35	170	223	—	33	—	3	429
2001	8.57	150	206	—	80	—	9	445
2002	7.31	164	220	72	80	—	7	543
2003	8.27	14	341	157	93	—	17	622
2004	10.72	—	154	134	37	—	1	326
2005	9.29	—	400	218	71	—	11	700
2006	9.43	—	497	252	82	—	14	845
2007	9.44	—	337	161	54	—	22	574
2008	10.32	—	1246	716	212	—	63	2237
2009	9.68	—	526	377	113	—	43	1059
2010	9.17	—	490	353	74	—	29	946
2011	9.48	—	240	195	76	—	34	545
2012	8.87	—	285	220	77	—	33	615
2013	9.77	—	320	199	46	—	20	585
2014	8.69	—	196	162	Q	—	25	419

（续表）

年份	平均滞后年数	等效采用 EVQ	等同采用 IDT	修改采用 MOD	非等效采用 NEQ	参照采用 REF	自有标准英文版	小计
2015	8.46	—	227	157	41	—	24	449
2016	9.52	—	180	174	23	—	12	389
2017	7.66	—	109	93	18	—	24	244
合计	8.64	3646	7871	3640	1696	3841	531	21225

根据表1-1指标赋值说明，等同采用、等效采用、修改采用和非等效采用（包括参照采用）国际标准为本国标准1项标准计0.1分。对于等同采用、等效采用，其英文版的母语接近度为100%；对于修改采用国际标准的中国标准，其中中国标准修改内容占比根据笔者长期标准翻译实践，统一设置为5%；对于非等效采用国际标准的中国标准（部分为参照采用），其中非等效内容占比根据笔者长期标准翻译实践，统一设置为50%；按照公式1-1计算出中国标准英文版母语接近度指标为89.87%。套用公式1-2，我们计算出中国标准文本国际化强度指标，以2017年数据为例，计算出2017年中国标准文本国际化强度指标如下：

2017年中国标准文本国际化强度指标

= 等同采用标准数 + 等效采用标准数 + 修改采用标准数 ×[1− 中国标准修改内容占比 ×(1− In_{lang})]+ 非等效采用标准数 ×[1− 中国标准非等效内容占比 ×(1− In_{lang})] + 参照采用标准数 ×[1− 中外标准不同内容占比 ×(1− In_{lang})]+ 自有标准英文版 × In_{lang}

＝109+0+93×[1−5%×(1−89.87%)]+18×[1−50%×(1−89.87%)]+0×[1−50%×(1−89.87%)]+24×89.87%

=240.1861

根据表1-1指标赋值说明，自有标准英文版具有母语版的效力采用系数为1，无同等效力为0.5；对于采标标准英文版和自有标准英文版，以平均滞后年数计算，滞后小于等于2年，系数为1，滞后2~4年为0.9，滞后 4~6 年为 0.8，滞后 6~8 年为 0.7，滞后 8~10 年为 0.6；滞后 10 年以上为 0.5。时至今日，中国标准英文版不具备母语版的效力，因此采用系数为 0.5。2017 年采标标准英文版和自有标准英文版平均滞后年数为 7.66，因而取系数为 0.7。通过公式 1-3，可将 2017 年中国标准文本国际化指标计算如下：

2017 年中国标准文本国际化指数 = 中国标准文本国际化强度指标 × 中国标准文本国际化效度指标 × 中国标准文本国际化速度指标

=240.1861 × 0.5 × 0.7

=84.07

按照上述方法，1977—2017 年中国标准文本国际化指数见表 1-3。

表 1-3 中国标准文本国际化指数

年份	母语接近度	国际化强度	国际化效度	国际化速度	标准文本国际化指数
1977	89.87%	1.00	0.5	1	0.50
1978	89.87%	0.00	0.5	1	0.00
1979	89.87%	1.00	0.5	1	0.50
1980	89.87%	16.59	0.5	0.9	7.47
1981	89.87%	43.70	0.5	0.8	17.48
1982	89.87%	119.94	0.5	0.8	47.97
1983	89.87%	234.91	0.5	0.7	82.22
1984	89.87%	286.54	0.5	0.7	100.29
1985	89.87%	461.50	0.5	0.7	161.53
1986	89.87%	689.93	0.5	0.7	241.48
1987	89.87%	684.40	0.5	0.7	239.54
1988	89.87%	1073.61	0.5	0.7	375.76
1989	89.87%	951.34	0.5	0.7	332.97
1990	89.87%	243.79	0.5	0.7	85.33

（续表）

年份	母语接近度	国际化强度	国际化效度	国际化速度	标准文本国际化指数
1991	89.87%	262.71	0.5	0.6	78.81
1992	89.87%	397.25	0.5	0.6	119.17
1993	89.87%	462.75	0.5	0.6	138.83
1994	89.87%	384.73	0.5	0.6	115.42
1995	89.87%	383.20	0.5	0.6	114.96
1996	89.87%	568.72	0.5	0.6	170.62
1997	89.87%	684.49	0.5	0.6	205.35
1998	89.87%	607.30	0.5	0.7	212.56
1999	89.87%	462.07	0.5	0.7	161.73
2000	89.87%	427.02	0.5	0.7	149.46
2001	89.87%	440.04	0.5	0.7	154.01
2002	89.87%	537.87	0.5	0.7	188.26
2003	89.87%	614.77	0.5	0.6	184.43
2004	89.87%	323.35	0.5	0.5	80.84
2005	89.87%	694.19	0.5	0.6	208.26
2006	89.87%	838.15	0.5	0.6	251.45
2007	89.87%	568.22	0.5	0.6	170.47
2008	89.87%	2216.25	0.5	0.5	554.06
2009	89.87%	1047.01	0.5	0.6	314.10
2010	89.87%	937.53	0.5	0.6	281.26
2011	89.87%	536.72	0.5	0.6	161.02
2012	89.87%	606.64	0.5	0.6	181.99
2013	89.87%	579.64	0.5	0.6	173.89
2014	89.87%	413.82	0.5	0.6	124.15

(续表)

年份	母语接近度	国际化强度	国际化效度	国际化速度	标准文本国际化指数
2015	89.87%	443.70	0.5	0.6	133.11
2016	89.87%	385.74	0.5	0.6	115.72
2017	89.87%	240.19	0.5	0.7	84.07

5.2 改革开发40年来中国标准文本国际化的特点和趋势

如表1-2所示，1988年前后和2008年前后是中国标准文本国际化的两个高峰时期。由于改革开发给中国经济带来了巨大活力，让中国标准与国际接轨成为让中国产品走向全球的重要阶梯，因而大量采用国际标准来起草国内标准，1986—1989年达到第一国际采标高峰。标准化是2008年北京奥运会筹办过程中的一项重要基础工作，"通过一整套标准体系的建立，有效保证了中国'成功举办一届有特色、高水平的奥运会'承诺的兑现"（中国标准化研究院，2009），因此2008—2009年是国际采标第二高峰，另外大量中国标准英文版在此时也开始翻译出版，让中国标准走出国门迈开了重要的一步。

6 结论与建议

中国标准文本国际化体现出中国改革开发40年来的巨大成就，与经济社会影响力一起发展，程度适中。主要结论如下：（1）中国标准英文版母语接近度为89.87%，但第二语言可读性高于国际标准，更适合母语为非英语人士阅读，原因是中国标准英文版主要由非英语母语人士所翻译与撰写，措辞表达更切近非英语母语人士的阅读习惯，但也体现出中国标准与国际标准的差距。（2）标准文本国际化强度适中，现行国家标准中34.70%在不同程度上采用国际标准或翻译为英文版，积极开展自有标准英文版翻译工作。（3）中国标准国际采标平均滞后 8.61 年。（4）中国标准英文版不具备法律效力。（5）随着改革开放的深入和 2008 年北京奥运会的举办，中国充分认识到标准文本国际化的重要性，积极开展国际采标和标准译工作，在 1988 年前后和 2008 年前后出现两个高峰。

本文建议进一步提升中国标准文本国际化程度。（1）通过信息技术手段进一步提升中国标准英文版母语接近度。通过等同采用国际标准的国内标准构建英汉双语标准化语料库，作为中外标准文本、标准化活动文本机器翻译（MT）、计算机辅助翻译（CAT）的优质语料，基于人工智能进行机器双语语料学习，进一步提升标准化翻译质量。（2）加大中国标准与国际标准对标工作，对于能够达到国际标准要求的领域，进一步扩大国际标准一致性；对于当前技术指标尚低于国际标准要求的领域，加大科研力度，提升中国产品国际竞争力，尽快实现等同采用国际标准。（3）缩短中国标准国际采标滞后时间，在新国际标准发布后，像欧美日等国家一样，以最快速度通过翻译法等同采用为本国标准，并进行宣贯与推广。（4）研究中国标准同时发布中英版、具备同等法律效力的可能性与路径。标准是世界通用语言，用世界最为方便理解的方式发布中国标准，有助于中国标准在全世界的推广与使用。

【参考文献】

[1] Duran, N. D., McCarthy, P. M., Graesser, A. C., et al. Using Temporal Cohesion to Predict Temporal Coherence in Narrative and Expository Texts. *Behavior Research Methods*, 2007(2): 212-223.

[2] Graesser, A. C., McNamara, D. S. Computational Analyses of Multilevel Discourse Comprehension. *Topics in Cognitive Science*, 2011, 3, 371-398.

[3] Graesser, A. C., McNamara, D. S., Louwerse, M. M. What Do Readers Need to Learn in Order to Process Coherence Relations in Narrative and Expository Text? In A. P. Sweet, C. E. Snow (Eds.), *Rethinking Reading Comprehension*. New York: Guilford Publications, 2003.

[4] McNamara, D. S., Magliano, J. P. Towards a Comprehensive Model of Comprehension. In B. Ross (Ed.), *The Psychology of Learning and Motivation*. Vol.51 (pp. 297–384). New York, NY, US: Elsevier Science, 2009.

[5] McNamara, D. S., Graesser, A. C., Louwerse, M. M. Sources of Text Difficulty: Across Genres and Grades. In J. P. Sabatini, E. Albro, T. O'Reilly (Eds.), *Measuring up: Advances in How We Assess Reading Ability* (pp. 89-116). Plymouth, UK: Rowman & Littlefield Education, 2012.

[6] Teichmann, H. Linguistic Shortcomings in International Standards. International Conference on Terminology, Standardization and Technology Transfer, 2006: 46-58.

[7] 柴华, 刘怡林. "一带一路"倡议下工程建设标准国际化的现状分析与政策建议的探讨［J］. 工程建设标准化, 2018（3）：54-56.

[8] 丁瑶. 浅谈中国标准外文版编译出版"走出去"工作. 出版参考［J］, 2017（11）：32-34.

[9] 郭伟, 罗文斌, 宋婕, 等. 我国工程建设标准国际化的机遇与挑战［J］. 工程建设标准化, 2016（3）.

[10] 华梦圆, 王芬, 刘伊生. 基于层次分析法的我国工程建设技术标准国际化研究［J］. 科学技术与工程, 2013（5）：4442-4444, 4458.

[11] 焦建国. 石油化工工程建设的国际化路径——标准国际化与国际标准化［J］. 石油化工管理干部学院学报, 2014（2）：1-5.

[12] 李博, 张书琦, 汪可. 特高压交流输电标准国际化需求与IEC标准修订建议［J］. 电网技术, 2014（5）：1156-1161.

[13] 瞭望新闻周刊. 中国标准国际化要靠实力［J］. 瞭望新闻周刊, 2005（44）：23.

[14] 刘春卉, 旻苏, 汪滨, 等. 我国高铁标准国际化现状与对策研究［J］. 中国标准化, 2015（6）：74-79.

[15] 刘春卉, 汪滨, 旻苏, 等. 我国核电标准国际化现状与对策研究［J］. 标准科学, 2015（5）：27-30.

[16] 刘贤淼, 费本华. 中国竹子标准国际化优势与发展［J］. 科技导报, 2017（14）：80-84.

[17] 刘伊生，华梦圆，叶美芳．我国工程建设技术标准国际化影响因素及机理研究［J］．建设科技，2012（09）：79-81．

[18] 陆锡林．标准制定国际化的起点第一讲GB/T1.1宣贯总体说明［J］．电子标准化与质量，1994a（04）：23．

[19] 陆锡林．标准制定国际化的起点（续二）第三讲GB/T1.1的一般要素有关内容注释［J］．电子标准化与质量，1994c（06）：20-23．

[20] 陆锡林．标准制定国际化的起点（续六）第四讲GB/T1.1的技术要素有关内容注释（下）［J］．电子标准化与质量，1995d（04）：29-32．

[21] 陆锡林．标准制定国际化的起点（续七）第五讲关于检验规则的补充说明．电子标准化与质量，1995e（05）：27-30．

[22] 陆锡林．标准制定国际化的起点（续三）第四讲GB/T1.1的技术要素有关内容注释（上）［J］．电子标准化与质量，1995a（01）：23-26．

[23] 陆锡林．标准制定国际化的起点（续四）第四讲GB/T1.1的技术要素有关内容注释（中）［J］．电子标准化与质量，1995b（02）：24-27+35．

[24] 陆锡林．标准制定国际化的起点（续完）第六讲应注意的若干问题．电子标准化与质量［J］，1995f（06）：21-34+36．

[25] 陆锡林．标准制定国际化的起点（续五）第四讲GB/T1.1的技术要素有关内容注释（中续）［J］．电子标准化与质量，1995c（03）：23-26．

[26] 陆锡林．标准制定国际化的起点（续一）第二讲GB/T1.1的概述要素有关内容注释［J］．电子标准化与质量，1994b（05）：20-21．

[27] 孟庆元．我国电工产品标准国际化刻不容缓．电机技术，1982（04）：5-6．

[28] 王晓军．日本木材加工机械标准的国际化［J］．木材加工机械，1991（12）：28-29+20．

[29] 徐光黎，倪光斌，顾湘生，等．铁路标准国际化动态［J］．铁道经济研究，2013（5）：1-5，17．

[30] 朱梅，杨琦．我国铁路技术标准国际化措施研究［J］．铁道技术监督，2012（06）：1-8．

China's Standards Text Internationalization under Linguistic Perspective: Developments and Recommendations

Meng Yongye   Wang Lifei

(1. Hebei Normal University for Nationalities: Chengde 067000; 2. Beijing Language and Culture University, Beijing 100083)

Abstract: China is devoted to improve the internationalization level of its national standards for deeply participating in the global governance. Standards text internationalization is an integral part of standards internationalization. This Paper proposes a theoretical model to evaluate standards text internationalization; builds up an evaluation model for standards text internationalization from such aspects as native proximity of English-translated Chinese standards, intensity of standards text internationalization, speed of standards text internationalization and validity of standards text internationalization; and finally verifies the evaluation model with empirical data, including building up a million-word-level Chinese-English standards corpus to explore the linguistic features, and the data relevant to standards text internationalization intensity/speed/validity from 1977 to 2017. This Paper concludes that the standards text internationalization level of China is moderate. Among the findings, the native proximity of English-translated Chinese standards is 89.87% compared with their international counterparts; but English-translated Chinese standards have obvious second language readability characteristics; only 34.70% of China's current national standards have been in line with international standards or translated into English; the existing Chinese standards are 8.61 years lag behind the international standards on average; and the English-translated Chinese standards do not have the identical legal effect as the native language versions. Finally some recommendations are proposed for the future development.

Key Words: Standards Internationalization; Linguistic Feature; English-Translated Chinese Standards; Native Proximity

作者简介： 蒙永业，河北民族师范学院讲师，主要研究方向为标准国际化、语言服务、商务英语等；电子邮箱：myy@langservice.cn。

王立非，北京语言大学教授，主要研究方向为语言服务、商务英语、语料库语言学；电子邮箱：philipw@126.com。

人类命运共同体视域下我国涉外中医药语言服务人才培养研究：回顾与展望①

中国政法大学　徐　珺
对外经济贸易大学　宋佳音

【摘　要】中医药（TCM）是我们中华民族五千多年文明的结晶，是我国劳动人民在长期防治疾病的实践中原创的医学科学和文化瑰宝。我国中医药文化博大精深，凝聚着中华民族的深邃智慧。中医药也对世界文明进步产生了积极影响。在抗击新冠肺炎的战"疫"中，中医药功不可没，取得了令世界瞩目的成就。当前，国际格局加速演变，为推进我国中医药国际传播能力建设，讲好中医药故事，亟须提升涉外中医药语言服务能力。高质量复合型中医药涉外语言服务人才培养的重要性与迫切性凸显。本研究基于中国知网（CNKI）数据库，对涉外中医药人才培养研究文献、涉外中医药语言服务人才培养研究文献进行了系统的梳理和回顾，在充分肯定我国中医药人才培养取得的已有成就基础上，分析了涉外中医药语言服务人才培养中存在的不足。针对存在的不足，本文从多视

---

① 本文为 2021 年北京市社会科学基金规划项目"跨文化传播与中国话语的全球建构研究——以中医外译为例"（项目编号：21YYB005）之阶段性成果；对外经济贸易大学"人类命运共同体视域下我国中医药话语体系与国家形象建构研究"（项目编号：20JX04）之成果。

角提出了对策，旨在进一步提升中医药语言服务能力，进一步提高涉外中医药人才培养质量，服务国家战略。

【关键词】中医药；涉外中医药语言服务；涉外中医药复合型人才培养；回顾与展望

1　研究背景与研究意义

"中医药是中国传统科学最具代表性门类之一。"（王国强，2017）作为国学，我国中医药文化博大精深，是传统文化瑰宝，是五千多年文明的结晶，凝聚着中华民族的深邃智慧，是我国劳动人民在长期防治疾病的实践中创造的独具特色的原创医学科学。"中医药的基础理论是建立在古代哲学理论基础上的，是古代人文科学与医学实践紧密结合的典范。"（苏式兵，2009）"中医药学在理论层面与中华文化的同构性及其在实践层面体现的群众性，使其成为我国独特而优秀的文化资源。从这个意义上讲，发展中医药就是传承和弘扬中华优秀传统文化，传承和弘扬中华优秀传统文化必须发展中医药。"（王国强，2017）我国中医药文化博大精深，是古代科学和传统文化瑰宝。中医药也对世界文明进步与发展也产生了重要的积极影响。2015年10月5日，中国科学家屠呦呦被授予诺贝尔科学奖。"屠呦呦的获奖理由是'有关疟疾新疗法的发现'。这是中国科学家因为在中国本土进行的科学研究而首次获诺贝尔科学奖，是中国医学界迄今为止获得的最高奖项，也是中医药成果获得的最高奖项。"（刘仲华、商璐，2015-10-16）

在抗击新冠肺炎的战"疫"中，中医药发挥了巨大的作用，取得了令世界瞩目的成就[①]。

在2020年初开始的防控新冠肺炎战"疫"中，中医药为全球战疫贡献了中国智慧（康朴，2020-04-24），"在抗击新冠肺炎疫情以及患者康

---

① "治未病"是中医对世界的贡献。治未病就是未病先防，已病防变，病后防复发。《黄帝内经》说："上古之人，其知道者，法于阴阳，和于术数，食饮有节，起居有常，不妄作劳，故能形与神居，而终其天年，度百岁乃去。"（王冰，2003）

复中，再一次充分展示了中医药在应对新冠病毒及其变异毒株造成的疫情中的重要作用，赢得普遍赞誉和高度肯定，为推动构建人类卫生健康共同体做出了积极贡献。"（新华社海外网，2021-12-16；魏春宇、杨丽娜，2021-12-15）张伯礼（2021）将中医药战"疫"归纳为四个贡献，"主要为集中隔离、服用中药，有效地抑制了疫情的蔓延；中药进方舱治轻症、普通型患者，控制了由轻症转重症的比例；中西医结合救治重症患者，疗效显著；恢复期中西医结合康复治疗，治疗新冠肺炎后遗症。"中医药治疗新冠肺炎疗效获得世卫组织专家认可。题为《世界卫生组织关于中医药治疗新冠肺炎专家评估会》的报告于2022年3月31日在世卫组织官网发布，"来自世卫组织6个区域的21名国际专家参加了评估会，会议报告指出：中药能有效治疗新冠肺炎，降低轻型、普通型病例转为重症，缩短病毒清除时间，改善轻型和普通型患者的临床预后。"（李季，2022-04-05）"党的十八大以来，以习近平同志为核心的党中央高度重视中华优秀传统医药文化的传承发展，并从国家战略的高度对中医药发展进行全面谋划和系统部署，明确了新形势下发展中医药事业的指导思想和目标任务，为推动中医药振兴发展指明了方向、提供了遵循。"（王国强，2017-02-24）科学发展中医药已上升为国家战略，中医中药"走出去"被提到了前所未有的高度。《中医药发展"十三五"规划》（国家中医药管理局，2016-08-11）提出，要"积极推动中医药海外发展"。《中华人民共和国中医药法》（全国人大常委会，2017）第一章总则第一条明确规定："为了继承和弘扬中医药，保障和促进中医药事业发展，保护人民健康，制定本法。支持中医药对外交流与合作，促进中医药的国际传播和应用。"（全国人大常委会，2017）《中医药发展战略规划纲要（2016—3030年）》（[国发（2016）15号]）提出了以服务"一带一路"为重点，加快建设中医药海外中心，推动中医药走向世界。"如何把中医药这一祖先留给我们的宝贵财富继承好、发展好、利用好，成为不容回避的时代考题。"（王君平，2019）在《国务院关于印发中医药发展战略规划纲要（2016—2030年）的通知》[国发（2016）15号]写道，"中医药作为我国独特的卫生资源、潜力巨大的经济资源、具有原创优势的科技资源、优秀的文化资源和重要的生态资源，在经济社会发展中发挥着重要作用。为明确未来十五年我国中医药发展方向和工作重点，促进中医药事业健康发展，制定本规划纲要。把中医药打造成中外人文交流、民心相通的亮丽名片"，并在第四部分《保障措施》就"加强中医药人才队伍建设"提出了具体要求："建立健全院校教育、毕业后教育、继续教育有机衔接以及师承教育贯穿始终的中医药人才培养体系。重点培养中医重点学科、重点专科及中医药临床科研领军人才。"《中医药发展战略规划纲要（2016—3030年）》提出，以服务"一带一路"为重点，加快建设中医药海外中心，推动中医药走向世界。

人类命运共同体理念蕴含的核心理念和价值观（习近平，2018；习近平，2021）对于我国中医药国际人才培养有着及其重要的指导意义。本研究基于中国知网（以下简称CNKI），对中医药人才培养研究文献进行了系统的梳理和回顾，在充分肯定我国中医药人才培养取得卓越成就的基础上，客观地分析了当前涉外中医药语言服务人才培养中存在的不足。针对存在的不足，从多视角提出了具体可行性建议，旨在进一步提升中医药语言服务能力，进一步提高涉外中医药人才培养质量，服务国家战略。

2 语言服务研究简要回顾

"语言服务是历史久远的一种社会经济形态，经历了从私人化到公共化、从离散化到集约化的演进过程，对人类物质世界和精神世界的结构、意义和秩序具有贯穿始终的塑造和矫正功能。在互联网、云计算和大数据驱动的社会经济转型背景下，语言服务正在成为显著前景化的新兴领域，也是产业界和学术界共同关注的热点问题。"（李瑞林，2017：1）"何为语言服务？这一认识论问题指向语言服务的本质。语言是语言服务的本体，语言服务关乎语言的现实应用，辨识语言的功能自然成为语言服务概念化的逻辑起点。"（李瑞林，2017：1）

"语言服务"这一术语在中国正式"登台亮相"的时间是2008年我国承办奥运会前夕（http://blog.sina.com.cn/s/blog_6d51f6da0102w28c.

html/2018-01-05），迄今只有10多年的时间，旨在更好地承办奥运会。当时，北京奥组委曾在国际联络部下面设立了一个语言服务处，提供包括翻译在内的服务，以协助解决语言沟通的问题。不过，当时的"语言服务"一词的含义还是比较窄的，主要指翻译服务（徐珺，2020）。据我们查阅到的文献可以看到，已经有学者对语言服务进行了关注和探索（陈爱松，2014；仲伟合、许勉君，2016：3；李瑞林，2017；徐珺、金洁，2019：3；徐珺、王清然，2021：5）。"今天语言服务的外延要宽得多，除了语言翻译，还包括语言教育、语言康复、语言技术服务等。这些语言服务表征的背后实质上肩负着推动中国经济与文化走向世界、融入世界、影响世界的战略性使命和任务，在国家政治、经济、文化建设等方面发挥着越来越重要的作用。"（司显柱，2021：4；徐珺、王清然，2021：5）

本研究的涉外中医药语言服务人才培养包括中医药人才培养、涉外中医药人才培养、"一带一路"中医药人才培养与涉外中医药语言服务人才培养。文献显示，虽然学界对中医药人才培养、涉外中医药人才培养、"一带一路"中医药人才培养已有一定的研究，但涉外中医药人才培养研究、涉外中医药语言服务研究和涉外中医药语言服务研究人才培养文献鲜见。

3 研究方法与研究问题

本研究采用定量与定性分析相结合的研究方法，着重回答以下5个问题：①我国中医药人才培养研究的总体趋势是怎样的？②研究的主题分布、研究热点、主要机构和学者是哪些？该领域主要的高被引文献有哪些，呈现何种特点？③当下我国中医药人才培养研究存在的问题？④针对存在的问题，有什么解决之策？⑤本研究对我国涉外中医药人才培养和后续研究有什么启示？

4　研究工具、数据来源与研究方法

本文以 CNKI 中文数据总库为研究数据来源[①]，采用定性和定量相结合的研究方法，考察并分析我国中医药人才培养研究的发展趋势、期刊分布、主要学者、研究热点、研究方法等，以期对我国涉外中医药人才培养、涉外中医药语言服务人才培养提供参考和借鉴。"科学知识的结构、规律和分布情况的绘制聚类、视图和时区视图可以显示一个学科或知识域在一定时期发展的趋势与动向，展示若干研究前沿领域的演进历程。"（刘则渊，2008）

5　统计结果讨论与分析

5.1　中国中医药人才培养研究发文量分析：总体趋势

本文使用高级检索功能，将检索条件设定为"主题＝中医药人才培养"进行检索。为进一步聚焦研究主题，笔者对检索到的从 1986 年至 2022 年 2 月 24 日期间中医药人才培养研究的期刊文献进行整理，在剔除了会议通知、院校介绍等无效文献后，保留的有效样本文献共计 1519 篇，其中学术期刊论文 1220 篇，学位论文 14 篇（硕士学位论文 13 篇，博士论文 1 篇）、会议论文 88 篇（国内会议 74 篇、国际会议 14 篇）、报纸文章 103 篇。时间跨度为 1986—2022 年 2 月 24 日。基于上述数据处理方法，获取中医药人才培养研究的发展趋势，如图 2-1 所示。

---

① 本文的数据截止日期为 2022 年 2 月 24 日——笔者注。

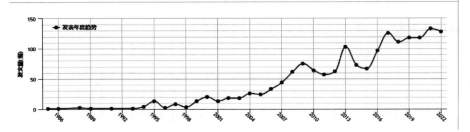

图 2-1　中医药人才培养研究期刊文献年代分布图（1986—2022 年 2 月 24 日）

根据图 2-1 呈现的数据，从 1986 年至 2022 年 2 月 24 日期间中医药人才培养研究的期刊文献发文量大致可分为 4 个阶段。第一阶段是初始阶段（1986—1995 年）。在初始阶段的 10 年间该领域的研究文献发文量较少，不足 10 篇文献。第二阶段为起步阶段（1996—2005 年）。这一阶段发文量较少，不足 10 篇文献。第三阶段（2006—2015 年）这一阶段发文量逐渐增长。特别值得一提的是，2013 年以来，伴随着"一带一路"倡议的提出并付诸实施，中医药人才培养研究的发文量出现了一次跨越式增长，达到第一次高峰值。第四阶段（2016—2022 年）是激增阶段，这一阶段发文量大致呈大幅度增长趋势，其原因在于 2016 年 12 月我国发布了《中华人民共和国中医药法》（以下简称《中医药法》），并于 2017 年 7 月正式实施。《中医药法》是我国颁布的第一部有关中医药的综合性、全局性、基础性法律，为继承和弘扬中医药，保障和促进中医药事业发展，保护人民健康制定的法律。有了法律的保障，学界对中医药人才培养研究热度迅速上涨。

5.2　高产出作者和发文机构分析

呈现的是在有效文献中从事中医药人才培养研究、发表 5 篇以上的学者。在这些作者中，发表 10 篇以上的作者分别为：黑龙江中医药大学的李和伟（16 篇）、北京中医药大学的翟汉庆（13 篇），来自西南石油学院的李勇、上海中医药大学的胡鸿毅、黑龙江中医药大学的车志远，人均11篇。

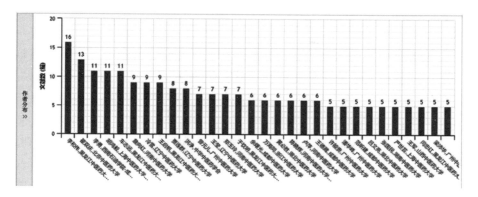

图 2-2 作者分布

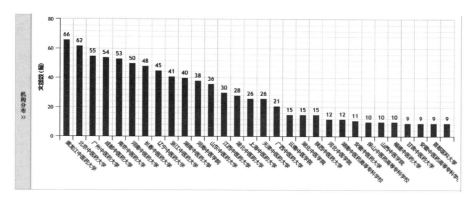

图 2-3 研究机构分布

从研究机构的性质来看，当前国内进行中医药人才培养研究发文量排名前十的高校为：黑龙江中医药大学（66篇）、北京中医药大学（55篇）、广州中医药大学（54篇）、成都中医药大学（53篇）、南京中医药大学（50篇）、河南中医药大学（48篇）、长春中医药大学（45篇）、辽宁中医药大学（41篇）、浙江中医药大学（40篇）和湖南中医药大学（38篇）。

5.3 文献来源分布

笔者将中医药人才培养的文献来源输入CNKI文献总库，统计数据显示，中医药人才培养研究发表的园地有《中医教育》《中国中医药远程教育》《中医药管理杂志》《中国中医药报》《中医药导报》《成都中医药大学学报》《湖北中医药大学学报》《江西中医药大学》《广西中医药大学学报》《湖南中医药大学学报》《中国中医药信息杂志》等20余种期刊。来源期刊的特点为：①几乎所有文献均刊发在中医药类刊物上，排名前5的期刊（如图2-4所示）依次为《中医教育》（占比21.84%）、《中医药导报》（占比4.6%）、《中医杂志》（占比4.6%）、《中国医药导报》（占比3.45%）、《中国卫生事业管理》类期刊文献（占比3.5%）。②各个中医药大学学报也是中医药人才培养发表的重要渠道，例如《成都中医药大学学报》《江西中医药大学学报》《广西中医药大学学报》《湖南中医药大学学报》等；③北大期刊文献和CSSCI期刊文献鲜见；④外语类学术期刊发表的中医药人才培养文献鲜见。

图2-4 文献来源分布①

5.4 关注度与被引分析

根据我们设定的关键词搜索，由CNKI数据总库文献析出的中医药

---

① 考虑到排版效果，在此删去了详细的可视化图片，现替换为统计简图——作者注。

人才培养的关注度处于上升趋势中，如图 2-5 所示。

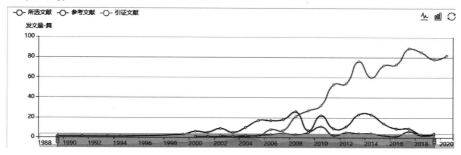

图 2-5　中医药人才培养关注度

5.5　研究热点与话题分析

本文将研究的主要议题导入 CNKI 数据总库，并对相关参数进行设置，对主题词归并处理后，自动生成研究主题词可视化图谱（如图 2-6 所示）。

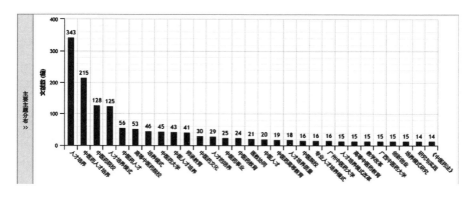

图 2-6　研究热点与话题分布

图 2-6 显示，已有文献话题集中，主题鲜明，依据出现的频次，人才培养、中医药人才培养、中医药高校高居前三甲。依据图 2-5 的数据，笔者结合就 1986—2022 年期间中医药人才培养研究涉及的研究主题与热点话题，按照频次从高到低排序进行了排列（见表 2-2），分别为：人

31

才培养、中医药人才培养、中医药院校、人才培养模式、中医药人才、翻译教育、高等中医药院校、培养模式、中医药事业等（见表2-1）。

表2-1　1986—2022年中医药人才培养研究主题与热点话题考察

序号	主题词	频率	序号	主题词	频率
1	人才培养	343	9	中医人才培养	43
2	中医药人才培养	215	10	师承教育	41
3	中医药高校	128	11	中医药文化	30
4	人才培养模式	125	12	人才的培养	29
5	中医药人才	56	13	中医药事业	25
6	高等中医药院校	53	14	中医药教育	24
7	培养模式	46	15	医教协同	21
8	中医药大学	45			

5.6　文献关注度和被引分析

为了进一步清晰地显示出中医药人才培养文献发表后的关注度和引用情况，笔者对1519篇中医药人才培养文献被引情况进行了逐一核对，统计出被引10次以上的文献共计61篇，占比4%；被引15次以上的文献为36篇，占比2%；被引20次（含20次）的文献为17篇，占比1.1%。笔者提取了被引20次以上（不含20次）研究者以及他们的学科或专业名称，从而分析我国中医药人才培养研究的特征，如表2-2所示。

表2-2　被引20次（不含20次）以上的文献统计

排名	文献名称	作者	来源期刊	发表时间	被引
1	中医人才培养的历史、现状与展望	翟双庆、石琳、李蔓荻	中医教育	2007-09-30	54

（续表）

排名	文献名称	作者	来源期刊	发表时间	被引
2	古今中医教育模式的比较研究	吴鸿洲、程磐基	上海中医药杂志	2000-12-15	47
3	遵循人才成长规律的中医药人才培养探索与实践	翟双庆、石琳、吴宇峰、焦楠	中医教育	2012-03-30	37
4	传统文化教育与高等中医人才培养	李俊	医学与社会	2008-12-15	34
5	《中医药法》视角下有关中医师承教育的思考	李和伟、王启帆；付宇、曹净植	中医杂志	2017-11-02	31
6	坚持传承创新 促进医教协同——北京中医药大学中医人才培养改革与实践	谷晓红、闫永红、林燕、高颖、刘铜华	中医教育	2016-05-30	30
7	师承教育是中医人才培养的重要途径	王晓峰、周云、蒋华	新疆中医药	2007-10-25	26
8	中医药师承教育人才培养模式探讨	王大壮、田侃	中国卫生法制	2010-11-15	24
9	中医师承教育状况调研报告	聂海洋、胡秀武	中医药管理杂志	2009-09-28	24
10	新时期中医药人才培养模式改革的几点思考	高思华、翟双庆；罗祥云	中医教育	2011-11-30	22
11	师承教育——现代中医药人才培养的重要模式	王小云、许英、秦莉花	中医药导报	2010-04-28	22
12	中医药国际化人才培养的现状研究及对策分析	杨毅、曹立娅、张飙	中国高等医学教育	2010-09-15	22
13	中医药文化传承与中医药人才培养	葛飞、朱其林、周建军、徐凯	中国当代医药	2014-03-28	21
14	推动人才国际流动 培养中医药国际化人才	蒋剑锋	浙江中医药大学学报	2013-02-15	21

6 研究现状评述

本文通过软件分析工具对1986—2022年间CNKI文献总库关于中医药人才培养的1519篇相关文献进行了简要回顾与分析。由此我们看到：

6.1 取得的成就

（1）成果颇丰，成绩斐然：学者们从不同角度、不同领域对我国中医药人才培养进行了深入的分析。从总体上看，学者们对中医药人才的培养进行了较为系统的研究，发表论文的总数量达到1519篇。

（2）从发文量和发文趋势来看：每一次研发高潮都与国家宏观政策、热点事件紧密相关。例如，在2006—2015年的第三阶段，伴随着2013年"一带一路"倡议的提出并付诸实施，中医药人才培养研究的发文量出现了一次跳跃式增长，达到第一次高峰值。第四阶段（2016—2022年）是中医药人才培养研究文献激增阶段，这一阶段发文量大致呈大幅度增长趋势，这是因为叠加了两大政策利好："一带一路"倡议的纵深推进和2017年《中华人民共和国中医药法》的颁布实施。

（3）已有研究关涉中医药人才培养的众多领域：在1986—2022年期间，中医药人才培养研究涉及的研究主题与热点话题，按照频次从高到低排序，分别为：人才培养、中医药人才培养、中医药院校、人才培养模式（详见表2-1）。

（4）由CNKI数据总库文献析出的中医药人才培养的关注度处于上升趋势中详见图2-5。

（5）研读高被引文献可以发现：学者们结合国家出台的相关政策，基于人才培养的现状，采用问题—策略研究思路，提出了中医药人才培养的建议；与此同时，探讨"培养模式、中医药人才、翻译教育、高等中医药院校、培养模式、中医药事业、中医药教育"等相关领域的文献（详见表2-2）属于高被引，其中在表2-2呈现的高被引文献中，探讨中医药高校和中医药大学占了2位，说明学者们对中医药类高等院校中医药人才培养高度重视。名列被引第一的是来自北京中医药大学的翟双庆、石琳、李蔓荻于2007年合作的论文《中医人才培养的历史、现状与展望》。该文从历史的角度来考量中医人才培养，认为：只有通过对历史的回顾，客观分析中医人才培养的现状，找出正确的规律和方法，才能真正寻求到中医药人才培养的最佳途径，从而带动整个中医药事业蓬勃发展。高被引频次文献的刊发，说明这些文献研究的时段有新的学术研究出现，或者在其领域的研究有新的突破（翟双庆、石琳、李蔓荻，2007；钱文静、张有奎，2020：30）。

6.2 存在的不足

通过上述分析，我们看到，我国中医药人才培养研究取得的成就可圈可点，有力地推动了中医药学科发展。但是，当我们冷静地审视中医药人才培养取得的已有成就时，不难发现当前研究存在以下6个问题：

（1）"一带一路"背景下中医药人才培养的研究不足：笔者将"一带一路""中医药人才培养"作为关键词，通过CNKI总库搜索，经手工剔除非关联文献，在2013—2022年间共有12篇论文（期刊论文10篇、会议论文集论文2篇），其中被引10次以上的文献有王珏、马新飞（2017）"一带一路"背景下中医药国际化创业型人才培养模式的思考（被引19次）、何其为（2019）"一带一路"倡议下高等中医药人才培养研究（被引12次），其他文献被引间于0—2次。由此可见，伴随着2013年"一带一路"倡议提出和付诸实施，近10年来，学者们关于"一带一路"背景下中医药人才培养进行了一定的关注，但是关注度依然较低，平均只有1.2篇/年。

（2）中医药人才培养理论研究未引起足够的重视。

（3）中医药人才发文渠道比较单一，已有文献基本上发表在中医药类期刊上，在其他学术期刊发表的文献几乎没有；只有屈指可数几篇文献发表在北大核心期刊上，CSSCI期刊和外语类期刊相关文献鲜见。

（4）应急中医药人才培养研究、涉外中医药人才培养研究不足，涉外中医药语言服务人才培养研究缺乏：笔者将"涉外中医药语言服务研究"作为关键词，进行检索，获得涉外中医药语言服务人才0篇，涉外中医药人才培养研究文献仅有1篇：行为引导型教学模式在护理双语教学的研究和实践——基于广西中医药大学涉外护理人才培养改革（王思婷等，2020：9）。

（5）对中医药人才培养的学位论文关注依然较低，笔者将"中医药人才培养""'一带一路'与中医药人才培养""涉外中医药人才培养"作为关键词，在CNKI数据总库和学位论文数据库进行检索，结果显示：探讨中医药人才培养的学位论文14篇，其中硕士学位论文13篇、博士论文1篇。成都中医药大学陈骥（2015）在其博士论文《高等中医药院校针灸推拿专业能力型人才培养模式的循证研究》一文探讨了国内高等中医药院校针灸推拿专业人才培养模式的相关问题。作为个案研究，该文对中医药人才培养具有一定的启发意义。但是，总体上看，探索高素质复合型国际化中医药人才培养的博士论文缺乏。

6）学界对涉外中医药语言服务人才培养研究还未予以足够重视。我们将"涉外语言服务研究"作为关键词，进行检索，获得涉外语言服务人才培养的文献有4篇：曹新宇等（2017）《涉外农业企业语言服务人才需求分析及其启示》、康巍巍、陈健（2018）《基于"一带一路"倡议的河北省涉外企业语言服务类人才培养创新研究》、王立非（2018）《面向国家"一带一路"建设，培养复合型语言服务人才》和赵越（2021）《语言服务视域下涉外旅游西班牙语人才培养——评〈全国高等院校西班牙语教育研究〉》，而涉外中医药语言服务人才研究0篇。

综上所述，当前的涉外中医药人才培养研究存在研究选题和理论建设受限，国家扶持力度有待加强，学科建设和人才培养滞后等问题。

7 建议与对策

针对上述中医药人才培养研究中存在的不足，笔者认为可以从以下7个方面进行改善：（1）加大"一带一路"背景下涉外中医药语言服务人才培养的力度。因为"一带一路"倡议意义重大而深远。随着"一带一路"倡议的提出与实施,"'一带一路'已经不仅仅是一个概念,也不仅仅是一个愿景,它已成为中国对外开放以及新全球化的一个切实行动。"(刘黎明,2016-03-11)"'一带一路'倡议意义非凡,这是在新的国际国内形势下,把握我国重要战略机遇期,推动对外开放的新举措,也是基于新安全观的周边外交大战略,表明新一届党中央在处理新型国际关系中的统筹兼顾与创新发展理念。"(张鸣起,2016:16)据2016年12月国务院新闻办公室首次发布的《中国的中医药》白皮书显示,中医药传播遍及183个国家和地区。"深入推进'一带一路'建设,需要全方位推进务实合作,实现政策沟通、设施联通、贸易畅通、资金融通、民心相通。实现这'五通',语言互通是前提和基础。"(王铭玉,2017-04-17)语言相通,才可能谈及中医药走出去、中医药文化国际交流和中西医文明互鉴。因此,建设"一带一路",讲好中国中医药故事,精确地阐述中医药科学的精髓与要领、展示中医药文化独有的文化内涵与哲学思想,必须中医药语言服务先行。

(2)建构涉外中医药语言服务人才培养理论。涉外中医药语音服务人才理论建构对于这门学科的发展至关重要,因为理论不仅仅能够描述研究对象的普遍规律,不仅仅能够解释研究对象规律的意义,还能根据规律做出相关的科学预测。未来涉外中医药人才的培养研究需要鼓励和吸引更多学科的学者加入到研究队伍中,丰富研究视角,使之与实践研究协同发展。涉外中医药人才的培养需要更多的专家学者从专业的角度在学科建设、师资建设、教材编写等提出建议,需要打破藩篱,吸收其他学科的理论来丰富研究视角,例如,语言学学者可以从外语能力培养、跨文化交际能力培养、译者素养与翻译能力提升等角度探索涉外中医药人才之语言培养目标,教育学学者可以从跨学科教育视角探求涉外中医药人才培养模式,中医药学者可以从专业的角度探索涉外中医药人才培养模式,等等。

(3)既注重传承,又注重外宣。在培养涉外中医药语言服务人才过程中,强化"道""术"并重之培养理念,构建外语+中医药、中医药+外语的涉外中医药特色人才培养体系和"通""专"并重的中医经典教学体系，守正创新，"促进中医药传承创新发展，坚持中西医并重和优势互补，建立符合中医药特点的服务体系、服务模式、人才培养模式，发挥中医药的独特优势。"（肖圣鹏，2021-09-01）

（4）创新研究思路，构建涉外中医药语言服务人才培养的科学体系，打造一支既具有中医药思维，在中医药临床医疗领域具有深厚造诣，拥有丰富的中医药人才培养经验，又具有国际化视野和跨文化交际能力的中医药教师队伍。"所谓大学者，非谓有大楼之谓也，有大师之谓也。"（梅贻琦，1931）

（5）充分调动和发挥外语教师和口笔译优秀人才的积极性和创造性，因为在中医药国际化的行程中，外语教师与高水平的口笔译人才有着得天独厚的优势，他们是中医药核心术语与概念体系、中医药哲学思想和优秀的中医药文化国际传播、中医药理论和实务研究以及中医药跨学科研究的主力军，他们在中医药国际话语体系建构与中国形象国际建构和涉外中医药语言服务人才培养中发挥着不可或缺的作用。

（6）让传统的师承模式和院校教育模式各美其美，优势互补，美美与共。有机融合与协同创新中医师承教育模式与院校教育模式。我们认同曾芳（2021：12）的观点："师承教育是中医临床思维养成和技艺传承的重要途径，是中医药人才成长的有效方式。培养优秀的中医药人才，就要充分发挥师承教育和院校教育的优势，不断夯实院校教育与师承教育有机融合的培养模式。"

（7）拥抱 AI 人工智能新技术，学习新技术，掌握新技术，勇于迎接新技术给中医药教育带来的挑战，充分认识到新技术为中医药教育和人才培养带来机遇，积极探索新技术与高层次复合型涉外中医药人才培养的融合之道。

8　结语

"构建人类命运共同体思想理念，就是创新、协调、绿色、开放、共享'五大发展理念'的国际版，是国内发展理念在国际战略中的反映，这表明人类命运共同体思想为构建全球公平正义的新秩序提供了中国方案和中国智慧。"（冯颜利、唐庆，2017：11）当今的中国已成为推动全球经济、社会发展的重要引擎。向世界讲好中国中医药故事，传播好中国中医药声音是新时代人们交流交往的重要任务。培养精通中医药专业知识、拥有精湛的中医药临床水平、具有高水平外语沟通能力、通科技、善思辨、能创新的高素质复合型涉外中医药语言服务人才，是积极践行人类命运共同体理念、加速推进中国中医药国际化、展示中国优秀的中医药传统文化和哲学思想、实现中西医互补、推动国际人文交流与文明互鉴的重要体现。

当前，以中医药为载体，与国际社会共同战"疫"，向世界各国提供中国智慧和中国方案，共同构建人类命运共同体，共同构建人类卫生健康共同体，已经成为追求人类共同价值、实现人类命运休戚与共的重要途径。

加强与"一带一路"沿线国家和地区交流合作，积极参与国际规则、国际标准研究与制定，推动中医药"走出去"，是我们广大中医药工作者、中医药产业界和高校教师的使命担当。我们要以更积极主动的姿态，广泛传播好我们中医药经典文化，让更多的人深入了解中华中医药文化、治病救人、造福人类的精髓所在。当前，作为中华优秀文化瑰宝之一的我国"中医药发展站在更高的历史起点上，迎来天时、地利、人和的大好时机"（引自国家中医药管理局网站，《中医药发展"十三五"规划》，2016-08-11）。在传承中创新，在坚守中变革，"积极探索构建符合中医药发展规律的特色人才培养体系，大力推进中医药高层次人才培养，才能把中医药这一祖先留给我们的宝贵财富继承好、发展好、利用好，为建设健康中国、实现中国梦谱写新的篇章。"（曾方，2021）

2018年3月11日，十三届全国人大一次会议通过《中华人民共和国宪法修正案》，正式将"构建人类命运共同体"写入中华人民共和国宪法，确立为全党和全国人民的奋斗目标（新华社，2018年3月11日）。"构建人类命运共同体"思想也获得国际社会的广泛认可，成为联合国有关文献中不可或缺的组成部分（韩地球，2018：3）。"构建人类命运共同体的关键在于行动，行动的关键在于人才。"（赵龙跃，2020：1）

2022年2月14日经国务院批准,三部委(教育部、财政部、国家发展改革委)公布第二轮"双一流"建设高校及建设学科名单:北京中医药大学的中医学、中西医结合、中药学,上海中医药大学的中医学、中药学,南京中医药大学的中药学,中国药科大学的中药学,广州中医药大学的中医学,成都中医药大学的中药学等成功入选。伴随着第二轮"双一流"建设中医药高校及建设学科的发布,标志着我国中医药高校迎来了新的发展机遇,进入了新的发展阶段,"贯彻新发展理念、服务构建新发展格局,落实立德树人根本任务,突出'双一流'建设培养一流人才、服务国家战略需求、争创世界一流的导向,深化体制机制改革,不断提高建设水平,更好地为高等教育内涵式发展发挥引领作用,为建设世界重要人才中心和创新高地提供有力支撑。"(《文汇报》,2022-02-14)

人类命运共同体理念蕴含的核心理念和价值观对于中医药国际人才培养有着及其重要的指导意义。本研究对我国中医药人才培养、涉外中医药人才培养和涉外中医药语言服务人才培养的文献进行了可视化分析。在充分肯定我国中医药人才培养方面取得丰硕成果的同时,也冷静客观地指出了该领域现有研究中存在的不足,并就存在的不足提出了具体的对策与建议,旨在进一步提升中医药语言服务能力,进一步提高涉外中医药人才培养质量,服务国家战略。

【参考文献】

[1] 曹新宇,等. 涉外农业企业语言服务人才需求分析及其启示 [J]. 当代外语研究,2017(5).

[2] 陈爱松. 中国语言服务行业的回顾与展望 [J]. 海外英语,2014-02-08.

[3] 陈骥. 高等中医药院校针灸推拿专业能力型人才培养模式的循证研究 [D]. 成都中医药大学,2015.

[4] 冯颜利,唐庆. 习近平人类命运共同体思想的深刻内涵与时代价值 [J]. 当代世界,2017(11).

[5] 国家中医药管理局. 中医药发展"十三五"规划. 中央政府门户网站

（www.gov.cn），2016-08-11.

[6] 韩地球．构建人类命运共同体渊源、意义与路径［J］．江苏工程技术学院学报（综合版），2018：3.

[7] 何其为．"一带一路"倡议下高等中医药人才培养研究［J］．湖南中医药大学学报，2019（3）.

[8] 康朴．中医药为全球战疫贡献中国智慧［N］．人民日报海外版，2020-04-24.

[9] 康巍巍，陈健．基于"一带一路"倡议的河北省涉外企业语言服务类人才培养创新研究［J］．河北职业教育，2018（06）.

[10] 李瑞林．语言服务概念框架的再反思：存在依据、普遍本质及实践逻辑［J］．译界，2017：1.

[11] 刘黎明．浅议"一带一路"建设中人民法院如何发挥作用［N］．中国法院网，2016-03-11.

[12] 刘则渊．科学知识图谱［M］．北京：人民出版社，2008.

[13] 刘仲华，商璐．屠呦呦获诺贝尔奖［N］．人民日报，2015-10-06.

[14] 梅贻琦．就任清华大学校长时的演讲，1931.

[15] 冉诗洋，张君玲．中国科技翻译历年载文关键词图谱分析［J］．中国科技翻译，2017（4）：32-35.

[16] "双一流"最新消息！三部委印发《关于深入推进世界一流大学和一流学科建设的若干意见》［N］．文汇报，2022-02-14.

[17] 司显柱．聚焦语言服务研究　推动中国语言服务发展——全国语言服务研究学术社团成立大会暨首届学术研讨会综述［J］．中国外语，2021（4）.

[18] 李季．世卫组织．中医药能有效治疗新冠［N］．光明网，2022-04-05.

[19] 苏式兵，许锦文．生命科学前沿技术与中医药研究［M］．上海：上海浦江教育出版社，2013.

[20] 孙颖，冯晨旭．科学知识图谱对人文社会科学研究情报质量的优化——以基于CiteSpace的完美主义热点研究为例［J］．图书情报工作，2013，57（S1）.

[21] 田晓航．进一步发挥中医药等传统医药在新冠肺炎防治中的重要作用［N］．经济参考报，2021-07-07.

[22] 王冰．黄帝内经［M］．北京：中医古籍出版社，2003.

[23] 王阁. 人类命运共同体思想是马克思世界历史理论的当代发展[J]. 刊授党校, 2018-05-30.

[24] 王国强. 中医药是中国传统科学最具代表性门类之一[N]. 人民日报, 2017-02-24.

[25] 王立非. 面向国家"一带一路"建设,培养复合型语言服务人才[J]. 当代外语研究, 2018（3）.

[26] 王立培. 习近平"人类命运共同体"思想的内涵及新时代意义[N]. 中华魂, 2019-01-17.

[27] 王君平. 人民时评：传承好中医药文化瑰宝[N]. 人民日报, 2019-11-13.

[28] 王珏, 马新飞."一带一路"背景下中医药国际化创业型人才培养模式的思考[J]. 中国药房, 2017-11-30.

[29] 王思婷,等. 行为引导型教学模式在护理双语教学的研究和实践——基于广西中医药大学涉外护理人才培养改革[J]. 高教学刊, 2020：30.

[30] 魏春宇, 杨丽娜. 参与全球疫情防控：论中医药在构建人类命运共同体中的作用[J]. 中医药文化, 2021-12-15.

[31] 习近平. 论坚持推动构建人类命运共同体[M]. 北京：中央文献出版社, 2018.

[32] 习近平. 在中华人民共和国恢复联合国合法席位50周年纪念会议上的讲话[J]. 党建, 2021-11-01.

[33] 徐珺, 金洁. 我国景观翻译现状之可视化分析及其对外宣与城市形象构建的启示[J]. 商务外语研究, 2019（3）.

[34] 徐珺, 王清然. 技术驱动的语言服务研究与探索：融合与创新[J]. 外语电化教学, 2021（5）.

[35] 曾芳. 守正创新 构建中医药特色人才培养体系[J]. 中国政协, 2021（12）.

[36] 张伯礼. 中医药可及性具有重要战略意义[N]. 科技日报, 2021-06-21.

[37] 张樵苏. 新时代、新征程、新篇章[N]. 新华社, 2017-10-18.

[38] 张鸣起. 推进"一带一路"建设的法治思考[J]. 中国人大, 2016(16).

[39] 赵龙跃. 构建人类命运共同体与国际治理人才培养[J]. 太平洋学报, 2020（1）.

[40] 赵越. 语言服务视域下涉外旅游西班牙语人才培养——评《全国高等院校

西班牙语教育研究》[J]. 热带作物学报，2021（6）.
[41] 中华人民共和国第十二届全国人民代表大会常务委员会．中华人民共和国中医药法，2017．
[42] 仲伟合，许勉君．国内语言服务研究的现状、问题和未来［J］．上海翻译，2016：3．

Research on Foreign-Related Linguists Training in Traditional Chinese Medicine from the Perspective of Building a Community with a Shared Future for Mankind: Developments, Questions and Recommendations

Xu Jun   Song Jiayin

(1. School of Foreign Studies, China University of Political Science and Law, Beijing 100088;2. University of International Business and Economics, Beijing 100029)

Abstract: Traditional Chinese Medicine (TCM) represents the crystallization of Chinese civilization in 5000 years. It is the original medical science and cultural treasure of Chinese people in the practice of long-term disease prevention and treatment. In the progress of world civilization, TCM has also made a positive contribution. In the fight against COVID-19, TCM has played an important role and attracted worldwide attention. Nowadays, with the change of the international system, it is urgent to improve China's foreign-related language service capabilities and qualified interdisciplinary linguists training in the field of TCM, to promote the international communication of TCM and make its voice heard worldwide. Based on CNKI data, this paper systematically sorted out and reviewed relevant literature on foreign-related TCM talents training and foreign-related linguists training in the field of TCM. The achievements of TCM talents training were fully affirmed, and the main problems in foreign-related TCM linguists training were analyzed. In view of the problems mentioned, this paper puts forward countermeasures from multiple perspectives, aiming to further improve TCM language service capability, enhance the quality of foreign-related TCM linguists training, and serve the national strategy.

Key Words: Traditional Chinese Medicine (TCM); Foreign-Related TCM Language Service; Foreign-Related Interdisciplinary Talents Training in TCM Field; Developments and Recommendations

作者简介： 徐珺，博士，教授，博士生导师，博士后合作导师。中国英汉语比较研究会语言服务研究专委会秘书长，《语言服务研究》执行主编、《语言与法律研究》执行主编，研究方向：翻译与跨文化传播、语言服务、法律语言、商务英语、外语教育。电子邮箱：xujun289@163.com。

宋佳音，讲师，研究方向：口笔译理论与实践，商务英语。电子邮箱：song_jiayin@sina.com。

四维空间视域下语言景观的语言管理研究

——以天津市两个街区为例

天津外国语大学　王晓军　巴丽蓉

【摘　要】自 Landry & Bourhis 于 1997 年提出"语言景观"这一概念后，其作为社会学研究领域的热门话题之一，逐渐受到越来越多国内外学者的关注。根据定义，"出现在公共路牌、广告牌、街名、地名、商铺招牌以及政府楼宇的公共标牌上的语言共同构成某个属地、地区或城市群的语言景观"，其研究关注的是出现在公共空间领域的各种标牌形式。语言景观作为一种意识形态的物化表征和社会实践的指示物，是公共空间建构的一个重要部分。政府和统治者以语言景观作为空间实践的中介，保证其官方语言的可见性，并通过立法等手段对公共标识中的语码选择、语码呈现及不同语码的交流融合进行指导和管理。

随着中国社会的进步，城市化进程加快，城市建设和管理规划带来的语言景观的变化与更新值得深入调查研究。1986 年，Jernudd & Neustupný（1986）首次将"语言管理"作为理论引入社会语言学领域，这一理论将确定语言问题和解决语言问题作为关键，使自上而下的有序管理和自下而上的简单管理两种路径有机结合在一起,并通过对语言进行关注、评估、调整、实施及反馈五个步骤达到理想模式下语言管理动态循环的过程。可见,语言景观的语言管理问题可以应用语言管理理论来研究。

Lefebvre(1991)提出了空间的社会生产理论,其中包括三个相互联系且不断发展的空间,即实践空间、生活空间和构想空间。根据本文从微观与宏观两个层面探究语言景观的语言管理研究的目的,列斐伏尔三个空间的划分应用在此略显扁平,未能立体地考察景观在社会变迁、话语变迁的影响下的语言景观与语言管理的发展变化,也就不便于探求语言管理的循环发展。故本研究增加文化空间维度,在考察街区基本特征的前提下从互文性的角度看景观自下而上的管理与修改,从社会变迁、话语变迁的角度纵深探讨景观的变迁发展与景观在管理方面的变化。

本文基于 Lefebvre(1991)和 Jernudd & Neustupný(1986)的观点,试图将语言景观的语言管理研究概念化为一个全新的适合此研究的分析框架,应用这个新的理论模型重新评估语言景观在不同层面下的语言管理模式。本文选取天津市时代奥城广场以及古文化街作为研究对象,通过简单语言管理的研究探索微观层面对语言的实践、创造与修改,而有序管理由于受政策牵制,更多的是宏观层面的规训和管理。该实践性研究不仅对天津市典型街区的语言景观进行有益探索,还为外国人聚居区以及旅游景区的管理建设提供参考,以期提高语言景观的管理效能,实现语言景观语言管理的有效循环,创建和谐的外国人聚居区与旅游景区。

【关键词】四维空间;语言景观;话语变迁;语言管理;管理循环

1 引言

本节主要介绍了研究背景、目的和意义以及本文研究的意义、总体结构。

1.1 研究背景

语言景观作为展示和传播信息的文字符号，在我们的生活中随处可见。公共场合出现的各种语言标牌，比如街道街名、安全警示、文明宣传语、商品店铺、活动促销等象征着一条街道、一座城市的文化内涵。随着 Landry&Bourhis 在 1997 年正式提出"语言景观"这一概念，作为社会语言学的一个新兴分支，吸引了越来越多学者的关注，逐渐进入人们的视野。

1986 年，Jernudd & Neustupný 首次将"语言管理"作为一种理论引入社会语言学领域。他们认为，语言管理包括微观和宏观两个层面，不仅关注自下而上的语言应用和修改，而且还包括语言管理规范的设计和实施，即自上而下的管理。据此，本文将 Lefebvre 的空间的社会生产理论进行补充，并与语言管理理论融合，提出四维空间理论，即空间实践、文化空间、生活空间和构想空间。空间实践是整个研究的基础，提供了语言景观的初步描述。文化空间和生活空间采用实地观察和访谈等自下而上的方法来考察具体社会背景下的语言景观。这三个空间被囊括在简单管理之中，而构想空间指的是宏观层面官方的态度和相关法律、法规及政策等，发展方向也就是自上而下，因此属于有序管理。基于这一点，两大理论能够很好地结合互补。

本研究以天津市古文化街和时代奥城的语言景观为研究对象，探讨了天津市旅游景区和外国人聚居区语言景观的特点，研究两个不同性质街区的语言景观的语言管理现状，并指出景观语言管理存在的问题及改进措施，以期提高语言景观的管理效能，创建和谐的外国人聚居区与旅游景区。

1.2　研究目的及意义

以往从语言学角度进行的语言景观研究侧重于将语言景观解读为视觉文本，只关注单主体的空间实践行为，但很少有人研究语言符号和管理系统是如何相互作用并在实践中体现出来的。本研究以天津古文化街和时代奥城为研究对象，两个街区分别为天津市旅游景点和外国人聚居区，采用定量与定性相结合的研究方法对该地区公共空间中的语言符号进行观察和描述。对这两个街区的语言符号进行分析，可以指出这两个街区语言景观的特点和功能，调查消费者或游客以及景观设计者对这两个街区语言管理的感知或态度，并探讨语言景观的语言管理循环是否有效实现。本研究通过将语言景观的四维空间理论和语言管理理论结合，基于四维空间理论的语言管理研究能细化不同构建主体，从简单管理和有序管理及其循环互动方面将语言管理的宏观和微观层面结合，即从宏观层面探讨自上而下的语言管理与实施，微观层面探讨自下而上的语言管理与修改，并对完整管理循环模式以及不完整管理循环模式进行讨论，提出了对语言景观语言管理的一些建议。因此，本研究试图回答以下问题：

①两个街区的语言景观呈现何种特征？
②语言景观的社会变迁是如何体现的？
③消费者或游客对景观的感知与偏好如何？景观设置者对管理条例的态度如何？
④两个街区景观的设置在管理规划上与国家、地区的要求是否一致？
⑤如何有效实现语言管理循环？

本研究有助于全面了解天津两个街区语言景观的不同特点，检验语言景观的社会变迁，了解这些语言景观所提供的语言管理的现状和类型，最后提出相应的语言景观的改进措施，以更好地进行语言管理。作为一项实证研究，本文不仅对国内旅游景区和国外社区的语言景观进行了有益的探索，而且为改进语言景观的语言管理提供了参考，有益于提高语言管理的效率。

2 文献回顾

2.1 语言景观的定义及发展

语言景观研究萌芽于 20 世纪 70 年代，Rosenbaum（1977）等学者通过调查耶路撒冷街道上的英语语言景观，发现虽然官方政策只支持使用希伯来语作为标识语言，但事实上商业标识中主要使用的语言却是英语；Spolsky&Cooper（1991：25-39）对耶路撒冷老城区的语言使用做了专题研究，认为语言使用与社会结构之间存在紧密联系。尽管这一时期学界已经开始通过研究城市公共空间语言标识来探讨语言使用情况，但并未将语言景观作为明确研究主题提出。

语言景观（linguistic landscape）由加拿大学者Landry&Bourhis（1997：25）首次清晰地界定了这一概念，总结了语言景观的信息功能和象征功能。该定义被国内外学者广泛引用，获得了极大的认可，成为社会学研究领域的热门话题之一。信息功能是指语言景观作为一种独特的标志存在于公共场所，其目的是描绘当地语言与其他语言的差异，并作为特定语言社区所居住的地理区域的独特标志。简而言之，语言景观的多样性可以清楚地反映当地语言和文化的多样性。语言景观的象征功能标志着语言已经成为社会生活中的重要维度，通过语言景观语码的呈现能够引发该语言群体的社会认同，也象征着该语言所代表群体的力量和活力。Ben Rafael等人（2006：10）的"自上而下"和"自下而上"标记的区别与这种分类相似。2006年以来，国外对语言景观的研究进入了一个蓬勃发展的时期。这两组相对应的分类为本文空间实践的分析讨论提供了依据。

2009 年我们国内第一篇以"语言景观"为主题的论文发表。孙利（2009）研究温州市语言景观的现状及翻译不规范问题。该文被认为是国内语言景观研究的开山之作，填补了我国语言学语言景观研究的空白。继孙利之后国内学者渐渐开始关注语言景观，至今为止在理论引介与实证方面都取得了可观的成果。2014年，尚国文、赵守辉（2014a，2014b）发表了两篇文章，正式介绍了语言景观的概念与功能、理论视角与研究方法。自此，我国语言景观的研究才真正开启。

2.2 国内外前人对语言景观的实证研究

自 Landry & Bourhis（1997）提出语言景观的定义以来，语言景观研究的学科地位逐渐确立。近年来，语言景观在研究视角、研究方法和理论建构方面都有新的突破。语言景观研究发源于社会语言学，随着研究领域的拓展，逐渐与其他学科交叉融合（张天伟，2020：49）。语言景观的实证研究视角众多，往往与不同的学科联系在一起，成为跨学科研究的热点。纵观语言景观研究领域的主要研究成果和最新研究趋势，本文发现语言景观的实证研究主要是从多语景观、语言政策、语言服务、少数民族语言景观等视角展开的。国外语言景观的研究进展可以为中国的相关研究带来一些启示，因此本节将回顾和整理以往国外对语言景观不同的研究角度，并在此基础上从同一视角过渡至国内语言景观的主要研究成果。

2.2.1 多语景观的研究角度

语言景观研究最初关注多语现象，尤其是官方语言景观和非官方语言景观的比较研究，这是语言景观研究中最重要的一个方面。Ben-Rafael et al.（2006）首先提出了官方语言景观和非官方语言景观并举例说明。就此，Backhaus（2006）对日本东京的官方和非官方语言景观进行调查研究，发现多语标牌大多属于非官方语言景观，但无论是官方还是非官方的多语语言景观，英语的可见度都超过了日语，这说明英语国际化的程度以及日本东京的开放程度。研究认为，尽管东京的多语景观突出，但不论是官方还是非官方，日语的地位都得到了保障，尤其是在官方多语景观中充分展现了其背后的权势关系。

鉴于城市中心及其语言是开放而易于接触的，所以我国国内城市的外国人聚居区成为观察语言景观的有利之处。俞玮奇等最先（2016）对北京望京和上海古北韩国人聚居地语言景观的多语现象进行了研究，发现官方与非官方标识分别有不同的语言模式，官方标识以中文为绝对优势语言，而在非官方标牌上优势语言种类则更多元化。紧接着，语言景观的实证研究逐渐受到重视，巫喜丽、战菊（2017）对广州非洲移民聚居区统计分析，聂平俊（2016）以北京"韩国城社区"为例，夏娜、夏百川（2016）以云南昆明外国人集散地为研究对象，他们通过该地显著的多语现象来研究不同主体标牌在语码选择与类型分布上产生差异的原因。国内对多语景观的研究反映了外国人聚居社区文化的多元和包容，为本文探求时代奥城广场的韩国人聚居区的语言景观现状提供了可供参考的依据。

2.2.2 语言政策的研究角度

语言景观还和语言政策联系密切，Shohamy（2006）认为语言景观是公共空间中的一种机制，而公共空间是一种能够以隐性的方式影响、操控并强制推行语言政策的机制。从手段和目标上看，语言政策有显性和隐性之分，而语言景观既可以反映显性的语言政策，又可以通过分析语言事实，揭示其背后隐性的语言政策。Tan（2014）对新加坡的语言景观进行研究，认为语言景观并非简单的语言符号的呈现，其本质与语言地位有关。语言景观作为微观层面执行语言政策最直观的体现，能够清晰地透视出语言政策的实施现状以及语言管理的实际情况。Moriarty（2014）调查了旅游小镇的语言景观，发现当地语言使用与推行的单语语言政策相悖，从侧面说明社区内的语言使用与国家政策推行存在意识形态上的竞争关系语言景观。

语言政策及其实施实效之间是否有落差一直是语言政策研究的热门话题，这是因为官方的语言政策在实施中经过层层稀释，到了执行层面常常变样甚至走向对立（尚国文、赵守辉，2014）。多名学者从城市语言景观现状进行考察，发现国家语言政策在底层并未得到很好的落实，官方标牌主要体现相关的语言政策，在执行国家和地方的语言政策上积极性最高，而私人标牌主要受语言意识影响，而非语言政策（张斌华、徐伟东，2017；覃耀龙、卢澄，2019）。另外，通过语言景观背后的权势关系不仅能了解各族群的生活状况，也能够从宏观角度把握国家的语言政策，维护语言背后的文化平衡和社会稳定（余廖洁、潘不寒，2019）。苏杰（2017）通过研究上海官方和私人语言景观发现，官方语言景观能够较准确地体现汉语的语言权势及其群体的社会地位，私人领域的语言景观中的语言权势则与群体社会地位存在错位现象，认为这些现象都是当地语言政策实施的结果。也就是说，官方语言景观在落实语言管理政策时力度大，能最大程度体现政府意志，而私人语言景观由于注入了个人意志型的修改，在政策规定与实际落实中存在偏差，而这一现象正是景观管理研究的重点。

2.2.3　语言历时的研究角度

从现有的语言景观研究来看，共时研究占比相对较大，而语言景观也有历时维度，它是动态、变化的，随着时间的推移而改变。因此从历史角度进行研究，可以帮助我们了解某个地区语言状况的历史演变及不同时期不同语言的地位的变迁，告诉我们语言的不同使用情况。Leeman & Modan（2009）注意到语言景观在不同历史时期的功能也不同，他们对唐人街汉语商铺标牌结合了历史和种族维度展开研究，区分了语言景观构建的两次浪潮，通过比较不同年代标牌语言的变化，发现20世纪70~80年代的商铺标牌主要发挥信息功能，而90年代突出象征功能。Curtin（2009）在台北对语言景观的历时性研究发现，台湾语言景观以繁体汉语为主，但其罗马字的音译却在几十年间产生变化，体现了不同政党执政时的政治理念。

在国内，李贻（2011）采用历史比较法对亚运前后的广州市北京路商业步行街的语言景观进行研究，主要对该地区语言景观具有独特的"中文-拉丁双书写体"标牌现象进行分析，发现近年来，北京路的语言景观全球化倾向越趋明显。国内的历时研究可谓为数不多的典型案例，尤其彭国跃（2015）从个案研究的角度对上海市南京路上语言景观的变迁进行研究，以照片影像为依据，通过宏观和微观分析展示百年来南京路上语言景观的历史过程,并追踪可比性较强的同一局部景观,最后说明语言景观的历时研究在研究对象和方法论上都有待开发,为语言景观历时性考察做了全面的探索,也引领了本文最初对语言景观社会变迁的研究方向。李永斌(2019,2020)使用历时研究方法,认为多语地区语言景观反映语言的发展和变迁,也记录和反映该地区的文化发展过程和趋势。这为本文对语言景观从历时角度研究社会变迁和文化变迁提供了很好的思路。

2.2.4 少数民族语言的研究角度

语言景观研究的焦点不仅集中于我国一线城市的英汉双语标牌,还关注少数民族多语地区的双语标牌,以及少数民族地区外国语言文字语言景观以及文化调查。公共空间领域少数民族语言的可见性经常被忽略,从语言景观视角进行研究有助于理解少数民族语言在公共空间的生存状态和活力,为少数民族语言研究带来了新视角。国外,Trumper(2010)运用三维理论模型(three dimensions)对上拿撒勒(Upper Nazareth)城市的语言景观进行研究,注重阐述当地官方希伯来语与少数民族语言阿拉伯语的分布情况及人们对此两种语言的态度和取向。这篇文章中,Trumper 将 Lefebvre 的空间的社会生产理论应用到语言景观的研究中,并提出了三个维度以对应 Lefebvre 的三个空间,为本文应用并扩展三维空间理论提供了很好的范本。

国内一些学者对云南丽江的东巴文语言景观进行考察(徐红罡、任燕,2015;李丽生、夏娜,2017)。景观由政府的政策施行以及旅游业商业氛围推动而形成,这为当地少数民族旅游景区传承文化提供了可行的思路。

2.2.5 语言景观的其他研究角度

除了以上提到的语言景观研究角度,近些年来,学者们不断挖掘拓展,在实证研究的各方面都取得了较大的进展。杨金龙、梅德明(2016)、尚国文(2017)从语言教学角度,对语言景观进行分析,探讨语言景观对第二语言及外语教学的价值和作用,从而提出改善教学质量的策略。

语言服务是近些年来学界与业界比较关注的一个话题，屈哨兵（2018）认为，实践中要加强语言服务、注重语言服务实践。杨金龙等（2018）、黄小丽（2018）调查了外国语言文字语言服务现状，为语言规划部门合理采用外国语言文字服务提供现实依据与解决途径。语言景观能否提供给游客全方位的满意的服务也成为衡量语言管理是否有效的关键。另外，近期话语分析法的引入带来了语言景观定性分析法的转向。例如，Stroud & Mpendukana（2009）采用多模态话语分析法对南非乡镇语言景观进行民族志材料的研究，拓展了访谈等质性研究的数据收集方法；Moriarty（2014）运用话语分析法对爱尔兰西南部旅游小镇进行语言景观研究，发现政府和当地社区之间的语言意识形态之争。

除了挖掘语言景观的研究视角，学者们还积极探索语言景观的分析工具。尚国文（2016）从语言经济学视角出发，探讨新马泰语言景观构建中涉及的经济因素与动因。分析指出，官方领域看重标牌政治层面的效用，而私人业主则关注标牌的经济收益，这种差异造成标牌上语言选择的不一致，为研究语言景观政策和规划提供了方法和工具。这为英语在全球化背景下作为世界通用语在标牌中频繁出现提供了合理的解释。

值得一提的是，大部分文献对语言景观的理论基础进行了介绍和梳理，只有很少部分学者尝试构建理论方法，如 Lou（2012）利用 Lefebvre 的空间的社会生产理论和 Scollon & Scollon（2003）的地理符号学框架，构建了调整后地方的三维模型来重新评估美国华盛顿特区唐人街的双语景观，分析了英语在塑造和引领多语环境中的多重作用。周晓春（2019）依据语言景观的功能，归纳出了"双层面六维度"的多维分析模型，从表层信息及深层意义两个层面列举了 6 个分析维度，尝试提供可操作的分析框架。此类研究应受到学者重视，在对语言景观开展量化研究的同时，对其质性的探索也应并驾齐驱，以期在理论层面有更大发展（王晓军、朱豫，2021）。需要注意的是，以上谈到的这些研究维度并不是独立的，语言景观研究往往结合多个维度进行考察。

2.3 存在的问题

总的来说，研究者对语言景观隐性功能的解读还不够深入，表现在研究重点停留在标牌多语现象的信息解读上，描写多，解释少，将研究的焦点放在了标牌的双语或多语的使用情况。从研究的角度看，关于语言景观的相关视角有多语景观、语言政策、语言异质性、少数民族语言等，但语言管理暂时还没有被作为研究对象。从文献检索结果来看，一些学者从宏观层面研究语言景观的语言规划，但本文拟将微观和宏观层面结合起来，讨论这两个层面的管理是否得到了有效的循环。此外，语言管理研究范围虽然可以覆盖语言体系的各个层次和语言使用的各个领域，但实际应用的广度和深度有限，多集中于具体交际情境与学校或学术语境下的语言管理问题中。语言景观有巨大的整合潜能，从目前语言景观的实证研究来看，鲜有学者对语言景观的语言管理方面进行结合研究，未能充分发挥理论的整合潜力。此外，国外有一些论文对语言景观的理论基础进行了介绍和梳理，而很少有学者尝试构建理论方法，因此缺乏相对成熟的理论体系来支撑这一领域。

3 理论框架

本节主要介绍为语言景观提出的四维空间理论和本研究中使用的语言管理理论，具体体现在四维空间中包含的空间实践、文化空间、生活空间、构想空间和语言管理理论中涉及的简单语言管理、有序语言管理以及语言管理循环。基于四维空间的语言管理研究可以提炼出不同的构建主体，从简单管理、有序管理及其循环互动等方面将语言管理的宏观和微观结合起来，研究语言符号和管理系统的相互作用并在实践中体现出来。因此，本论文试图将语言景观的语言管理研究与四维理论整合为一个新的融合理论，应用于探索和解释语言景观的语言管理模式。

3.1 语言景观的四维空间

作为社会语言学研究的一个重要领域，不同的学者从语言学、符号学、社会学、人类学和民族志等角度推动了语言景观的理论建构和发展。在《空间的生产》一书中，Lefebvre（1991）将景观定义为空间的视觉方面，他对空间的概念化包括三个相互联系和不断发展的维度：空间实践、构想空间和生活空间。一个特定社会的空间实践是人类的行动，其结果是人们可以经验性地研究的物理空间。构想空间指的是技术官僚、规划者、政治家和其他政策制定者所构思的空间。空间的第三个分析维度，生活空间是"居民"的空间。它是由生活在其中的人们所体验的空间，他们通过出现在其景观中的符号和隐喻来体验这个空间。因此，根据每个社会的具体特点，它不可避免地从一个社会背景变化到另一个社会背景。本文基于搜集到的语料，提出语言景观的四维空间，即增加文化空间以研究景观的社会变迁，探寻景观文化和语言管理系统之间的互动关系。同时赋予每个空间以相应的内涵，指出具体的研究对象和研究方法。

空间实践主要的分析对象就是语言景观本身，通过图片拍摄进行展现，采用场所符号学的方法帮助分析天津市两个街区的语言景观具体现状。Scollon & Scollon（2003：1-257）在《物质世界中的话语》一书中从地理符号学（geosemiotics）的视角研究语言景观，构建了一套用以分析空间景观的语言符号系统。场所符号学作为地理符号学的一个分支，是目前语言景观研究中较为常用的一个理论，包括语码取向、字刻和置放等子系统。

语码指的是出现在公共空间的语言景观中的不同语言。在双语或多语标牌中，语言排列的先后顺序及彼此的空间位置关系反映了该语言在其语言社区中的地位。横向排版时，重要语码处于左侧，次要语码处于右侧；纵向排版时，重要语码占据上方，次要语码占据下方；包围式排版时，优先语码居于中心位置，次要语码居于边缘位置。标牌语言的呈现方式，标牌文字的大小、颜色、字体不同会产生不同的意义。字刻研究语言符号的不同呈现方式，具体体现为标牌文字的字体、标牌的材质、标牌叠加和标牌状态变化等。字体是语言代码的书写方式，不同的尺寸和书写方式可能具有不同的社会意义。材质是字刻的物质载体，材料的持久度、耐用性及质感都会引起对标牌意义的不同解读；叠加是指一种字刻临时添加附着在另一字刻之上；状态变化是指标牌的含义通过灯光、信号的亮灭来传达。关于标牌出现的位置及它与周围环境的关系，一定程度上也可以作为划分标牌种类的依据，包括去语境化、越界式和场景化，主要研究标牌所处不同空间位置而激活的不同意义。去语境化是指标牌不受空间语境的影响，始终保持同一形式出现；越界式是指标牌置放不当或是标牌未经批准；场景化是指标牌放置在恰当的空间位置。

文化空间反映标牌语码混合的设立在文化层面的意义。首先，根据韩艳梅、陈建平（2018）对语言景观标识牌互文现象的分类，本文结合语料，将语言景观的互文现象分为直接互文、创造性互文、篇际互文三种类型。直接互文指将存在久远、独立、意义完整、为人所熟知的来自外族文化的文本在未经任何改动的情况下直接引入本族文化语境中，彰显原汁原味的异国情调，对个人认知和情感产生作用。创造性互文通过混合运用不同语码镶嵌、创造出新文本，它经过长时间的传播为大众所熟知后可以转换成为直接互文的对象。篇际互文现象在语言景观中指不同体裁或话语风格的文本在符号集合体中混合使用、拼接而成并经历再语境化、形成意义完整的、全新的文本。

这一部分通过语言景观互文现象从语言角度解释特殊标牌的文化动因和形成机制，从语篇秩序和社会变迁的角度对语言景观进行历时研究，也有助于探索同一地区景观随着时代变化形成的文化变迁，全面探讨景观文化与语言管理系统之间的辨证互动关系。

传统上，语言景观主要使用电子照片记录语料，然后进行量化分析。但语言景观与社会生活、人际互动也密切相关，因此，语言景观需要采用质性研究与量化研究相结合的方法去探讨语言景观与社会、文化和政治语境的关系。质性研究是解释性驱动的，而量化研究是语料驱动的。本文生活空间的部分应用半结构化访谈方法，以消费者或游客以及景观设置者等生活在该区域的人为主要研究对象，一方面了解他们对当地语言景观的感知和偏好，并将其与空间实践的事实进行对比，总结产生偏差的原因；另一方面了解他们对景观语言管理的印象和态度，直观地呈现当下管理的现状与不足。

语言管理政策的制定与实施受到众多语言之外因素（如政治、经济、文化等）的影响，所以语言管理理论不仅关注语言现象本身，而且同样关注交际现象和社会文化现象，并在语言（狭义）、交际、社会经济之间建立等级关系（Neustupný & Nekvapil, 2003：186）。因此，构想空间重点关注语言景观管理的语言和社会文化两个要素（dimensions of language management）。语言管理要素主要包括公共标牌语言的选择、规范和翻译，并关注国家通用语言的主导地位。社会文化管理则关注语言景观带来的社会、经济和文化影响以及语言景观的精神风貌，更具有社会意义。因此，通过对构想空间的语言探究能够从政府官方文件等的分析中获知国家、地区层面对语言景观的规定，探究语言管理政策的实施与实际执行状况存在何种差距以及产生差距的原因。

3.2 语言管理理论

语言管理理论包括简单语言管理、有序语言管理以及语言管理循环理论。

3.2.1 语言管理理论

语言管理的内容具有分类性。根据语言管理的内容及性质，Jernudd & Neustupný（1987）将语言管理分为简单语言管理和有序语言管理。若把语言景观的语言管理的客体看成是"标牌语码"，那语言管理的任务就是景观设置者按管理方案进行标牌语码自下而上的修改创造，属简单语言管理。若把语言景观的语言管理的客体视为"语言景观系统"，那语言管理的任务就是对所管辖区域进行语言景观系统自上而下的匡正管理，属有序语言管理。语言管理的主体，即语言管理者，可以是团体也可以是个体，但他们都必须"拥有或声称拥有特权"；语言管理的客体或对象是语言标牌和语言符号本身。可见，简单语言管理是景观设置者对自己的语言实践进行的直接管理,以便达到"顺应"的效果,是即时的、初级的、基于话语的(何山华,2016)。有序语言管理是指国家、地区中的某些人通过做出相关决策对语言景观实践进行的干预或指导,这种管理涉及的人较多,而且具有间接性、复杂性和层级性等特点(张治国,2020)。

在本文中,语言管理的关键是确定语言景观在微观与宏观语境中的语言使用问题及所采取的修改,并提供匡正措施或解决方案。为了弥补语言规划"自上而下"的不足,语言管理理论逐渐从先前的"规划型"转变为"管理型",研究重点从"自上而下"转移为"自下而上",关注的是社会不同群体对语言管理的诉求,以代表着各方的利益和权力诉求,包括微观和宏观两个层面,即语言管理不单指自上而下的,由政府或权威机构从国家层面实施的语言规划理论模型的语言管理规范的设计和实施,更强调自下而上的语言管理方法,是传统意义上语言规划理论的进一步发展和完善。

尽管有序语言管理的范围和影响更大,但它还是始于简单语言管理。另外,简单语言管理偏向微观管理,采用"自下而上"的方法,往往发生在某一具体的语言实践或修改创造中,它可能是有意的,也可能是下意识的,而有序语言管理侧重宏观管理,采取"自上而下"的形式,通常出现于某个语言域中,它一般都是有准备和有目的的。

3.2.2 语言管理循环

语言管理的发展是过程性的,即简单管理和有序的管理都有一些层次性的阶段。以简单管理为例,其不仅仅局限于注意这一阶段,当语言符号使用者关注到某些语言不能达到使用规范时,管理已经开始,也就是说语言管理始于偏离使用规范的语言符号,基于对简单管理进行深入透彻的研究。在注意之后,第二个阶段即为评估注意到的未能达到使用规范的情况。这一阶段是语言管理理论的关键,因为在该阶段,语言符号使用者将语言问题给予负面评价。然而,语言符号使用者也有可能正面评价规范偏离。在评价之后,下一阶段可能进行的是调整设计,最终可以实施,也可以不实施。

Kimura（2014：257）提出语言管理循环可以包括一个实施后的反馈阶段，这一阶段的加入使该过程更加具有循环的特征。而且反馈阶段与前面的实施阶段有直接的联系，反馈导致重新调整。因此，语言循环过程中的第一个和最后一个步骤可以构成一个周期，简单管理和有序管理之间的互动也可以构成一个周期，这就是语言管理周期理论，如图3-1。语言管理理论坚持认为，对微观语言现象的研究是展开语言规划的前提和基础（Nekvapil，2015）。语言管理循环可以简单描述为：微观→宏观→微观（王英杰，2015：123）。即语言景观产生的问题被国家、政府或专家关注，问题解决后，管理调整方案再被微观层次的景观设置者接受和应用。

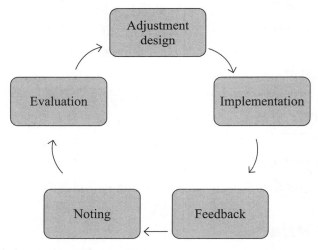

图3-1　语言管理循环（Kimura, 2014, p.267）

这个过程模式始于注意到偏离规范的问题标牌，经过对偏离现象的调整并得到管理政策实施，到接受景观受众的反馈结束。当然，这个过程是理想化的，现实中每个案例不一定包括其中的所有阶段。在某些情况下，管理过程在中途停止，这就是"不完整的语言管理循环"。例如，可以注意到一个偏差，但没有带来调整设计和实施。这种情况是无法直接观察到的，但可以通过后续访谈来解释。

3.3 本论文的合成框架

语言管理理论具有理论整合潜能,可以与许多语言理论进行对话和整合(王英杰,2015:126)。在本文中,空间实践为后续分析提供了基础;文化空间和体验空间是通过实地观察、访谈和互文分析的方法来考察特定社会背景下的语言景观,结合语言管理分析商铺私人标牌的修改以及人们对景观语言管理的看法和态度;这三个空间可以对应于简单语言管理。构想空间指的是宏观层面的官方态度和相关的法律、法规和政策等,发展的方向也就是自上而下的,是从国家以及制定相关政策的部门对某一地区或全国范围内语言景观的管理要求,即语言有序管理。所以在此基础上,这两大理论可以很好地结合互补,如图 3-2。

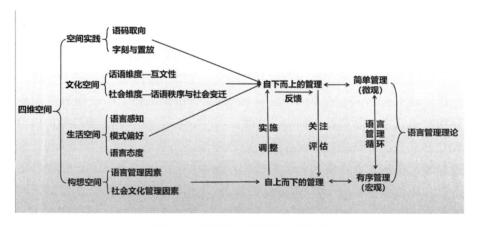

图 3-2 适用于本研究的合成框架

4 四维空间下语言景观的语言管理研究

4.1 语料收集与分类

为了对天津市语言景观的特点进行个案研究并深入探究不同功能属

性景观的语言管理现状，本文选取天津市时代奥城广场和古文化街作为研究对象。

时代奥城广场聚集了大量城市现代化景观资源、人文教育资源以及大型市政及文化设施，北依天津最大城市公园，西靠南翠屏公园，东侧与奥林匹克体育中心、体育馆为邻，是天津最大的韩日聚居区。古文化街位于海河西岸，系国家 5A 级旅游景区，以中国味、天津味、文化味以及古味作为经营特色，是一条体现天津传统及民俗文化的商业文化街。两地一定程度上代表了天津市现代化和古文化特色，暂以这两个街区作为样本进行研究。

从语言景观数据收集的方式来看，本文首先确定语言景观的空间范围，即将时代奥城广场和古文化街所见的标牌进行收集，划定语料收集的边界后，利用移动设备对两个街区采取穷尽式拍摄。标牌上插图或 Logo 中的语码不包含在样本范围内，简体中文、繁体中文与拼音均按中文统计，英文字母按英文统计，日 / 韩语的读音注释（即日韩罗马音）与平假名片假名、外来语等一致记为日 / 韩语语码，另外未将阿拉伯数字计入语码。最终采集时代奥城广场各类语言景观 255 个，古文化街 337 个，共计 592 个样本。这些标牌可以分为两大类，自上而下和自下而上，这两种类型也分别对应官方标牌和私人标牌。在本研究中，自上而下的标牌是指由政府设立的具有官方性质的语言标牌，能够体现国家和地方的语言政策和管理规划等，在本文中主要为公示警告语、街道名称、安全警示牌、公益广告等；自下而上的标牌指店铺或私人设立的用作商业或信息介绍的标牌，在本研究中主要为饮食店、服装店、珠宝店、娱乐场所等的店铺标牌。

本部分将基于四个空间所对应的两种语言管理模式展开讨论。

4.2 基于四维空间理论语言景观的简单管理研究

出现在公共空间的语言景观可以通过标牌所展现的文本体现该地的语言管理现状。语言景观的简单管理研究包括三个空间维度，即空间实践、文化空间和生活空间。空间实践对社会空间中标牌所呈现的语码偏好和字刻以及置放进行分析，语言作为我们研究语言管理现状的资源和直接方式，为整个研究奠定了基础。文化空间在考察街区基本特征的前提下从互文性的角度看景观自下而上的管理与修改，从社会的角度纵深探讨景观语言的变迁与景观在管理方面的发展，研究文化与管理的相互作用关系。生活空间是基于语言景观空间实践和文化空间分析之上而展开的补充研究，以求从新的角度有目的性地全面探究语言景观现状，直观把握语言管理的实施、改进与发展。

4.2.1 语言景观的空间实践

这一部分通过场所符号学理论，对标牌语码偏好和字刻以及置放进行分类分析，探索时代奥城和古文化街不同景观的特点。本文通过田野调查，共收集时代奥城广场各类语言景观 255 个，古文化街 337 个，共计 592 张照片作为分析样本，经整理，时代奥城广场和古文化街的具体分类与个数分布如表 3-1。

（1）语言景观的符号偏好

表 3-1 时代奥城广场语言景观分类及数据统计

标牌种类	具体分类	个数	总计
自上而下	指示类	16	43
	文明卫生类	13	
	警示类	6	
	食品安全类	4	
	法制监管类	4	
自下而上	餐饮类	131	212
	美容美发类	13	
	医疗教育机构	13	
	服装日用类	37	
	电子产品类	5	
	珠宝类	5	
	娱乐类	8	
总计			255

表 3-2　古文化街语言景观分类及数据统计

标牌种类	具体分类	例子	个数	总计
自上而下	文化政治类	胡同讲解、街道宣传照、政治方针	46	105
	指示牌	路标、导游全景图	29	
	安全卫生牌	消防安全提醒、卫生行为准则	18	
	警示牌	禁烟标志、高压电缆标志	12	
自下而上	餐饮娱乐类	茶庄、小吃、饭馆	91	232
	民间传统工艺类	剪纸、泥塑、扇子、刺绣、木偶、宣纸	77	
	文物古玩类	文房四宝、古旧书画、珠宝玉石、瓷器	37	
	服装类	民族服饰（旗袍、汉服、唐装、戏衣）	14	
	其他	鼻烟、玩具、现代饰品	13	
总计				337

时代奥城广场官方语言景观占比 16.86%，语码只有两种形式："仅有中文"或"中文＋英文"，表 3-3 呈现了时代奥城自上而下语言景观语码取向和分布情况。另外，从经济角度来说，呈现顾客群中认知度高、使用人数众多的语言是商业收益最大化的策略，不仅能充分利用景观制作材料的空间，降低成本，还由于英语的全球通用语地位，可以服务于尽可能多的外国籍人士（尚国文，2016：89-90）。

古文化街相对时代奥城官方标牌数量更多，占比 31.16%，且语码选择更丰富，见表 3-4。古文化街作为商业步行街及国家 5A 级景区，每年要接待大量的海外游客，根据 2020 年天津统计年鉴，接待入境旅游人数从高到低排序为：日本、韩国、美国、法国、德国。根据以上数据统计，语言景观中外语出现的频数基本与天津市外国人口数量的势力相符。从样本的语码分布来看，都采用了"中文在上，英／韩／日文在下"的形式。

表 3-3　时代奥城广场自上而下语言景观语码取向和分布情况数据统计

标牌种类	单语码	双语码		总计
	仅有中文	中文在上 英文在下	中文在左 英文在右	
指示牌	4	15	1	16
文明卫生牌	13			13
警示牌	4	2		6
食品安全	4			4
法制监管	4			4
总计	25	17	1	43

表 3-4　古文化街自上而下语言景观分类数据统计

标牌种类	单语码	双语码	多语码		总计
	中文	中文+英文 中文上 英文下	中文+英文+韩文 中文上 英、韩文下	中文+英文+韩文+日文 中文上 英、韩、日文下	
文化政治牌	34	6	6		46
指示牌	5	8	14	2	29
安全卫生牌	14	4			18
警示牌	3	4	3	2	12
总计	55	22	23	4	105

时代奥城广场作为商业广场，最主要的功能就是提供美食与购物环境。从表 3-5 可以看出，由于韩国人聚居者多，在这种情况下，外语大量出现，语码不限于英语，而是包含了母语汉语+英、韩、日、俄、法不同国家的语言，种类丰富，占总标牌比例的 65.56%。另外，表 3-6 展现了时代奥城广场自下而上语言分布形式多样，语言标牌类型较多，这与该地的整体基调密不可分，总的来说，时代奥城广场整体上语言景观的构建偏向于商业化和国际化驱动，即在外国人居多的情况下，该街区自下而上的语言景观呈现更多双语甚至多语现象。

表 3-5　时代奥城广场自下而上语言景观语码取向数据统计

语码形式		个数
单语码	只含中文	73
	只含英文	16
	只含日文	2
双语码	中文＋英文	85
	中文＋日文	9
	中文＋韩文	9
	中文＋俄文	1
	日语＋英文	1
多语码	中文＋英文＋韩文	12
	中文＋英文＋日文	3
	中文＋英文＋法文	1
总计		212

综上，时代奥城广场街区自上而下的语言景观更多地遵循国家及地方对语言管理的要求，其中都体现了中文的主体性与天津市语言景观的语言管理要求属于较为对应的关系。而自下而上标牌商户由于受功能属性的影响，不同语码在偏好取向和优先关系方面起到关键作用。由于古文化街属于"天津味、古味"的旅游景区，不仅语言景观要符合整条街道的属性，语言管理大体遵循国家及地方管理要求。

（2）语言景观的字刻与置放

字刻指标牌语言的呈现方式，置放关注标牌出现的位置以及它与周围环境的关系。这里主要分析标牌上语言的书写形式、标牌材质与标牌的置放等问题。

根据《中华人民共和国通用语言文字法》第 2 章第 13 条，公务服务行业应该使用标准汉字，可见由官方制定的几类标牌符合法律规定。在指示类的道路导向出现了"汉语拼音＋英文"的形式，根据天津市技术质量监督局 2011 年颁布的《天津市城市道路交通指引标志设置规范》6.2.1.3 的规定,"如果标志上使用英文,地名用汉语拼音……第一个字母大写,其余小写,根据需要也可全部大写,"符合管理条例规定。翻译地名时保留拼音一定程度上也是对汉语的地位的维护。1967 年,联合国地名标准化会议规定汉语拼音作为我国唯一罗马化的语言表达,在翻译地名时采用汉语拼音是为了与国际接轨,推进城市国际化的进程,同时也是捍卫汉语在国内语言文字使用方面最大可能地占主导地位,对汉语文化进行传播和保护。

古文化街官方标牌中的导向指示牌形态各异,大多由金属材料制成,表面光洁、不易褪色。作为旅游景区,多为多语码标牌,分散于建筑物墙体上以及景区出入口、街道交会口等。公共指示牌向游客提供指示信息,属于场景化放置。中华人民共和国国家质量监督检验检疫总局及中国国家标准化管理委员会 2009 年联合发布的《安全标志及使用导则》4.5.2.1 对安全警示标识书写位置做出规定:"横写时,文字辅助标志写在标志的下方,可以和标志连在一起,也可以分开,"其颜色材质及位置也均在此文件中做出规定,对照两个街区搜集到的警示牌发现其基本符合规定。

实木牌匾在古文化街私人标牌中最为常见,常为黑底金字或红底金字,繁体中文被频繁使用,只有少量店铺使用喷绘布做成门头,但配色和字体也和木制牌匾统一。简体中文和外文的使用在标牌中起到语言景观的信息功能,而繁体中文较多地体现了象征功能,象征了古文化街的民俗传统文化,同时也映射了语言所代表的社会身份和地位,即语言景观包含着语言群体成员对语言价值和地位的理解,标牌上选择某种语言,表明认可该语言的主导地位(尚国文,2014)。

4.2.2 语言景观的文化空间

互文性将语篇看成是一个不断将过去已存在的惯例和语篇转变成现有惯例和语篇的过程,其间内含的历史性和创新性为研究话语的历时性变迁提供了独特的视角。文化空间这一部分的分析框架从景观话语和社会两个维度展开:话语角度主要探讨语言景观的直接互文、创造性互文和篇际互文。研究发现，文化与管理是相互作用的辩证关系，语言管理对景观文化有约束作用，文化对管理有驱动作用，能够推进管理的完善。

（1）话语维度——互文性

互文性（intertextuality）概念最初由 Kristeva（1980：66）提出。她把语篇视为一个由三方参与的水平关系与垂直关系纵横交叉的对话空间，这三方为写作主体、受话人（或理想读者）和外部语篇："词的身份既由水平关系决定（语篇中的词既属于写作主体又属于受话人），也由垂直关系决定（语篇中的词回应此前或共时存在的作品）……每一个词或语篇都是不同的词或语篇的交汇点，在此交汇点上至少能读出一个其他词或语篇……"也就是说，文本拼接过程中，横向轴线（写作主体—接受者）与纵向轴线（文本—背景）相互交错，形成语篇的三度互文空间，横向互文关注"表意单位之间的衔接"，纵向互文关注当前文本与先前文本或共时文本之间的"共性标记"（Kristeva，1980：38）。

Fairclough（1992：104）借鉴法国话语分析学派使用的术语，将语篇互文性区分为"显性语篇互文性"（manifest intertextuality）和"隐性语篇互文性"（constitutive intertextuality）。显性互文性指的是一个语篇通过话语呈现、否定、元话语或反讽等方式明显地挪用另一个语篇的内容，在一定语篇层面中清晰可见其他语篇的痕迹特征；而对后者来说，这些语篇特征则是隐含模糊的，涉及文本所使用的整个语言系统，如体裁、风格、语域等话语类型的混合，以达到特别的交际目的。为强调构成语篇互文性的话语规约结构，Fairclough（1992）提出"篇际互文性"（interdiscursivity）作为隐性的语篇互文性的替代表达法，强调构成话语秩序的各种话语规约如何以多样的组合方式带来文本的异质性特征，以突出不同话语秩序成分的作用。

在本研究中，我们将语言景观的互文性界定为标牌话语呈现的一种手段，在这一呈现过程中，现有标牌的内容通常通过直接引用、间接转述或不同体裁风格混合、拼接的形式出现。根据韩艳梅、陈建平（2018）对跨文化互文现象的分类，纵向互文指当前文本来自异国的先前文本或共时文本，随着文本再语境化实现文化的再语境化，包括直接互文和创造性互文；横向互文指话语文本内部表意单位之间存在衔接关系，共同指示同一异国文化，包括篇际互文。以下将基于上述两个维度，就语言景观互文的三种类型对两个街区的语言标牌展开分析。

从历史的角度出发，直接互文将语言文本看作是把过去存在的惯例、来自外族文化和为人熟知的先前文本在未经任何改动的情况下直接引入本族文化语境当中，经过改造使之自然化。这些脍炙人口的先前文本和共时文本也可称为"先例文本"，其表现形式为存在久远、独立且意义完整，是先辈和同辈所熟知的言语活动产物，并作为符号反复出现、对个人认知和情感产生作用（刘宏，2007）。

创造性互文指借助话语要素的新结构以创造性的方式混合运用不同文本或语码，通过谐音法、剪切法、词首字母缩略法、外语混合法（Curtin，2009）等方法镶嵌、创造出新的文本。例如，图3-1"呷哺呷哺"源于日语しゃぶしゃぶ（xia bu xia bu），意思是一人一锅的吧台式小火锅，这种形式流行于日本，传到中国台湾后，通过谐音法被创造性地译为"呷哺呷哺"。"呷"（xia）在闽南语中有一口一口吃的意思，"哺"（bu）则有进补的含义。两个字合起来就是食用滋补、食用健康。创造性互文不是简单的文本拼接，而是语言和文化的整合，也意味着对标识牌背后文化因素的认知是交际者准确理解此类公共场所语篇的必要条件。

图3-1　创造性互文标牌

语言景观作为一种文本，会留下变化的痕迹。换句话说，直接互文和创造性互文在一定条件下可以相互转化，例如，一个由创造性互文方式创建的品牌经过多年的传播"变得流行"，之前通过创造性互文矛盾拼接的痕迹逐渐消失，转化为人们熟知的品牌，在其再语境化过程中便成为先例文本、可转化为直接互文的对象。

篇际互文在语言景观中指不同体裁或话语风格的文本在符号集合体

中混合使用、拼接而成并经历再语境化、形成意义完整的、全新的文本（韩艳梅、陈建平，2018）。篇际互文由几种隐性的混合关系构成，如体裁的混合、话语的交融、风格的杂存。例如图3-2店面招牌元素包含了"Nice to meet you""很高兴认识你""法餐·生蚝吧"等文本。"Nice to meet you"是英语国家表示初次见面打招呼的口语表达，被放大放置在了标牌正上方的显眼位置，占据了原本应该属于"法餐·生蚝吧"的主导位置，这种口语化的表达被用作商铺标牌中话语风格和体裁新颖独特，属于口语体裁和商业话语的混合应用。"法餐·生蚝吧"说明餐厅的性质，化身为具有现代化气息的外国特色餐饮文化。

图3-2　篇际互文标牌

　　上述体裁新颖、话语独特的文本被应用在商铺标牌中，构成西餐酒廊标识。

　　非文学语篇中的篇际互文性研究主要是从批判性话语分析的角度进行的，这一路径主要通过关注文本中的篇际互文关系来理解社会的变迁或进行社会研究，这样就把文本分析和社会研究结合起来，同时通过分析话语实践考虑到了交际的动态性（武建国，2012：20）。Fairclough（1992：200）认为，篇际互文性不仅是一个文体现象，而且是我们理解社会变迁的切入点，对我们的社会实践具有重要的启迪作用。他提出，语篇中的篇际互文关系反映了当今公共话语中连锁的三大趋势："民主化""商业化"和"技术化"，这些变化趋势又是影响后现代社会发展的重要因素。

　　（2）社会维度——话语秩序与社会变迁

　　语言景观通过互文的途径将一种文化现象在另一文化语境下进行融合、改造并应用在新的文化环境中，发挥其新的社会功能。为了更好地理解语言景观互文的功能，我们要首先了解制约互文形式的语篇秩序。

Fairclough（1992）提出，正在发生于话语秩序中的变化有三种主要趋势，即话语的民主化、话语的商业化和话语的技术化。话语秩序的主要趋势也是当今社会发展变迁的缩影，据此我们可以更好地理解标牌话语和社会的变迁。

随着促销文化对整个社会的冲击，提供信息同时进行劝诱已经成为一种趋势，话语实践跨越话语秩序的应用表明二者之间的界限正逐渐模糊，信息的实质内涵也就被彻底地改变（Fairclough，1992：214）。例如，从时代奥城广场的私人标牌来看，图3-2所展示的西餐厅以"Nice to meet you"这一西式口语化打招呼语将美食文化与西方人际文化融合，把日常口语交际话语类型挪用至商业语篇中，将非正式、口语化的体裁从异国文化带到当前语境。商铺标牌的第一要务就是吸引受众注意，随后，在受众心目中引发兴趣，或激起认同，尤其是通过树立店铺及其菜品或服务的威望使受众产生信任，进而激发受众的消费欲望。在此类语言景观互文现象中，通过包含外来文化内容的标牌来诱导消费者相信商家有能力提供地道和高品质的异国食品或服务，体现了标牌话语提供信息和说服劝诱的功能。

上述体现话语商品化的例子亦暗含"文化商品化"（韩艳梅、陈建平，2018），即通过提供文化、服务和产品相互交错的体验，使之成为融为一体的推销手段，以期借助文化的力量推销产品或服务。在经济全球化的背景下，文化商品化意味着不同国家的文化、不同历史背景的文化都可能被引入本土文化并实现融合、互动与创新，因此，城市的语言景观互文现象在现代社会发展中最能体现一座城市的文化开放度和国际化程度。

私人标牌以传递信息为主，包括店名、菜系、主营商品等相关内容。图3-3的烧烤店，以"还是那个味儿·鼓楼车条羊肉串"作为店铺名称，整个语篇亲切近人，儿化音侧重向读者传递信息这一语篇交际功能，还将口语化、非正式化的话语创造性地融入商业语篇，以达拉近与受众的距离、体现亲切感的目的。Fairclough（1992：201）指出，话语的民主化致力于"消除各群体在话语和语言权利、义务和声望方面的不平等和不对称"。因此该样例所体现的商业话语的话语实践和语言使用越发趋向口语化、非正式化、趣味性等方面，表明语言景观互文现象还受话语民主化语篇秩序影响，这正是当今崇尚休闲这一文化价值观的真实反映。这样风格的标牌在增强独特性、追求商家自身利益的同时，也根据特定场合的交际目的，发挥其在城市空间中创造和谐的国际化氛围的功能。因此体裁或语体上看似不相融合的成分也会在特定的环境下演变为一种新的话语规约。

图 3-3 古文化街传统文化和现代文化碰撞的私人标牌

语言景观在互文性社会维度的特征在一定程度上映射出当时的和现在的社会状况和社会关系，有利于我们更直观地了解中国社会的变迁，从而表现出管理系统与语言文化之间相互影响的辩证关系。社会变迁从某种程度上看是话语变迁，体现在标牌中语言文化的变迁，最直接的表现就是不同话语、体裁、语体以不同形式杂糅、创造成新语篇。

语言管理体系既是一些规则、条例，规定并约束着标牌语码的选择和形式呈现，它也有着深厚的文化支撑。文化是任何一种管理行为中隐形的但不可忽略的前提，任何一种语言管理行为的背后都离不开文化的作用。文化能明显地促进与之相适应的语言管理行为的落实与进步，一种与时俱进的文化理念是实现语言管理体系有效循环的必要因素。因此，语言管理体系需要文化的支撑。传统文化在管理体系中表现出了持续性和稳定性，而现代文化随着社会的发展应运而生，是文化变迁的重要体现。天津市古文化街私人语言景观的新旧标牌共现是传统文化和现代文化撞击的具体表现。

图 3-4 标牌由英文"Candy Art"和简体中文"乡景斋"的左右结构构成，标牌上以多模态形式呈现了一些童趣的图案，背板使用现代化的喷漆和材质，标牌整体风格和店铺主营的糖果等产品配合，彰显童年趣味；右边的标牌以中文繁体字"鄉景齋·嬉皮氏"上下结构构成，语体

严谨而正式。这两个标牌同属一家店铺,但却是完全不同的两种风格。很明显,左边的标牌体现语言现代化的气息,使用英文形式以适应社会的发展趋势,而右边的标牌自发地配合街道古文化的氛围。无独有偶,图 3-5 也是同样的情况。左边的标牌使用金色繁体隶书,将店铺的老字号从右往左端正地印刻在黑底背板上,右边的标牌使用"花生与糖的故事"将主营产品摘选在标牌中,采用口语化和非正式化的语体,通过拟人化手法将二者结合。字体上选用易辨易识的行楷,标牌背板采用花边波浪形状,带给人一种轻松和愉快的氛围。

图 3-4 古文化街传统文化和现代文化碰撞的私人标牌

图 3-5 同一家店铺使用两种不同风格的标牌

根据空间实践的分析,古文化街保留了原来老天津卫的传统风格,呈现一种经典的古色古香,拥有深厚的历史文化底蕴,一度成为我国现代化大都市古街的代表与模板。古文化街所呈现的文化内涵具有代表性和典型性,它代表了天津百年历史,凸显了老城的独特性,其中有文化的稳定性,保障街道特色的传承。语码选择和形式呈现多样性。这样的标牌适应了经济全球化发展的今天,顺应了现代化发展趋势和潮流,营造了国际化氛围,更能给游客一种熟悉感,吸引了更大受众群体的目光。

这两块标牌的设置体现了管理上的社会默契,尽管政府对古文化街此类现象的标牌没有做出明确规定,但部分商家统一选择以共现方式呈现传统老店对新兴文化的追随,同时也不丢本、不忘根,对传统文化进行了保留，这类的标牌体现了文化的变迁，是文化作用在标牌管理系统上的体现。语言文化具有引导性、水平式的特点，语言管理具有强制性、垂直式的特征，二者相互作用，表明语言管理和景观文化是一个双向性的动态循环过程。这有助于我们更好地理解语言文化与管理系统的辩证关系，即管理系统能够作用于语言的使用，约束和限制语言文化的应用与呈现，而语言文化也是管理的重要依据，为管理行为提供思路和支撑，对管理有驱动力。

本节从话语和社会两个视角对天津市语言景观标牌进行了分析，具体体现在语言景观互文性以及语篇秩序的两大趋势中，透视出语言景观的社会变迁，这些变迁集中体现在语言运用的变化上。研究发现，两个街区语言景观呈现出标牌公共话语与标牌私人领域话语实践交融，商业领域话语与日常会话话语交错使用，严谨传统的老字号、正式语体与亲切近人的口语化、非正式语体杂糅并用。也就是说，风格或语体上看似不相融合的语言成分也会在特定的环境下，随着话语秩序的打破而演变为一种适用于新环境下的话语形式。因此，语言景观话语实践不能单纯从语言管理系统决定标牌语言文化使用这一过分简单化的决定论来看待，应采取辩证的视角看待话语和管理系统之间的关系。

4.2.3 语言景观的生活空间

生活空间的数据收集和分析是基于语言景观空间实践和文化空间数据分析之上而展开的工具性补充研究。本部分采取半结构化访谈（semi-structured interview）的质性研究方法，以求从新的角度有目的性地直接了解到游客或消费者对街区景观的感知与偏好，景观设置者的意图以及他们对景观语言管理的印象和态度，同时更加准确直观地把握语言管理政策的落实与成效。

（1）半结构化访谈以及结果分析

本节采用半结构化访谈的形式，首先确定访谈主题，设计具有针对性和导向性的访谈提纲（guideline），分别对时代奥城广场和古文化街的景观设置者以及游客或消费者进行访谈，在访谈过程中恰当灵活提问，适当作出回应，访谈内容根据交流的进度和内容延伸，同时也根据交流状态更换访谈问题的顺序,最后将谈话录音转录为文字材料,共计六千余字。

在对天津市时代奥城广场一家经营韩国料理店做访谈的过程中,笔者询问了标牌语码选择的缘由,这位韩国店主的回答印证了中文在我国语言景观设置中的优先地位,同时也突出了英语在全球化背景下的经济性。

"问:时代奥城广场附近韩国人比较多,为什么只用了汉语和英译的标牌,没有用韩文再译一下?这样会不会受众更广泛了些?

答:不需要的,韩国人都知道汉字,韩语里也有中国的汉字,几乎99%的(韩国)人都知道这个(汉字的意思),而且还有英语辅助,用了中英文就足够了。"

根据空间实践的研究,时代奥城广场73.7%的店铺都以汉语为主,表明大多数的店铺还是会遵守《国家通用语言文字法》中"标牌上要使用标准汉字"的规定。但在样本收集过程中,时代奥城广场一家商铺的标牌使用了纯外文单词,如图3-6。具有质感的金属小号字体印刻在纯白色的背板上。通过交谈,店主提出标牌属于"简约风",想要打造国际化的感觉。根据消费者所言,这家店铺比较受年轻人欢迎。是当下很热的"ins风",很多人都是冲着拍照来的,目标群体定位准确。说明该店认为将外语作为标牌的首要语言或唯一语码能够在众多的语言景观中标新立异,追随时尚潮流,形成独特的风格,凸显出语码取向差异背后所蕴含的社会文化差异。但随着对标牌语码选择问题的深入交谈,发现该店主对语言管理条文并没有太多的了解,并认为"这边没有给出具体的规范""这里的管理不是很严格,没有硬性要求,所以店铺是什么风格都可以在标牌上体现出来"。从这一反映说明该地语言管理规范不严格,国家层面的法律规定并没有在微观层面得到很好的宣传与落实。

图3-6 仅有外文的标牌

在古文化街，笔者注意到，一些店铺会同时悬挂两个标牌，其中一个是老字号，使用传统字体自右往左书写，字体端庄，并以"楼""乡""斋""坊"区别建筑特点，另一个是充满现代化的标牌，使用有设计感的简体汉语或外语，并从左往右书写，通俗易懂，如图3-7。对此现象笔者进行了访谈。

图3-7　同一家店铺使用两种不同风格的标牌

"问：请问同一店铺为什么要设置两个标牌？

答：那是老牌子，和品牌有关，另一个是用来辅助解释的。

问：政策上有要求吗？如果用了现代化的牌子就得配合一个古味儿牌匾。

答：没有，自发的。算是内部的一种规定，……政府没有明文规定，应该可以说是一种管理上的社会默契。"无独有偶，另一家同名却使用两块不同行款方式的标牌的店铺也是这样回应道："这两个标牌都是我们一家的，'天艺阁'是我们的名号，只不过我这边卖的是鼻烟壶，旁边是历史展馆，相对更有年代感，就要遵循过去的习惯，使用从右往左写的行款规范，这得配合它的氛围。"

这里店主所提到的"社会默契"与"配合氛围"，不仅仅是店铺为了使自身与街道的整体属性和特点协调地融合，也体现了商户们对中文地位的认可，对中国传统文化的尊重。

但在问及遇到不符合景观管理规范的标牌会不会向工商部门投诉，店主的回答大多是"不愿意""多一事不如少一事"，认为这样的标牌可能是符合店铺自己的独特风格，但也有店主认为"如果是有反动性质或违反国家形象的标牌应该对其进行举报，每个人都有义务推进社会的发展与建设"。

在天津时代奥城广场的消费者眼中，一致认为该地语言种类丰富，尤其是英语和韩语大量出现。根据空间实践的调查，时代奥城广场有31%的标牌以外语为主，外语出现的频率占61.6%，因此访谈结果和空间实践的调查实现了相互印证，同时也说明其中近1/3的商户没有遵循标牌语言以国家通用语为主的规定。而且时代奥城广场官方标牌占比很低，只有16.9%，消费者也表示"除了国家重大节日有横幅进行政治宣传与庆祝，其他时间并没有注意到有官方标牌的存在"。

在天津古文化街的访谈中，游客均有提到古文化街的标牌"用了大量传统木制牌匾""隶书偏多""黑底金字"，这些店铺标牌的特点充分展示自己的独特性，吸引了游客更多的关注。当然这类的"独特性"在整条商业街有很多，所以古文化街从整体上看就是游客口中"古色古香"的。从语码感知上看，绝大部分游客在古文化街看到的都是中文标牌，根据空间实践的分析，古文化街外语出现频率仅占8.6%，说明外语标牌并没有引起游客的关注。有部分游客认为其身为国家5A级著名景点，老字号标牌应该多一些中英组合的形式，以便向外国友人介绍中华文化的博大精深。另外有些游客提出一些官方信息讲解标牌需要增添二维码形式，通过扫码轻松获取双语讲解，以提高文化宣传率，同时能够避免游客扎堆，增加街道的空间利用率。对于语言景观的类别，游客们纷纷认为该街道属于一条商业街，主攻餐饮观赏，商业性质的语言景观居多。但也有游客注意到，该街道功能齐全，人流量大，警示语等也不少。对此，从空间实践角度统计的数据来看，该街道虽然有警示语，但并不多，仅占3.6%，这也从侧面说明古文化街的警示牌摆放位置合理，游客们能够通过情景化放置获取有效信息。

在问及遇到不符合景观管理规范的标牌会不会向工商部门投诉时，游客的回答大多是因为不了解投诉渠道所以不会选择投诉，但也有个别游客觉得有责任维护天津市的形象，所以会上网搜索渠道或拨打8890。

（2）问题与解决方案

这些访谈展现出了消费者或游客和景观设置者分别对两个街区语言景观的感知、偏好和对景观语言管理的印象、态度。总的来说，从游客或消费者的角度来看，他们更关注私人标牌能否全面地提供产品信息，风格是否独特，让人耳目一新；而从景观设置者的角度来看，私人语言景观的设置偏向于考虑商铺的属性、目标群体、语言的经济性、语言管理等问题。天津时代奥城广场由于受地理位置与目标群体的影响，或者说，为了满足不同社会群体的需求，语言景观的种类比天津古文化街更丰富。另外，从语码取向以及优先关系能够体现出不同语言的地位。外语作为标牌的特色，可以在众多的语言景观中标新立异，形成独特的风格。这些观点与空间实践的分析结果不谋而合，但也体现出时代奥城广场对语言管理的松懈。这就需要加大对相关法律条文的解释与宣传，加强对语言景观的监控，要在商户设置标牌前就了解我国关于语言景观设置的相关条例，最大可能地将宏观政策层面的要求落实到微观世界。古文化街语言景观的呈现与它的功能属性密不可分，其使用传统中文手写体标牌，在内部形成社会默契，充分展现该街道的功能定位，但语码形式单一，外来友人可能无法理解其中的文化。因此，可以通过信息标识牌或双语二维码讲解增加对老字号的解释与宣传，扩大中华文化的影响力。

从官方语言景观的设置来说，游客或消费者更注重景观的设置能否发挥它的功能价值，为游客了解当地文化提供便利。但时代奥城广场和古文化街自上而下的语言景观设置的均相对较少，而且部分置放不合理，导致消费者并没有注意到，且对官方景观的出现频率在感知与印象上产生了记忆偏差，不利于发挥有效管理的作用。针对这一现象，城管以及市容等部门应该协调配合，优化官方标牌的质量以及投放位置，尽可能通过语境化的摆放发挥标牌最大的价值，不仅有效地介绍该地的文化，还能最大效度地宣传正确的思想方向和政治观念。

最后，群众的声音发不出去，就会造成管理上无法形成闭环，问题一直在微观层面反复，阻碍整个管理过程的前进。因此政府要倾听群众的声音，加强直接参与度，并作出积极的回应，这是最直接的、最快速的语言管理方式。

4.3 基于四维空间理论语言景观的有序管理研究

前几节主要从语言管理方面的三个维度探讨了时代奥城广场和古文

化街在公共空间的语言符号现状,自下而上的语言管理与修改。通过研究我们发现一些景观标牌不符合管理条例规定,这种情况需要我们进一步从宏观视角讨论语言管理的实践问题。本节从有序语言管理角度,即自上而下的语言管理出发,基于语言景观的构想空间分析探讨两个街区宏观层面的语言管理现状。

一个地方的语言景观反映了事实上该地的语言政策和管理。语言管理理论的形成和发展是自下而上的,关注不同社会群体对语言管理的需求,以代表各方利益和权力诉求。同时,这一理论不仅着眼于自下而上的语言修改,而且包含了语言管理规范的设计和实现,即自上而下的管理。自上而下的语言管理是由政府和相关权威部门发布和实施的关于语言景观管理文件和措施来体现的。本研究的构想空间从宏观层面把握语言景观自上而下的管理,数据主要来自国家政府部门颁布的语言景观语言使用与景观设置的相关法律法规和管理措施,例如《中华人民共和国宪法》《中华人民共和国国家通用语言文字法》《中华人民共和国广告法》《汉语拼音方案》等国家政府部门颁布的相关语言政策以及《天津市户外广告设置管理规定》《天津市语言文字社会应用管理规定》等地方管理条例中相应的城市语言景观设置与规范的内容。

4.3.1 语言景观的语言管理

天津市两个街区语言景观的语言管理主要包括两部分:语言文字的规范和翻译。《中华人民共和国宪法》规定:国家推广全国通用的普通话,各民族都有使用和发展自己的语言文字的自由。这是我国宪法明确规定的语言使用政策。由此可见,普通话是唯一指定的民族通用语,这也说明汉语在语言景观中占据主导地位。继宪法规定后,2001 年《中华人民共和国国家通用语言文字法》正式实施,强调要推广使用普通话,规范汉字。比如第一章第二条"本法所称的国家通用语言文字是普通话和规范汉字";第三条"国家推广普通话,推行规范汉字"。推广普通话和各民族使用和发展自己的语言文字,反映了主体化和多样性的原则。第四条"地方各级人民政府及其有关部门应当采取措施,推广普通话和推行规范汉字。"这是《宪法》对语言文字使用的有关规定。

关于语言景观的规范和管理，《国家通用语言文字法》也有相关规定。从第二章可以看出，"除法律另有规定外，国家机关为公务使用普通话和规范汉字"。上述规定表明，在我国的语言环境中，国家有关机关无条件使用标准汉字和普通话，公共服务业也应该使用标准汉字。也就是说，无论是官方语言景观还是私人语言景观，标牌上出现的汉字都必须是标准汉字。这无疑肯定了汉语在社会生活中的地位，充分体现了对中华文化的高度认同。

在语言文字使用管理和监督方面，《通用语言文字法》第二十三条规定："县级以上人民政府工商行政管理部门各级工商行政管理部门依法对企业名称、商品名称和广告中的用词进行管理和监督"，这说明工商行政管理部门对语言景观具有一定的控制力。一般来说，从国家语言管理的角度来看，汉语必须占据完全的主要地位，主要是普通话和规范汉字。汉字不仅是一个国家文化的象征，更是民族文化身份的凸显。

在全球化的背景下，标牌的语言管理除了语言文字的运用外，还涉及翻译问题。为了保障公共服务领域英文翻译和书写质量的基础性标准，国家质检总局、国家标准委联合发布《公共服务领域英文译写规范》，这是中国首个关于外语在境内如何规范使用的系列国家标准，这套标准具体涉及交通、旅游、文化娱乐、体育、教育、医疗卫生、邮政电信、餐饮住宿、商业金融等13个服务领域英文译写的原则、方法和要求，并为各领域常用的公共服务信息提供了规范译文。另外，《中华人民共和国国家通用语言文字法》第十七条规定："《汉语拼音方案》是普通话和规范汉字的拼写和注音工具。各类名称牌、指示牌、标志牌、招牌、标语（牌）、广告牌等牌匾不得单独使用汉语拼音；对规范汉字加注汉语拼音的，应当加注在汉字的下方。"《天津市语言文字社会应用管理规定》第十三条也做出了同样的规定。

结合两个街区语言景观设置的实际情况来看，时代奥城广场的私人语言景观在规范和管理方面与国家相关管理条例的规定很大程度上不吻合，比如未能保证汉语居于主要地位的标牌占私人语言景观的31.1%，有部分店铺没有使用标准汉字，应用了篆书、变异字等。从语言翻译问题来看，单独使用汉语拼音或未按照规定将拼音注在汉字下方的占6例。

而古文化街的情况较好，只有 2.6% 的私人景观不符合汉语居主要地位的规定，可见作为国家级旅游景点对其的关注与管理相对更严格，以向游客展示天津形象、中国形象。

4.3.2 语言景观的社会文化管理

Neustupný & Nekvapil（2003）认为成功的语言管理取决于成功的社会经济管理。因此，语言管理必须在社会经济管理的基础上进行。工商行政管理总局对于语言景观的管理更多的是设置语言规范并实行监督。从语言管理理论上来说，除语言层面的管理之外，语言管理理论中注入社会文化管理主要是基于社会规范的，如执行一定的政治、经济和文化政策（何山华，2016）。把社会文化管理纳入语言景观管理的研究范畴，意味着权力代表为语言使用制定了其他规范和准则，这些规范和准则适用于所有社会和文化。在研究语言景观中所体现的社会文化管理时，从构想空间入手就是指政府相关部门对除语言文字使用之外定下的其他规范和准则，且这些规范准则是对整个社会的景观文化有所影响的。

2004 年天津市人民政府发布了《天津市语言文字社会应用管理规定》，其中第三条"各级人民政府应当将推广普通话和推行规范汉字列入工作日程，并纳入本辖区城市管理和精神文明创建活动，为经济发展和社会进步创造良好的环境"，提到了语言景观的设置要与天津市的精神风貌相适应，要能推动天津市经济的发展和社会的进步。2007 年市人民政府通过了《天津市户外广告设置管理规定》，其中第一条提到了语言景观设置的目的要保证市容环境有秩序。由此可见，政府对于语言景观的管理并非只在乎其信息功能，对于语言景观的象征功能也十分在意。尤其是语言景观对于文化宣传和其他认同的辅助功能也十分关注。语言景观的设置必须能够体现出这些党和国家所强调的积极意识，旨在将国家社会的价值观、文化观融入语言景观的管理中，全方位加强思想引导和管理，构建社会主义文明有序的和谐社会。

天津市古文化街在政府相关部门的管理规划里有着不同寻常的意义和地位，对比两个街区空间实践数据的分析，这与古文化街的政治地位、历史文化和功能性质密不可分。古文化街作为国家 5A 级景区，吸引了世界各地的海外游客前来探寻天津卫的历史和文化脉络；作为孕育城市的胚胎，这条老街不仅承载着一座城市的记忆，更代表着一座城市的底蕴。因此相对时代奥城广场，古文化街会更加严格设置语言景观，比如汉语在标牌中占据主导地位、官方语言景观中多语标牌占比更大、整体上要求整洁等。由于古文化街是天津卫的发祥地，还拥有最早的妈祖庙之一，因此街道的风格尽可能统一，从生活空间的角度，游客们认为这条街"很有特点，古味儿很浓厚"。而对于商业街，比如时代奥城广场就属于开放设置户外语言景观的地方，体现出了靓丽、多元的风格，景观设置灵活多样。商业街的存在本身就是经济繁荣、文化多元的一个表现，对于商业街的语言景观的"放松"管理也是出于考虑到它们的经济效益。

语言管理是一个过程，包括关注、评估、调整、实施、反馈不同阶段，对构想空间的分析主要是基于语言管理过程的第三阶段——调整方案的制定和选择。本节以相关政府文件为依据，从语言管理与社会文化管理两个方面对语言景观进行了分析。国家在对语言景观进行管理的同时，对于不同地区语言景观的设置有明确的细节规定，且这些规定不仅涉及语言文字的使用，还涉及政治、经济和文化等多种因素，对语言景观所在地的社会文化进行了多重管理。总的来说，在语言管理方面，整个天津市的语言景观受到同等对待，即便天津是一个国际化的多语城市，国家通用语必须居于主导地位。但在社会文化管理方面，我国政府相关部门更加关注语言景观的精神风貌，关注由语言景观带来的社会经济文化影响，更加具有社会意义。

4.4　简单管理与有序管理之间的语言管理循环

任何语言景观的语言管理都始于出现在公共空间中的语言问题，直到问题消除，管理规划的过程才算终结。根据语言管理的内容及性质，Jernudd & Neustupný（1987）将语言管理分为简单语言管理和有序语言管理。有序语言管理发生在不同的层面，是指社区、地区或国家等语言域中某些人通过做出相关决定来对另一些语言实践所进行的干预或指导，这种管理涉及的范围较广，而且具有间接性、复杂性和难度大等特点。尽管有序语言管理的范围和影响都更大，但它还是始于简单语言管理。另外，简单语言管理偏向微观管理，采用"自下而上"的方法，往往发生在某一具体的语言环境中。而有序语言管理侧重宏观管理，采取"自上而下"的形式，通常出现于某个语言域中，它一般都是有准备和有目的的。

若把语言景观的语言管理客体看成是"标牌语码"，从微观角度来看，语言管理的任务就是景观设置者按管理方案进行"标牌语码的匡正"，属简单语言管理。若把语言景观的语言管理客体视为"语言景观系统"，从宏观角度来看，语言管理的任务就是对所管辖区域进行"语言景观系统的匡正"，属有序语言管理。可见，简单语言管理是景观设置者对自己的语言实践进行的直接管理，以便达到"顺应"的效果。这种管理由于被管理者仅为所属商铺的语言标牌，管理起来比较简单。

语言管理是一个过程，包括5个阶段：（1）注意（noting）到偏离标准的语言现象；（2）评估（evaluation）该现象的可能后果；（3）调整设计（adjustment design）；（4）实施计划（implementation）；（5）执行后进行的反馈（feedback），研究的基本特征是区分简单管理和有序管理，语言管理过程中的各步骤可以构成一个首尾相连的循环，简单管理和有序管理之间的互动也可以构成一个循环，这就是管理过程循环论（Kimura，2014：260）。然而这样一套完整的循环属于理想模式，现实中仍有因某环节的缺漏以至于未能形成完整的闭环。

根据语言管理理论，"微观→宏观→微观"的循环联系可以被视为连接不同层次的理想形式。这个框架准确描述了以下典型的情境：语言景观所产生的问题，引起社会、政策制定者或语言管理专家的关注，问题解决后，管理调整方案又为语言景观的创造者所接受。

随着社会经济的发展和语言文化的变迁，语言标牌越来越展现出来多元化的特点，各式各样的标牌层出不穷，一些不符合规范的语言文字鱼龙混杂，市场环境受到污染。典型案例有"叫了个鸡"炸鸡店，涉案标牌中，"鸡"本身的含义为一种家禽，但在"叫了个"+"鸡"的特殊构词方式形成的语境下,容易使人将"鸡"与民间约定俗成的隐晦含义相联系。这一现象的出现引起了语言景观受众的注意,根据相关法律条令的规定,管理部门对该类商铺标牌进行评估,根据我国《商标法》的明确规定,"有害于社会主义道德风尚或者有其他不良影响的"标志不得作为商标使用,《广告法》第九条第七项"广告不得有下列情形:(七)妨碍社会公共秩序或者违背社会良好风尚"的规定,因此工商管理部门将此问题标牌视为偏离语言规范并给予负面评价,认为此标牌会让消费者产生低俗联想,形成不良社会影响,要求该公司停止发布广告、罚款50万元整,最终更名为"叫了个炸鸡"。因此,标牌设置要以健康的内容为主,对违反公序良俗的不良文化标牌需进行整改,依据相关管理政策治理语言乱象。最后,我们根据消费者对该店的评价与反馈得知该店如今发展势态良好。

对于经营者而言,店铺标牌不仅是一个称谓,某种程度上具有广告效应,是展现城市文明的一扇窗口。为了吸引公众眼球,一些经营者颇费心思,不规范乃至恶俗的店名不仅毁损经营者自身的形象,也影响城市的文明形象。为了规范名称使用,国家工商行政管理部门出台了《个体工商户名称登记管理办法》,明确规定个体工商户名称不得违反社会公序良俗,不得使用不符合国家规范的语言文字。一些个体经营者法规意识欠缺,取店名时热衷于制造噱头,最终却违反社会公序良俗和语言文字规范。防范问题店名、"奇葩"店名,除了要依法查堵之外,还应积极进行宣传疏导,加强对《管理办法》等相关法规制度的宣传,引导更多经营者自觉规范经营,努力实现经济效益与社会效益的相统一。

另外,从天津市这两条代表性的街道来看,存在着大量的外语语码,然而国家层面的法律和天津市地方政府的条例涉及的相关规定很少,对外语语码在标牌上呈现的大小、位置、组合也没有具体的说明。从实践中来看,似乎也没有像对待中文那样去积极规范,无形中让很多的商家钻了空子。

语言管理理论增加了行为主体的参与过程,自下而上地推动了注意→评估→调整与实施→反馈的语言管理过程,同时将简单管理与有序管理纳入动态循环,使自上而下与自下而上两种路径有机地结合在一起（戴曼纯，2021：29），塑造了多个嵌套、迭代的过程循环。语言管理理论特别强调语言政策实施的循环过程，层层推进、不断适应。通过"管理循环"联结微观个体和宏观政策层面（Nekvapil，2009），揭示两个层面间的辩证互动、反思关联（Nekvapil & Nekula，2006）。因此，只有语言管理循环能够不停地、有效地转下去，我们的社会的车轮才能滚滚向前。

实际上，简单管理和有序管理都很复杂，上面提出的框架并不能完全涵盖。Neustupný & Nekvapil（2003）认为不同的人往往有不同的规范或看法，规范可以被不断修订，具有灵活性，不同的时代同样有不同的标准。

5　结论

本节首先对本论文的主要发现进行了总结。然后，通过回顾本论文的整个研究过程，强调了所做的贡献，以及研究的重要性。最后，总结了本研究的局限性和对未来研究的建议。

5.1　主要发现

本文对语言景观的语言管理进行了研究。语言景观作为语言管理的重要体现，是研究语言管理的有效途径。本论文根据搜集的语料与研究目的提出新的融合性研究框架，将语言景观作为研究对象，四维空间理论作为研究工具，对景观的简单语言管理和有序语言管理两方面进行研究。本文不仅挖掘语言管理循环的过程，探索语言管理循环的重要性，还提出如何实现有效循环，并为景观的语言管理提供建设性意见，促进社会发展。

本文将语言管理的简单管理和有序管理分别对应语言景观的四维空间，即简单管理对应空间实践、文化空间和生活空间，有序管理对应构想空间。具体体现在通过场所符号学理论进行空间实践的基础定量分析，呈现天津时代奥城广场和古文化街两个街区语言景观的语码取向、字刻和置放，发现自上而下的语言景观与官方语言景观的管理要求属于较为对应的关系，相比而言，私人语言景观呈现出的语码偏好与管理要求存在不吻合的状态。接着从语言和社会两个维度对语言景观的文化空间进行研究。从语言维度的分类分析发现两个街区的景观通过直接互文、创造性互文和篇际互文三大互文现象形成景观文化机制，体现自下而上对语言景观的修改。为探索更为广泛的社会背景，本文通过制约互文形式的语篇秩序，即话语商业化和话语民主化解析推进景观变迁更深刻的社会动因，发现该地语言景观随着时代变化形成的文化变迁，而语言文化也是管理的重要依据，为管理行为提供思路和支撑，对管理有驱动力。因此，景观文化和管理政策的关系要辩证地看待，管理条例制约语言景观符号的书写以及文化的表现形式，而通过景观呈现带来语言管理方面的反馈，帮助管理条例不断进行调整，以推动整个社会的发展。

5.2 局限和建议

本文对语言景观进行了实证研究，收集了天津古文化街和时代奥城广场的语言景观，采用定量分析和定性分析相结合的方法，对旅游景点和外国人聚居地的语言景观的语言管理进行深入研究。然而，该研究仍有一些不足之处。

首先，在空间实践的语料收集部分可能会有遗漏，商铺的更新时有发生，因此数据可能会有误差。其次，在探讨语言景观背后的社会文化因素时，可能过于简单，需要社会语言学甚至其他领域的一些理论的指导。另外，对如何进行有效循环的讨论不够深入，内容分析的主观意识强。最后，受疫情影响没有采访到外国游客和消费者对外国人聚居区以及旅游景区的语言景观的感知和偏好以及对语言管理的印象与态度。

【参考文献】

[1] Backhaus P. Multilingualism in Tokyo: A Look into the Linguistic Landscape

[J]. *International Journal of Multilingualism*, 2006, 3(1): 52-66.

[2] Ben-Rafael E., Shohamy E., Hasan Amara M., et al. Linguistic Landscape as Symbolic Construction of the Public Space: The Case of Israel[J]. *International Journal of Multilingualism*, 2006, 3(1): 7-30.

[3] Curtin, M. L. Languages on Display: Indexical Signs, Identities and the Linguistic Landscape of Taipei[M]. // E. Shohamy, D. Gorter. *Linguistic Landscape: Expanding the Scenery*. New York and London: Routledge, 2009: 239-254.

[4] Fairclough, N. *Discourse and Social Change*[J]. Cambridge: Polity, 1992.

[5] Lou, J. J. Chinatown in Washington, DC: The Bilingual Landscape[J]. *World Englishes*, 2012, 31(1), 34-47.

[6] Jernudd, B., Neustupný, J. Language Planning: For Whom?[C] Paper Presented at the International Colloquium on Language Planning. Ottawa, May, 1986.

[7] Jernudd, B. H. Language Planning as Discipline[J]. *Journal of Multilingual and Multicultural Development,* 1991,12(1-2): 127–134.

[8] Kristeva, J. *Desire in Language: A Semiotic Approach to Literature and Art* [M]. New York: Columbia University Press, 1980.

[9] Kimura, G. C. Language Management as a Cyclical Process: A Case Study on Prohibiting Sorbian in the Workplace[J]. *Slovo a slovesnost*, 2014,75, 255-268.

[10] Landry, R., Bourhis R. Y. Linguistic Landscape and Ethnolinguistic Vitality: An Empirical Study[J]. *Journal of Language and Social Psychology*, 1997,16, 23-49.

[11] Leeman, J., Modan, G. *Commodified Language in Chinatown: A Contextualized Approach to Linguistic Landscape*[M]. Malden: Blackwell Publishing, 2006.

[12] Lefebvre, H. *The Production of Space* [M]. Oxford: Blackwell, 1991.

[13] Moriarty, M. Languages in Motion: Multilingualism and Mobility in the Linguistic Landscape[J]. *International Journal of Multilingualism*, 2014,18(5), 457-463.

[14] Moriarty, M. Contesting Language Ideologies in the Linguistic Landscape of an Irish Tourist Town[J]. *International Journal of Bilingualism*, 2014,18(5),

464-477.

[15] Nekvapil, J. & Sherman, T. An Introduction: Language Management Theory in Language Policy and Planning[J]. *International Journal of the Sociology of Language*, 2015, 232.

[16] Nekvapil, J. The Integrative Potential of Language Management Theory. In J. Nekvapil & T. Sherman (Eds.)[J], *Language Management in Contact Situations: Perspectives from Three Continents*. Frankfurt am Main: Peter Lang, 2009: 1-11.

[17] Nekvapil, J. & Nekula, M. On Language Management in Multinational Companies in the Czech Republic[J]. *Current Issues in Language Planning*, 2006, 20(1), 92-104.

[18] Neustupný, J. V. & Nekvapil, J. Language Management in the Czech Republic[J]. *Current Issues in Language Planning*, 2003, 4, 181-186.

[19] Neustupný, J. V. Sociolinguistics and Language Management[J]. *Czech Sociological Review*, 2002, 38, 429-442.

[20] Nekvapill, J. From Language Planning to Language Management[J]. *Sociolinguistica*, 2006, 20, 92-104.

[21] Rosenbaum, Y., Elizabeth N., Cooper R. L., & Fishman. J. A. English on Keren Kayemet Street. In J. A. Fishman, R. L. Cooper, & A. W. Conrad (Eds.)[J], *The Spread of English: The Sociology of English as an Additional Language*. Rowley: Newbury House, 1977.

[22] Scollon, R. & Scollon, S. *Discourses in Place: Language in the Material World* [M]. London: Routledge, 2003.

[23] Spolsky, B., & Cooper, R. *The Languages of Jerusalem*[M]. Oxford: Clarendon Press, 1991.

[24] Stroud, C., & Mpendukana, S. Towards a Material Ethnography of Linguistic Landscape: Multilingualism, Mobility and Space in a South African Township [J]. *Journal of Sociolinguistics*, 2009, 13(3), 363-386.

[25] Tan, P. K. Singapore's Balancing Act: From the Perspective of the Linguistic Landscape[J]. *Journal of Social Issues in Southeast Asia*, 2014:2, 438-466.

[26] Trumper-Hecht, N. Linguistic Landscape in Mixed Cities in Israel from the Perspective of "Walkers": The Case of Arabic. In E. Shohamy, E. Ben-Rafael and M. Barni (Ed.)[J]. *Linguistic Landscape in the City* (pp. 235-251). Bristol: Multilingual Matters, 2010.

[27] 戴曼纯. 语言政策与规划理论构建：超越规划和管理的语言治理[J]. 云南师范大学学报，2021（2）.

[28] 韩艳梅，陈建平. 语言景观之跨文化互文现象研究[J]. 中国外语，2018（2）.

[29] 黄小丽. 上海市日文语言景观的立体化建设现状与思考[J]. 外语电化教学，2018（5）.

[30] 何山华，戴曼纯. 语言管理理论：源流与发展[J]. 语言规划学研究，2016（1）.

[31] 李丽生，夏娜. 少数民族地区城市语言景观中的语言使用状况——以丽江市古城区为例[J]. 语言战略研究，2017（2）.

[32] 李永斌. 西藏文化的多元变迁研究——基于拉萨市语言景观的历时调查[J]. 西藏大学学报，2020（3），61-69.

[33] 李永斌. 改革开放以来西藏语言使用的不同年代比较——基于拉萨市语言景观的历时调查[J]. 中国藏学，2019（4），209-214.

[34] 刘宏. 跨文化交际中的先例现象研究[J]. 外语与外语教学，2007（12），25-28.

[35] 李贻. 语言景观研究法：对广州北京路的历时性调查[J]. 海外英语，2011（11），300-301.

[36] 聂平俊. 外国人聚居区语言景观考察[J]. 语言学研究，2016（20），179-190.

[37] 潘秋玲. 旅游开发对语言文化景观的影响效应研究——以西安为例[J]. 旅游学刊，2005（6），19-24.

[38] 彭国跃. 上海南京路上语言景观的百年变迁——历史社会语言学个案研究[C]. 中国社会语言学，2015（1），52-66.

[39] 屈哨兵. 我国语言活力和语言服务的观察与思考[J]. 学术研究，2018（3），155-160.

[40] 尚国文,赵守辉. 语言景观的分析维度与理论构建 [J]. 外国语,2014a (6),81-89.

[41] 尚国文,赵守辉. 语言景观研究的视角、理论与方法 [J]. 外语教学与研究,2014b(2),214-223.

[42] 尚国文. 语言景观与语言教学:从资源到工具 [J]. 语言战略研究,2017 (2),11-19.

[43] 尚国文. 语言景观的语言经济学分析——以新马泰为例 [J]. 语言战略研究,2016(4),83-90.

[44] 苏杰. 语言生态学视角下语言景观中的语言权势与文化权势——以上海市为例 [D]. 上海:上海外国语大学,2017.

[45] 孙利. 语言景观翻译的现状及其交际翻译策略 [J]. 江西师范大学学报,2009(6),153-156.

[46] 覃耀龙,卢澄. 语言政策视角下的南宁市语言景观调查分析 [J]. 河池学院学报,2019(4),62-67.

[47] 王晓军,朱豫. 基于 CiteSpace 的国内语言景观研究述评 [J]. 语言学研究,2021(1),162-171.

[48] 王英杰. 语言规划理论的新发展——语言管理理论述略 [J]. 语言理论研究,2015(1),117-124.

[49] 武建国. 篇际互文性研究述评 [J]. 外语与外语教学,2012(2),17-21.

[50] 巫喜丽,战菊. 全球化背景下广州市"非洲街"语言景观实探 [J]. 外语研究,2017(2),6-11.

[51] 徐茗. 国外语言景观研究历程与发展趋势 [J]. 语言战略研究,2017(2),57-61.

[52] 夏娜,夏百川. 语言景观个案研究——以昆明文化巷为例 [J]. 黑龙江教育学院学报,2016(6),108-111.

[53] 徐红罡,任燕. 旅游对纳西东巴文语言景观的影响 [J]. 旅游学刊,2015(1),102-110.

[54] 杨金龙,等. "一带一路"战略下阿拉伯语言服务调查——以陕西、甘肃、宁夏回族聚居区的语言景观为例 [J]. 外文研究,2018(6),27-33.

[55] 杨金龙,梅德明. 新疆双语教育模式的理性选择与过渡——一项基于语言

景观的实证研究［J］. 语言文字应用，2016（4），35-41.

［56］俞玮奇，等. 国际化大都市外侨聚居区的多语景观实态——以北京望京和上海古北为例［J］. 语言文字应用，2016（1），36-44.

［57］余廖洁，潘不寒. 国内语言权势研究述评［J］. 文学教育，2019（10），160-161.

［58］张斌华，徐伟东. 城市化进程下中国城镇语言景观研究——以东莞市虎门镇商业步行街为例［J］. 语言政策与语言教育，（1），2017，73-84.

［59］张天伟. 语言景观研究的新路径、新方法与理论进展［J］. 语言战略研究，2020（4），48-59.

［60］张治国. 对语言管理中几个问题的思考［J］. 外语学刊，2020（3），93-94.

［61］周晓春. 语言景观研究的多维分析模型构建［J］. 上海理工大学学报，2019（2），137-142.

Language Management Study of Linguistic Landscapes Based on Four Dimensions Theory: A Case Study of Two Blocks in Tianjin

Wang Xiaojun　Ba Lirong

(Tianjin Foreign Studies University, Tianjin 300011)

Abstract: Since Landry & Bourhis put forward the concept of linguistic landscape in 1997, it has gradually attracted the attention of more and more scholars at home and abroad as one of the hot topics in the field of sociology. According to the definition, "The language appearing on public road signs, billboards, street names, place names, shop signs and public signs of government buildings together constitute the linguistic landscape of a territory, region or urban agglomeration." (Landry & Bourhis, 1997, p. 25) Linguistic landscape research is concerned with the various forms of public sign appearing in the field of public space. As a physical representation of ideology and an indicator of social practices, linguistic landscape is an important part of the construction of public space. Governments and rulers use linguistic landscapes as mediators of spatial practices to ensure the visibility of their official languages and to guide and manage the language choice, language presentation, and the communication and integration of different languages in public signs through legislation and other means.

With the progress of Chinese society and the acceleration of urbanization, the changes and updates of linguistic landscape brought by urban construction and management planning are worthy of in-depth investigation and research. Jernudd & Neustupný (1986) first introduced "language management" as a theory into the field of sociolinguistics, which takes the identification of language problems and their solution as the key, and combines the top-down organized management and the bottom-up simple management paths. It also aims to achieve a dynamic cycle of language management in the ideal model by noting, evaluation, adjustment, implement and feedback on language in five steps. Therefore, the language management issues in linguistic landscapes can be studied by applying language management theory.

Lefebvre (1991) proposed a theory of the social production of space, which includes three interconnected and evolving spaces, namely, spatial practice, lived space and conceived space. The purpose of this thesis is to explore language management research in linguistic landscape at both micro and macro levels, while the application of Lefebvre's three spaces here is slightly flat, failing to examine the development of the landscape in a three-dimensional manner under the influence of social and cultural changes, and not facilitating the exploration of the cyclical development of language management. Therefore, this study increases the cultural space, investigates the bottom-up management and modification of the landscape from the perspective of intertextuality under the premise of examining the basic characteristics of two blocks, and explores the landscape change and language management development from the perspective of social change and discourse change in a longitudinal manner.

This thesis attempts to conceptualize the study of language management in linguistic landscapes into a new analytical framework suitable for this study based on points of Lefebvre (1991) and Jernudd & Neustupný (1986), and apply this new theoretical model to re-evaluate the language management patterns of linguistic landscapes at different levels. Tianjin Times Olympic Square and the Ancient Culture Street are selected as research objects to explore the practice, creation and modification of language at the micro level through the study of simple language management, while organized management is more of a macro level of regulation and management due to policy implication. This practical research not only makes a beneficial exploration on the linguistic landscape of typical blocks in Tianjin, but also provides references for the management and construction of foreigners' settlements and tourist attractions, with a view to improving the management effectiveness of the linguistic landscape, achieving an effective cycle of language management in the linguistic landscape.

Key Words: Four Dimensions; Linguistic Landscape; Discourse Change; Language Management; Language Management Cycle

作者简介： 王晓军，天津外国语大学英语学院教授、博士、博士生导师。主要研究方向：语用学、社会语言学。邮箱：wxj290@126.com。

巴丽蓉，天津外国语大学研究生。主要研究方向：社会语言学。邮箱：1053255768@qq.com。

京津冀协同发展的语言服务企业调查分析及启示

对外经济贸易大学　崔启亮　郑丽萌

【摘　要】 本文以京津冀 207 家语言服务需求方与提供方企业调查数据为基础，分析了京津冀协同发展下的语言服务需求方与提供方企业现状，指出京津冀语言服务行业协同发展方面存在的问题。提出语言服务行业应以服务京津冀协同发展为目标，语言服务需求方应加强需求方语言服务组织、人才建设与供应商管理规范；语言服务提供方企业应提高专业实力、加快数字化转型的建议。

【关键词】 京津冀；语言服务；需求方；提供方；协同发展

1　引言

　　语言服务是跨语言、跨文化交际的媒介，是推动企业走出去的基础设施（崔启亮、刘佳鑫，2015：70）。京津冀协同发展是推动区域产业发展的国家战略，语言服务在区域协调发展中的关键作用值得关注（李现乐，2015：54）。中国翻译协会（2012，2014，2017，2018，2019）积极主导全国语言服务行业调查研究，自 2012 年起先后发布了 5 份中国语言服务行业发展研究报告。然而这些报告均是对全国语言服务行业的整体研究，没有针对区域语言服务进行专项分析，对京津冀协同发展的语言服务研究还处于空白。

语言服务行业的本质可视为一个生态系统，相关主体相互依存而非个体化发展，连锁式特征决定其必须坚持协同发展之路（王华树，2017：86），语言服务需求企业和语言服务提供企业是语言服务行业的核心，是语言服务行业最活跃的市场参与者。本文以京津冀语言服务需求企业（语言服务需求方）和语言服务提供企业（语言服务提供方）为研究对象，通过全面和精准的数据调查与深度分析，按照需求先行、提供跟进的顺序，剖析京津冀语言服务行业发展现状，研究京津冀协同发展中存在的语言服务问题，提出京津冀语言服务的发展建议。

2 调查设计与实施

2.1 调查对象

调查对象是京津冀语言服务行业的需求方和提供方企业。语言服务行业以需求为导向，语言服务需求方和提供方分别提供业务需求和市场需求，形成语言服务产业链核心。中国翻译协会（2012）指出语言服务提供方（LSP）以提供跨语言和跨文化信息转换服务的语言服务企业为代表。语言服务需求方（LSB）以经营或业务部分依赖于跨语言和跨文化信息转换服务的机构或企业为代表。

2.2 数据来源

本次调查的数据主要来自三个途径：（1）2019 年中国翻译协会对全国语言服务行业的调查，本研究引用该调查中的京津冀语言服务的原始数据。（2）针对中国翻译协会原始调查数据数量不足的问题，本研究对河北和天津的语言服务供需双方实施补充调查。（3）美国 CSA Research

公司、北京语言大学国际语言服务研究院、河北民族师范学院语言服务研究所联合发起的"中国语言服务企业应对新冠疫情调查（2020年8月）"，本报告引用了此项调查中京津冀语言服务企业的大部分数据，并且补充调查了天津市和河北省的相关数据。以上三种数据来源均已获得原始数据方的引用许可。

3 京津冀语言服务需求方与提供方企业现状

本研究共调查了207家公司，如表4-1所示。其中，北京150家（语言服务需求方57家，语言服务提供方93家）、天津30家（语言服务需求方17家，语言服务提供方13家）、河北27家（语言服务需求方12家，语言服务提供方15家）。从参加调查的公司数量看，北京高居榜首，反映了北京作为京津冀的核心，在语言服务需求方和语言服务提供方中发挥着重大作用。通过对调查数据进行分析，可以较为全面客观地分析京津冀语言服务行业现状。

表4-1 京津冀语言服务各方的调查数据

省市	调查的需求方	调查的提供方	疫情调查企业
北京	57	70	23
天津	17	10	3
河北	12	11	4
小计	86	91	30
总计	207		

3.1 语言服务需求类型多元化，笔译和口译需求最大

调查数据如表4-2所示，京津冀需求方的语言服务需求多元化，市

场需求前两位分别是笔译和口译,超 80% 的语言服务需求方都有笔译业务需求。此外,市场需求比例较大的为技术写作、翻译工具/软件开发和语言相关咨询服务。从语言服务需求地域分布角度分析,北京市和天津市的笔译与口译需求占比基本相同。河北省需求方的口译需求占比少于北京市和天津市,河北省笔译需求占比高于京津两市。本地化服务需求占比从高到低排序依次是北京市、天津市和河北省,可见北京翻译需求对外开放程度更高。河北省的机器翻译/译后编辑、翻译工具/软件开发业务需求占比多于京津两市。

表 4-2　京津冀语言服务需求方的需求类型　　　　（单位:%）

地域	笔译	口译	语言相关咨询服务	翻译工具/软件开发	技术写作	本地化服务	机器翻译/译后编辑	语言服务人才培训	字幕和配音	文档排版
北京	80.7	78.9	40.4	36.8	31.6	24.6	24.6	35.1	17.5	31.6
天津	82.4	82.4	7.6	11.8	23.5	17.6	11.8	5.9	5.9	17.6
河北	100.0	45.5	27.3	45.5	36.4	9.1	36.4	27.3	9.1	18.2

3.2　语言服务需求行业垂直化,装备制造和信息技术需求最多

调查数据如表 4-3 所示,语言服务需求行业垂直化,装备制造和信息技术是京津冀语言服务需求最多的两个行业,其次是来自跨境电商、政府外宣、教育培训、法律法规、影视文化、国际工程、能源行业的语言服务需求。从地域分布看,河北省对装备制造的语言服务需求最多,天津市对信息技术的语言服务需求最多,北京市对生物制药的语言服务需求最多。可见不同区域间有显著语言服务行业差异,北京语言服务需求行业更为多样、均衡,行业分布差异也间接影响地域间的语言服务需求类型。

表 4-3 京津冀语言服务需求方的行业类型　　　（单位：%）

地域	装备制造	信息技术	跨境电商	政府外宣	教育培训	法律法规	涉外公证	金融财经	软件游戏	国际工程	国际传播	航天航空	生物医药	地质矿产	影视文化
北京	10.5	21.1	5.3	3.5	3.5	3.5	—	3.5	3.5	3.5	5.3	5.3	—	8.8	—
天津	23.5	29.4	5.9	—	—	—	—	—	—	5.9	—	5.9	—	5.9	—
河北	41.7	8.3	8.3	8.3	8.3	8.3	—	—	—	—	—	—	—	—	8.3

3.3 语言服务提供方地域分布不均匀，呈现"一核两翼"产业分布特征

本次调研的数据与中国工商总局在营企业数据库显示，京津冀以翻译为主营业务的语言服务企业共有1895家。其中，北京市语言服务企业1604家，占京津冀语言服务企业总数量的84.6%，是天津市的12.2倍、河北省的10.0倍。河北省语言服务企业160家，占比8.4%，数量是天津市（131家）的1.2倍。作为国家政治、文化、经济中心，北京在京津冀语言服务行业扮演当之无愧的核心角色，与作为京津冀语言服务产业两翼的天津市和河北省一齐形成"一核两翼"的京津冀语言服务行业格局。

3.4 语言服务提供方主营业务及服务领域多样化，语言服务咨询增长迅速，IT、教育培训和装备制造领域位列前三

京津冀语言服务提供方主营业务多样化，如表4-4所示。调查数据显示笔译和口译仍然是占比最大的两项业务，占比较高、发展较快的其他语言服务为语言咨询服务、本地化、文档排版、技术写作。从地域分布看，京津冀三省市的语言服务提供方企业在笔译、口译、字幕翻译和

配音方面的业务占比接近。北京市的机器翻译/译后编辑业务（50.0%）比天津市（40.0%）和河北省（18.2%）占比更大。天津市的翻译工具/软件开发业务（50.0%）占比高于北京市（35.7%）和河北省（9.1%）。河北省的技术写作（54.4%）、语言咨询服务（72.7.%）占比高于京津两市。

表 4-4 京津冀语言服务提供方的主营业务 （单位：%）

地域	笔译	口译	语言相关咨询服务	翻译工具/软件开发	技术写作	本地化服务	机器翻译/译后编辑	语言服务人才培训	字幕和配音	文档排版
北京	82.9	74.3	57.1	35.7	31.4	51.4	50.0	57.1	52.9	40.0
天津	90.0	70.0	50.0	50.0	20.0	50.0	40.0	5.9	5.9	17.6
河北	90.9	72.7	72.7	9.1	54.5	54.5	18.2	27.3	36.4	45.5

京津冀语言服务提供方服务的专业领域多样化，表 4-5 所示数据为占比较高的 15 个专业领域。按占比从大到小排序，分别是信息技术（IT）、教育培训、装备制造、国际工程、能源、涉外公证、跨境电商、知识产权、生物制药、会议会展、旅游交通、法律法规、国际传播、政府外宣、金融财经。从区域分布看，北京市占比较大的是信息技术（58.6%）和跨境电商（52.9%）。天津市占比最大的是生物制药（44.3%），而河北省占比最大的是国际工程（54.5%）。京津冀三省市语言服务提供方的服务在金融财经、旅游交通、知识产权、教育培训、涉外公证领域分布较为接近。语言服务领域的多样化具有积极意义，其繁荣发展既加强了中国与世界的语言互通，也为高科技产业技术研发贡献力量（徐珺、王清然，2018：54）。

表 4-5　京津冀语言服务提供方的服务领域　　（单位：%）

地域	信息技术	跨境电商	涉外公证	生物制药	教育培训	政府外宣	装备制造	知识产权	旅游交通	法律法规	能源	国际工程	会议会展	国际传播	金融财经
北京	58.6	52.9	47.1	44.3	44.3	42.9	41.4	41.4	40.0	37.1	28.6	35.7	32.9	28.6	27.1
天津	50.0	30.0	40.0	70.0	60.0	—	60.0	30.0	30.0	40.0	60.0	50.0	50.0	40.0	30.0
河北	45.5	36.4	45.5	—	45.5	45.5	45.5	45.5	36.4	27.3	45.5	54.5	27.3	54.5	27.3

3.5　新冠病毒疫情对北京语言服务影响显著，津冀两地业务"逆市上扬"

2020 年突如其来的新冠病毒疫情对语言服务行业造成了较大影响，根据表 4-6 的调查数据，疫情对北京语言服务企业的业务影响最大，对天津市语言服务企业影响最小。与 2019 年同期相比，52.2% 的北京语言服务企业业务量"下降"，66.7% 的天津语言服务企业业务量"持平"。河北语言服务企业受疫情影响的数据出现分化，25.0% 选择"下降"，25.0% 选择"增长"，50.0% 选择"持平"。从调查数据看，天津市和河北省语言服务企业在新冠病毒疫情蔓延期间，业务与去年同期持平和增长的企业占比超过了业务下降的企业占比，呈现"逆势增长"现象。

表 4-6　京津冀语言服务提供方受新冠病毒疫情的影响　　（单位：%）

地域	增长	下降	持平	言之尚早
北京	26.1	52.2	8.7	13.0
天津	33.3	—	66.7	—
河北	25.0	25.0	50.0	—

从新冠病毒疫情对垂直行业影响来看，北京语言服务信息技术行业、展览展会、金融财经和媒体休闲相关的业务需求显著下降，而"医疗卫生"是业务增长最大的行业。天津和河北语言服务垂直行业业务中，业务下降的行业为信息技术、金融财经、航空航天、展览展会等。业务增长的五个行业分别是通信、法律、医疗卫生、政府公共服务。

3.6 语言服务需求方与提供方对产业比较满意，但双方对于机器翻译发展的认识完全相反

京津冀语言服务各方对语言服务产业比较满意。由调查数据表 4-7 可知，语言服务需求方满意度最高，68.6% 的语言服务需求方对语言服务产业"比较满意"，14.0% 的语言服务需求方"非常满意"。语言服务提供方对语言服务产业的满意度最低，75.6% 的语言服务提供方"不太满意"，11.1% 的语言服务提供方"非常不满意"。语言服务需求方对产业基本满意，市场反响良好，但语言服务提供方对产业满意度较低。

表 4-7　京津冀语言服务企业对语言服务产业的满意度评价　　（单位：%）

主体	非常满意	比较满意	不太满意	非常不满意
语言服务需求方	14.0	68.6	17.4	—
语言服务提供方	—	13.3	75.6	11.1

人工智能时代下的技术创新为语言服务行业发展带来机遇，却也使得译员面临被机器翻译、语音识别等技术替代的风险与可能（王华树、李智，2019：72）。在关于未来机器翻译是否能够取代人工翻译的问题上，京津冀语言服务供需双方存在巨大认识差异。由表 4-8 数据可知，京津冀需求方选择"比较同意"的占比较大，也就是较高比例的需求方认为未来机器翻译会取代人工翻译。其中，北京需求方选择"比较同意"的占 57.9%，选择"非常同意"的占 12.3%。但是语言服务提供方对这个问题持相反观点，根据中国翻译协会（2019：21）对语言服务提供方

的调查，75.0%的语言服务提供方不相信人工翻译会被机器翻译取代。语言服务需求方与提供方对机器翻译发展的认识不同，将会影响双方对翻译技术、翻译方式、翻译价格、翻译效率、翻译合作方面的认识，双方需要更多的交流和实践验证。

表4-8　京津冀语言服务需求方关于未来机器翻译能否取代人工翻译的观点（单位：%）

地域	非常同意	比较同意	不太同意	非常不同意
北京	12.3	57.9	26.3	3.5
天津	5.9	25.3	58.8	—
河北	—	41.7	41.7	16.7

4　京津冀语言服务需求方与供给方企业问题及建议

在较为全面地分析京津冀语言服务现状后，本研究基于调查数据分析，挖掘京津冀语言服务存在的问题，提出促进京津冀语言服务行业协同发展的建议，旨在促进京津冀语言服务协同发展。

4.1　京津冀语言服务行业缺乏协同发展，应以服务协同发展为目标，加强语言服务顶层规划与设计

语言服务产业作为近年来迅速成长的新型现代服务业态，尚未完全从传统产业中独立出来（姚亚芝、司显柱，2016：42），京津冀语言服务行业也没有纳入国家京津冀协同发展战略，语言服务在协助京津冀协同发展方面没有充分发挥促进对外交流、传播文明文化、促进企业全球化的作用。主要表现是缺乏京津冀协同发展下的语言服务行业发展规划，没有进行顶层设计，当前的京津冀语言服务行业处于纯粹市场驱动的自我发展阶段，京津冀语言服务没有充分共享资源和信息的平台。

肩负着推动中国走向世界的战略性使命，语言服务有必要成为国家战略的组成部分（何恩培、闫栗丽，2019：134）。因此，基于上述问题，语言服务行业应深刻分析京津冀协同发展的国家战略，主动对接京津冀协同发展对语言服务的多元需求，努力将语言服务纳入京津冀协同发展的国家规划和行动方案中。同时，深入分析京津冀协同发展对语言服务的需求，加强京津冀公共语言服务基础设施以及应急语言服务规划与建设，加强京津冀重点发展的垂直行业语料库、术语库、人才库、标准库等语言服务基础设施建设，促进语言服务产业链的协同发展（王立非、崔启亮、蒙永业，2016：60），满足京津冀协同发展过程中对外交流和经济发展的需要。

4.2 语言服务需求方缺乏专业翻译人员，应加强语言服务人才培养，提高语言服务整体能力

语言服务是专业服务，需要配置专职专业人员，才能保证语言服务的质量。为了高效地保证语言服务准确性和一致性，离不开译员良好的专业背景和自上而下的规范审校流程等（胡安江，2017：87）。调查发现，尽管大部分语言服务需求方设有专职翻译人员和审校人员，但是仍有近20.0%的需求方没有专职翻译人员。其中，河北省18.2%、天津市17.6%、北京市15.8%的需求方没有专职翻译人员和审校人员，所有翻译工作均选择外包。在没有专职翻译人员和审校人员的情况下，翻译工作外包质量如何保证？如何检验和评估外包公司提供的翻译内容的准确性、合规性和通顺性？如果选择的外包翻译公司不专业，需求方也没有能力及时和正确地发现质量问题，由此会导致翻译质量难以保证，甚至造成严重的经济损失和跨文化交流的失败。

因此，语言服务需求方企业应加强语言战略管理，企业语言战略指导、规划、设计以及调整企业有关语言活动的实施和未来发展方向（王立非，2020：123）。在企业语言战略管理中，语言服务人才管理是语言战略管理的重要内容。语言服务以人为本，语言服务人才不仅具有翻译能力，而且需要集双语文化交流、信息技术运用、团队工作、管理等技

能为一体（俞敬松、耿思思，2019：88）。语言服务需求企业应建立健全专业人才招聘、培养、应用和激励机制，通过完善企业文化、发展机会、组织结构等为语言服务人才施展才华创造良好的外部环境，从而提高企业整体语言服务能力。大力发展语言服务产业，输出优秀的语言服务人才，可以推动中国国际贸易发展并获得国际贸易话语权（王立非、金钰珏，2018：18）。

4.3 语言服务需求方选择服务方不规范，应促进供应商管理规范化，提高语言服务管理能力

语言服务外包是国际语言服务行业的通行方式，如果要取得满意的外包效果，科学选择语言服务提供方至关重要。此外，需求方加强语言服务提供方管理，可以降低语言服务项目实施风险。优秀的语言服务提供方可帮助需求方降低成本、增加收益，而劣质的服务方则会影响产品在目标市场的销售，造成经济损失并影响公司品牌。需求方在选择和管理服务方时应采取合适的策略，制定全面的评估体系，同时根据自身需求设立具体的评估指标（崔启亮、安姗姗，2015：36）。

京津冀需求方选择语言服务提供方的途径有哪些？调查数据如表4-9所示，京津冀三省市需求方选择语言服务提供方最常见的方式是"熟人推荐"。其中，河北省需求方66.7%使用"熟人推荐"，查询"中国翻译协会会员名单"是第二常用的选择方法，58.3%的天津市需求方选择此项。加入中国翻译协会的会员企业很多，每家会员企业都有擅长的服务领域和语种，管理能力也各不相同，需求方在选择语言服务提供方时需要全面考虑以上因素。调查结果显示，第三种常用的选择方式是"搜索引擎"，通过搜索引擎搜索的语言服务提供方，通常并不具备翻译服务方的服务能力。一些翻译公司通过搜索引擎的"竞价排名""购买关键词"的方式进行企业推广。一些语言服务企业网站夸大宣传服务能力，列出了很多分公司、服务语种和行业等，然而实际服务能力与网络宣传并不相符。

表 4-9　京津冀需求方选择语言服务提供方的途径　　（单位：%）

地域	熟人推荐	搜索引擎	行业展览和会议	翻译协会名单	第三方调研机构报告	招标	平面媒体广告	社交媒体
北京	19.3	31.6	19.3	28.1	33.3	35.1	19.3	21.1
天津	25.0	25.0	25.0	58.3	33.3	25.0	8.0	25.0
河北	66.7	44.4	33.3	22.2	11.1	11.1	—	—

针对上述选择服务方不规范的问题，语言服务需求方应该分析语言服务采购需求，结合现实需求和未来发展需要，制定包括选择方法、评估模式、激励措施在内的语言服务提供方管理规范。与此同时，要与国际国内语言服务管理领先的同行企业交流，参考中外语言服务供应商选择规范和实践，做好语言服务供应商管理，将外部语言服务供应商作为本单位的虚拟生产团队和业务合作伙伴，扩大本单位的语言服务实施能力，提高语言服务管理能力。

4.4　语言服务提供方总体规模较小，应提高提供方企业专业实力，吸引更多高层次人才加入

中国翻译协会（2019：36）的调查数据显示，全国 56.3% 的语言服务提供方企业的在职正式员工数小于 20 人。京津冀语言服务提供方规模同样偏小，以公司正式员工人数为例，京津冀语言服务公司占比最高的是在职正式员工数 1~10 人的公司。其中，河北省 1~10 人的公司占 45.5%，天津市和北京市均为 20.0%。另外，21~50 人之间的语言服务提供方企业比例也较高，天津 40.0% 的提供方正式员工数是 21~50 人。北京 38.6% 的语言服务提供方企业在职正式员工数为 11~20 人，天津的占比为 30.0%。语言服务公司规模偏小，综合服务能力弱，会降低企业市场竞争力。在专职与兼职翻译人员占比方面，北京 32.9% 的提供方专职从事翻译工作人员占比高于 76%。

京津冀三省市语言服务公司中，硕士学历（北京占 28.7%；天津占 28.5%；河北占 34.1%）的正式翻译人员占比较小，博士学历（北京占 7.5%；天津占 2.5%；河北占 5.0%）的占比极小，本科学历（北京占 50.1%；天津占 59.0%；河北占 49.4%）的译员占 50% 及以上。数据表明，翻译工作是高智力专业工作，本科是理想的入门门槛，但是对博士等高学历人员吸引力不足。语言服务公司无法很有效地吸引高学历人才，使得其在提供高质量语言服务时处于不利位置。

针对京津冀语言服务提供方规模偏小，综合服务能力弱，市场竞争力弱，硕士和博士学历占比较小的问题，语言服务提供方应提高企业综合能力，成长为具有行业竞争力的企业，创造优秀的工作环境和发展环境，提供适合高层次人才发挥价值的舞台。语言服务是知识密集型专业服务，高学历、高层次人才的加入可以促进企业运营管理、营销管理、项目管理的提升，是提高企业综合能力的关键。

4.5 语言服务提供方数字化转型缓慢，应加快数字化转型策略，提高数字营销与管理能力

面对 2020 年突如其来的新冠病毒疫情，语言服务公司的应急语言服务能力受到考验，在充分认识到疫情对业务冲击的前提下，也必须认识到危机中育先机，坚持于变局中开新局，更加重视和加强企业的数字营销和虚拟管理能力。调查数据显示，在新冠病毒疫情期间，京津冀语言服务公司的数字化转型比较缓慢，数字营销与管理能力不足。其中，天津没有公司在数字营销方面"准备得很好"，北京和河北都是 4.3% 的公司"准备得很好"。天津公司选择"不适用"的比例达到 66.7%，意味着这些公司还没有考虑数字营销。

随着云计算、大数据和人工智能技术的发展，提高语言服务提供方企业的信息化能力与加快实施数字化转型策略，成为了企业顺应市场发展要求的策略。新冠病毒疫情加速了提供方数字化转型策略实施，没有做好数字化转型的企业将面临较大的市场发展阻力。数字化转型不仅能化解疫情对业务影响的风险，也是提高业务营销和运营管理能力的积极举措。语言服务提供方企业的数字营销可以发挥多媒体、跨时空、交互

式、高效性、经济性特点，通过公司网站、企业微信公众号、微博号、电子邮件等方式，为客户提供高时效、定制化、专业化的信息服务。

5 结语

调查研究表明，当前京津冀语言服务行业发展迅速，语言服务供需双方整体呈发展态势，市场反映良好。语言服务需求类型多元化，需求行业垂直化。京津冀语言服务提供方在地域上呈现"一核两翼"产业分布特征，主营业务与服务领域多样化。在新冠病毒疫情暴发后，京津冀语言服务行业受到不同程度影响，危机与机遇并存。

另一方面，京津冀语言服务行业存在协同发展不足、缺乏专业翻译人员、需求方选择服务方不规范、提供方规模小、提供方数字化转型较缓的问题。为此，京津冀语言服务行业应以服务京津冀协同发展为目标，加强语言服务顶层规划与设计，加强组织、人才、管理和营销建设，提高语言服务综合能力，服务京津冀协同发展的社会需求。

【参考文献】

[1] 崔启亮，安姗姗. 本地化服务供应商的选择与管理策略 [J]. 东方翻译，2015（6）：15-18+36.

[2] 崔启亮，刘佳鑫. 国有企业语言服务需求调查分析及启示 [J]. 中国翻译，2016（4）：70-76.

[3] 何恩培，闫栗丽. 改革开放 40 年语言服务行业发展与展望 [J]. 中国翻译，2019，40（01）：130-135.

[4] 胡安江. 数字化时代的"众包"翻译模式及其相关问题探讨 [J]. 外语教学，2017，38（03）：86-90.

[5] 李现乐. 语言服务研究的若干问题思考 [J]. 云南师范大学学报（哲学社会科学版），2018，50（02）：51-57.

[6] 王华树. 语言服务的协同创新与规范发展——2016 中国语言服务业大会暨中国译协年会综述［J］. 中国翻译，2017，38（01）：85-88.

[7] 王华树，李智. 人工智能时代笔译员翻译技术应用调查——现状，发现与建议［J］. 外语电化教学，2019（06）：67-72.

[8] 王立非. 语言服务产业论［M］. 北京：外语教学与研究出版社，2020.

[9] 王立非，崔启亮，蒙永业. 中国企业"走出去"语言服务蓝皮书［M］. 北京：对外经济贸易大学出版社，2016.

[10] 王立非，金钰珏. 我国对外贸易中语言障碍度测量及影响：引力模型分析［J］. 外语教学，2018，39（01）：14-18.

[11] 徐珺，王清然. 语言的经济价值分析：基于语言服务业并购交易的实证研究［J］. 外语电化教学，2018（01）：54-62.

[12] 姚亚芝，司显柱. 中国语言服务产业研究综述及评价［J］. 北京交通大学学报（社会科学版），2016，15（01）：42-49.

[13] 俞敬松，耿思思. 实用型语言服务人才的培养方法研究——以"跨境电商网页本地化"竞赛为例［J］. 外语电化教学，2019（1）：84-89.

[14] 中国翻译协会. 2012 中国语言服务业发展报告［R］. 中国翻译协会，2012.

[15] 中国翻译协会. 2014 中国翻译服务业分析报告［R］. 中国翻译协会，2014.

[16] 中国翻译协会. 2016 中国语言服务行业发展报告［R］. 北京：外文出版社，2017.

[17] 中国翻译协会. 2018 中国语言服务行业发展报告［R］. 中国翻译协会，2018.

[18] 中国翻译协会. 2019 中国语言服务行业发展报告［R］. 中国翻译协会，2019.

Investigation on the Beijing-Tianjin-Hebei Region: Collaborative Development of Language Service Enterprises and Its Enlightenment

Cui Qiliang   Zheng Limeng

(University of International Business and Economics, Beijing 100029)

Abstract: This paper takes 207 language service buyers and providers in the region of Beijing-Tianjin-Hebei as the research object, analyzes the collaborative development status so as to summarize the problems existing in the collaborative development of language service industry. This paper proposes that the language service industry should be promoted with the aim of collaborative development in the Beijing-Tianjin-Hebei region. The language service demand side should strengthen the management of language service organizations, talent construction and suppliers. The language service supply side should improve professional strengths with digital transformation.

Key Words: The Region of Beijing-Tianjin-Hebei; Language Service; Demand Side; Supply Side; Collaborative Development

作者简介：崔启亮，对外经济贸易大学副教授，中国翻译协会本地化服务委员会副主任，研究方向：本地化、计算机辅助翻译、语言服务。电子邮箱 cuiql@sina.com。

郑丽萌，对外经济贸易大学翻译专业硕士研究生，研究方向：英语笔译。电子邮箱：zlmengmeng98@163.com。

基金项目：本文系教育部 2018 年度人文社会科学研究规划基金一般项目"京津冀协同发展的语言服务基础设施需求与设计研究"（编号：18YJA740009）的阶段性研究成果。

口笔译研究

粤港澳大湾区应急粤英口译策略研究

北京第二外国语学院　朱　珊
中国石油大学（华东）　谢　洪

【摘　要】本研究以应急粤英口译为研究对象，以语用学视域下语用充实理论为研究理据，对影响粤港澳大湾区的应急信息表达因素进行分析，并提出相应的粤英口译策略。研究发现，在应急事件口译服务中，对于粤方言群体使用的独有词，口译员应建立独有词术语库，充实社交语用信息；对同字异音即异义现象，口译员应结合语境，充实语用语言信息；对于修饰语后置现象，口译员需充分运用代码转译策略。本研究旨在满足粤英语言对应急信息传译需求，减少应急事件中的语言损害。

【关键词】粤港澳大湾区；应急粤英口译；策略

1　引言

多语言、多文字是粤港澳大湾区（以下简称"湾区"）的基本语言特征，其中粤方言是绝对强势语言（李宇明，2020：11-21），是湾区建设和完善应急语言服务体系中不可忽视的一种语言。随着粤港澳大湾区发展进入快车道，粤英口译当属应急语言服务的重要组成部分。其中包括重大自然灾害或公共危机事件处置和恢复重建快速救援口译（李宇明，

2020：2-13+156)、特殊群体急救口译、灾情信息传译、语言治疗与康复口译等。近年来，湾区常发的各类突发公共事件充分显示了粤英口译的迫切需求（王立非、任杰、孙疆卫等，2020：21-30）。

笔者首先使用"应急粤英口译/应急口译"作为关键词，在知网上进行高级检索，结果显示有116篇文献，研究集中在科技和新闻应急场景下的汉（普通话）英口译策略研究。然后添加关键词"粤港澳大湾区/大湾区"进行高级检索，结果暂为空白。以"Cantonese-English interpreting/translation / emergency interpreting（粤英口译/粤英翻译/应急口译）"为关键词在Web of Science（科学网）、Springer Link（斯普林格检索系统）和National Library of Medicine（美国国家医学图书馆）上进行高级检索，结果显示共有18篇文献。这些研究聚焦在以下四方面：一是中小学生的粤英双语能力培养与学习，如Kidd Evan（2015：438-452）和Ge H（2017：231-251）；二是粤语和普通话相互转换的机器翻译研究，如Tak-Sum Wong（2016：187-206）和Guangpu Huan（2016：6020-6024）；三是基于语料库或语料库驱动的粤语英译过程中的语音、词汇、语法等研究，如Wong（2013：1510-1520）和Kwan（2017：5825-5829）；四是粤剧、粤语电影、粤语歌曲等英译研究，如Chan（2017：201-225）。添加关键词"Guangdong–Hong Kong–Macao Greater Bay Area/ the Great Bay Area（GBA）"继续检索，结果暂为空白。由此可见，现有的研究对粤英语言现象已有涉及，但尚未触及粤港澳大湾区应急粤英口译服务策略研究。本研究依托语用学视域下语用充实理论，从湾区粤方言群体的语言特征出发，有针对性地提出粤英应急口译策略，以实现应急口译服务的"通事"和"通心"（王立非、穆雷、廖荣霞等，2020：46-54）。

2 研究人群和研究理据

2.1 研究人群：粤港澳大湾区粤方言群体

本研究针对的人群是粤港澳大湾区粤方言群体。粤港澳大湾区包括中国香港特别行政区、澳门特别行政区和珠三角九市，是世界四大湾区之一。湾区对外开放程度高、基础设施密集、人口密度大，突发性公共卫生和安全事件发生频率高（王海兰、李宇明，2021：4-6+121）。粤方言群体是其中人数最多的一类群体，他们长期生活在粤港澳大湾区，使用粤语进行日常交流，较少使用普通话且英语习得程度低。该群体对粤语存在极其强烈的文化认同、情感归属和语言忠诚度。在他们看来，讲粤方言不仅是对本土文化和本土人身份的一种认同，而且能体现他们的风俗习惯、价值观、社会结构和地域文化的自信自觉。因此，在突发公共事件中，即使时间紧急他们在表达应急信息时仍会选择忠诚于粤方言。

2.2　研究理据：语用学视域下的语用充实

本研究的研究理据是语用学视域下的语用充实。广义上讲，语用充实特指对没有被标准句法和语义所充分决定的一切事物的填充，涉及说话者意图和听话者解释两个主要关联域（陈吉荣，2021：104-109），在应急口译中指粤方言群体表达信息和口译者传递信息两个关联域。狭义上讲，语用充实是指为语言逻辑意义与认知意义之间预期效用提供补偿途径的取效行为，其目的是为了克服语用意义和语言符号之间的松散关系（陈吉荣，2021：104-109），即口译员为了充分传递口译对象的应急信息而采取的各种取效行为。这可以理解为语境的推理或者缺省阐释，即语境补缺（唐韧，2012：64-67+81）。语境补缺包括语用语言信息补缺和社交语用信息补缺两方面（陈吉荣，2015：77-81）。语用语言信息补缺是指特定语境下话语所隐含的交际信息，译者需要通过语用推理才能获取，它体现了语言形式及其特定语境下的功能之间的关系。社交语用信息补缺是指译者需要根据语境提供的信息，结合不同社会文化背景下的语言交际原则、社会文化习俗等进行翻译。

粤方言本身的语言特征决定了所言和所涵往往是不一致的，它会受到自身文化意义、对话情景下的语境因素和认知语境假设的制约。因此，在对湾区粤方言群体进行应急口译过程中，口译员需要明确应急信息表达的影响因素，充分运用相关的口译策略，完成语境补缺或缺省阐释，充实话语的语用信息和社交信息，扮演好口译的参与者和责任者角色（焦丹、杨春雨：2018：141-145）。下文将对影响该群体应急信息表达的因素进行具体分析，为应急粤英口译策略的提出做好理论准备。

3 应急信息表达影响因素分析

由上述分析可知，语用充实的作用对象可以归为三大类：无标准语法和语义的事物；需要语境推理的言语；语言的逻辑意义和认知意义不一致的现象。对粤方言群体来说，这具体表现为粤方言的三个特征：一是独有词；二是同字异音即异义，部分字词虽形体一致，但声调和语气的变化就会产生不同意义；三是修饰语后置现象。在应急口译中，这三类话语特征阻碍了口译员及时、准确地完成应急信息的传递。

3.1 独有词

粤方言最早可以追溯到秦汉以前，雏形是南来楚语与古岭南地区土著越语相互融合而成的一种独特方言（麦耘，2009：219-232）。因此最早阶段的粤方言具有古楚语的语言因素，表现为粤方言从一开始就不是通过汉族统治下移民把汉语直接继承下来，而是在古楚语和古越语的融合过程中逐渐形成和发展起来的一种新型的混合着古楚语（汉语）和古越语（台语）某些特征的古汉语地方变体（詹伯慧，2004：109-114）。这种变体经过源语言、时间维度、空间维度、语言的分化和融合等四大方面的影响，以及方言中激烈的生存竞争（奥古斯特·施莱歇尔、姚小平，2008：373-383），形成今天的粤方言。现代粤方言仍保留了大部分的古汉语变体特征，并形成了自身独有的方言词。例如，巴闭（了不得）、脷（舌头）、执笠（收摊，倒闭）、边度（哪里）、畀（给）、屙（排泄）、唥（涮/漱/雨停/天放晴）、孙（背小孩）、氹（塘/坑）、虾（欺负）……这些变体词无标准语义和语法，是粤方言中独有的、普遍使用的语言。

独有词的存在是粤方言群体归属感的象征，但也是应急事件中该群体表达信息最大的障碍。困难一方面来自这些独有词的发音。独有词的发音完全不同于普通话的发音，例如上文提到的部分独有词，巴闭：粤拼音 baa^1 bai^3，普通话拼音 bābì；执笠：粤拼音 zap^{1}lap^6，普通话拼音 zhílì；冚：粤拼音 tam$^{5/6}$，普通话拼音 dàng；畀：粤拼音 bei$^{2/3}$，普通话拼音 bì……由此可见，粤方言发音拼读完全区别于普通话。在充满紧张、恐慌的突发事件场景下，粤方言群体和口译员交流时可能会出现破音、清浊化混淆、咬字不清晰等情况，这将直接影响应急信息的准确表达。另一方面就是这些独有词无标准语义，粤方言群体往往用其表达言外之意。例如，"利是"（利事/利市）一词最早出现在《易经》，寓意本少利多。元代的《俗谚考》中则寓意好运连连，顺顺利利。当代粤方言群体表达"利是"往往包含上述两种含义。在应急事件口译中，译中时间十分紧张、场面混乱，独有词的深层内涵极容易被忽略。这样一来，应急信息传递就会出现失误，口译交际无法顺利完成，严重者甚至会引发口译事故（Liu M, Tang J, Hong Y, et al, 2017：141-152）。

3.2 同字异音即异义现象

在日常交流中，湾区的粤方言群体喜欢用不同的声调表达自己的意思与感情。这往往造成同一字、词和句因为发音不同意义大相径庭。粤语来源于古汉语变体，与现代普通话相比，其保留了古汉语的语音和声调，拥有九声六调（李新魁，1990：149-160）。因此，两个调值相等对应的不同声调，顿挫性不同（詹伯慧，2004：109-114），意思也会不同。例如，"冚"读 tam^5，表示小坑、坑；读 tam^6 时，表示哄、骗的意思。"畀"读 bei^2，表示发麻、麻痹的意思；读 bei^3，表示给予、交托的意思。"巴闭"拼音为 baa^{1}bai^3，当说话者尾音短促有力，韵尾顿挫，bai^3 会发成 bai^6，表褒义，称赞对话者很厉害。例如，夸奖某人比赛获得冠军，"哇，你好巴闭"（哇，你好厉害）。当说话者尾音拖沓，入声韵尾轻微浊化，加上语气词，bai^3 会发成 bai$^{3\wedge 1}$，表贬义，指对话者嚣张、蛮横无礼、喧嚣嘈杂。例如，小王在写作业，弟弟在旁边跑来跑去，"静一下得唔得？嘈喧巴闭好烦啊！"（你可以保持安静吗？整天吵吵闹闹，让人心烦）。

这种同字异音即异义现象在粤方言中极其普遍。对于粤方言群体来说，声调变化是表达他们丰富的情感态度和信息的一种有力手段。但应急事件的本质属性是突发性，这意味着粤方言群体和口译员无法进行译前交流和准备，口译员接到口译任务需要马上出发到达现场进行口译。此时，口译员和口译对象之间存在信息不对称（司显柱、郭小洁，2016：65-69），口译员不甚了解口译对象惯用的语调变化。译中时间紧张、场面混乱，该群体利用轻微的声调变化表达自己不同的情感和应急信息时，口译员难以捕抓到这种细微的声调，解码和编码难度极大，传递的应急信息也容易产生偏差，无法实现口译交际的目的。

3.3 修饰语后置

现代粤方言起源于中间语（麦耘，2009：219-232），后历经本族语言分化和其他少数民族语言的融合，形成了词序中修饰语后置的显著现象，这也是粤方言区别于其他方言的最大特色（詹伯慧，2004：109-114）。修饰语后置现象中的修饰成分通常包括状语、双宾语中的指人宾语和特殊比较式。例如状语后置：我行先（我先走），畀多啲嘢喝钜（多给他一些菜）；特殊比较式：狗大过猫（狗比猫大），深圳繁华过新疆（深圳比新疆繁华）；指人宾语后置：送支笔佢（送他一支笔），畀呢件衫我（给我这件衣服）。无论上述哪一种修饰成分后置，语言的逻辑意义和认知意义都产生了不同程度的偏差，但语言的逻辑意义和说话人表达的行为动作是一致的。这表明口译员翻译此类后置修饰语时，可以根据自身采用的口译策略决定是否需要对源语和目的语进行语言结构上的处理。

吉尔认为，无论同传还是交传，口译都需要译员承受强大的认知负荷和记忆负担，这是因为在口译过程中口译员需要快速处理信息和协调源语和目的语（雷中华，2018：61-65）。在应急口译中，译员的工作环境不稳定，认知负荷和记忆负担将会进一步加剧，协调能力面临巨大的挑战。此时，粤方言群体再使用修饰语后置的句式表达信息，译员的认知负荷就会面临更大的挑战。倘若口译员花较多的时间放在源语结构的处理上，语言的理解和转换时间就会相应减少，应急信息失真度将会增加，口译交际的及时性和准确性也会下降。

4 应急粤英口译策略

由上述分析可知，粤方言群体在表达应急信息时，语言会伴随独有词、同字异音即异义和修饰语后置的特征，这些特征会影响应急口译场景下译员准确、及时地传递信息。Gile（1995）认为口译员在口译中的理解可归纳为C=KL + ELK + A，即：理解（Comprehension）=语言知识（Knowledge for the Language）+言外知识（Extra-Linguistic Knowledge）+分析（Analysis）。这一公式表明口译员的核心能力要求是源语和目的语知识、源语和目的语之外的知识和口译策略。这在粤英应急口译中是指口译员需要理解和掌握粤方言群体的用语——粤方言的语言特征，并能巧妙运用口译策略顺利完成应急口译。本研究立足语用充实理论提出以下三个方面的策略，帮助口译员及时准确传译应急信息。

4.1 建立独有词术语库，充实社交语用信息

语用充实表明，译者结合术语产生的社会文化、风俗习惯等能补缺其社交语用信息。术语库的构建实质上是一种知识实践。它是为某一个人或是一个团体所需的语言与知识实践提供服务（刘润泽、丁洁、刘凯，2019：104-110）。粤方言中的独有词文化底蕴深厚，发音独特，缺乏标准语义。因此口译员在传译此类术语时，译前可以建立一个独有词术语库，附上每一个术语的背景知识、发音和言外之意，方便日常记忆、查询和调用。

建设独有词术语库需严格遵循术语规范或术语风格指南。国家标准《建立术语数据库的一般原则与方法》（GB/T13725-2001）指出："术语信息资源可以来自国家标准、行业标准及其他标准文献"（中华人民共

和国国家质量监督检验检疫总局，1992∶2）。故口译员可以从《方言概要》《粤语拼音字表》《广州音字典》等工具书中收集独有词的术语资源，然后利用相关术语技术进行格式转换和降噪清洁，最后提取术语，并将其导入术语软件，进行独有词术语库的建设和完善。上文提到粤方言群体使用独有词的发音和言外之意是阻碍口译员传达应急信息的两个因素。因此，译员建库时除了需要导入独有词的源语和目的语外，也需要分别导入独有词对应的多种发音和言外之意，方便日后使用。

例如，上文提到的独有词"屙"。在应急事件中，口译员突然遇到蛇，不可避免会尖叫出声，但此时有经验的老人可能会说"你真是大蛇屙屎"（你真是少见多怪）。"大蛇屙屎"中的"屙"具有极强的文化依附性，结合应急口译的交际目的，译员可快速回忆术语库中与"屙"相关的文化习俗以及言外之意，充实社交语用信息，译为"It's nothing to get scared. There are many snakes here"。再如独有词"喺"。在暴风雨天气下房屋容易倒塌，救援人员一不小心就可能会受到二次坍塌的伤害。此时，粤方言群体可能会说"等佢喺先去啦"（等雨停了再去救援）。口译员可快速回忆起术语库中"喺"对应的文化背景，结合口译场景和发言人目的，译为"You won't go until the rain stops"。由此可见，独有词术语库中丰富的粤语文化方便了口译员应急信息的传递，使其能准确捕捉口译对象的信息，实现提醒相关救援人员注意安全的目的。

4.2 结合语境，充实语用语言信息

根据语境寻找源语的言下之意、弦外之音，这是信息理解与处理的关键（冉永平，2006∶58-65）。Sperber & Deirdre（1986）将语境视为一个在交际互动过程中为了正确理解话语而形成的心理建构体，即语境是一系列存在于人们大脑中的假设。语言则是一个与语境相结合的表意系统（司显柱，2021∶105-107）。在应急事件中，口译的交际过程实际也是认知语境假设的参与过程，其中语言解码、编码、转换等信息处理必然涉及口译员对语境假设的选择、扩充、调整与顺应（Sperber Dan, Deirdre Wilson, 1986）。因此粤方言群体与口译员在认知语境上越是趋

同，语用语言信息充实得就越完整，应急口译交际就越容易实现。当粤方言群体使用同字异音时，往往是根据当时的语境而做出的选择。因此，在应急事件口译中，口译员必须充分了解口译环境，尽可能靠近口译对象的认知语境，进行相关应急信息的判断和推理。

例如，在泥石流灾害中，粤方言群体可能会说："我只手被旧石头顶住了，掂（dim^6）唔掂（$dim^{6\wedge2}$）啊？"（我的手被一块石头压住了，你能不能快点帮忙把它移开？）此时泥石流等客观环境作为一种非语言信息，能为口译员提供应急信息的补充，让译员明白口译对象的手被石头压住了，严重者可能会受伤。源语可译为："My hand is pressed by a stone. Please move it carefully in case the hand is injured."再如火灾后的救援现场，受灾人员想要看看家里的贵重物品是否都被烧毁，他们可能会伴随强烈的肢体语言表达情绪："喺边（bin^6）啊？边（bin^1）度啊？边（bin^1）啊？边（$bin^{6\wedge1}$）？！"（在哪里啊？哪里？哪？！）这时讲话者着急的神态、夸张的动作和尖锐的喊叫声作为言外信息，可充实言语者的语用信息，让译员明白对方迫切想要了解贵重物品的损坏状态，情绪十分不稳定，极有可能暴起伤人。因此这句话可译为："Where is my valuables? Where are they? Where?! I am much worried if the valuables are all burned."同时提醒救援人员："He seems out of control, be careful of his emotions and keep from hurt."本段的第一个案例表明口译员尽量提醒搜救人员在施救时动作要小心，防止二次伤害。第二个案例口译员注意到了受灾者情绪异常，提醒搜救人员在执行任务时也需要保护好自身和周围人安全。这既结合了语境，充实了语用语言信息，又实现了应急信息传递的语用等效。

4.3　代码转译

代码转译是顺译的一种实现方式，具体指口译时寻找与源语对应或类似的目的语结构（李晋荣、蔡静，2006：37-45），节约译员花费在言语生成上面的加工能量，给译员语码理解、分析和转换留下更多的时间和精力（雷中华，2018：61-65）。译员在口译中使用该策略能降低认知负荷，适当加快口译语速，减少听众等待时间。上文提到修饰语后置现象会阻碍粤方言群体应急信息表达，但这种现象中语言的逻辑意义和说话人表达的行为动作是一致的，即该群体使用的语言结构和所要传达的信息具有兼容性。此外，在修饰语后置语句中，中心词往往是前置的，这和英语中习惯把重点放在句子前面有异曲同工之妙。因此，对于粤方言中的语言修饰成分后置现象，口译员可以利用代码转译策略，无需额外花费时间处理源语结构，直接进行语言的解码、理解和转换。这既保持了源语的重点，也大大节省了应急口译中信息传递的时间。

例如，在海啸即将到来前，粤方言群体可能会说"你地行先，我仲要翻头打个电话畀我仔，话发大水畀佢"（你们先走，我要回去打电话给我儿子，告诉他海啸快来了）。运用代码转译策略，口译员就可以节省重新组织源语顺序的时间，直接译为："You go first. I will go back and call my son, tell him tsunami is coming."源语中的"行先、畀我仔"都是修饰语后置现象，对应译为"go first，call my son"，这实现了目的语和源语在语言结构上的完全对应。再如货船触礁救援现场，粤方言群体可能会说"嚟拉住佢啦，我递救生圈畀佢"（你快来拉住他，我把救生圈递给他）。口译员直接运用代码转译策略译为"Come and hold him please, I passed the lifebuoy to him"。源语中出现了指人宾语后置"畀佢"，对应译为 passed sth to him，这属于与源语对应的目的语结构。总之，运用代码转译策略，译员无需重新解析源语结构。这不仅降低了译员的认知负荷和信息加工处理步骤，提高了口译效率，而且及时准确传达了口译对象的应急信息，减少了救援人员的等待时间。

应急口译服务结束后，译员需要对整个口译过程进行反思和总结。首先反思译前对口译对象及其语言特征是否进行了充分了解，独有词术语库的建设和记忆是否充分；其次反思译中语境结合、源语结构处理等是否存在问题，社交语用信息和语用语言信息是否充实；最后进行译后的术语库维护、同字异音即异义现象和修饰语后置现象的总结，使之成为译员的重要语言资产（王华树、朱珊、刘梦莲，等，2020：93-112）。

5 结语

本研究分析了粤港澳大湾区应急事件中粤语信息表达的影响因素，提出了应急粤英口译策略，借此帮助口译员准确传译应急信息，减少应急事件损害，促进湾区应急粤英口译服务实践。研究过程中，笔者发现应急口译服务涉及因素众多，各语言群体特征亦不相同，许多问题有待解决，如粤方言群体灾后康复期的语言抚慰与口译服务需求，值得进一步思考与研究。

【参考文献】

[1] Chan, Kar Yue. Reframing and Reception of Cantonese Opera in English Translation: With Special Reference to The Flower Princess. *The Journal of Interpretation and Translation Education*, 2017(2): 201-225.

[2] Ge H., Matthews S., Cheung L. Y., et al. Bidirectional Cross-Linguistic Influence in Cantonese–English Bilingual Children: The Case of Right-Dislocation[J]. *First Language*, 2017 (3): 231-251.

[3] Gile Daniel. *Basic Concepts and Models for Interpreter and Translator Training* [M]. Amsterdam & Philadelphia: John Benjamins Publishing Company, 1995.

[4] Kidd Evan, Angel Chan, Joie Chiu. Cross-Linguistic Influence in Simultaneous Cantonese-English Bilingual Children's Comprehension of Relative Clauses. *Bilingualism: Language and Cognition*, 2015(03): 438-452.

[5] Kwan, Alvin C. M., Lee, et al. Shefce: A Cantonese-English Bilingual Speech Corpus for Pronunciation Assessment. *IEEE*, 2017: 5825-5829.

[6] Guangpu Huang, Arseniy Gorin, Jean-Luc Gauvain, et al. Machine Translation Based Data Augmentation for Cantonese Keyword Spotting. *IEEE*, 2016: 6020-6024.

[7] Liu M., Tang J., Hong Y., et al. Terminology Translation Error Identification

and Correction[C]. *Chinese National Conference on Social Media Processing.* Springer, 2017: 141-152.

[8] Tak-Sum Wong, John S. Y. Lee. Corpus-Based Learning of Cantonese for Mandarin Speakers. *ReCALL*.2016 (02): 187-206.

[9] Wong C. L., Ip. W. Y., Choi K: C, et al. Translation and Validation of the Chinese-Cantonese Version of the Adolescent Dysmenorrhic Self-Care Scale in Hong Kong Adolescent Girls[J]. *Journal of Clinical Nursing*, 2013 (11-12): 1510-1520.

[10] Sperber Dan, Deirdre Wilson. *Relevance: Communication and Cognition.* Oxford: Basil Blackwell, 1986.

[11] 奥古斯特·施莱歇尔, 姚小平. 达尔文理论与语言学——致耶拿大学动物学教授、动物学博物馆馆长恩斯特·海克尔先生［J］. 方言, 2008（04）: 373-383.

[12] 陈吉荣. 试论翻译中的语用充实［J］. 外语研究, 2015（04）: 77-81.

[13] 陈吉荣. 语用充实与语用饱和及其在翻译中的作用——以《论语》英译为例［J］. 辽宁师范大学学报（社会科学版）, 2021（04）: 104-109.

[14] 焦丹, 杨春雨. 翻译传译认知研究动态与发展趋势——记"新时代创新背景下翻译传译认知国际研讨会暨中国翻译认知研究会第三届大会"［J］. 翻译研究与教学, 2018（02）: 141-145.

[15] 李新魁. 粤方言语音特点探论［J］. 广东社会科学, 1990（01）: 149-160.

[16] 雷中华. 吉尔谈口译与教学［J］. 中国翻译, 2018, 39（06）: 61-65.

[17] 刘润泽, 丁洁, 刘凯. 中国特色术语库标准化构建的创新实践与方法论意义［J］. 中国翻译, 2019（01）: 104-110.

[18] 李晋荣, 蔡静. 英语名词短语中后置修饰语对英汉同传造成的困难与应对策略［J］. 外语与翻译, 2006（03）: 37-45.

[19] 李宇明, 王海兰. 粤港澳大湾区的四大基本语言建设［J］. 语言战略研究, 2020（01）: 11-21.

[20] 李宇明, 饶高琦. 应急语言能力建设刍论［J］. 天津外国语大学学报, 2020（03）: 2-13+156.

[21] 麦耘. 从粤语的产生和发展看汉语方言形成的模式［J］. 方言, 2009（03）:

219-232.

[22] 冉永平. 翻译中的信息空缺、语境补缺及语用充实 [J]. 外国语（上海外国语大学学报），2006（06）：58-65.

[23] 司显柱，郭小洁. 试析中国翻译服务市场现状：基于柠檬市场理论 [J]. 中国翻译，2016（05）：65-69.

[24] 司显柱. 聚焦语言服务研究推动中国语言服务发展——全国语言服务研究学术社团成立大会暨首届学术研讨会综述 [J]. 中国外语，2021（04）：105-107.

[25] 唐韧. 概念转换：认知语义学和真值条件语义学之交汇点 [J]. 西安外国语大学学报，2012（01）：64-67+81.

[26] 王华树，朱珊，刘梦莲，等. 人工智能时代口译技术应用研究 [M]. 北京：知识产权出版社，2020：93-112.

[27] 王立非，任杰，孙疆卫，等. 应急语言服务的概念，研究现状与机制体制建设 [J]. 北京第二外国语学院学报，2020（01）：21-30.

[28] 王立非，穆雷，廖荣霞，等. 全球抗疫中应急语言服务响应与人才准备的多维思考 [J]. 当代外语研究，2020（04）：46-54.

[29] 王海兰，李宇明. 试论粤港澳大湾区的应急语言服务需求 [J]. 语言政策与规划研究，2021（02）：4-16+121.

[30] 詹伯慧. 广东粤方言概要 [M]. 广州：暨南大学出版社，2004：109-114.

[31] 中华人民共和国国家质量监督检验检疫总局. 面向翻译的术语编纂：建立术语数据库的一般原则与方法（GB/T13725-2001）[Z]. 1992：2.

On Strategies of Cantonese-English Emergency Interpreting in the Greater Bay Area

Zhu Shan   Xie Hong

(Beijing International Studies University，Beijing 100024)

Abstract: Based on Pragmatics Enrichment Theory under the

Pragmatics, taking Cantonese-English Emergency Interpreting as the research object, this study analyzes the factors affecting the expression of emergency information in the Guangdong-Hong Kong-Macao Greater Bay Area, and puts forward interpreting strategies in emergency setting. The authors believe that Cantonese-English interpreters should establish a terminology bank for unique words used by Cantonese group to enrich social pragmatic information before emergency interpreting. For the same word with different meanings in diverse tones, the interpreters should combine context to enrich pragmatic linguistic information. For modifier postposition, the interpreters need to take full advantage of code translation strategy. The study is conducted in the hope of meeting the need in emergency information expression and interpreting so as to reduce language loss in emergency events.

Key Words: Guangdong-Hong Kong-Macao Greater Bay Area; Cantonese-English Emergency Interpreting; Strategies

作者简介： 朱珊，北京第二外国语学院高级翻译学院副教授，硕士生导师，主要研究方向：翻译学、语言服务。

谢洪，中国石油大学（华东）外国语学院在读硕士，主要研究方向：翻译学、语言服务。

术语"京剧"汉译英浅析[①]

中国戏曲学院　王立新

【摘　要】对"京剧"二字的英语翻译因为出发点、侧重点不同而有数种不同的译法。2010 年中国京剧被联合国教育、科学及文化组织列入"世界非物质文化遗产代表作名录"。因此，我们在翻译过程中要站在人类文明的高度，从人文角度出发，体现中国戏曲独有的艺术魅力。本文把"京剧"汉译英的语境界定为书面语，即戏剧、论文、新闻等正式语言环境，对罗马字母、邮政式拼音和汉语拼音进行了梳理，分析了"Peking Opera"的"译损"现象，指出汉语"京剧"二字的标准英语翻译应以 Peking Opera 为适当的选择。

【关键词】京剧；翻译；Peking Opera

1　引言

对"京剧"二字的英语翻译因为出发点、侧重点不同而有数种不同的译法，例如：Peking Opera、Beijing Opera、Jingju、Jingxi。作为京剧

---

① 本文为阚艳华主持的 2021 年度北京社科基金决策咨询项目"京剧核心术语翻译研究"（项目编号：21JCC028）的研究成果之一。

艺术的整体组成部分，这种术语上的不统一，容易给人以学术不规范的印象，而"规范是人们实现社会生活目的的手段，是人们的社会行为的准绳。规范属于文化范畴，是文化中的价值体系的重要组成部分"（贾玉新，2004）。在"文化自信""中国文化走出去"的大背景下，中国文化与世界文化的交流、沟通会日益深入，一种规范的、能够被广泛接受的译法有利于京剧对外传播的话语权，可以强化艺术传播的力度，同时为受众提供清晰、明确的艺术语境，使其能够快速、准确地形成有效判断，继而产生艺术联想，以期引发艺术共鸣。因为"对京剧的翻译传播可以促进我国的文化创新和发展先进文化"（王文章，2006）。

2　作为非物质文化遗产的京剧

2010年中国的京剧被联合国教育、科学及文化组织列入"世界非物质文化遗产代表作名录"。该组织以促进文化、教育、科学领域中的国际合作为己任，并从社会人文角度关注国际传播问题。2003年正式通过的《保护非物质文化遗产公约》中把"非物质文化遗产"释义为："被各社区、群体，有时是个人，视为其文化遗产组成部分的各种社会实践、观念表述、表现形式、知识、技能及相关的工具、实物、手工艺品和文化场所。这种非物质文化遗产世代相传，在各社区和群体适应周围环境以及与自然和历史的互动中，被不断地再创造，为这些社区和群体提供持续的认同感，从而增强对文化多样性和人类创造力的尊重。"从文字的叙述中我们不难看出，非物质文化遗产所具有的独特性、活态性、传承性、流变性、综合性、民族性和地域性，以及非物质文化遗产的历史价值、文化价值和精神价值。京剧是中国优秀传统戏剧王冠上的一颗明珠，是中华民族道德追求、审美取向和价值观念的艺术体现，是人类文化遗产多样性鲜活的范例。在联合国教科文组织框架下以京剧为与文化介质，与世界共享这一文化遗产，可以对外延伸中国智慧和华夏文明，彰显五千年历史的魅力，同时推动新文化的创造，因为非物质文化遗产"被认为是创造性和文化创作的主要源泉之一"。我们在翻译过程中要站在人类文明的高度，从人文角度出发，体现中国戏曲独有的艺术魅力。

3 语境分析

要与世界共享京剧，就要使共享者了解京剧，这首先就需要翻译，并且遵循"忠实、通顺"的翻译标准；同时明确翻译对象；把控京剧的内涵。而鲁迅对翻译的基本要求"力求其易解"也是不容忽视的。如果译文让想了解中国戏曲的不同文化背景下的国外普通受众感到晦涩难懂，那将造成受众流失，从而影响我们京剧传播的力度，继而影响我们对外宣传中国文化的初衷。但是，正如迈克尔·普罗瑟所指出的，"冲突是传播固有的存在"，因为不同的地域、不同的种族、不同的语言、不同的文化背景，这些固有的冲突使得京剧的共享传播具有极大的挑战性。为了应对挑战，我们可以从语境入手，有针对性地逐步递进并最终达到传播京剧的目的。因为语境是"事物发生的情景或背景，具体到翻译，就是指翻译活动发生的社会和文化环境"（刘敬国，2012：128），是交流、理解的基础，正确认识并利用社会文化环境，我们的京剧传播可以少走弯路。按照文体学（冯庆华等，2014）的分类，本文把"京剧"翻译的语境界定为书面语，兼顾文艺体裁与实用体裁，即戏剧、论文、新闻等正式语言环境。

4 "Jingju"与"Jingxi"

"Jingju"与"Jingxi"分别是汉字"京剧""京戏"的汉语拼音标注表达方式。按照 2019 年第七版"现代汉语词典"，"京戏"是"京剧"的口语表达方式，鉴于此，本文将对"Jingju"与"Jingxi"一并探讨。

根据《中华人民共和国国家通用语言文字法》第十八条的规定："《汉语拼音方案》是中国人名、地名和中文文献罗马字母拼写法的统一规范，并用于汉字不便或不能使用的领域。"据此，"京剧（京戏）"二字不属于用汉语拼音标注的范畴，即"京剧（京戏）"二字需要适当的英文表述。另外，按照叶子南的研究，这种依据源语言发音来翻译非人名、地名的方法"已经不流行了"（叶子南，2014：15）。同时，作为传播基本手段的语言应当是规范化的、地道的、精当的，正如程曼丽指出的"不能采用本地化的转换形式……"，因为这样做不利于实现传播的有效性。

京剧的汉译英属于语言学家雅各布逊（Roman Jakobson）所说的"两种不同语言之间的翻译"，即语际翻译。因此，在翻译实践中应该充分考虑到语言受众的广泛性、复杂性和多样性的特点。京剧的共享者有国外研究中国文化的专家，但是，如果以京剧作为中华文化的传播载体，那么，培养更大范围内的普通观众才应该是工作的重心。境外普通观众即以英语为母语或第二语言，更或者把英语作为使用语言的普通人。除了英、美、澳、加、新（西兰）等主要的英语国家外，还有许多国家，比如在芬兰，教育的普及程度很高，英语可畅通无阻。还有在挪威，英语是最重要的国际交流语言。在亚洲的印度，"英语一直在充当着国语的角色，是印度全国的官方语言"（尚劝余，2019：217）。英语在加勒比海、非洲和南亚也被广泛使用。面对这样复杂的外部语言环境，对于很多没有中文背景、甚或是其他语系的普通人来说，"Jingju（Jingxi）"并不适合。首先，因为汉语四声的原因，外国人很难准确地发音。而准确的发音是语言输入、输出的关键，它决定了语言进一步理解及交流的程度，从而决定文化交流的深度和广度。其次，即使发音准确，"Jingju（Jingxi）"只能给外国受众音素所有的基本语音刺激，因为没有相关的知识、背景作依托，仅仅凭借声音的刺激很难使语言受众产生与中国文化相关的艺术联想，从而不易生发出其对中国戏曲的兴趣，无法实现京剧有效传播的最终目的。按照邓炎昌和刘润清的研究，把某些品质与某些物体联系起来，能使人产生某种反应或情绪，即联想。尽管这种联想很少或根本没有什么科学根据，但能使表达获得显著的效果。此外，"Jingju（Jingxi）"这一译法没有从"文本等值""形式对应"等方面实现"等值翻译"。按照卡特福德（John Catford）理论的基本要求，即"用一种等值的语言（译语）的文本材料去替换另一种语言（原语）的文本材料……"。虽然"等值翻译""过于刚性、教条"，但是依然"能够科学地界定翻译，在客观上它们的确也加深了人们对翻译本质的认识"（刘敬国，2012：23）。毕竟汉语"京剧（京戏）"字面上包含两层意义。"京"按照王宗炎所强调的，属于方位词，即表明地点。"剧"指戏剧、戏曲，表明事物的属性与特征。"京剧（京戏）"二字是地名与事物属性的叠加，在汉语中属于双音词（宗廷虎等，1988）。宗廷虎等继而又引用了王力的研究："双音词以单音词作为词素，各个词素仍旧有它的独立性。"所以，"京剧（京戏）"一词具有双重指代性，而在"Jingju（Jingxi）"这一译法中并没有得到体现，它没有实现对源语言最基本特征的把控与考量。如同"考抽海若题知"，对于不懂英语或者英语水平有限的普通中国人，无论如何也不可能把这个发音怪异的词和"文化遗产"联系在一起。从这个角度看，这种译法不具有人文性，且偏重于本地化，因而不易体现原文的文化及艺术理念。

在美国有线电视新闻网 CNN、澳大利亚广播公司 ABC 等网站搜索"Jingju、Jingxi"，结果是没有与之相匹配的文献。

5 "Peking"与"Beijing"

"Peking"与"Beijing"分别是邮政式拼音（即威妥玛式拼音法）和汉语拼音对汉字"北京"的罗马字母注音方式。

古时，拉丁人居住在意大利的拉丁姆地区，他们是后来罗马人的祖先。拉丁字母也称罗马字母，是拉丁语书面语的语音符号。彼得·伯克（Peter Burke，2007）指出："拉丁语在近代早期不仅表达了而且推动了两个国际性共同体的凝聚：一个是罗马天主教教会，另一个是'文人共和国'。"此外，拉丁语还是"律师共同体、官僚共同体、外交官共同体和旅行者共同体使用的语言"，因此可以说拉丁语是"'有知识的人'使用的语言（理查德·马尔卡斯特），'是有知识的人的母语'（一位瑞典学者）"。当然，语言的共同体作用是根据主体国家经济实力和政治实力得以实现的，正如罗马帝国的强盛把罗马字母的应用进一步推向广泛与深入一样。

邮政式拼音是一个以拉丁字母拼写中国地名的系统，1906 年在上海举行的帝国邮电联席会议通过其使用。此系统对中国地名的拉丁字母拼写法进行统一和规范。会议决定,基本上以翟理斯所编《华英字典》(1892年上海初版)中的拉丁字母拼写法为依据。《华英字典》所用的拼音实际为威妥玛拼音。

在用罗马字母标注汉语发音之前,中国古汉语的注音方法更多地是使用汉字注音汉字。如"直音法",即用同音字来注音。还有"反切法",是用两个汉字相拼给另一个字注音。这时,如果遇到一个生字,就会影响另外一个字的认读。可以说以上两种注音方法都具有局限性。

1605年,意大利传教士、学者利玛窦到中国传播天主教,为了学习汉字和传教的需要,利玛窦等传教士编著了《西字奇迹》,尝试用罗马字母给汉字注音,这是历史上第一个用罗马字拼写汉语的方案。200多年后,1867年英国人威妥玛出版了《语言自迩集——19世纪中期的北京话》第一版,并于1886年出版了第二版。书的第一章名为"发音",通过对汉字发音的总结与归纳,其音节总表罗列了总计420个基本汉语音素。每个音素后又用阿拉伯数字1234分别写出相对应的不同四声的汉字,如果没有相对应的汉字,则在下方用阿拉伯数字0表示,以此表明每个音素的四声。音节总表的1至5分别是 a ai an ang ao,而 a 的二声为0。考虑到当时的技术、资料等客观条件,这应该是一项革命性的工作成果。

根据不列颠百科全书的记述,威妥玛,英文名 Thomas Francis Wade,生于1818年,于1895年去世,是英国剑桥大学的第一位中文教授,在中国生活四十余年。他刻苦学习中文,发明了著名的威妥玛拼音法,即用罗马字母标注汉语发音的系统。

赫伯特·艾伦·翟理斯(Herbert Allen Giles, 1845—1935),中国语言与文化学者,在华时间二十五年,后成为威妥玛的继任者,担任剑桥大学的中文教授。他帮助完善了威妥玛注音系统,使之成为著名的威妥玛—翟理斯式拼音,也称威妥玛式拼音法,简称威氏拼音法。此系统成为了研究、制定于1955—1957年的汉语拼音方案的重要基石。由此可以看出,创立于1898年的北京大学的英文校名被译作 Peking University,而创建于1960年的北京工业大学的英文校名被译作 Beijing University of Technology 是准确的,它们反映了不同的时代背景,因而 Peking 与 Beijing 不能混淆。

6 "Peking Opera"

1930年，梅兰芳对美国的访问演出不仅使他本人获得了极大的声誉，同时也表明中国传统戏剧首次进入美国主流社会，从而极大地提高了中国戏剧在国际上的地位。其演出海报的宣传词是："China's Greatest Actor MEI LANG-FANG Supported by His Company of Actors and Musicians from Peking"。即中国最伟大的演员梅兰芳由来自北京的演员与演奏家助演。

1930年2月17日，即梅兰芳在赴美演出第一站、纽约49街剧院首演的第二天，《纽约时报》发表了布鲁克斯·阿特金森（Brooks Atkinson）的文章：《中国偶像演员揭秘其艺术真谛》（China's Idol Actor Reveals His Art）。文章使用了 the drama of Peking 来指代京剧，这应该是外国人最早对京剧以英语进行翻译的译法之一。

以上是京剧在对外传播过程中"京剧"二字最早的英文释义。因为英语文化中没有与中国京剧完全对应的单词，而京剧此时对于西方还是陌生的艺术形式，所以还没有形成统一的、被普遍认可的译法，drama 和 theatre 是两个使用较多的单词。按照朗曼字典的解释 drama 和 theatre 指演员在舞台上呈现韵文，大体上相当于我们现在的话剧。表明地点的方位词多用 Chinese（中国）或 Peking（北京）。据此，我们发现"Peking"一词与京剧结缘已90多年了，加之《纽约时报》自身的媒介影响力，"Peking"一词含有西方人文化思维的定势，我们现时翻译时应予以充分考虑。

英语 opera，汉语译为歌剧，按照《辞海》的解释，是综合音乐、诗歌、舞蹈等艺术而以歌唱为主的一种戏剧形式。近代歌剧产生于16世纪末的意大利。"京剧"英语译为"Peking Opera"有其局限性，因为中国的京剧不仅仅是歌唱，还包含了独白、对话、舞蹈等多种艺术形式，用"opera"不能覆盖京剧的全部内涵。但是这一译法强调了京剧的唱，也就是京剧最核心的部分，它使不熟悉京剧的外国观众能够直接产生艺术联想。其影响也更广泛，相当程度上能够满足"易解"的要求，也体现了翻译过程中人本的观念,同时有文化遗产历史悠久的内涵。还有关键的"Peking"一词,它具有时代意象、地域指向,结合"opera"这一西方文化成果,能比较清晰地阐明京剧"唱念做打"中最重要的艺术内核,不失中国特色,不失地域韵味,同时彰显对不同文化的包容,兼具人文情怀。对于"汉有英无"的这一词汇,"Peking Opera"的译法可以填补英语文化的空缺。

与此同时,我们也不能否认把"京剧"译成"Peking Opera"是存在源语言信息损失的。但是就如同简·奥斯丁的名著《傲慢与偏见》英译汉一样,从书名的中译文我们只能得出两种态度的初步印象,而实际上作者在英语原文 *Pride and Prejudice* 中运用了"头韵",即两个或两个以上的词采用相同的字母开头,在此处是字母 pr。这种文字的处理结果是读起来、听起来有一种和谐、一致的声音效果,有韵律感和节奏感,能够制造出语言声音的美感。而目标语言——中文译文对此无法予以体现。同理可推,中文"京剧"在英译过程中也有无法回避的源语言信息损失。这种"译损"现象是两种语言转码过程中无法回避的。

7 "Peking Opera"的运用

作为国家级剧院的"中国国家京剧院"院名的英语翻译采用了 Peking Opera 的译法,译为:China National Peking Opera Company。

在北京外国语大学工作的澳大利亚专家马克林(Colin Mackerras)教授在其《中国戏剧——历史的回顾》(*Chinese Drama — A Historical Survey*)一书中,使用"Peking Opera"指代中国京剧。

2015 年中国戏曲学院教授、京剧程派传人张火丁在美国纽约林肯中心演出京剧《白蛇传》和《锁麟囊》,其巨幅海报的宣传词为:A ONCE-IN-A-LIFETIME EVENT!THE STAR OF THE PEKING OPERA ZHANG HUODING。即中文:千载难逢! 京剧明星张火丁。《纽约时报》8 月 28 日 C14 版、8 月 31 日 C1 和 C5 版都使用的是 Peking Opera 指代中国京剧。

英国伦敦大学皇家霍洛威学院的陶西雷博士在其著作《在伦敦舞台上表演中国——中国戏剧及其国际影响力,1759—2008》(*Performing*

China on the London Stage: Chinese Opera and Global Power，1759—2008）一书中多次使用 Peking Opera 一词指代中国京剧。

美国有线电视新闻网（CNN）2011 年 9 月 5 日在题为"Exchange Students Perform Peking Opera"（《交换生表演京剧》）的新闻视频报道中，介绍了来自全球的 20 多名大学生到中国上海学习京剧的情况。新闻标题和正文主持人都使用的是 Peking Opera 一词。

英国广播公司（BBC）2016 年 4 月 25 日对京剧名家梅葆玖的报道：China's Peking Opera Master Mei Baojiu Dies Aged 82（京剧大师梅葆玖去世，享年 82 岁）。

8 结语

基于时代性、地域性、艺术性、广泛性等多重因素，笔者认为在京剧被列入"世界非物质文化遗产代表作名录"的背景下，为了规范、有效地与世界各国热爱中国戏曲的人士共享京剧，汉语"京剧"二字在书面语正式语言环境下的标准英语翻译应以 Peking Opera 为适当的选择。

【参考文献】

[1] 贾玉新. 跨文化交际学［M］. 上海：上海外语教育出版社，2004.

[2] 王文章. 非物质文化遗产概论［M］. 北京：文化艺术出版社，2006.

[3] 张培基，喻云根，李宗杰，等. 英汉翻译教程［M］. 上海：上海外语教育出版社，1987.

[4] ［美］迈克尔·普罗瑟. 文化对话：跨文化传播导论［M］. 何道宽译. 北京：北京大学出版社，2003.

[5] 刘敬国，何刚强. 翻译通论［M］. 北京：外语教学与研究出版社，2012.

[6] 冯庆华，穆雷. 英汉翻译基础教程［M］. 北京：高等教育出版社，2014.

[7] 程曼丽. 国际传播学教程［M］. 北京：北京大学出版社，2013.

[8] 北京市语言文字工作委员会. 国家通用语言文字规范手册，2007.

[9] 叶子南. 高级英汉翻译理论与实践 [M]. 北京：清华大学出版社，2014.

[10] 王平贞，赵俊杰. 芬兰（列国志）[M]. 北京：社会科学文献出版社，2008.

[11] 田德文. 挪威（列国志）[M]. 北京：社会科学文献出版社，2007.

[12] 尚劝余. 印度史话 [M]. 北京：中国书籍出版社，2019.

[13] 邓炎昌，刘润清. 语言与文化 [M]. 北京：外语教学与研究出版社，2004.

[14] 王宗炎. 语言问题探索 [M]. 上海：上海外语教育出版社，1985.

[15] 宗廷虎，邓明以，李熙宗，等. 修辞新论 [M]. 上海：上海教育出版社，1988.

[16] 崔连仲. 世界史（古代史）[M]. 北京：人民出版社，1991.

[17] 彼得·伯克. 语言的文化史 [M]. 北京：北京大学出版社，2007.

[18] 吕叔湘. 语文常谈 [M]. 北京：生活·读书·新知三联书店，2019.

[19] [英] 威妥玛. 语言自迩集——19 世纪中期的北京话 [M]. 张卫东译. 北京：北京大学出版社，2002.

[20] 傅瑾. 20 世纪中国戏剧史（上）[M]. 北京：中国社会科学出版社，2016.

[21] Colin Mackerras. *Chinese Drama—A Historical Survey* [M]. Beijing: New World Press, 1990.

[22] Ashley Thorpe. *Performing China on the London Stage: Chinese Opera and Global Power, 1759—2008* [M]. London: Palgrave Macmillan, 2016.

【参考网站】

[1] https://baike.baidu.com/item/%E9%82%AE%E6%94%BF%E5%BC%8F%E6%8B%BC%E9%9F%B3/10240424?fr=aladdin.2022-08-01.

[2] https://www.britannica.com/biography/Thomas-Francis-Wade.2022-08-01.

[3] https://www.britannica.com/biography/H-A-Giles.2022-08-01.

[4] https://baike.baidu.com/item/ 邮政式音法 /10240424?fr=aladdin.2022-08-01.

[5] https://baike.baidu.com/item/威妥玛式拼音法/5404053?fr=aladdin. 2022-08-01.

[6] https://www.pku.edu.cn/.2022-08-01.

[7] https://www.bjut.edu.cn/.2022-08-01.

[8] https://edition.cnn.com/search/?q=Peking+opera.2022-08-01.
[9] https://www.bbc.co.uk/search?q=peking+opera&sa_f=search-product&scope=.2022-08-01.
[10] https://us.cnn.com/search?q=peking%20opera&size=10&from=10&page=2.2022-08-01.
[11] https://www.zdic.net/hans/%E4%BA%AC%E6%88%8F.2022-08-01.
[12] http://www.cnpoc.cn/.2022-08-01.

On Translation of Chinese Characters "京剧"

Wang Lixin

(Natinal Academy of Chinese Theatre Arts, Beijing 100068)

Abstract: There are several different English versions of the Chinese characters "京剧" based on various motivations and considerations. In 2010, Chinese Peking Opera was inscribed on the Representative List of the Intangible Cultural Heritage of Humanity by United Nations Educational, Scientific and Cultural Organization, therefore, we must keep a higher level of translation in a bid to sustain human civilization, which might start from a humanistic perspective to embody the unique artistic charm of Chinese opera. This article defines the context of "Peking Opera" translation as written language, that is, in formal language environments such as dramas, essays, and news. Focused on the analysis of "translation loss" phenomenon of Peking Opera and its application, the essay concludes that Peking Opera should be the appropriate choice for the standard English translation of the Chinese characters "京剧".

Key Words: Chinese Characters "京剧", Translation, Peking Opera

作者简介：王立新，中国戏曲学院国际文化交流系，大学英语教师，副教授，教育硕士。邮箱：1998wanglixin@163.com。

京剧术语英译研究现状综述[①]

中国戏曲学院 阙艳华

【摘　要】作为中国国粹,京剧是中华文化的综合体现形式之一,在对外文化交流及传播过程中具有不可替代的作用。在新时期,京剧走向世界的重要工具和基本保障是京剧术语的翻译研究。本文在中华文化走出去及新文科发展的大背景下,关注京剧术语翻译的现状,指出加强京剧术语英译实践和术语英译研究应该以国内译者为主,中外译者共同努力,才能更好地促进中华文化走出去。

【关键词】京剧;术语;翻译;研究综述

随着全球化的不断推进,在文化强国战略目标下,越来越多的中国传统文化走出去,京剧作为中国的国粹,对外交流历史悠久,现在更是国际文化交流的重要载体,经常出现在世界舞台,进行跨文化传播。术语是人类科学知识在语言中的结晶,京剧术语是京剧发展过程中逐步形成的表达自身专业概念的特殊的语汇系统。京剧术语翻译对京剧的有效传播起着非常重要的作用,然而,在对外传播过程中,由于京剧术语存

---

① 本文系 2021 年度北京社科基金规划项目"京剧核心术语翻译研究"(项目编号:21JCC028)的研究成果。

在释义不统一、译法偏误的现象。因而，京剧文化的海外传播，首先应从最基础、最关键的术语英译研究做起。

1 国外相关研究

京剧术语的英译是中华文化典籍外译的组成部分，海外专门研究戏曲翻译的专著有限，大多是从事戏曲英译实践的汉学家，在他们对戏曲剧目的英译文本中通常都会包含对术语的注释。如 A.C.Scott 在其 *Traditional Chinese Plays* 一书中涉及行当、服装、脸谱、音乐的术语。阿灵敦（美）与艾克敦（英）的《中国名剧集》（*Famous Chinese Plays*），1937 年由北平法文图书馆发行，书中涉及到 33 个剧目介绍，也有相关术语的英文表达，如琵琶（balloon guitar）、铙钹（brass cymbals）、老生（old sheng）、青衣（virtuous maidens and dutiful matrons）。伦敦大学 Thorpe Ashley 在其专著 *The Role of Chou* 中对京剧术语也有所涉及；比较系统的对京剧术语进行翻译和介绍的当是美国的 Alexandra B. Bonds 教授，在其专著 *Beijing Opera Costumes* 一书中对京剧服饰术语做了详尽而专业的介绍。还有一部分海外专家在翻译戏曲剧目的过程中，涉及了相关京剧术语翻译，如 Donald Rolston，以及美国夏威夷大学的魏丽莎教授，在他们翻译的经典戏曲剧目里，可以看到少量京剧术语的英文表达。

京剧剧目名称的英译，笔者认为理应纳入到京剧术语英译研究的范畴，京剧海外传播，剧目名称翻译的准确性和接受度是传播的关键一环。因而，我们需要对海外汉学家的剧目翻译实践进行简单梳理：Donald Keene 翻译了《汉宫秋》，A. C. Scott 翻译了《四郎探母》《拾玉镯》等，J. I. Crump 翻译了《中山狼》《李逵负荆》等，Cyril Birch 翻译了《十五贯》等 33 个剧目名称。

通过对国外学者的相关研究进行梳理，笔者发现国外学者关注的核心问题更多集中在对中国京剧的介绍方面，海外汉学家重视通过对京剧翻译的实践，提高对京剧的认识，同时也提高他们对京剧的研究水平。

然而海外专家对京剧术语的文化内涵理解不同,文化内涵的理解与阐释差异明显,一个术语多个解释,给西方读者的理解与接受带来了一定程度的影响,对于京剧中的行话、术语更是缺乏系统的研究。京剧是中国特有的艺术形式,英文中并没有对应的英文表达,加上每位汉学家对术语的理解不尽相同,因而就出现了海外译者对京剧术语的表达各有不同,并且这些术语并不是为汉学家的研究内容,只是出现在其著作和论文中,因而也没有提出适用于京剧术语的翻译方法及策略研究。

2 国内相关研究

"从专业术语翻译研究角度看,国内翻译术语研究成果主要集中于应用类学科,文学术语翻译研究因其复杂性与学科建制的艰难性,长期饱受冷落,有关戏曲术语英译的研究成果较少"(陈智淦、王育烽,2013)。关于京剧术语翻译,从笔者通过 CNKI 输入关键词京剧术语和英译、戏曲和英译、京剧和唱词三个组合进行搜索,目前掌握的材料来看,相关的研究文章有 30 篇,硕士研究论文 10 篇,与笔者 2018 年前后进行文献搜集的数据相比较,首先研究生毕业论文数量有大幅提升,涉及的学校也从之前的艺术类院校毕业生扩大到综合类院校的英语翻译专业的毕业生。尽管相关研究近年来有所发展,但总体上来说,研究文章的数量有限,在上文提到的 40 余篇研究文章中。国内关注的核心问题大致可以分为以下几个方面:

2.1 运用翻译理论来探讨少量特定戏曲术语或京剧术语的英译

主要研究学者及观点如下:周琰(2010)从功能对等理论探讨京剧术语的翻译,以奈达的功能对等理论为立足点,指出有效的翻译方法。张琳琳(2013)从"青衣"等京剧术语的英译看文化翻译的归化和异化,她从青衣这一术语不同版本的翻译,分析造成京剧对外交流障碍的原因,提倡应采取归化原则。姚瑶(2015)从格莱斯的"合作原则"为切入点,探讨京剧术语的翻译问题。曹广涛（2011）主要提出建立英译规范，首先是翻译标准问题，翻译标准是翻译研究的中心问题之一，曹认为译者需要有敢于挑战困难的精神，需要有明知不可为而为之的意志，从戏曲英译实践出发，进行理论上的钻研和深究，既放眼国际译论，又加强自律，立足于戏曲的民族文化之根。随后指出戏曲翻译规范：①戏曲英译的哲学范畴：可不可译；②戏曲翻译的视角规范：回归案头；③戏曲英译的选择规范：古代戏曲典籍和近代地方戏曲；④戏曲英译的文化规范：文化传真与戏曲传承保护；⑤戏曲英译的策略规范：译出与异化译法；⑥戏曲译文的评价规范：形式即意义；⑦戏曲英译的译者规范：文化外交。殷健（2019）指出现有关于京剧术语翻译研究均缺乏术语学本体理论的指导，这对于专业化色彩浓厚的京剧术语的跨语二次命名显然是一个缺陷，所译术语译名有可能因为不符合术语的基本特征而导致传播与接受失败。

2.2　对京剧术语翻译方法的探讨

比较有代表性的是陈福宇、毛发生和刘宝杰三位学者，他们文中对京剧术语翻译采取何种方法进行了探讨，但显然并没有统一，值得一提的是陈福宇（2015）提出了"动态术语"的概念。刘宝杰研究了京剧行当和剧名的翻译策略，以及对京剧名称的翻译进行了分析和研究（1996）。毛发生（2002）通过试译京剧行当、脸谱、服饰、音乐和乐器术语，系统提出了关于京剧术语翻译的一些策略和技巧。曹广涛（2019）在《基于文本功能的戏曲音乐术语翻译》一文中对相关研究综述，指出戏曲翻译问题，提出适合戏曲术语的翻译方法，并举例说明。董单（2013）则提倡遵循以传统文化涵义的异化为原则，举例说明京剧术语翻译的有效尝试。马佳瑛（2016）首先对戏曲术语的基本概念及研究概况进行论述；进而对秦腔的种类及特点进行梳理，最终提出戏曲英译标准及策略，并提出建立戏曲术语库。张立力（2010）主要探讨戏曲剧目的翻译，翻译人才的培养，从跨文化角度研究戏曲术语英译。

2.3 关于翻译技术在京剧术语翻译中的应用

见乐娟（2011）《基于 Trie 树的京剧术语语义词典》，通过定义语义代码的方式建立京剧专业术语之间的语义联系，并利用双数组算法实现 Trie，研究开发基于 Trie 树的京剧术语分词词典。这项研究是借助计算机技术进行京剧术语语义关联的小型词库的建设尝试，与京剧术语库的创建存有一定距离。董新颖（2019）则基于京剧术语英译的多模态术语语料库建设路径研究。作者以京剧术语为研究对象，提出多模态京剧术语库建设以及面向中国优秀传统文化传播的京剧术语多元化平台开发。

2.4 京剧术语翻译的实践

《中国戏剧史图鉴》《梅兰芳访美京剧图谱》《中国京剧服装图谱》"中国京剧百部经典英译"系列、"中国戏曲海外传播工程"丛书这些书籍中均对相关京剧术语有所涉及，近年来，中国戏曲学院在进行了一段时间的戏曲英译的实践摸索之后，先后推出了《京剧脸谱术语中英对照》《京剧服饰术语中英对照》和《京剧行当术语中英文对照》等京剧术语中英文对照系列成果。上述翻译实践是为数不多的京剧术语翻译，存在的问题也比较突出，术语英译不统一、不规范，但同时这也为今后的京剧术语英译实践奠定了一定的基础。

3 文献评述

从上述国内外研究现状分析，针对京剧术语的翻译方法和原则研究，缺乏系统深入的研究。总体而言，上述研究缺乏一种广泛的、综合的视角。京剧术语英译研究基本没有跳出本体研究，即没有跳出翻译原则和翻译策略的研究，视角相对微观。

（1）国内京剧术语英译的某些研究往往关注某些具体京剧术语的翻

译原则或翻译策略研究。研究仅就某些京剧术语的翻译进行分析，归纳总结出一定的翻译策略和翻译原则，所以存在一定的局限性，但对京剧术语翻译的具体操作而言，具有一定的借鉴意义。

（2）通过上述国内外文献梳理，我们不难发现目前的研究涉及了京剧中一些乐器、服装、角色、艺术手法、表演形式等术语的译法，为以后的京剧术语翻译实践奠定了一定的研究基础。基本都提出了京剧术语翻译的基本方法：直译法，意译法，音译法，音译加释意法，音译加意译法等翻译策略；并初步奠定了京剧术语的翻译理论，如奈达的功能对等理论，格莱斯的"合作原则"和"四个准则"；然而在翻译实践中采取"归化"还是"异化"则产生了分歧，在京剧术语翻译实践过程中，有学者坚持"归化"，而也有学者提倡"异化"。

（3）京剧术语翻译实践研究较少，且尚无统一行业标准。除中国戏曲学院推出的京剧术语中英文对照系列外，其他关于京剧术语的翻译大多零落分布在相关剧目翻译中，并各自为政，无论是百部经典丛书，还是中国戏曲海外传播工程丛书，对相关术语都有自己的翻译，自成一体，没有统一的标准，更没有得到官方组织的认可。对外传播与交流中，在针对海外的戏曲教学中，还没有能够帮助教师和留学生通用的比较权威的英文京剧核心术语词典。

4 结语

目前，中国文化走出去仍处于"文化逆差"范畴，如果过多地照搬京剧术语中中国特色的元素，会在一定程度上影响京剧文化的海外传播。因而，目前阶段，应该充分考虑京剧术语在西方文化世界的接受性，对一些地方进行必要的变通，比如通过语内翻译做好改写、解释性翻译、增加说明等策略。同时，京剧术语翻译不单单是译者的工作和任务，而是需要社会层面各个参与者共同努力、克服问题、制定规范、找到对策，从而保证京剧术语的有效翻译和传播。

当下，翻译问题仍然是中国文化走出去的瓶颈。中国文化的对外传播，尤其是京剧艺术能在海外走多远、走出的数量很大程度上取决于翻译的质量，尤其是京剧术语的准确性和统一性。因而只有加强京剧术语的英译工作，才能更好地推动京剧在海外的传播和研究，从而扩大中国文化的世界影响。作为京剧英译人员，需要既通晓戏曲文化知识，具备娴熟的汉英双语表达能力，同时还要加强对翻译理论、翻译原则、翻译目的、翻译技巧、文学素养的积累，同时结合翻译实践，才能逐渐形成成功的译作，扩大京剧的海外传播。

【参考文献】

[1] 曹广涛. 基于文本功能的戏曲音乐术语翻译[J]. 英语广场, 2019（3）: 65-67.

[2] 曹广涛. 基于演出视角的京剧英译与英语京剧[J]. 吉首大学学报, 2011（6）: 158-162.

[3] 陈福宇. 京剧动态术语翻译探索[J]. 教育教学论坛, 2015（19）: 195-196.

[4] 陈智淦, 王育烽. 中国术语翻译研究的现状与文学术语翻译研究的缺失[J]. 当代外语教学, 2013（3）: 59-67.

[5] 董单. 浅析京剧术语翻译的文化涵义[J]. 语言与文化研究, 2013（13）: 108-113.

[6] 董新颖. 大数据背景下多模态京剧术语数据库设计与创建探析[J]. 中国戏剧, 2011（6）: 30-32.

[7] 乐娟. 基于Trie树的京剧术语语义词典[J]. 计算机工程, 2011（6）: 30-32.

[8] 马佳瑛. 陕西地方戏曲中的术语英译及传播策略研究[J]. 文化学刊, 2016（04）: 104-107.

[9] 毛发生. 京剧术语翻译及其方法[J]. 北京第二外国语学院学报, 2002（5）: 24-25.

[10] 姚瑶. 合作原则在京剧术语翻译中的应用——不同译本之对比研究[J]. 邢台学院学报, 2015（4）: 128-130.

[11] 殷健. 典籍翻译教学中术语意识与术语能力的培养——以京剧术语英译为例 [J]. 英语广场, 2019: 19-21.

[12] 张立力. 戏曲术语中的中译英问题 [J]. 吉林教育学院学报, 2010 (26): 140.

[13] 张琳琳. 从"青衣"等京剧术语的英译看文化翻译的归化和异化 [J]. 上海翻译, 2014 (04): 41-43.

[14] 周琰. 从功能对等论看京剧术语及剧名的英译 [J]. 大众文艺, 2010 (12): 111-112.

Review on Translation of Peking Opera Terms

Que Yanhua

(National Academy of Chinese Theatre Arts, Beijing 100068)

Abstract: As the quintessence of Chinese culture, Peking Opera plays an irreplaceable role in international cultural exchanges. In modern times, it is important to research and translate terms with the purpose of globalization of Peking Opera. In this article, we focus on the development of Peking Opera terms' translation on the background of new arts. To help Chinese culture going global, we should advance the translation and research on Peking Opera. We should rely on domestic translators under the support of foreigners.

Key Words: Peking Opera; Terms; Translation; Review

作者简介：阙艳华，中国戏曲学院国际文化交流系副教授，博士，主要研究方向：戏曲翻译理论与实践。

基金项目：2021年度北京社科基金规划项目"京剧核心术语翻译研究"（项目编号：21JCC028）

性别研究视角的电影研究文献翻译探析
——功能语境理论维度

北京第二外国语学院　半　岚

【摘　要】以电影中人物主体身份建构为研究对象的性别研究是目前国外学界影视研究的重要组成部分。此类文章的译介对于助力国内学术界影视及性别研究的发展有着重要意义。本文在分析几篇刊登在国外知名影视研究期刊上的性别研究文献汉译文本的基础之上，提出以功能语境理论的语旨和文化语境作为理论指导，综合考量电影的制作背景及特点、文章的写作主旨和作者立场、电影与文献的互文性等因素，是此类文本翻译行之有效的路径，尤其是对影片人物主体和文献作者社会身份及角色的析读，能够较好地在译文中呈现作者的立场和观点，切实提升翻译质量。

【关键词】性别研究，功能语境，语旨，文化语境

1　概述

性别研究（gender study）是近年来国外学界影视研究领域的重要组成部分，其主要内容就是从不同的理论视角，依据影片的社会政治、文

化背景对其中的人物主体身份建构及呈现方式、特点、成因加以分析阐释。性别研究的对象文本并不局限于以剧情片、动作片、西部片、传记影片为主的传统类型影片，还包括悬疑惊悚片、恐怖片、灾难片、公路片、科幻及奇幻电影等由传统类型片衍生、发展抑或交叉、复合而成的电影子类。很多被界定为"男性题材"的影片，比如动作片、科幻电影和超级英雄电影，颇受那些从事性别研究的电影研究学者们的青睐。这是因为，正是通过对上述凸显、褒扬男性这一性别群体的影片中男性与女性在主体建构方面呈现出来的差异比对，才彰显出了霸权性男性气质（hegemonic masculinity，Connell，1987：11）。上述类型的影片既延循了包含着不平等权力分配的男、女二元对立体系，又生动地描画出长久以来处于相对弱势地位、被剥夺权利的女性群体的生存现状，她们面临的困难和挑战，被固化的形象与认知以及在社会生活的许多方面遭受的不公正待遇。

国内该领域的研究尚处于发展的初期阶段，尚未形成较为完善的理论分析体系，作为研究对象的影片类型较为单一，多为以叙事塑人为主的剧情片；用于分析人物主体建构的理论也比较受限，大多是选取女性主义视角，故而研究成果无论是从数量还是质量上而言，都有待进一步提升。对国外以影视文本为分析对象的性别研究相关文章的译介，在理论层面，可以丰富国内学术界性别主体身份建构的理论体系，拓延性别研究对象的摘选、范围的框定，构建国内学术界电影研究、性别研究的良好发展态势；实际运用层面，能够为国内电影学者，尤其是性别研究学者们提供可以借鉴的研究思路、视角和方法，有效助力以中国电影为重要组成部分的中国文化走出去，丰富中国文化对外宣介的内容。由此，此类文章译介研究的重要性可见一斑。

2　理论研究框架

影视理论家们提出，一部电影能否吸引观众的决定性因素就是叙事和影像。对人物主体的身份建构、形象塑造不但串联起整部影片的剧情铺设主线，还是用来剖析影片制作者对包括性别认知及立场在内的多种深层含义的不二选择。这是因为，性别主体身份建构是建立在特定的社会文化基础之上的，是身份政治的具象化表征形式，无论是性别主体的影像呈现，还是据此做出的分析研究，都有辨识度较高的文化归因蕴含其中。正因为如此，在翻译以影片人物主体为对象的电影研究文献时，要深挖电影的制作背景和制作者的政治文化立场，厘清性别主体建构的成因和特点；与此同时，也要通过对研究文本上下文的条分缕析来辨识作者的态度与观点。源文本（电影）和衍生文本（文章）各自的文化语境以及两者之间的互文性（intertextuality），作为跨文化交际行为的翻译所牵涉的源文化和译入语文化对上述内容的接收方式、程度以及思想文化传统，构成了基于电影的性别研究文本翻译的综合语境。

功能语境理论提出，语境是一个有着丰富内涵的多维概念，根据其对语言影响的直接程度归纳划分为四类，即直接语境（context）（也叫上下文语境）、情景语境（context of situation）、文化语境（context of culture）和意识形态（ideology）。按照韩礼德（Halliday, 1967）的观点，情景语境理论分为话语基调（tenor of discourse）、话语方式（mode of discourse）与话语风格（style of discourse）。他将这三种变量与"语域"（register）结合起来，"语域"即因为情景语境的变化产生的语言变化形式，即语言的一种"功能变体"形式。在此基础上，根据 Gregory & Carroll（1978）的观点，影响语域变异的情景语境要素可归纳为：话语范围（field of discourse）、话语基调以及话语方式，即语场、语旨与语式，而这三个语境因素又分别与语义系统中的经验意义、人际意义与语篇意义形成一对一的对应关系。

话语范围（即语场），指的是言语过程中所发生的时间，包括发生的环境，谈论的话题以及参与说话者的整个活动，属于"发生了什么"的范畴（司显柱等，2018）。语场在很大程度上决定了词汇的选择性，语场的变化会影响语言的使用者对及物性系统以及语言结构的逻辑关系做不同选择。话语基调（即语旨），是指交际双方的社会角色关系，即个人基调（personal tenor）。在韩礼德看来，个人基调决定了语言的正式程度，而正式程度主要体现在称呼（vocative）、人称代词（personal pronoun)、语气（mood）以及情态（modality）等中。话语方式（即语式），是指言语的方式，涵盖了在话语表达时采用的渠道、风格以及修辞手法等（Halliday & Hasan，1985），如书面表达与直接面对面的表达就是不同的，书面表达时会仔细斟酌词汇的表达以及表达的修辞性等，而在面对面表达时，话语相对来说比较随意，也会碰到像停顿这种问题（司显柱等，2018）。随着语言学研究的不断发展，文化语境这个概念的广度和深度也不断得到拓宽及延展。戚雨村（1992：11）认为，"文化实质上包括物质文化、制度风俗和精神文化三个方面。"谢建平（2008：81-82）认为，文化语境（context of culture）是指"某种语言赖以根植的民族里人们思想和行为准则的总和，即交际参与者所共有的背景知识，包括特定的社会传统习俗、历史文化知识、社会认知结构、社会心理、民族情感以及交际个体之间的文化背景、认知结构和心理状态等"。用通俗的语言来讲，文化语境是指话语交际活动发生的整个社会文化背景，或者是理解为交际者生活的社会文化环境（卢慧泽，2018）。落实到具体的文本写作和翻译中，文化语境与情景语境两部分是相辅相成的，同样又是相互制约的（戴炜栋，2013）。

  总体而言，在作为性别研究对象的影片中，扮演不同社会角色、拥有不同社会性别身份的男、女主体的话语基调即语旨有着较为明显的差异：女性在话语数量、言语意愿方面要明显多于男性，说话时的神态更加丰富，更侧重于情感的表达和关系的维护，遣词造句也更加符合语法规范。而男性的言语自由度较高，无论是言说方式，还是说话的内容、语气和用词的选择，其言语信息含载量也要远多于女性，无不体现出男性的霸权主体性。在将此类文章汉译的过程中，要充分、综合考虑影片人物主体、文章作者的社会文化身份、角色对其话语基调的影响，他们各自所属文化的语境，西方文化和中国传统文化在性别认知方面的异同，才能在有效传递原文信息的同时，获得国内读者，尤其是从事相关研究的学者的文化认同。笔者在功能语境理论的指导下，根据前期翻译的几篇发表在美国权威影视研究期刊上的性别研究文章原译稿和修改稿的比对，探究如何在翻译实践中融入情景语境和文化语境来提升译文的质量和在译入语文化中的接受程度。

3 功能语境理论视角下的翻译研究

3.1 凸显男性主体的霸权及强势

受到西方传统男性霸权文化的影响,多数的性别研究文章有着比较明显的语言特点:对男性主体进行呈现时,遣词造句大都是积极肯定、正面褒扬的。杰弗里·布朗撰写的《超级英雄电影的戏仿及霸权性男性气质》(Jeffrey A. Brown,2016:131-150)一文就是针对霸权性男性气质以及最能彰显其特质的超级英雄相关影片展开讨论的。超级英雄一直以来都被认作是美国文化对于霸权性男性气质集体认知的顶级呈现,是无数男性对权力幻想的完美模板。其在美国文化中不可撼动的地位和承载的丰富性特征内涵是不容置疑的,这或许也正是漫威的超级英雄题材影片向来都是票房大卖之作的原因。文章中,布朗对超级英雄有这样一段概略描述:

> The superhero is stronger than anyone, defeats every villain, is always in the right, and gets the girl. Superheroes can fly, lift trucks, shoot laser beams out of their eyes, blast energy from their fists, and so on— *Who wouldn't want to be one?!*

这段话没有使用什么溢美之词,几乎没有使用形容词来彰显男性的强大、强势。笔者的原译稿采用了同原文相似的铺陈式翻译:超级英雄很是强大,所向披靡,永远正确,能追求到心仪的对象。他们能飞天,力大无比,目光犀利,拳打天下。然而此种直陈式翻译没能很好地将作者置于男性主体角色立场、比对女性而言的那种炫耀能力的意味译出,也未能很好地传递美国文化的超级英雄情节,更不利于缺少超级英雄这个文化形象的汉语读者的有效信息获得。在修改稿中,笔者将注意力放在 anyone、every、always、fly、lift、shoot、blast 几个词上,力求让美国文化中超级英雄无所不能的强大模样浮现在读者面前。动词词组 get the girl 的使用,不但框定了超级英雄异性恋男性的身份,还很自然地将女性角色物化成超级英雄的战利品。异性恋在美国主流文化中是一个很重要的身份标记,为了能够尽可能通过译文传递这层含义而不用额外添加注释,笔者在综合考虑原文语旨、文化语境后的修改译文是:

> 超级英雄比任何人都强壮,能打败所有坏人,言行永远都是正确的,而且总能俘获美女的芳心。超级英雄能飞檐走壁,力大无比,眼神好比激光般冷峻犀利,结实双拳似能撼天动地。试问,有谁会不想这样?(芈岚,2016:5)

美国民众对超级英雄的崇敬和向往是男性主导文化的体现,而女性处于相对弱势的客体,即便是对于那些不具备霸权性男性气质、未能成功攀爬社会权力阶梯的男性主体,对他们的刻画也通常会好于有着同样经历的女性主体。电影中的他们是如此呈现于观众面前,文章中的他们也是这般呈现在读者面前。正如作者布朗所言,银幕上也有不少超级女英雄,像下文中提到的猫女、艾丽卡等,还有人们熟知的《X 战警》系列中的罗格和风暴女,影片《神奇四侠》中的隐形女侠等。然而,无论是最初的漫画,还是经由漫画改编而来的超级英雄电影,抑或是探讨超级英雄主体身份建构的文章,都无不强调的是超级英雄的行动力、打斗能力和掌控力,而对超级女英雄来说,完美的身形和逼人的性感才是她们理所当然追求的目标。"即便是移动速度最快的女超级英雄也很少能战胜拥有同样超能力的男性超级英雄。这个不争的事实在某种程度上也表明,超级女英雄真正的'天赋',至少从男性的视角来审夺,不在于其拥有怎样试图与男性比争的超能力,而在于其身为女性对异性的吸引能力。"(芈岚,2017:20)男性主体的主导性被放大、凸显,被客体化的女性不但要彰显女性气质还要柔弱多情,其作用更多的是"英雄救美"的标定物,就连超级女英雄也概莫能外。

Although the stories and the superhero characters have been

updated for the 21st century, their depiction of gender is very traditional: men are heroic, strong and brave; women are damsels in distress, love interests, and romantic prizes. Of course some rare exceptions do exist, but the dearth of feature film superheroines is indicative of the genre's preoccupation with masculinity. Even when female characters have headlined their own films, for example Catwoman or Electra, the films failed miserably. The fantasy of superhero transformation seems to be a specifically male ideal.

这段文字的重点是比对男、女超级英雄的各自角色特质。笔者在最初翻译时，处理形容超级女英雄的几个词组 damsels in distress, love interests and romantic prizes 时，侧重在表现形式以及字词数量上与前述超级英雄的四字形容词对称，便译为"多愁善感，向往爱情，追求浪漫"。再度思考后发现，这样的译法忽略了作者明显的男性主体立场以及女性的被客体化，无法凸显超级英雄的性别固化以及女性在与男性相较时的弱势，就连常人不能比拟的超级女英雄也无法独善其身的悲哀。修改后，笔者采用了增译的方式，连续采用了三个"形容词+主语"的结构，增添了"少女""恋人""战利品"三个主语，描画男性主体眼中的超级女英雄。修改后的译文既在形式上保留了与上文男性主体特点呈现的对称，也向汉语读者传递出西方文化认为女性以情感为先的固化主体形象。译文最后一句的两个形容词"神秘"和"完美"也是笔者增添的，强化"超级英雄＝男性主体"这个文化对等式的内涵表征：

译文：虽然影片的情节内容和人物角色方面做出了相当的符合时代特征的调整，然而对性别的表呈却丝毫未有与时俱进的改变或提升：片中的男性都是英雄式的人物，强壮有力、智慧敏捷，而女性则是困惑无助的少女，一见倾心的恋人，浪漫甜蜜的战利品。诚然，确有极个别例外的存在，但真人版超级女英雄电影的严重稀缺无论如何都是该类影片以男性气质为绝对主导的现实的铁证。即便有些影片是以女性角色冠名的，比如《猫女》（2004，皮托夫执导）

或《艾丽卡》(2005，罗伯·鲍曼执导)，但是这类影片大都遭遇票房上的惨败。因此，超级英雄变形的神秘魅力还是应该通过一个完美的理想化男性表现出来。(芈岚，2016：8)

3.2 凸显女性主体的弱势无助

以女性主体为主要刻画对象的电影大都会凸显女性的弱势无助，就好比纵览历年奥斯卡斩获奖项最多的剧情片，呈现在荧幕上最多的都是受苦受罪的女性，因为"人们愿意看见女性受罪，至少有一部分人是如此"(Enelow，2018：57)。电影研究学者琳达·威廉姆斯曾指出，剧情片就是关于女性的影片，包括那些以男性为主要人物的剧情片，因为承受——这一类型的标志性元素——会将每一个人女性化。剧情片中的女性是暴力虐待的受害者，是人类呼唤道德标准的基石，是社会价值的捍卫者，是闪耀人性光辉的劳动者，是其他人情感的囚徒(Enelow，2018：58)。鉴于此，在对此类文章进行翻译时，首先要正确辨识文章言辞的语旨以及关联的社会文化语境：作者究竟是站在男性立场以旁观者角度看待女性的受苦受难，还是站在女性立场，为女性的悲惨境遇而摇旗呐喊、控诉社会的不公与压制。既最大限度还原原作者的写作立场、向汉语读者呈现真实的美国社会性别现状，又要批判地滤筛其中消极甚至极端的西方社会的消费主义、男权主义、厌女主义等观念，都是对译者翻译策略和技巧的双重考验。

《最伟大的爱》是邵妮·艾妮洛(Shonni Enelow，2018：56-61)发表在《电影评论》里的一篇文章，探究的是剧情片在对母性进行刻画时表现出来的纠结和矛盾。文章主要围绕四部影片展开，其中一部就是菲律宾影片《英桑》。导演力诺·布洛卡执导的影片《英桑》(1976)是一部非典型母性题材剧情片。故事的主人公英桑同母亲唐娅及其情人达多一同生活在马尼拉的贫民窟里。达多是个穷困潦倒而又冷血残暴的屠夫，侵犯了还是少年的英桑。英桑把实情告诉母亲之后，比达多年长不少的唐娅为了维系同达多的关系，站在达多这边指责英桑勾引在先。绝望的英桑只得将计就计，让达多相信自己爱上了他，同时鼓动唐娅惩罚欺骗了她感情的负心汉。妒火中烧的唐娅杀死了达多，在狱中了却残生。

  导演布洛卡是他那个年代最具政治争议性的导演之一，擅长用自己的方式对许多社会性问题提出质疑。达多这样一个处在权力层级底端的男性，在面对同阶层的女性时，其作为男性的居高临下的优越感依旧显而易见：住在比自己年长的情人唐娅的房子里，唐娅对他事事耳提面命、处处讨好顺从，就连亲生女儿遭到侵犯都偏听偏袒；少年英桑为了报仇主动拉近关系，母女俩因此明争暗斗、竞相示好而他却坐享其成。虽然达多最终一命呜呼，而母女俩为此也付出了牢狱之灾、彼此反目的巨大代价，都无法善终。艾妮洛在文中有如此一段描述：

> The film's camera moves from Tonya's humiliation to her daughter's exhilaration; when Dado appears, plotting to escape with Insiang, Tonya stabs him with a kitchen knife. Insiang watches her mother's disintegration and her rapist's pain with frozen satisfaction. In the final scene, which finds Tonya in prison, Insiang confesses to her mother that she lied and manipulated her for revenge. Neither can escape her emotional bond: Insiang embraces her unyielding mother, who refuses to concede to the reconciliation her daughter begs for, but Brocka's close-ups show both women in tears. As Insiang leaves the prison, Tonya watches her walk away, clasping the bars.

  这段显然聚焦于刻画母女俩一系列细致入微的情感表达而对杀死达多这个行为只是一笔带过的描述依旧延循了注重呈现女性主体感性、情感的固有特质，特别是在杀死达多之后，两人都感受不到任何意义上成功的喜悦：达多为自己的欲望赔上了性命，母女俩则是因为各自的欲望毁掉了彼此的一生，一生都要活在痛苦与悔恨之中。然而笔者在初译时，更多地是将注意力放在这段文字的动词之上，想把"发生了"什么完整地呈现出来：

>   镜头从羞愧的唐娅移到了喜不自禁的女儿；接着达多出现了，

本来还做着跟英桑私奔的美梦,却被唐娅用一把菜刀刺倒在地。英桑冷冷地看着崩溃的母亲和奄奄一息的强奸犯。在影片的最后一幕,英桑向被关在监狱里的母亲忏悔,承认当初是她撒谎,目的就是要借母亲的手来复仇。毕竟是血浓于水:英桑抱着泣不成声的母亲乞求原谅,而唐娅说什么也不肯。观众通过导演的镜头看到的是满脸泪水的母女俩。最后唐娅双手紧抓着监狱的栅栏,看着英桑逐渐远去。

以上译稿是一种基于信息传递的翻译,读起来颇有记流水账之嫌,而且最重要的是,作者蕴藏在字里行间的重点未得以凸显。而在再次分析电影和原文后,笔者将翻译的重心放在了作者对母女二人身份角色关系的微妙转换和制衡的"个人基调"之上,用一些能够透露出强烈情感的形容词、动词或者名词短语,比如"懊恼""胜利喜悦""恳求""泪流满面"等,着力传递始终包裹在母女二人周围的压制与痛苦,愤怒与无奈。将导演和作者通过影片和文章表现出来的反思和质询,将处于弱势、身为底层的母女二人在以达多为代表的社会"强势"面前,不是选择默默顺从,就是要在奋起反抗后更加"生而痛苦"地艰难生存下去的状态很好地表达出来,这样才更能与导演布洛卡想要在那个女性主义运动层出不穷的年代里,对女性争取权利的抗争能否以及在多大程度上可以庇及到身处不同社会文化、不同阶层的女性群体进行反思的初衷。

译文:电影的镜头一开始是懊恼的唐娅,然后是充满胜利喜悦的她的女儿,当谋划着要与英桑私奔的达多出现时,唐娅将一把菜刀插进了达多的胸膛。此时,感到些许解脱的英桑在一旁冷冷地看着失去理智的母亲和痛苦呻吟的强奸犯。电影的最后一幕是英桑向已经在监狱服刑的母亲坦白,自己当初欺骗了母亲,这一切都是她为了复仇而一手谋划的。但英桑仍是无法挣脱自己跟母亲之间的这种情感纽带:她抱着哭泣不止的母亲,哀求母亲能够原谅自己,虽然她的母亲拒绝了英桑的恳求,但是通过布洛卡的特写镜头,我们能够看到母女两人都是泪流满面。最后,母亲紧紧抓着牢房的铁栅

栏,看着英桑慢慢走远,离开了监狱。(芈岚,2019:31)

译文修改稿对母女二人复杂情感的呈现明显要优于原译稿的流水账直译,而对唐娅这个非典型母亲前后情绪的对比,表达出原片导演和原文作者对这个形象的憎恶以及叹息。这对于汉语读者而言,也是很能唤起共鸣的翻译方式。

3.3 非典型女性主体的女性主义解读

还有一些性别研究的文章是从女性主义的角度出发,对影片中男、女主体的身份建构做出对比分析。相比于之前提及的那些传统的基于男性主义立场的研究来说,女性主义解读更加侧重对女性群体和/或个体的经历遭遇,所面临的社会、工作和家庭的种种压力时的抉择,如何处理、平衡各种亲密关系等方面的细致呈现和深入剖析。女性主体在荧幕上为了满足劳拉·穆尔维提出的"男性视觉凝视"而被刻意凸显的女性性特征,被当作标定男性主体能力地位、权力成就的众多衡量标准之一的附属性和顺从度,男性主体向来推崇并追求的强大、超越、掌控力、获得感等情绪价值,这些都不是女性主义性别研究的重点,非但如此,还更多地成为女性主义研究揭示真相、讽刺批判的对象。这些文章聚焦于影片中的非典型女性主体,她们优秀的学习及逻辑思辨能力,丰富的情感及强大的同理心,不逊于男性的力量和矫捷身手,看重团队合作及情感关联性的感性认知,得到了较好的认可和凸显。此类文本中用来形容男、女性别主体的言辞往往有着倾向并褒扬女性、中和并弱化男性霸权及主导地位的附带情感色彩,在翻译时理应结合上下文语境以及文化语境,仔细加以甄辨和考量,既不能过分溢美褒扬女性,也不能有失偏颇地压制男性。

在一篇探究失能母亲与强势女儿的文章中,作者罗斯选取了四部拍摄于本世纪初,无论是在艺术创作,还是在票房口碑方面都堪称佳作的电影,《冬天的骨头》(2010)、《大地惊雷》(2010)、《饥饿游戏》四部曲(2012—2015)和《龙纹身女孩》(2010—2011)。这四部影片有个共同点：主人公都是十分离经叛道、不愿恪守常规的非常有能力的女孩子，身手矫捷地擒拿格斗，理智冷静地审时度势，独当一面的能力不逊于男性。然而与此同时，她们都有一个失能（incapacitated）的母亲，时刻需要她们用自己的独立强大来保护和照顾。罗斯在文中提到，当这些母亲们在厨房、客厅等被认为是女性应该活动的场所里忙活时，她们的女儿们一刻都没闲着：猎杀动物、剥掉皮毛；参军；在酷寒的冬日露营郊外；暴走数十公里；被毒贩们打得头破血流；断然砍掉自己被毒蛇咬了一口的胳膊；骑着马翻江过河；用武力挑衅男人以报复或保护他人；因自卫而杀死男人；杀死自己的同伴。她们简直就是超级女英雄的真人再现。

值得注意的是，这篇文章看似在肯定嘉赞这些能干的女孩子们，但若把文章内容和所分析影片的人物关系结构结合在一起就不难发现，电影是用几位符合固化女性形象标准的柔弱悲苦、失能无助的母亲来规约、制衡她们狂野难驯的女儿，这篇文章也在颂扬女孩子们独立强大的同时，从失能母亲的视角来解读是什么促使这些年轻女孩如此暴力粗野、疏于管教：失能母亲直指失败的父亲，女儿替代父亲来保护母亲，女儿拼尽全力不要重蹈依赖他人、无法自立的母亲们的覆辙，这些都给女儿们离经叛道的行为增添了人性的光彩。与此同时，母亲还是异性恋的表征，而异性恋也是父权社会的重要标识。母亲虽然失能，但她们的存在就是最好的情感束缚、心灵规约，她们的存在具有极为重要的文化意义及内涵。可以说，失能母亲是一个矛盾的对立统一体。

将上述因素融入到文章的翻译之中，就要十分注意作者对母亲和女儿这两个群体的描述和阐释，把握拿捏作者的各种语气和态度：女儿虽能力有余但约束不足，这种强大或许会是不安定因素；母亲虽毫无本领却遵规守矩，但她的存在与其说是强大女儿的点缀，倒不如说是基础和保护更加贴切，当然，这是一种精神和文化传统层面的保护。

作者在形容她们既能娴熟地猎杀动物又十分擅长擒拿格斗的强势女儿们时，写道：These aberrant girls, so active and wild, are unfamiliar and potentially unsympathetic protagonists... 如若是从传统的男性主义立场来解读，这段话应该被译成对她们行为的规训和指责，强调她们极端、狂妄的行为举止离经叛道。然而结合上下文判断，此处作者是在主张这些女孩子们的自立、自主、自决，所以笔者在翻译时，弱化甚至摈弃语句中形容词的负面色彩，将中性词处理成褒义词，形容她们是"积极愿为、野性难驯的女孩子们"，虽然她们"并不是观众们所熟悉的、在情感上能够接受或认同的人物主体"。褒义、中性词的结合，也有利于汉语读者认知系统里相关形象的建构。中国传统文化历来不乏能干、愿为的女性，古代替父从军的花木兰，近代扛枪保家的娘子军，现代精通"十八般武艺"的女孩子，都是人们眼中优秀的女性形象。

与之类似的是，在翻译有关描画或评价母亲的内容时，笔者也意识到，可以适当减弱一些对母亲无能无助形容言辞的负面色彩，比如用"身体和外在的柔弱不堪"来翻译原文完全是负面的"failing body"，"极富同情心和包容心"来提升原文的"a sympathetic role"（一个用来共情的角色）。这种中和甚至偏褒义的翻译基调能突出母亲这个人物主体的存在所发挥的情感纽带、心灵慰藉、对女儿的积极衬托作用，帮助汉语读者更好地了解美国当代社会文化对失能母亲、强势女儿这两个非典型主体以及她们之间非典型关系的反思。反观中国文化，我们一向是颂扬母爱的伟大，更有"女子本弱，为母则刚"的说法，因此弱化原文母亲负面形象的修辞，不单单是保留了原作内涵的原汁原味，对于汉语读者来说，也更易于接受。

The mother is clearly a sentimental figure and correspondingly, sentimentality relies on the figure of the mother, with all its vexed associations with corporeality, even when incapacitated (perhaps all the more so when reduced primarily to the failing body). As the active daughter returns to the silenced mother, both of these political possibilities resonate: the mother has been rendered powerless (and therefore all the more an object of pathos); but at the same time, she appears in the film in a sympathetic role; she has not been dispensed with (sentimentality thus affords the mother a presence she wouldn't otherwise have, albeit via a confusing representation)…While she appears utterly tranquilized, the fact that so many films include this figure suggests the lingering ineffable power of the mother.

译文：母亲无疑是多愁善感的，于是母亲这个人物形象，无论其外在样貌如何，即便是最为无力无能的母亲，都是情感丰富、多愁善感的表征主体（应该说那些身体和外在越是柔弱不堪的母亲，越是多愁善感、伤春悲秋）。当积极强势的女儿和自己沉默寡言的母亲待在一起的时候，母亲 – 女儿之间的联合体就促成了两种政治可能性的发生：母亲的能力逐渐消退甚至丧失（逐渐沦为一个悲苦的主体）；于是，她成了影片中一个极富同情心和包容心的人物；她并没有被抛弃（应该说，恰是母亲的多愁善感为她挣得了在电影中的一席之地，尽管这种主体呈现的方式十分复杂，否则她将彻底从片中消失）。虽然这个母亲沉默到几乎没有存在感，但是这个人物形象能够在如此众多的类型电影中反复出现，依旧能够表明母亲这个主体的重要性是不言而喻的。（芈岚，2019：12）

4　结论

影视作品向来都是社会文化传播的重要渠道，是主流认知体系的呈现媒介。以电影中人物主体身份建构为主要内容的性别研究也是如此。在对相关文章进行翻译时，要周到考察影片中主要人物、文章作者尤其身份、角色决定的言语基调，明确其立场、观点，这样在译文措辞时方能不失偏颇。在此基础之上，还要结合源文本（电影）的拍摄背景、剧情铺设原因和人物关系，源文本同研究文章之间的契合度以及相左之处，作为原文的文化语境因素纳入翻译的具体实践中。由于中西文化的差异，在对译稿进行修改润色时，还要考虑到汉语的文化传统：对原文论及的人物主体及其他相关内容的接受程度如何，汉语的思维、用语习惯是怎样的，进而做出符合译入语文化语境的调整。上述文化语境、情景语境的科学、有效相融方能助益翻译质量的提升。

【参考文献】

[1] Brown, Jeffery, A. The Superhero Film Parody and Hegemonic Masculinity[J]. *Quarterly Review of Film and Video*, 2016(Vol. 33, NO.2): 131-150.

[2] Connell, R.W. *Gender and Power*[M]. Sydney: Allen and Unwin Press, 1987.

[3] Enelow, Shonni. The Greatest Love of All[J]. *Film Comment*, 2018(May-June): 56-61.

[4] Gregory, M., Carroll, S. *Language and Situation: Language Varieties in Their Social Contexts*[M]. London: Routledge& Kegan Paul, 1978.

[5] Halliday, M. *Language as Social Semiotic: The Social Interpretation of Language and Meaning*[M]. London: Edward Arnold, 1978.

[6] Halliday, M., Hasan. R. *Language, Context, and Text: Aspects of Language in a Social-Semiotic Perspective* [M]. Oxford: Oxford University Press, 1985.

[7] Roth, Elaine. More Momophobia: Incapacitated Mothers in Twenty-First-Century U. S. Cinema[J]. *Journal of Popular Film and Television*, 2017:180-189.

[8] 戴炜栋．新编简明语言学教程［M］．上海：上海外语教育出版社，2013．

[9] 卢慧泽．文化语境顺应视角下的《生死疲劳》翻译研究［D］．陕西师范大学，2018．

[10] 芈岚．超级英雄的戏仿及霸权性男性气质［J］．世界电影，2016（5）：4-26．

[11] 芈岚．热辣与能力的平衡：超级女英雄主体身份的建构与解构［J］．世界电影，2017（6）：19-32．

[12] 芈岚．再论母亲焦虑症：21世纪美国电影中的失能母亲［J］．世界电影，2019（1）：4-22．

[13] 芈岚．最伟大的爱［J］．世界电影，2019（1）：23-31．

[14] 戚雨村．语言·文化·对比［J］．外语研究，1992（2）：1-8．

[15] 司显柱，庞玉厚，程瑾涛．汉译英翻译研究功能途径［M］．北京：外语教学与研究出版社，2018．

Analysis of Film Research Literature Translation from the Perspective of Gender Study: With the Guidance of Functional Context Theory

Mi Lan

(Beijing Internatinal Studies University, Beijing 100024)

Abstract: Gender studies, which take the identity construction of protagonists in movies as the research object, is an important part of the current film and television research in foreign academic circles. The translation and introduction of such articles is of great significance to help the development of domestic academic film and television and gender research. On the basis of analyzing the Chinese translation texts of gender studies literature published in well-known international film and television research journals, this paper argues that taking the tenor and cultural context of functional context theory as the theoretical guidance, and meanwhile considering the production background and characteristics of the film, the writing theme and author's position of the article, the intertextuality of the film and the literature, etc., proves to be an effective way to do a good job in the translation of such texts. In particular, through the analysis of the protagonists' and authors' social identities and roles, the author's position and viewpoint can be better presented in the translation, and the quality of translation is thus effectively improved.

Key Words: Gender Study; Functional Context; Tenor; Context of Culture

作者简介：芈岚，北京第二外国语学院，博士，研究方向：英美文学、影视翻译研究。

外语教学与语言服务人才培养研究

GPWE 外语教学模式探索

国防科技大学　张伟年　黄彩梅　段宛云

【摘　要】新文科建设对高校外语教育提出了新要求。本文在深度学习理论指导下，结合课程思政教学目标，尝试探索新时代外语课堂教学模式，提出了"搜集—展示—写作—评价"（Gather-Present-Write-Evaluate，GPWE）的课程教学模式，并以我校英语国家概况课程为例进行相应的课堂实践。实践发现，GPWE 模式下的外语教学不再局限于传统课堂，而是拓展了学习的时间和空间，形成课前、课中和课后一体化的动态混合型学习模式。同时，该模式有利于培养学生自主学习能力、思辨能力和创新能力，丰富学生的道德素养。

【关键词】深度学习理论；课程思政；外语教学；英语国家概况

1　引言

随着时代的发展和世界格局的变化，教育部提出新文科建设，要求高等外语教育以培养高素质外语人才和提升国家外语能力为目标，主动服务国家战略发展。近年来，新文科建设在高等院校中蔚然成风，一些学者和院校对新文科背景下外语人才课程设置、课堂组织、教学策略、教学模式和评价方式等方面进行了研究和探索。在新文科建设"主动求变"和"学科交叉"的精神引领下，本文致力于从深度学习理论出发，结合课程思政教育教学改革的要求，探索新型外语课堂教学模式，聚焦学生思辨能力和创新能力培养，主动对接高等外语教育肩负的新使命。

2　深度学习理论内涵及研究现状

目前，学术界对深度学习（Deep Learning）的理解可以概括为机器模仿人的深度结构学习以及与人的浅表学习（Surface Learning）相对应的深层学习两大类。本文所讨论的深度学习理论属于第二类。深度学习这一概念最早由美国学者费伦斯·马顿和罗杰·萨尔乔在布卢姆有关认知维度层次划分的理论之上提出。根据该理论，浅表学习仅仅停留在"知道、理解"两个低阶层次，注重知识的机械记忆和描述；深度学习的认知水平则对应"应用、分析、评价、创造"四个高阶认知层次，注重应用知识和解决问题（Marton & Sajlo，1976）。比格斯认为浅表学习和深度学习的主要不同点在于两者的学习策略，浅表学习通常采用记忆和复述策略，而深度学习的关键在于理解阐述、批判思考以及将一个概念与另一个概念相互联结整合（Biggs，1979）。总体而言，深度学习具有信息整合、知识建构、知识迁移以及问题解决等特征，强调思辨和创新等高阶思维的发展。根据《新文科建设宣言》，新文科建设的主要特点是学科交叉发展，这与深度学习理论所倡导的知识迁移极度契合。思辨能力是高等教育的核心目标之一，也是高等外语教育的重要属性。思辨能力是指能够依据标准，对事物或看法做出有目的、有理据的判断能力（文秋芳等，2009），具有勤学好问、尊重事实、公正评价、敏于探究、分析评价、推理解释等情感态度和认知技能层面特征（孙有中，2015），是推动课程思政建设的重要支撑点。此外，深度学习理论强调的创新型思维是当代中国持续深入发展的不竭动力。自党的十八大以来，习近平总书记在讲话中多次提到创新，指明创新驱动战略对国家发展具有重要意义。国家创新归根结底是人才创新，需要人才培养模式的不断变革，需要深度学习理论指导下的教学设置。

相对国外深度学习研究而言，我国针对深度学习的研究起步较晚。2005 年，黎加厚教授首次提出深度学习的概念。目前，我国有关深度学习理论的研究主要融合于数学、物理、医学、神经学等学科和领域。国内有部分学者对将深度学习理论应用于英语教学进行了相关研究，刘腊梅和孙先洪（2021）就基于深度学习的大学英语阅读课堂教学进行设计，具体分析深度学习培养策略；王峥（2018）提出英语词汇的深度学习内涵，指出词汇深度学习的目的是提高英语词汇知识的运用能力；邹晓燕（2012）提出了整合和实践等英语深度学习策略。总体而言，在深度学习理论指导下的外语教学研究尚处于"量少面窄"的初步阶段。

3 课程思政教学的内涵

习近平总书记在全国高校思想政治工作会议上明确指示，"要坚持把立德树人作为中心环节，把思想政治工作贯穿教育教学全过程，实现全程育人、全方位育人，努力开创我国高等教育事业发展新局面"。为了深入贯彻落实全国教育大会精神，教育部于 2020 年 5 月印发实施《高等学校课程思政建设指导纲要》，对"高校课程思政建设干什么、怎么干、谁来干"进行全面部署，要求"课程思政建设内容要紧紧围绕坚定学生理想信念，以爱党、爱国、爱社会主义、爱人民、爱集体为主线，围绕政治认同、家国情怀、文化素养、宪法法治意识、道德修养等重点优化课程思政内容供给，系统进行中国特色社会主义和中国梦教育、社会主义核心价值观教育、法治教育、劳动教育、心理健康教育、中华优秀传统文化教育"。

在新时代以立德树人为中心的教育背景下，外语课程思政改革也成为高校教学刻不容缓的任务。与其他专业相比，外语专业课程思政尤其需要得到重视。外语教育必须强调"国家意识"（林敏洁 & 沈俊，2020），学生在课堂上会大量接触外国语言文化，如果对西方文化价值观念失去辨别能力，那么结果就可能会与立德树人的教育目标背道而驰。

外语课程思政需立足国家对新时代复合型外语人才的要求，理解与把握新文科建设的趋势方向。外语专业课程思政必须充分服务于外语专业人才培养，与外语专业人才培养目标进行深度融合，致力于促进学生的专业知识学习，唤醒学生运用专业知识服务社会的意识，从而激活学生的专业才能制导能力（罗良功，2021）。外语课程思政的内涵可以从三个视角来把握：从教育政策视角出发，它是外语教育贯彻立德树人根本标准的具体实践；从课程理论视角出发，它强调"育人"和"育才"相统一；从外语学科视角出发，外语教师要善于从学科视角挖掘语言背后隐含的价值内容（胡杰辉，2021）。

4　GPWE 教学模式

在深度学习理论指导下，我们通过总结英语国家概况课程的教学经验以及反思教学过程和结果，开展了"搜集—展示—写作—评价"（Gather–Present–Write–Evaluate，GPWE）的课程教学模式（图9-1）。GPWE 教学的四个环节分别对应课前、课中和课后，教师和学生在其中各自承担着不同的任务和角色，旨在形成"以教师为主导、学生为主体"的教学格局和营造有利于学生自主学习、思辨和创新的教学模式。

任务类型	搜集—展示—写作—评价（GPWE）			
学生任务	搜集、整合、分析资料	课堂展示、开展讨论	论文写作	生生互评
教师任务	支架、监管	学习、纠错、组织	支架	教师评价

图 9-1　英语国家概况课程 GPWE 教学模式

搜集是指学生就教师给定的话题在课前查找相关资料，做成幻灯片或讲义等以便用于课堂展示。学生的课前任务不仅限于搜集资料，而是要对所获资料进行整合、分析和拓展，在梳理材料的过程中理清知识脉络，初步形成自己的观点。课前任务是学生从资料中提取和分析所需材料的过程，有助于逐步提高学生的自主学习能力。与此同时，教师在这一过程中应发挥"支架"作用，在学生搜集资料的过程中予以适时支持和帮助，并通过询问等方式监管学生任务进程。展示环节对应的是线上或线下面对面课堂，是指学生通过幻灯片或讲义等辅助形式面向全班同学讲解所获知识和分享观点等，同时鼓励其他学生提出问题，积极参与讨论，形成讨论性和研究性课堂。在这一环节中，教师与学生构建了一种新型学习伙伴关系。教师不再是传统课堂的权威者，更是学习者，如果对学生所讲内容有疑惑应当堂向其请教。另一方面，教师还承担着纠错的任务，发现学生展示的内容有偏差时应适时指出。经过资料搜集和展示两个环节后，学生需从自己展示的内容出发，自拟题目，形成一篇英文学术论文。教师在这一过程中给予个性化指导，及时答疑解惑，包括引导学生从其他学科专业角度撰写论文。论文完成后，需要提交到班级线上组群中，交由老师和同学进行在线评价。这一环节采用生生互评和教师评价两种评价模式。优秀的论文成果可在教师的指导下投递期刊并发表。

5 GPWE 教学模式课堂实践

本次课堂实践致力于将 GPWE 教学模式应用于英语国家概况课教学，旨在展示课程教学的具体步骤和开展方式，发现和检验教学效果。

5.1 实践背景

英语国家概况课程是为非英语专业本科学生开设的一门课程。学生通过学习该课程能够比较系统地了解主要英语国家的人文地理、政治制度、社会文化等概况，深入理解与把握社会现象背后蕴含的文化价值观，具备较强的跨文化交际能力（教育部高等学校外国语言文学类专业教学指导委员会，2020）。不同于语言技能型课程，英语国家概况课程属于通用的区域国别知识课程，具有内容广泛、知识性强、历史跨度大等特征。

英语国家概况课程开设于本科三年级下学期，隶属于大学英语课程，教学对象虽然不以英语为主要专业，但也已经具备一定的英语能力，使用教材为重庆大学出版社出版的《英美国家概况》。在课时安排方面，该课程共安排 20 周完成，每周 2 课时，共计 40 课时，前 20 课时围绕英国的基本国情展开，后 20 课时则以美国为主题，分别用 4 课时介绍该国家的地理、历史、文化、社会生活、政治体制五大方面。下节将以英国文化板块为例，详细分析该课程如何以 GPWE 模式具体展开教学。

5.2　GPWE 教学模式应用

5.2.1　搜集（Gather）

"搜集"属于深度学习的准备阶段。教师于课前确定之后几次课堂讨论和展示的主题，例如英国文化，围绕这个主题，学生可单独或与同学组队，自由选择一个感兴趣的题目，进行课前资料的搜集和预习。由于授课对象为非英语专业的学生，教师会建议他们结合自己主修专业选择研究课题，譬如国际关系专业和外交学专业等，这既符合国家对复合型外语人才培养的要求，也遵循了新文科建设中学科交叉融合的原则。

研究资料搜集渠道广泛，包括但不限于慕课和视频网站纪录片等。在"搜集"阶段，学生能够自主、开放地利用大量互联网资料和线上课程资源，实现了以学生为中心的个性化学习，同时培养了他们的自主学习能力。2020 年初新冠肺炎疫情防控使得很多学校开始尝试线上平台教学模式，成功实现了"停课不停教"。以往的传统线下教学模式会继续与线上教学相互结合、优势互补，将教学空间从教室拓展到数字化、网络化的学习平台，满足线下线上一体化教学需求。这种混合教学将超越单一的线上或线下教学，成为未来教育教学的基本模式（陈金芳、马新礼，2020）。

在这样的"翻转课堂"教学模式下，教师的角色定位发生转变。由于大部分知识内容已经通过线上互联网平台学习，教师将不再以传授知识点作为主要任务，而是在线上协助他们规划学习方案、解答疑惑、了解自习进度，成为学生学习的引导者、督促者和助手。

5.2.2 展示（Present）

"展示"对应课中环节，也反映了深度学习认知水平中的"分析"层面。两个课时共 100 分钟的课堂上，教师首先用 20 分钟和学生一起进行文化热身小活动，15 分钟用多媒体进行知识点讲解，之后的时间皆用于学生展示和评价。在展示环节，学生独自或者以小组为单位，以演示文稿等形式，用英语展示他们课前在英国文化方面自主研究的课题。以吴俊杰同学的课堂展示成果为例，他选择的主题是"大英博物馆对文化产业发展战略的启示（The Enlightenment of British Museum to the Development Strategy of Cultural Industry）"。展示 ppt 设计精美、图文并茂；演讲结构完整、特色鲜明。学生首先阐述了英国文化产业发展的现状与特点，带来了怎样的影响，接着举例介绍了几个英国独特的文化 IP，最后形成了自己的观点，分析了英国博物馆文化对我国文化产业发展的启示，并得出结论：文化产业蓬勃发展离不开强有力的政策支持和法律制度保障。

该生思路清晰，演讲内容像正式的学术论文一样具备引入、分析、结论等多个层面，由浅入深，可见这样的教学模式能够让他们充分发挥主观能动性，在生活细节中挖掘研究素材，从西方文化中鉴别出值得借鉴的精华之处，从而有效锻炼他们的思辨能力和创新能力，让他们在本科阶段就开始学习科研学术方法，反映了深度学习理论在外语课堂上的应用。

另一方面，该生选题新颖，面向实际，聚焦战略研究，具有时代特色。党的十九届五中全会提出，要把文化建设摆在更加突出的位置，繁荣发展文化事业和文化产业，提高国家文化软实力（新华网，2020）。因此，该生的研究选题充分响应了"十四五"时期文化产业新发展的新要求。展示结束后，学生分组进行讨论和评价，对展示成果提出看法和建议。教师也对他的展示给予了充分肯定，并进行积极引导："习主席在十九大提出了当前社会的主要矛盾转换，现在人民对于美好生活的需求性需要重点关注，而博物馆有利于陶冶情操，增进知识，对人们生活水平的提高及文化自信的提升都有极大益处。以博物馆为切入点，探寻博物馆对于文化产业发展的意义，是一个非常好的研究课题。"这样的学生展示和教师评价都是课程思政充分渗透于外语教学课堂的体现。

5.2.3 写作（Write）

"写作"对应课后环节，反映了深度学习的认知水平中"应用"和"创造"层面。教师会在学期末要求学生选择自己曾研究过的一个课题，撰写为正式的学术论文。论文撰写过程中，学生将通过查阅更多文献，在教师的指导下将课堂上展示的研究成果进行细化和拓展，最终形成完整的作品。目前已有英语国家概况课程的学生在教师的指导下发表了自己的学术论文，例如杨子扬（2020）撰写的《"不战屈人"从而"以战止战"》发表在《中国军转民》杂志；兰培轩等（2021）撰写的论文《"集大成者得智慧"——从"大成智慧"探析美军信息化与智能化发展》获邀参加第十届"C4ISR 理论与技术高端学术论坛"，并被由中山大学出版社出版的论坛论文集收录。由此可见这样的教学模式可以有效提升本科生的科研能力，培养他们的批判性思维能力，实现深度学习理论指导下的高阶思维发展。

博耶研究型大学本科生教育委员会（2000）发表的研究报告指出："探索、调查、发现是大学的核心。大学里的每一个人都应该是发现者、学习者。"目前国内虽然很多研究型大学都重视科研学术发展，但对于本科生科研普遍要求不高或者几乎没有要求，大多数本科生的毕业论文就是第一次学术尝试，因此撰写过程中势必会遇到很大困难。在本科高年级课程中适当加入科研写作训练，能有效提升本科毕业论文质量，除此之外，还可以使本科生受到科研文化的熏陶，提高科研能力和探索精神，增强对课题学习的理解，培养合作精神，并且为他们进入研究生阶段的学习打好基础，因此本科生科研将会成为本科生教育改革的一个重要趋势（刘宝存，2005）。

5.2.4 评价（Evaluate）

"评价"同样对应课后环节，体现了深度学习的认知水平中的"评价"层面。斯克里文将评价分为形成性评价（Formative Evaluation）与终结性评价（Summative Evaluation）两种形式（Scriven，1967）。英语国家概况课程的评价模式正是依据该理论,分为两种基本方式:形成性评价,即在每次课堂展示环节后进行教师点评与生生互评,从而检验学生每节课的基础知识掌握程度和课前自主学习成效;终结性评价,即学期末学生论文写作后,各自将自己的文章发到班组群,互相点评和学习,再进行自我评价,并由教师选出优秀作品帮助投递期刊,从而检验该学期英语国家概况课程的总体教学效果。这样的课堂教学评价模式贯穿教学始终,能够检验学生一个学期学习效果的发展进步和最终成效,且评价主体不限于教师,而是让学生也充分参与到自我评价和生生互评当中,充分遵循了发展性原则、学生中心原则和全面性原则(赵明仁 & 王嘉毅,2001),能够有效促进学生各方面的发展。

6 启示

以深度学习理论为指导的 GPWE 教学模式实践,能够为新文科背景下的高校外语教学改革提供一些新的启发。

6.1 坚持学生主体地位

卡尔·罗杰斯(Carl Rogers)在 1952 年提出"以学生为中心"的教育理念以来,其影响随着时代发展不断深化,至今仍对教学目标、教学过程、教学方法和评价手段等都有着重要指导作用(方展画,1990)。目前在新文科建设的背景下,学生的主体地位应当继续贯穿于每个教学环节的始终,具体表现为:

第一,让学生成为知识的主动建构者。GPWE 教学模式要求学生不再只是老师传授理论的对象,而需要在课上课下自行完成理论知识的搜集和学习,整合归纳为自己的知识体系。向其他学生及教师展示学习成果的同时,学生从某种意义上也成为了授课者。授课者和授课对象的双重身份使得学生在教学过程中占据了更主动的地位。这意味着学生不仅要自主学习知识,更重要的是学习掌握知识的方法。这样教与学互动的研究型教学能够有效转变学生的观念和行为方式，培养他们在未来学习和工作中的研究能力和创造能力（夏锦文、程晓樵，2009）。

第二，关注学生的反思能力和合作能力。GPWE教学模式中，学生除了要独立完成部分教学任务，课堂讨论、课下研讨、小组作业等环节都要求他们拥有一定的合作学习能力。通过观摩其他学生的展示环节，以及展示后的教师评价和生生互评，学生也可以有效反思自己在知识积累和学习方法上的不足，最终形成良性的、可持续发展的合作学习氛围，有利于培养学生的团队意识和合作精神。

第三，以学生作为教学评价的主体。为了适应深度学习的高阶认知层次教学策略，也需要配合采取相适应的多元评价模式，即形成性评价与终结性评价相结合，教师讲评和生生互评相结合。在深度学习理论的指导下，科学评价课堂教学质量，要参考学生主体的参与度、学生思维的有效度、学生情感的内化度、学生语言的鲜活度等多个方面（高校教师发展联盟，2021）。学生不仅要在生生互评中成为教学评价的实施者，学生发展也始终是检验教学成果的核心。

6.2　更新教师教学理念

GPWE教学模式下，教师也应当及时更新教学观念，适应新的教学角色。由于学生在教学各个环节中更加占据主导作用，教师也不再像过去传统教学模式中那样充当课堂上传授知识的权威者，而是成为学习者当中的一员，对学生们的学习起到指导和促进的作用的同时，师生间的交流与学习方式因此将变得更加平等（赵洪，2006）。面对课堂定位的改变，教师应当更新理念，改变过去主导课堂的传统观念，以新的身份参与到教学活动当中。

6.3　渗透课程思政教学

外语教学应当紧抓立德树人基本任务，将思政元素"润物细无声"地融入到课程内容当中，思政教育与外语教学交相融合，实现课程思政教学目标。为此，教师需要充分利用丰富的外文媒体网络资源，挖掘外语课程中的思想政治教育元素，结合线上线下一体化教学模式，围绕时事热点，帮助学生树立正确的人生观和价值观。在"搜集"和"展示"环节，教师可以引导学生选择与时政热点相关的研究课题，为他们推荐优秀的电子报刊资源平台，引导他们利用多媒体资源查找与研究相关的图片、音频和视频等多模态资料；在"写作"和"评价"环节，教师也可以对学生的课堂表现做出积极反馈，引导他们正确把握西方价值观念，树立正确的国家观和文化观，促进学生的全面发展。

7 结语

习近平总书记在中国科学院第二十次院士大会、中国工程院第十五次院士大会和中国科学技术协会第十次全国代表大会上提出，高水平研究型大学要把发展科技第一生产力、培养人才第一资源、增强创新第一动力更好地结合起来，发挥基础深厚、学科交叉融合的优势，成为基础研究的主力军和重大科技突破的生力军。在习总书记的指示和新文科建设的背景下，高校外语教学势必将更加注重培养学生的思辨能力和创新型思维，提升学生的高阶认知水平。GPWE 教学模式是从深度学习理论的视角设计出的新时代外语课堂教学模式，结合了课程思政要素和线上线下一体化教学模式，分为"搜集—展示—写作—评价"四个环节。通过在英语国家概况课上的实践结果可以看出，该模式改变了传统教学模式中教师在课堂中的主导地位，更加贯彻以学生为中心的教学理念，帮助学生提高自主学习能力，培养他们的科研兴趣，提升他们的学术研究能力。正如乔姆斯基所言，真正的教育是让学习者能够欣赏和理解所学的知识，能够在可用资源的基础上进行创新，学会如何查询信息、如何提出问题、如何质疑标准理论，找到适合自己的方法来解决问题，能够独立应对挑战，以及学会与他人团结合作等等（Chomsky，2000）。GPWE 教学模式是新时代外语教学改革背景下的一种新的尝试，对创新人才的培养、高校的学术建设、国家的战略发展都将有积极的意义。

【参考文献】

[1] Biggs, J. Individual Differences in the Study Process and the Quality of Learning Outcomes[J]. *Higher Education*,1979,8(4):381-394.

[2] Chomsky, N. *Chomsky on Miseducation*[M]. Boston: Natl Book Network, 2000.

[3] Marton, F., Sajlo, R. On Qualitative Differences in Learning Outcome as a Function of the Learner's Conception of the Task[J]. *British Journal of Educational Psychology*,1976,46(2):115-127.

[4] Scriven, M. The Methodology of Evaluation[M]. *AEKA Monograph Series on Curriculum Evaluation*(1):39-83.

[5] 博耶研究型大学本科生教育委员会．重建本科生教育：美国研究型大学发展蓝图［J］．教育参考资料，2000，（19）：8-14．

[6] 陈金芳，马新礼．线上线下融合：重塑传统意义上的教与学［N］．光明日报，2020-8-18（14）．

[7] 方展画．罗杰斯"学生为中心"教学理论述评［M］．北京：北京教育科学出版社，1990．

[8] 高校教师发展联盟．把握课堂教学评价的五个标准[EB/OL]. https://mp.weixin.qq.com/s/BsEwyVg2MuHU1Hs4qXVveQ(2021-05-14)[2021-06-03].

[9] 胡杰辉．外语课程思政视角下的教学设计研究［J］．中国外语，2021，18（02）：53-59．

[10] 教育部高等学校外国语言文学类专业教学指导委员会．普通高等院校本科外国语言文学类专业教学指南（上）［M］．上海：上海外语教育出版社，2020．

[11] 兰培轩，杨航，张伟年．基于钱学森"大成智慧"思想探析智能化作战体系［C］.// 张维明.2020 年 C4ISR 技术论坛论文集．广州：中山大学出版社，2021：184-189．

[12] 林敏洁，沈俊．培养更多站稳中国立场的外语人才［N］．光明日报，2020-6-23（15）．

[13] 刘宝存．美国大学的创新人才培养与本科生科研［J］．外国教育研究，

2005（12）：39-43．

[14] 罗良功．外语专业课程思政的本、质、量［J］．中国外语，2021，18（02）：60-64．

[15] 孙有中．外语教育与思辨能力培养［J］．中国外语，2015，（02）：1，23．

[16] 文秋芳，王建卿，赵彩然，等．构建我国外语类大学生思辨能力量具的理论框架［J］．外语界，2009（01）：37-43．

[17] 夏锦文，程晓樵．研究性教学的理论内涵与实践要求［J］．中国大学教学，2009（12）：25-28．

[18] 新华网．增强人民精神力量，提高国家文化软实力——从党的十九届五中全会看文化强国建设 [EB/OL]．http://www.xinhuanet.com/politics/2020-11/13/c_1126736082.htm(2020-11-13)[2021-06-03]．

[19] 杨子扬．"不战屈人"从而"以战止战"［J］．中国军转民，2020（11）：70-71．

[20] 赵洪．研究性教学与大学教学方法改革［J］．高等教育研究，2006（02）：71-75．

[21] 赵明仁，王嘉毅．促进学生发展的课堂教学评价［J］．教育理论与实践，2001（10）：42-45．

[22] 刘腊梅，孙先洪．基于深度学习的大学英语阅读课堂教学设计研究［J］．佳木斯职业学院学报，2021（03）：102-103．

[23] 王峥．基于移动端的英语词汇深度学习研究［D］．上海外国语大学，2018．

[24] 邹晓燕．大学生英语深度学习方式探析［J］．黑龙江高教研究，2012（12）：181-183．

A Research on GPWE Foreign Language Teaching Method

Zhang Weinian　　Huang Caimei　　Duan Wanyun

(International Studies College, National University of Defense Technology, Nanjing 210039)

Abstract: The construction of new liberal arts puts forward new requirements for foreign language education in Colleges and Universities. Under the guidance of Deep Learning Theory and combined with the objectives of ideological and political teaching, this paper attempts to explore the foreign language classroom teaching method in the new era, puts forward the curriculum teaching method of "Gather-Present-Write-Evaluate" (GPWE), and takes the course "A Survey of English-Speaking Countries" in our school as an example for classroom practice. It is found that the foreign language teaching under GPWE mode is no longer limited to the traditional classroom, but expands the learning time and space to outside classroom, and forms a dynamic hybrid learning method integrating before-class, during-class with after-class. At the same time, this method is conductive to cultivating students' autonomous learning ability, speculative ability and innovative ability, and enriching students' moral quality.

Key Words: Deep Learning Theory; Curriculum Deology and Politics; Foreign Language Teaching; A Survey of English-Speaking Countries

作者简介： 张伟年，国防科技大学国际关系学院副教授。研究方向：语言学；翻译学；外语教材与教学研究。电子邮箱：865019121@qq.com。

黄彩梅，国防科技大学国际关系学院讲师。研究方向：语言学；外语教学。电子邮箱：13952003671@163.com。

段宛云，国防科技大学国际关系学院助教。研究方向：语言学；外语教学。电子邮箱：dwylidia@163.com。

新文科背景下翻译专业建设的若干思考

中国政法大学　辛衍君

【摘　要】新文科建设是新时期国家为实现高等教育现代化而提出的"四新"建设之一。新文科理念为翻译专业指明了新方向，翻译专业应当重新定位，调整人才培养目标，勇于改革，主动创新，统筹规划，解决原有专业方向单一、人才培养与社会需求不匹配的问题。翻译专业要注重内涵式发展，发挥各高校不同地域和强势专业的优势，办出特色，促成交叉方向的诞生和跨界融合发展，促进学生翻译能力和其他专业能力协同发展，培养出能满足新时代需求的"一专多能"的国际化、复合型翻译人才，服务国家和社会。

【关键词】新文科；翻译专业；问题所在；解决方案

1　引言

2018年6月21日教育部部长陈宝生在新时代全国高等学校本科教育工作会议上指出：要加强文科教育创新发展。要不断深化马克思主义学习和研究，充分发挥马克思主义在文科教育中的领航和指导作用，培育新时代中国特色、中国风格、中国气派的哲学社会科学，培养新时代的哲学社会科学家，形成哲学社会科学的中国学派（陈宝生，2018：9）。新文科建设是新时期国家为实现高等教育现代化而提出的"新工科、新医科、新农科、新文科"四新学科发展战略的重要组成部分，旨在打造中国特色的新文科体系，引导高校加快专业建设，振兴本科教育，提高文科人才培养质量。基础教育阶段重在传承人类社会的文明成果和国家共有的价值观，而高等教育不同于基础教育，"十年树木，百年树人"，高等教育应该具有前瞻性、主动创新性和指导性，否则培养出来的人才知识储备相对滞后，落后于时代的发展，无法满足社会发展的需要。2019年3月，教育部高等教育司吴岩司长在北京召开的"第四届全国高等学校外语教育改革与发展高端论坛"上做了题为"新使命、大格局、新文科、大外语"的主旨报告，进一步明确了外语教育的未来发展方向，报告指出：高等外语教育应该主要围绕"三变、两新、两大"，即识变、应变、求变，新使命、大格局，新文科、大外语，探讨新时代高等外语教育改革发展的总体要求、总体思路、总体措施、总体标准和总体目标（吴岩，2019：3）。

新文科时代背景下，外语教育面临一场重大变革，主动求变，创新发展是当前的主旋律。学界围绕新文科和外语教育展开了热烈的讨论，学者们首先从宏观上对新文科本身的概念进行了讨论（陈凡、何俊，2020；张俊宗，2019；樊丽明、杨灿明、马骁等，2019），重点集中在新文科的本质、内涵、维度、建设思路等方面。其次，深入到新文科与外语教育的具体关系进行了广泛的探讨（郭英剑，2020；郭英剑，2021；胡开宝，2020；王俊菊，2021；宁琦，2021），题目涉及新文科与外语建设，新时期外语教育的定位和任务，新文科与外语学科建设，新文科对外语专业意味着什么等等。新文科之于外语专业的意义，郭英剑认为"学界通常认为新文科之'新'主要体现在三个方面：一是超越传统文科的观念与边界；二是打破传统文科的学科体系与人才培养模式；三是构建传统文科所不具备的方法论，包括使用现代科技手段研究人文学科"（郭英剑，2021：30）。从如上讨论不难看出，外语教育已经开始突破传统文科的封闭式自身发展模式，走向文科内部互通，文理互通的新方向。外语教育改革大潮汹涌而至，翻译专业该何去何从？目前翻译专业发展遇到的问题是什么？如何解决？本文将针对这些问题进行探讨。

2 翻译专业的过去和现在

2.1 过去定位

我国的外语教育走过以下几个阶段：（1）以语言文学为主的传统的外语教学阶段。（2）语言学及应用语言学盛行时期的外语教学。（3）复合型外语人才流行时期的外语教学。这一阶段强调"外语＋专业"的教学模式，培养掌握外语基本功，又掌握某一专业技能的复合型外语人才，课程设置中文学、文化类课程明显减少，也正是在这一阶段出现了"外语＋翻译技能"的教学模式，培养专业化的翻译人才。（4）专业翻译从外语教学中分离出来的外语教学阶段（仲伟合，2010）。2006 年经教育部批准（教高 [2006]1 号）翻译成为一门新专业，翻译专业属于教育部《普通高等学校本科专业目录》中"文学"学科门类中"外国语言文学类"下的本科专业。同年，复旦大学等三所大学首次招收翻译专业本科生。之后这种新型外语类专业因其较强的应用性和实用性受到社会和学生的欢迎，各大高校纷纷开始设立。为了规范和指导高等学校翻译本科专业建设，保证翻译本科专业的健康发展和人才培养的质量，2011 年 3 月《全国高等学校翻译专业本科教学要求》（试行）发布，明确了高等学校本科翻译专业的人才培养目标：培养具有宽阔国际视野的通用型翻译专业人才，毕业生应熟悉翻译基础理论，掌握口笔译专业技能，熟练运用翻译工具，胜任外事、经贸、教育、文化、科技、军事等领域中一般难度的笔译、口译或其他跨文化交流工作（仲伟合，2011）。由此可见，那时候翻译专业人才培养的目标是培养合格的技能型口笔译人才。

2.2 重新定位

如今，随着新一轮世界科技学术革命和产业革命的兴起，人工智能、大数据等新技术迅猛发展，跨界学科以及新科研领域不断涌现，跨界成为当下的主流和热点，这种新局面对高等教育产生了深远的影响。"高等教育虽然有其自身不同学科发展的追求，要为学科发展做出贡献，但学科是以知识发展为导向的，而高等教育的本质是服务国家、社会和市场对各种人才的需求，并根据这种需求的变化随时调整自己学科专业的定位。"（蔡基刚，2021：14）新形势促使高校打破传统，重新定位传统专业的理念。高校必须"从学科导向转向产业需求导向、从专业分割转向跨界交叉融合"（教育部，2018）。上述表述对于新时代翻译专业的重新定位具有重要指导意义。

翻译专业从无到有，经过十几年的发展，教育规模和质量都有大幅度提升。新时期的翻译专业定位应该充分体现"新"字，2020年推出的《普通高等学校本科翻译专业教学指南》（以下简称《翻译专业教学指南》）定稿版的人才培养目标如下："翻译专业旨在培养具有良好的综合素质和职业道德、较深厚的人文素养、扎实的英汉双语基本功、较强的跨文化能力、厚实的翻译专业知识、丰富的百科知识和必要的相关专业知识，较熟练地掌握翻译方法和技巧，能适应国家与地方经济建设和社会发展需要，能胜任各行业口笔译等语言服务及国际交流工作的复合型人才。"（教育部高等学校外国语言文学类专业教学指导委员会英语专业教学指导分委员会，2020：25）对比2011年的《全国高等学校翻译专业本科教学要求》，不难发现，根据社会经济的发展及国家对专业化翻译人才需求的变化，新版指南对人才的知识结构有了新的要求，开始强调翻译专业知识、百科知识和相关专业知识的复合；新版指南也更加注重对学生能力的培养，要求学生具有口笔译语言服务能力、跨文化国际交流能力以及适应国家与地方经济建设和社会发展需要的能力，这些新要求显然不同于以往单一技能型人才培养，当下的目标是培养"一专多能"的复合型人才。这些新的变化，要求学校在人才培养和课程设置方面做出相应的调整,紧跟时代发展的步伐。

3 当前面临的问题

3.1 专业缺乏特色

新文科时代,翻译人才承担着语言服务及国际交流的重任。实施素质教育,培养"一专多能"的人才是重点。一方面,专业可以由单一学科支撑,如语言学或英美文学,也可以由两个乃至更多学科支撑,如计算机语言学或心理语言学。解决现代问题,满足社会需要,必须运用不同的学科知识体系。另一方面,由于专业与个人需求和市场需求更密切相关,专业可以以学科为导向,但更多的是以问题为导向,或以职业为导向(蔡基刚,2021:15)。但是放眼目前高校翻译专业,很多学校的人才培养还停留在原来的翻译技能层面,试图用"翻译技能"一把钥匙打开市场人才需求所有的锁,而事实却是相似的课程体系培养出的人才能力趋同,毕业生缺乏文化、职业、专业等综合素养的积淀和特色,毕业后难以满足市场需求,就业范围狭窄,就业难,转行多。"专业则必须和社会需求紧密联系。一味强调学科为导向(实际上根本没有学科支撑)的英语专业和翻译专业的消亡是不可避免的。新建工程英语、医学英语、语言服务和机器翻译等新专业是必然的趋势"(蔡基刚,2020:10)。许多高校的翻译专业尚未发挥本校自身优势,办出自己的特色,跟上新行业的发展。

3.2 师资力量不足、课程设置不合理

在科技迅速发展,交叉学科和新专业不断涌现的今天,国家需要培养"会语言、通国家、精领域"的翻译人才。然而,现有翻译专业的师资由于其本身知识结构、研究领域、科研和实践能力的限制客观上存在难以满足上述实际需求的情形。原有翻译专业专职教师本身受自身知识

结构较为单一的限制，很难培养出既有翻译知识、又懂百科和专业知识的学生。目前急需新的学科和交叉复合方向的兼职教师来补充。此外，文科出身的翻译专业教师对于大数据、翻译软件、机器翻译、网络教学平台等高新科技、信息技术的掌握，还没有跟上时代发展的步伐，教师的教学方法和科研方法，运用现代科技手段来研究人文学科的能力都有待提升，目前翻译专业的新师资需要补充，专兼职教师的配比需要调整。在新形势新办学理念指导下，教师队伍的知识结构应该更加丰富，超越原有观念和边界，走向新起点，打造新的教学平台。

另外，目前课程中翻译口笔译技能训练课程比重过大，而其他相关专业知识和人文素质培养的课程占比太少，"重技能、缺内涵"，距离新教学指南所倡导的能力、知识以及素质共同提升的培养目标有较大差距，需要平衡通识课与专业课，语言技能课与专业知识课，课堂与第二课堂、实习和实践之间的关系。

4 解决方案

新文科时代的翻译专业面临一场重大变革，主动求变、创新发展是当前的主旋律。翻译专业发展应该走向内涵式发展、学科融合发展和特色发展之路。在人才培养中应该以服务社会需求为导向，充分利用学校和地区的强势学科及优势资源，培养新时代、新产业需要的特色专业人才，翻译应该走和其他专业交叉融合发展的新道路，实现专业方向细分化。翻译专业应该突出特色，走差异化、专业化道路，比如法律翻译、工程翻译、医学翻译、科技翻译等等，办好特色翻译专业需要从办学思路、人才培养、师资配备、教学方法、课程设置等几个方面统筹规划。

4.1 办学思路

高校的翻译专业应该一改整齐划一的现状，走特色化发展的道路。不同高校应根据自己的学科和地区优势重新定位，比如政法院校，可以推动法学专业与翻译专业的融合,大力发展法律翻译,财经类院校可以发展财经翻译,理工科院校发展科技翻译,东南沿海地区可以大力发展经贸翻译。在课程体系搭建中,高校可充分依托本校的其他强势学科资源和地域优势,为学生提供"翻译+"模块课程,培养社会急需的"一专多能",会翻译、懂专业的翻译人才。

4.2 人才培养

新时期翻译人才培养和教学质量提升要充分体现新文科的理念和思路,利用信息技术促进专业交叉融合发展,以便更好地进行专业建设,培养一流翻译人才。翻译专业要积极探索适合本专业的人才培养方式,探索科学的管理方法,把提高教育教学质量作为工作的核心。着力培养翻译基本功扎实,掌握现代翻译手段和技术,具有人文素养,通古博今,既精通翻译又懂专业的知识复合型专门翻译人才。在人才培养中解决好翻译基本功与翻译实践、信息处理、其他专业知识储备的关系问题,做到统筹安排,构建合理。另外,鉴于翻译专业对外交流的特点,在加强学生知识层面的培养同时,还应注重在更高的价值层面的培养,使学生具有历史使命感、社会责任感和时代感,成为能文有道的翻译人才。我们要下力气培养高业务素质、思想道德素质、文化素质和心理素质的新时代翻译人才。

4.3 师资建设

在本文第三部分提到了翻译专业师资遇到的问题。目前,多数学校翻译专业师资多元化程度不够,配置不合理。翻译专业出身的教师是专职教师的主流,他们能在翻译技能训练方面提供优质的教学服务,但由于自身知识结构有限,对某些专业领域的翻译、机器翻译等领域缺乏知识储备和实践经验,要他们独立完成新型专业和方向的人才培养还是困难重重。加强专职教师培训,提升教学和科研水平的同时,学校可以考虑补充聘请有实际翻译经验的职业译者作为学生的兼职教师,增加兼职教师在师资队伍中的配比。此外，还可以整合同一地区高校翻译教师资源，实现地区内高校翻译教师共享，专兼职互通也是可以考虑的方案。

4.4　课程设置

新时代的翻译专业课程设置要体现宽口径、厚基础、精专业。首先，教学课程模块中既要有训练翻译技能的课程；也要有提高双语能力的课程。做好翻译工作，好的外语和中文功底，缺一不可。正确的理解，流畅的表达，扎实的源语和译入语语言基本功，都是必备的技能。其次，增加相关专业知识模块，为做好专门用途翻译打下专业知识基础。第三，抓好课堂教学、第二课堂、实习和实践教学，以课堂教学核心，调动学生的课堂参与度和积极性。丰富学生的第二课堂，提高学生自主学习的能力，为学生打造平台。此外，建议学校与地方用人单位联系，建立充足的专业实习和实践基地，为学生创造更多机会，学以致用，以用促学。通过实习和实践，学生的学习更加有动力和目的性，实践能力得到提升的同时，就业机会也在增加。第四，开设提高学生综合能力和人文素养的通识课程，拓展专业内涵，提升人才综合实力。第五，增加现代信息技术类课程，为学生提供数据库使用、机器翻译等模块，为传统的翻译专业注入其他学科和科技的新元素。翻译虽然属于文科，但应该是适应科学技术发展的新文科，促进文、理、工、农、医等不断交融的新文科。

5　结语

"面对国家发展、民族复兴的迫切需求，面对时代变革、未来发展带来的巨大挑战，面对知识获取和传授方式的革命性变化，我们必须以习近平新时代中国特色社会主义思想为指导，准确把握高等教育基本规律和发展实际，全面落实高等学校人才培养的根本任务和根本标准，高扬起人才培养的主旋律，全面提升人才培养能力，造就堪当民族复兴大任的时代新人"（陈宝生，2018：5）。翻译专业发展经过十几年的积淀和发展，从无到有，从有到新，已经进入了新的发展阶段。在新文科时代，高校、教师和学生都应该以新的理念"从学科发展导向转移到社会需求导向"（蔡基刚，2021：18）为指导，立足新时代，满足新需求。学校要凝练新方向，大力发展法律翻译、科技翻译、财经翻译等特色方向，构建跨界课程体系，落实人才培养目标，提升人才培养能力和质量；教师要把握新方向，更新教学方法，拓展学术视野；学生要刻苦努力把自己打造成"一精多会""一专多能"的国际化、复合型翻译人才。

【参考文献】

[1] 教育部．关于加快建设高水平本科教育全面提高人才培养能力的意见［Z］．2018：18-24．

[2] 教育部高等学校外国语言文学类专业教学指导委员会英语专业教学指导分委员会．普通高等学校本科外国语言文学类专业教学指南（上）［M］．北京：外语教学与研究出版社，2020．

[3] 蔡基刚．一流本科课程与专业建设的重组新概念——以外语学科为例［J］．东北师大学报（哲学社会科学版），2020（03）：7-12．

[4] 蔡基刚．学科交叉：新文科背景下的新外语构建和学科体系探索［J］．东北师大学报（哲学社会科学版），2021（03）：14-19．

[5] 陈宝生．在新时代全国高等学校本科教育工作会议上的讲话［J］．中国高等教育，2018（Z3）：4-10．

[6] 陈凡，何俊．新文科：本质、内涵和建设思路［J］．杭州师范大学学报（社会科学版），2020（01）：7-11．

[7] 樊丽明，杨灿明，马骁，等．新文科建设的内涵与发展路径（笔谈）［J］．中国高教研究，2019（10）：10-13．

[8] 郭英剑．对"新文科、大外语"时代外语教育几个重大问题的思考［J］．中国外语，2020（01）：4-6．

[9] 郭英剑．新文科与外语专业建设［J］．当代外语研究，2021（03）：29-34．

[10] 胡开宝．新文科视域下外语学科的建设与发展——理念与路径［J］．中国

[11] 宁琦. 新时期外语教育的定位与任务 [J]. 中国外语. 2021（01）: 16-17.

[12] 王俊菊. 新文科建设对外语专业意味着什么？[J]. 中国外语, 2021, 18（01）: 24.

[13] 吴岩. 新使命大格局新文科大外语 [J]. 外语教育研究前沿, 2019（02）: 3-8.

[14] 张俊宗. 新文科：四个维度的解读 [J]. 西北师大学报（社会科学版），2019（05）: 13-17.

[15] 仲伟合. 翻译专业人才培养：理念与原则 [J]. 东方翻译, 2010（01）: 10-14.

[16] 仲伟合. 高等学校翻译专业本科教学要求 [J]. 中国翻译, 2011（03）: 20-24.

Reflections on the Construction of Translation Major from the New Liberal Arts Perspective

Xin Yanjun

(China University of Political Science and Law, Beijing 100088)

Abstract: The construction of New Liberal Arts is one of the "Four New Majors" proposed by our country to realize the modernization of higher education in the new era. The concept of New Liberal Arts has pointed out a new direction for translation major. Under its guidance, translation major should reposition itself, adjust its talent training objectives, take the initiative to innovate, make comprehensive planning, and solve the problem that the talents cultivated which cannot meet the needs of the society. Translation major should focus on its connotative development, give full play to the advantages of different regions and strong majors of each university, run more specialties, promote the birth of cross-cutting directions and cross-border integration development, promote the synergistic development of students' translation ability and other professional abilities, and cultivate internationalized inter-disciplinary translation talents who can meet the needs of the new era and serve our country.

Key Words: New Liberal Arts; Translation Majors; The Problems; Solution

作者简介：辛衍君，中国政法大学教授，博士，主要研究方向：翻译。Email: xinyanjun59@sina.com。

新文科建设背景下华中科技大学英语专业人才培养理念与实践[①]

华中科技大学　黄　勤

【摘　要】 新文科建设给以理工科见长的综合性大学的英语专业的发展带来了机遇与挑战。华中科技大学英语专业作为首批国家一流专业建设点，依托部属高校优势和本校特色，践行学科与专业的交叉融合。本文详细介绍该专业如何在文科建设背景下，遵循英语专业《国标》基本要求，在培养目标制定、方向和课程设置、教学方法运用和教师发展等多个培养环节不断探索与实践，努力培养新时代所要求的复合型英语人才的举措与成效，也对该专业的进一步发展提出构想。

【关键词】 新文科建设；英语专业；一流专业；举措与成效；构想

1　引言

王俊菊（2015：121）曾指出，据官方数据统计，我国现有的1448所本科院校中有994所开设了英语专业，在校学生达57万人。毋庸置

[①] 本文系2020年湖北高校省级教学研究项目"新文科建设背景下理工科高校英语专业人才培养模式研究：理念与实践"（项目编号：2020063）的部分研究成果。

疑,在新中国成立后的 70 多年里,各类英语专业人才为我国的经济建设、对外开放、科学研究和社会发展等诸多方面均作出了不可磨灭的贡献。

然而,近十几年,英语专业的现状却变得不容乐观。由于中小学英语教育的普及、大学公共英语教学质量的提升及各类英语培训机构的林立,高校英语专业陷入了前所未有的窘境。英语与英语专业、学习英语与英语学习的本质区别常常被混淆,存在着英语专业就是学英语,学生掌握了听说读写译的基本技能,就实现了专业培养目标这样的误解与偏见,由此导致了英语专业"工具论",甚至"英语专业不是专业"的错误认知,给英语专业的建设与发展造成了极大伤害(查明建,2018:10),甚至出现了相当一部分英语专业毕业生就业难或所就业的领域与所学的英语专业领域完全不对口的现象。

面对上述诸多问题,教育部在 2018 年发布了《高等学校英语专业本科教学质量国家标准》(以下简称《国标》),倡导外语人才培养要"质量引领、多元培养、分类卓越",指出不同高校应充分考虑国家战略和地方发展需求,结合本校发展规划和目标定位确立英语专业人才的培养方案;在 2019 年又颁布了《关于一流本科课程建设的实施意见》,提出了实施"一流本科课程双万计划",同年,教育部高教司司长吴岩(2019:3)在北京召开的"第四届全国高等学校外语教育改革与发展高端论坛"的主旨发言中指出:高校要建设新文科,做强大外语,培养"一精多会""一专多能"的国际化复合型人才。王铭玉、张涛(2019:3)也指出,新文科的建设应体现战略性、创新型、融合性、发展性的特点。2020 年,教育部高等学校外国语言文学类专业教学指导委员会出版了《普通高等学校本科外国语言文学类专业教学指南》(以下简称《指南》)(试行),以保证《国标》各项原则和规定的贯彻与落实。《指南》在理念部分明确了英语专业内涵式发展道路,指出"英语教育本质上是人文教育,不能把英语仅仅视为一项技能,而忽视其人文社会科学的学科内涵"(教育部,2020:xix)。吴岩(2021:7)进一步指出,新文科的建设路径是守正创新,要在传承中推进融合创新,"与现代技术融合、与其他学科交叉融合,以相近的专业集群融合"。《国标》《指南》以及教育部的一系列文件与领导人的讲话为英语专业的改革与发展指明了方向。

华中科技大学是一所以理工科见长的综合性大学，该校的英语专业是国家首批一流本科专业建设点。在此背景下，如何制订出符合国家战略需求、体现本校优势与特色的人才培养方案、课程体系和教学模式与方法以及建设一支高水平的师资队伍，是我们在不断思考与探讨的重要问题。以下我们将全面介绍在新文科和一流英语专业建设过程中，对英语专业人才培养所采取的一系列举措和所取得的一些成效，同时也对英语专业的进一步的改革与发展提出构想。

2 华中科技大学英语专业人才培养理念与实践

2.1 正确认识英语专业性质、确立本校的特色专业方向

英语专业《国标》（2018：1）将英语专业定位为：以英语语言、英语文学和英语国家的社会文化等为学习和研究对象的学科专业，由此明确了英语专业的学科性和学科的人文属性。同时《国标》（2018：1）规定英语专业旨在培养具有良好的综合素质、扎实的英语语言基本功、厚实的英语语言文学知识和必要的相关专业知识且能适应国家经济建设和社会发展需要的英语专业人才。《国标》对培养规格也具体提出了素质要求、能力要求和知识要求。《国标》是本科英语专业的准入、建设和评价的依据，也是各高校英语专业进行教学改革的风向标和路线图（仲伟合，2015：1）。

华中科技大学英语专业依据《国标》所规定的准入门槛，结合国家发展战略和华中地区经济建设的需求，基于自身学科及专业发展基础以及历届英语专业培养质量的调查与反馈，不断优化并践行本科英语专业人才的培养理念。

华中科技大学英语专业于1981年秋季开始招收科技英语方向首届本科生，旨在利用理工科院校的优势，培养文理兼容的复合型英语人才，在课程设置上不仅开设了英语语言与文学类课程，以提高学生的英语听

说读写译能力,还开设了电工学、高等数学和计算机原理等工科课程,并且全部使用英语授课。为了满足社会对复合型英语人才的进一步需求,同时为了充分利用我校管理学科的优势,2008 年以来,英语专业开设有两个专业方向:英语方向和英语+国际商务方向。立足于培养服务于文化走出去国家发展战略、英汉双语技能熟练、人文素养深厚、知识面宽广、具备批判性思维和创新能力、具有社会责任感、具有全球化和国际竞争力的英语复合型人才。按照《国标》要求,在全人教育体系上,促进知识传授、能力培养、素质提升和人格塑造的有机结合。本专业形成了鲜明的办学特色与优势,具体表现在以下几方面:

(1)复合型。采取英语、英语+国际商务、英语+其他专业(二学位)三种模式,培养复合型英语人才,服务国家各行各业建设。

(2)国际化。与英、美、澳、新、中国香港、中国台湾等国家或地区多所世界知名大学建立了长期合作关系,开展交换生和"3+2"本硕联合培养等合作培养模式;4 名外教长期任教,其中 2 名美、加籍博士为专任教师,每位教师均有出国留学经历;近 3 年平均国际升学率达到 50% 以上。

(3)精英培养。两个方向每年各招生控制在 25 人以下,拥有 4.5:1 的优质生师比和最佳教学资源配置。

其中英语+国际商务方向为外国语学院与经济学院合作开办的全日制英语+国际商务双学位培养模式,学生主修英语专业课程,同时学习国际商务专业课程,毕业时授予文学学士第一学位和管理学学士第二学位。这一专业方向最集中体现了我校在新文科建设中英语专业与其他学科进行融合的培养特色,我们将本专业方向的培养目标定位为培养具有良好思想品德、较强英语语言能力、了解英语语言文学文化等相关基础理论、掌握经济学和管理学相关基础理论和国际商务规则,有较强的国际商务运作能力,并具备一定相关研究能力的应用复合型专业人才。近15 年的办学实践证明,该专业方向学生既具有扎实英语语言与国际商务理论基础,同时熟练掌握了英语语言技能和国际商务规则,有较强国际商务运作能力,成为备受各涉外企业、投资公司等青睐的国际化复合型高端人才。同时,英语方向的培养目标也超越了传统的对学生英语听说读写译能力的培养,注重全人教育。此外,我们还利用省部属"七校联合办学"机制,鼓励本专业学生在业余时间选修第二学位。每年本专业均有不少学生获得管理、传播、计算机、光电等专业第二学位,毕业后也有不少学生继续攻读第二专业硕士学位甚至博士学位。

2.2 注重人文素养和多种能力的培养,设置专业内涵与个性化发展并重的课程体系

王铭玉、张涛(2019:3)指出,新文科的建设应体现战略性、创新性、融合性、发展性的特点。在新文科建设背景下,英语专业应培养学生的"人文素养、思辨能力和创新能力"。因此,参照英语专业《国标》总体要求,我们为英语和英语+国际商务两个专业方向均设置了四个课程模块:素质教育通识课程(必修)、学科基础课程(必修)、专业课程(专业核心课程和专业选修课程)和集中性实践教学环节(必修)。课程设置突出理论课程和实践环节相结合、人文精神和科学精神相结合、综合素质和专业技能相结合的特色。两个专业方向的总学分分别为英语方向 163 学分和英语+国际商务方向 207 学分。就具体课程模块而言,在素质教育通识课程(必修)模块,两个方向均开设了"马克思主义基本原理""毛泽东思想和中国特色社会主义理论体系概论""习近平新时代中国特色社会主义思想概论""思想道德修养与法律基础""中国近现代史纲要""形势与政策""军事理论"和"中国语文"等课程,还开设了三个学期的"大学体育"和"第二外国语"以及"计算机及程序设计基础",此外还要求学生必须选修一门美育类课程。旨在通过这些课程,加强对学生的思想政治教育,树立他们的中国情怀,同时让他们通晓法律、历史和中国语文等方面的知识,培养其人文素养、促进其身心健康、提升综合素质。对于体现方向特色的学科基础课程(必修)和专业核心课程的必修课程,英语+国际商务方向与英语方向共享了以下课程,如"微积分"(3)、"英语精读"(1-3)、"高级英语"(1-2)、"英语语音"(1-2)、"英语听力"(1-4)、"英语基础写作""英语中级写作""英语高级写作""英语日常会话"(1-2)、"英语演讲与辩论"(1-2)、"英美

影视与文化"（1-2）、"英语国家社会与文化""商务英语阅读""新闻英语阅读""英语文学导论"（1-2）、"语言学导论""跨文化交际""英汉翻译""汉英翻译""基础口译"和"信息技术与语言服务"等，旨在夯实两个方向学生的英语基本技能，同时培养他们的思辨能力与跨文化交际能力。在这两个课程模块中，英语+国际商务专业方向还增加了以下多门国际商务学专业课程，如"线性代数""概率论与数理统计"（3）、"管理学原理""经济学原理""中级微观经济学""中级宏观经济学""会计学""统计学""计量经济学基础""货币银行学""国际金融学""国际贸易学""国际贸易实务""国际企业管理学""国际投资学"和"国际市场营销学"等，重在夯实学生在国际商务专业领域的基础知识，培养他们在国际商务领域的跨文化交际能力，同时也体现出新文科建设背景下本方向英语与管理两门学科交融的特色。对于专业课程模块中的专业选修课，则分为四个类别（总共需修满 26 学分）来开设：文学类课程有"英语小说""英语散文""英语诗歌""英语戏剧""古希腊罗马神话""比较文学原理"；文化类课程有"圣经与西方文化""英国历史""美国历史""西方文明史""西方思想经典""中国文化通论""中西文化比较"；翻译类课程有"交替传译""商务口译""科技翻译""实用翻译""翻译概论""中国文化英译""翻译名篇欣赏"；语言学类课程有"词汇学""文体学""语用学""语义学""计算语言学""语料库语言学""实验语音学""英汉语言对比"等。丰富多样的专业选修课程能满足学生的各种个性化需求。在集中性实践教学环节课程模块，设置了"军事训练""科研训练""科技实践""专业实习""学术英语写作"和"毕业设计（论文）"等课程，旨在进一步培养学生的思辨能力和创新能力。

  我们在上述课程模块的设置上确保了课程体系的学科性、系统性、开放性、创新性，并突出人文性、国际化、专业化和英语学科与经济学、管理学、传播学、文化学、数学、计算机科学等学科的交融性，较好地体现了新文科和双一流专业建设背景下华中科技大学英语专业的方向培养特色。形成了"课上+课下、课内+课外"的培养体系（王俊菊，2015：7），着重提升学生的思辨能力、创新能力、研究能力、实践能力、自主学习能力和跨文化能力等核心竞争力。

2.3 强调课程思政和课堂教学内容的时代感，不断更新教学方法

英语专业的课程思政在一流专业的建设及新时代人才培养中作用举足轻重。新文科打破了学科壁垒，因此课程思政也是新文科所倡导的内容之一。我们首先对每门课程的教材选取严格把关，兼顾教材内容的时代感、思想性和知识性。每个学期初，学院教学督导委员会专门召开例会对每门课程的教材内容进行认真审核。英语系则进一步仔细审核每门课程的教学大纲，确保课堂教学内容中必须包含思政内容，同时要将现代人文科学和技术等领域的最新研究成果融入课堂教学内容中。为了提高教师的课程思政教学能力，英语系每月组织一次教学研讨会，交流各门课程的课程思政情况，学院每学期进行一次课程思政教学观摩会，选拔课程思政教学效果好的教师进行现场示范与交流。在课堂教学方法上，摆脱以前的满堂灌和填鸭式教学，充分利用云平台，鼓励教师利用网络寻找符合教学要求的相关资源，设计集知识性与趣味性于一体的线上及线下的教学活动。变单纯讲授课本上的"硬知识"为带领学生去构建各种"软知识"。此外，课堂教学中还注重将语言学、教育学、文化学、经济学、管理学、数学、计算机科学等诸多学科的内容相结合，从而有效促进学生语言能力的发展、专业知识的拓展和人文素质的培养（常俊跃，2014：30）。

2.4 加强师资队伍和基础教学组织建设，提高教师的科研和教学能力

英语专业一直注重优化教师学缘结构和学历层次，推行教师国际化。本专业专任教师33名，研究方向涉及文学、语言教学、翻译等传统学科，也涵盖认知语言学、语料库语言学、心理语言学和计算语言学等新兴学科，研究水平居国内同类高校领先地位。92%的教师毕业于国内外

著名高校，均有海外访学经历。教师博士化率达到94%。同时，通过全球招聘，本专业引进了2名加籍和美籍博士为专任教师，师资的国际化程度和教科研能力不断提高。近三年来，本专业教师获批主持的国社科基金项目5项，教育部和省社科基金项目各3项，发表SSCI和CSSCI论文各40多篇，获省社科优秀成果奖2项。

本专业充分发挥课程团队核心作用，成立了8个课程教学团队，围绕专业基础、专业核心和专业选修课，建立系列课程群，定期进行教学研讨。打造优质精品课程，已建成"英汉互译"国家精品资源共享课程、"英汉语言对比"中国大学慕课、7门校精品课程和"英语阅读""英汉互译""英语写作"等三个校级责任教授课程群。近三年来，本专业教师获批主持的省教改项目4项，获省教学成果一等奖1项。此外，本专业教师在每学期的学生综合评教中均为优秀。1名教师获省青年教师教学竞赛一等奖，多名教师获校青年教师教学竞赛一等奖、二等奖和校教学质量二等奖。

2.5 加强学生科研能力、实践能力和国际化能力的培养

为培养学生的科研能力，我们要求每班至少80%的学生参加校级以上大学生创新研究项目，近三年来，本专业学生获国家和校级大创项目共28项，结项合格率100%，其中优良率40%；我们也加强了学生实践能力的培养，注重课堂教学与课外实习与实践的有机结合，近三年来，已建成武汉传神信息技术有限公司等校外实习基地11个，保证在校的每位学生至少有1个月的校外实习时间；学院鼓励并资助学生自行到大中型企业、涉外公司、科技情报部门、电视台等单位实习，学院还全额资助学生赴国际组织实习，近三年来，英语专业实习队每年获评校优秀实习队。口译课程教学团队教师带领学生参加世界军运会、武网公开赛等省内外多项重要外事活动的联络口译，锻炼了学生的口译能力，也为用英语讲好中国故事做出了贡献；我们也鼓励学生积极参加学科竞赛，近三年来，本专业学生在韩素音国际翻译大赛中获得了三等奖等多项奖项；在海峡两岸口译大赛、湖北省翻译大赛等大赛中获得了特等奖等多项奖

项，通过参加这些大赛，本专业学生的语言水平、翻译能力、思辨能力以及跨文化交际能力都得到了较大提升。此外，我们努力构建国际化育人环境。依托校、院两级国际交流平台，校院1∶1配套资助学生国际交流项目，拓展和提升学生的国际视野。近三年来，本专业75%左右毕业生进入国内外一流高校深造，其中40%左右的本科毕业生出国（境）深造，录取院校基本为世界名校，如美国哥伦比亚大学、宾夕法尼亚大学，英国牛津大学、伦敦大学学院，澳大利亚国立大学、墨尔本大学，中国香港大学和香港中文大学。另有近30%的毕业生在国内名校如北京大学、上海交通大学、浙江大学、华中科技大学等深造。本专业25%左右的毕业生选择就业。就业单位包括知名的互联网公司、媒体和金融机构，如华为、搜狐、中国日报社、四大会计事务所和中国银行等。

3 深化新文科背景下一流英语专业建设的下一步构想

在新文科建设背景下，华中科技大学英语专业的一流专业建设通过采取上述举措，取得了一些成绩，但还需在以下方面进一步努力。

（1）应依据国家中长期发展战略需求，抓住"新文科"建设契机，进一步将人文素养、科学思维与国际视野融入培养方案，强化思辨能力、问题意识和交流能力的训练；完善实践教学体系，增强学生的创新意识、实践能力和社会责任感，同时进一步推行信息技术在英语语言服务人才培养中的作用。

（2）进一步实施课程思政，坚持立德树人，全面推进英语专业人才培养的新素养、专业和课程体系的新结构，教与学的新方法等方面的改革与发展。

（3）以英语学科建设为改革支点，拓展英语专业的学科内涵，进一步探求英语专业与其他学科和专业的多方面融合发展，努力提升英语专业学生服务新时期经济与文化发展的能力。

（4）适应国情、学情发展，进一步优化专业课程体系、教学内容、方法手段和实践教学，推进课程建设、教学改革与教师发展良性互动的师资发展机制。结合校本特色"金课"建设，加强教材建设、增加专业和选修课程比重，积极申报省级以上教改项目，将科研成果转化为教学内容，提升课程的专业性和前沿性，推动教学改革和教学研究协同发展。

（5）建构个性化指导和自主学习相结合的教学模式。进一步贯彻分类指导、因材施教的原则，融合教师个性化教学和学生自主学习，形成优势互补；优化知识获取方式和传授方式，依托现代教育技术，构建以学生发展为中心的课上课下、线上线下相结合的教学模式，引导学生自我管理、主动学习，提升学生信息化能力和自主学习能力。

（6）优化学业评价体系，推动学生全面健康发展。优化奖学金评选和研究生推免机制，同时尽可能保证课程过程评价和终结性评价等评价机制的客观性和公正性。

（7）完善实践教学体系，增强学生创新精神、实践能力和社会责任感。进一步丰富课内和课外的实践教学形式，为实践教学提供优质平台。在课内，进一步发挥多门工作坊课程的优势，培养学生在各个专业方向的实践能力；在课外，鼓励和协助学生参加各类竞赛、科研/实践活动和各种创新实验活动；组织学生参与各级和多种大型外事活动和会议的语言服务工作；加强学院与企事业单位的实习基地建设，早日建成1~2个国家级教学与实习基地。

4 结语

新文科建设赋予了英语专业教育新的使命，我们需要进一步更新专业认识，探索专业发展的新思路，构建新的专业人才培养理念，不断修改与完善具有中国特色的英语专业人才培养方案，紧紧围绕立德树人根本任务，强调课程思政、以本校优势和特色为基准，凸显专业人才培养的"人文性、工具性、国际性、专业性"等特征（蒋洪新，2017），使英语专业的发展方向和人才培养既适应需求、体现特色，又能因地制宜，注重质量。做到适应新形势，符合新要求，树立新目标，力争新突破，实现新发展。

【参考文献】

[1] 常辉. 新文科背景下上海交通大学英语专业改革与人才培养探索[J]. 当代外语研究, 2021（4）: 92-96, 102.

[2] 常俊跃. 英语专业内容依托课程体系改革的影响及其启示[J]. 解放军外国语学院学报, 2014（5）: 23-31; 159.

[3] 常俊跃.《国标》框架下外语院校英语专业课程设置的思考[J]. 外语教学, 2018（1）: 60-64.

[4] 冯光武. 新一轮英语类专业教育改革: 回顾与展望[J]. 外语界, 2016（1）: 12-17.

[5] 高等学校外语专业教学指导委员会英语组. 高等院校英语专业英语教学大纲[M]. 北京: 外语教学与研究出版社, 2000.

[6] 顾悦. 回归人文学科: 英语专业的学科定位与发展路径[J]. 外语教学理论与实践, 2019（1）: 16-21, 15.

[7] 蒋洪新. 人文教育与高校英语专业建设[J]. 中国外语, 2010（3）: 10-13; 18.

[8] 蒋洪新, 简功友. 全文教育与个性学习——英语专业《国标》课程体系的研制与思考[J]. 外语教学与研究, 2017（6）: 871-879.

[9] 蒋洪新. 关于《英语专业本科教学质量国家标准》制订的几点思考[J]. 外语教学与研究, 2014（3）: 456-462.

[10] 教育部. 国家中长期教育改革和发展规划纲要（2010—2020）[M]. 北京: 人民出版社, 2010.

[11] 教育部高等教育司. 普通高等学校本科专业目录和专业介绍[M]. 北京: 高等教育出版社, 2012.

[12] 教育部高等学校教学指导委员会. 普通高等学校本科专业类教学质量国家标准（上）[Z]. 北京: 高等教育出版社, 2018.

[13] 教育部关于一流本科课程建设的实施意见. http://www.moe.gov.cn/srcsite/A08/s7056/201910/t20191031_406269.html.2022-8-1.

[14] 教育部高等学校外国语言文学类专业教学指导委员会英语专业教学指导分委员会. 普通高等学校本科外国语言文学类专业教学指南（上）——英语类专业教学指南［Z］. 北京：外语教学与研究出版社，2020.

[15] 王俊菊. 英语专业本科国家标准课程体系构想——历史沿革与现实思考［J］. 现代外语，2015（1）：121-130.

[16] 吴岩. 新使命　大格局　新文科　大外语［J］. 外语教育研究前沿，2019（2）：3-7.

[17] 吴岩. 积势蓄势谋势以便应变求变［J］. 中国高等教育，2021（1）：4-7.

[18] 王俊菊. 英语专业本科国家标准课程体系构想［J］. 现代外语，2015（2）：121-130；147.

[19] 王俊菊，冯光武.《国标》背景下英语专业人才培养方案的制订——原则与路径［J］. 中国外语，2018（4）：4-10.

[20] 王铭玉，张涛. 高校新文科建设思考与探索——兼谈外国语言文学学科建设［J］. 天津外国语大学学报，2019（6）：1-7.

[21] 查明建. 英语专业的困境与出路［J］. 当代外语研究，2018（6）：10-15.

[22] 查明建. 英语专业的人文学科属性与人文课程的意义——以《国标》人文课程为中心［J］. 外国语言与文化，2017（1）：18-26.

[23] 仲伟合.《英语类专业本科教学质量国家标准》指导下的英语类专业创新发展［J］. 外语界，2015（3）：1-8.

Idea and Practice on the Cultivation of English Majors in Huazhong University of Science and Technology under the Background of New Liberal Arts

Huang Qin

(Huazhong University of Science and Technology, Wuhan 430063)

Abstract: The new liberal arts construction has brought opportunities and challenges to the development of English major in comprehensive research universities known for science and engineering. As one of the first national first-class major construction sites, the English major of Huazhong University of Science and Technology practises cross-disciplinary integration, relying on its advantages of direct supervision of the Ministry of Education and the characteristics of the university. Measures and effects will be introduced in detail in this article to show how the English major of Huazhong University of Science and Technology explores in multiple education links such as educational objective formulation, professional orientation and curriculum setting, teaching method application as well as staff development, and strives to cultivate interdisciplinary talents in English needed in the new era when following the basic requirements of the national standard for English major in the context of new liberal arts construction. Also, conceptions for the further development of this major will be presented in this article.

Key Words: New Liberal Arts Construction; English Major; First-Class Major; Measures and Effects; Conception

作者简介：黄勤，博士，华中科技大学外国语学院教授，博士生导师，研究方向为外语教育、翻译理论与实践。电子邮箱：huangqin@mail.hust.edu.cn。

提升国际传播效能・语言服务・MTI人才培养

——以中国政法大学 MTI 人才培养为例

中国政法大学　刘艳萍

【摘　要】习近平总书记在中共中央政治局第三十次集体学习时强调,要大力加强国际传播能力建设,全面提升国际传播效能。在构建有鲜明中国特色的高效战略传播体系中,语言服务不言而喻成为不可或缺的一部分。本文阐述了国际传播的重要性,探讨了中国语言服务的状况、问题与对策,以中国政法大学翻译硕士(MTI)培养模式为样本,讨论语言服务人才培养模式,打造"高层次、应用型、职业化"的法律翻译人才,希望能助力国家提升国际传播效能的战略。

【关键词】国际传播；语言服务；MTI 人才培养

1　引言

习近平总书记强调,要广泛宣传中国主张、中国智慧、中国方案,积极推动中华文化走出去,构建国际话语权,提升国家影响力。习总书记提出的这种大外宣格局的建立依赖国际传播效能的提升。而全面提升国际传播效能则需要语言服务的桥梁，其中，培养通晓国际传播理论、掌握国际传播规律、了解对外话语体系和传播艺术相关人才是当下急需。

2　国际传播

党的十八大以来，我国加强了对外传播力度，在如何讲好中国故事，塑造可信、可爱、可敬的中国形象，改进话语表达等方面都有了进一步提升。2022年北京冬奥会吉祥物"冰墩墩"，套着冰晶外壳，憨态可掬、亲切可爱，科技感、现代感、未来感十足，契合本届冬奥会主题口号"一起向未来"的理念，广泛受到了全世界人民的喜爱。"一墩难求"的现象表明，冰墩墩这个文化符号和本届奥运会的语言符号"一起向未来"，贴合了世界范围内受众的文化表达、思维逻辑和价值理念（尹铂淳，2022），鲜明的中国元素完美地诠释了人类共同创造美好未来的心声，是中国形象国际传播的成功案例。

但同时，我们也面临不断出现的新问题和新挑战。国际传播中还存在诸多的困境，如传播方式方法不当（说不好）、传播效力低（听不懂）、认同度低（质疑）等。因此，加强国际传播能力建设，要做到精准传播，根据不同国家、政体、法律、文化、语言、风俗习惯等，调整传播的话语架构（邱锐、吴风，2022）；另外，要全方位地加强传播维度，拓展顶层设计维度、拓宽情感互动维度、满足受众需求维度、增加传播渠道维度等（邱锐、吴风，2022）。

随着社会的发展和科技的进步，语言已不再是唯一的传播渠道，但其不可替代性凸显语言服务的重要作用。如果没有有效的语言服务，可能会出现沟通不畅、失误，甚至错误，从而导致影响与他国的友好往来，甚至损害国家声誉，产生长期的负面影响，国家需要额外时间、努力和资源去弥补，其不良后果不言而喻。

3 语言服务业现状分析

语言服务行业指的是由提供语言服务的各种组织和机构构成的产业生态链①。据此,广义上的语言服务内容包括语言知识服务、语言技术服务、语言工具服务、语言使用服务、语言康复服务和语言教育服务②。2011 年中国公布"语言服务"(language service)这一语言学名词。中国翻译协会(2016)将语言服务定义为"以语言能力为核心,促进跨语言、跨文化交流为目标,提供语际信息转化服务和产品,以及相关研究咨询、技术研发、工具应用、资产管理、教育培训等专业化服务的现代服务业"③,主要涉及翻译与本地化服务、语言技术工具开发、语言教学与培训、多语信息咨询等四大业务领域(郭晓勇,2011),其中信息技术、教育培训、政府外宣三个领域语言服务订单最多,占比分别为 63%、52%、45.3%④。本文讨论的语言服务,指的是帮助他人跨越语言和文化障碍进行交流的活动,是实现国际交往和国际传播的主要途径。

3.1 语言服务业概况

在当今全球化时代,各国间政治、经济、文化交往愈加频繁,语言服务的需求达到前所未有的高峰。据统计,2018 年全球语言供应商以两位数的速度稳步增长,主要公司的收入比 2017 年增长了 18%,明显高于 2016 年的 12%。2019 年全球语言服务产值首次接近 500 亿美元⑤;

---

① 中国语言服务行业发展前景预测与投资战略规划分析报告 [R],语言服务,2014 年 4 月 3 日。
② 同①。
③ 转自王立非:从语言服务大国走向语言服务强国——对语言服务、语言服务学科、语言服务人才的再定位 [DB/OL].译课,2019 年 8 月 1 日,最后检索时间 2022 年 1 月 6 日。
④ 2019 中国语言服务行业发展报告 [R].中国翻译协会,2019 年 11 月 9 日。
⑤ 中国语言服务行业发展报告 2020 [R].上海翻译公司,2021-04-30,最后浏览日期 2022 年 1 月 6 日。

2021年达到626亿美元[①]。预计2023年将达到700亿美元[②],这反映了语言服务需求的增长。中国的国力日益增强、国际地位不断提高,与世界其他国家和地区之间的交往日益增加,不同领域的合作更加紧密,由此对语言服务的要求呈跨越式激增。其中信息技术、教育培训、政府外宣等成为语言服务的主要领域[③]。截至2019年,中国含有语言服务的企业40余万家,语言服务为主营业务的企业近9000家,中国2017、2018、2019年语言服务业总产值分别为359.3亿、372.2亿和384亿元(崔启亮,2019)。

中国的语言服务行业发展分为四个阶段:萌芽阶段(1979—1991)、成长阶段(1992—2002)、发展阶段(2003—2013),到2014年起进入繁荣阶段(崔启亮,2019)。

传统的语言服务形式单一,翻译涉及的领域主要是手工作业,甚至缺少字典等工具书。随着社会和技术的迅猛发展,电子字典的出现、本地化服务的提供、翻译协会的成立、翻译服务标准的发布、计算机辅助翻译和网络协同翻译带来的翻译模式的突破、翻译项目管理和质量控制的出现,语言服务产业日趋成熟,逐步向专业化、规范化、标准化、规模化及企业信息化迈进。现阶段,中国语言服务业正充满生机,蓬勃发展,其突出表现为语言服务需求量大、从业人数(提供商、译员、管理等)众多,人机交融度高(AI翻译、机辅翻译和翻译软件的加持等),行业涉及学科面广、地域覆盖面大、服务质量高、行业成熟等,极大地推动了中国在国际传播的效能,加快了中国走向世界的步伐。

2022年北京冬奥会是对中国语言服务的一个有效考验。与来自不同语言文化背景的91个国家和地区的运动员、官员和赛事举办者的沟通与交流中,语言服务起到了至关重要的作用。本届冬奥会语言服务,包括

---

① Language Services Market: Global Industry Trends, Share, Size, Growth, Opportunity and Forecast(2022—2027)[R],最后浏览日期2022年2月2日。
② 分享全球语言服务业的一组关键数据 DB/OL]. 机器翻译观察,2019年3月21日,最后浏览日期2022年1月6日。
③ 2020年语言服务行业市场规模及发展前景分析[R],前瞻经济学人,2020年5月27日,最后浏览日期2022年1月6日。

创造良好的语言环境,提供优质的多语言服务①等,比如:北京外国语大学派出了近900人的语言服务专业志愿者;"双奥之城"多语言呼叫中心提供的24小时不间断的语言服务;乡村小朋友在语言老师指导下合唱希腊语《奥林匹克圣歌》等。此次北京冬奥会上,以"精准、专业、权威、优质"为目标,采用"互联网+"和5G技术实现远程同传和机器翻译,凸显语言服务的"智能化、绿色化和高效化",是语言服务的"工匠精品②",是助力中国国际传播力效能提升的典型案例。

3.2 语言服务业的问题与对策

尽管语言服务业取得了显著的发展,中国是语言服务大国,但非强国③。原因如下:

中国语言服务起步晚,对语言服务行业的理念、认识及研究有限;国际竞争力薄弱,语言服务规范国际接轨有待提高;专业服务机构及高品质多语人才缺口大;跨学科建设和人才培养还需加强;行业领域发展不平衡,发展环境待改善;应急的语言服务体系还待进一步完善;语言服务产业薄弱,服务能力和技术创新能力明显不足,语言智能服务需加大步伐。

针对存在的问题和现状,本文提出相应对策:加强立法保障,推动良好的语言服务行业发展环境;规范语言服务与国际标准接轨,提高中国语言服务行业国际竞争力持续发展;搭建国家级应急语言服务平台,统筹资源,提升服务效率和质量④;成立专家评审机制,为重大翻译项目提供专业保障;优化行业人才结构、加大多语人才培养力度,平衡区域发展;加快语言服务智能化,提高AI驱动型和MT驱动型服务;加强对

---

① 北京冬奥会语言服务行动计划 [DB/OL]. 北京冬奥组委、教育部、国家语委,2017年5月21日。
② 马德锋、薛城、何亮. 打造北京冬奥村语言服务的工匠精品 [DB/OL]. 新浪财经,2022年2月24日,最后浏览日期2022年2月24日。
③ 王立非:从语言服务大国走向语言服务强国——对语言服务、语言服务学科、语言服务人才的再定位 [DB/OL]. 译课,2019年8月1日,最后浏览日期2022年1月7日。
④ 2020年中国语言服务行业十大新闻 [DB/OL]. 凤凰网,2021年1月29日,最后浏览日期2022年1月22日。

语言服务业的科研和创新支持。

4 人才培养

　　人才培养是语言服务持续发展的强有力支撑，语言服务也是教育强国建设中必不可少的组成部分。语言服务人才培养涉及培养规划、培养模式、教材、教学内容等，这些都和语言服务密不可分。下面以中国政法大学翻译硕士（MTI）培养为例，介绍一下语言服务人才培养模式。

　　在翻译硕士的培养中，我们秉持为国家输送高质量人才的目标，坚持以"立德树人、全面发展"为原则，以"中外并蓄、法译兼修"为理念，面向国家、社会、经济、文化发展需要，依托中国政法大学法学学科优质资源，致力于培养熟悉翻译基础理论、通晓法学专业知识、较好地掌握法律翻译专业技能，具有卓越跨文化交际能力和创新精神的国际化法律翻译人才。在实践中，我们坚持特色定位、精准培养，从师资和人才培养模式两方面下手，两手都硬。

4.1 特色定位、精准培养

　　中国政法大学是一所以法学为特色和优势的学校。随着我国全面依法治国基本方略的深入实施，以及日趋频繁的多领域对外交往和国际传播的需要，涉外法律翻译人才需求急剧增长。秉承学校"厚德、明法、格物、致公"的校训，结合我国积极发展法律翻译服务、加强法律翻译人才培养的发展趋势，中国政法大学MTI教育中心（以下简称：中心）将教育教学特色定位于培养一专多能的"高层次、应用型、职业化"的法律翻译人才。中心聚焦法律翻译人才培养目标，多方位开展"翻译＋法律"特色专业建设工作，以"师资建设、专业建设、平台建设"为工作重心，以"核心在人、办出特色"为着力点，夯实专业基础教育，强化法律翻译特色，准确把握当前语言服务市场的需求，不断提升法律翻译人才的培养层次和培养质量。

4.2 打造法律翻译特色师资队伍

4.2.1 优势整合

中国政法大学 MTI 师资在整体结构与规划上始终坚持规划与需求相结合、引进与培养相结合、国外进修与国内培训相结合。绝大多数专任教师具有高级职称，多数教师具有"外语+法学"等跨学科背景并在相关企事业单位和司法机构兼职，具备丰富的口笔译项目经验。目前已形成年龄、学历、学位、学缘、职称结构分布相对合理的法律翻译教学团队。

4.2.2 专业融合

汇集多领域跨专业的校外导师队伍。中心现有兼职教师包括（法律）翻译界资深人士、法学家、翻译家、联合国译员、国际组织代表、法学类双语杂志译审、资深涉外律师、企业涉外法律顾问、语言服务机构专职译员等。兼职导师长期从事翻译实务或法律翻译服务，熟悉翻译市场，专业经验丰富；以讲座、集中授课、实习指导、合作承担项目、合作指导论文等不同方式，直接参与我校 MTI 人才培养的全过程。

4.2.3 研学结合

注重理论研究与实践锻炼齐头并进。中心专任教师先后在国内外业界期刊上发表翻译及相关论文；出版翻译类学术专著和译著、教材和工具书等，承担多项国家级、省部级及其他课题。部分教师受托于政府部门、国内外企业、涉外律所等，高质量完成涉及法律、文学、商务、医学、科技等多个领域的文本翻译工作。

4.2.4 内外聚合

互动交流促进能力素养提升。中心积极组织教师参加全国翻译专业学位研究生教育指导委员会、各知名高校、中国翻译协会等机构主办的翻译师资培训；并支持教师通过国家留学基金委、国家汉办、校际合作等项目和渠道进入世界知名翻译院系进修。同时，定期邀请国内外知名翻译专家、资深法律人士为教师进行系列讲座式培训。

4.3 创新培养模式

4.3.1 开设特色课程、培养跨学科能力

中国政法大学 MTI 专业课程设置在符合《翻译硕士专业学位研究生教育指导性培养方案》要求的基础上，突出法律翻译特色，注重法律知识、翻译技能、英语语言和文化的融通。我们设置的半数以上课程与法律和翻译相关，如：英美法律制度、法律案例阅读与翻译、法律术语翻译、法律文书翻译、合同翻译、法律专题笔译、法庭口译等。

4.3.2 利用教学设施、培养专业技能

学校建有多个与法律翻译教学和研究配套的设备设施，拥有专用语言实验室、司法案例卷宗网上阅览室及多媒体机房、新闻传播实验室（中英双语法治新闻采集录播教学一体化）及网络犯罪侦查实验室（涉外刑侦口译项目）等，充分利用学校优势和先进设备，全方位多角度训练口笔译专业技能，模拟国际会议、法庭口译等环境，使学生了解不同场景翻译的基本流程，以培养可胜任不同领域的国际化法律翻译人才。

4.3.3 建立实习基地、培养实践能力

翻译专业学位教育注重实践性，它不仅表现在授课形式和内容具有实践性，更多表现在鼓励支持学生进行口笔译实践活动。在学校开设示范性教学案例课程、实务课程、计算机辅助翻译等课程外，学生均需承担会议、专业论坛、翻译工作坊等口笔译任务，或参加律所、翻译服务机构实习等。中心先后同英文报社、杂志社英文编辑部、知名律师事务所和公检法等相关部门建立了十余个实习基地。实习基地会配备实践指导人员、良好硬件设施和优质的实践环境。实习中，中心会对学生实习进行制度化管理、过程及评估鉴定等环节，注重实习的实践效率。在参加这些活动的同时，既锻炼了学生口笔译实践能力，也帮助他们熟悉语

言服务流程、掌握现代翻译技术及计算机辅助翻译软件，通过实际操作，快速提升项目经验，以应对信息化社会对语言服务人员专业知识和技能提出的挑战。

4.3.4 搭建特色平台、培养综合竞争力

中心专门为翻译硕士培养搭建特色平台，如创设"法律与翻译文化节"，包含："模拟法庭（双语）比赛""英汉对译配音比赛""法律术语大赛"和法律翻译教学研讨会，以及系列翻译讲座等活动。文化节每年举办一次，至今已成功举办七届，被评为"中国政法大学十大品牌校园文化活动"之一，具有较高的知名度和影响力；中心每年联合国内五大法学院与法律英语证书（LEC）全国统一考试委员会联合主办"全国法律英语大赛"等，为学生提供更多更广阔的展示平台。另外，鼓励学生在校期间发表学术论文、出版译著或教材、参加全国翻译专业资格（水平）考试或司法考试等。同时，中心侧重对学生的法律知识的积累和能力的培养。在要求学生修读学校开设的法学课程外，中心定期为学生举办"法律人进课堂"与"政法翻译论坛"等系列讲座，邀请国内外知名专家及学者进行互动交流，培养学生法律思维、提高专业素养、增强综合竞争力。

5 结语

习近平总书记在十九届中共中央政治局第三十次集体学习时强调要全面提升国际传播效能，建设适应新时代国际传播需要的队伍。为适应国家大战略，提高语言服务行业质量，我国的语言服务行业正在发生可喜的变化。为加强语言服务人才培养，部分高校已开设语言服务专业及学位点，进行师资培训、开设语言服务相关课程；制定语言服务规范，加强语言服务标准化、规范化；成立重大翻译工作审评专家委员会，掌控语言服务质量；成立语言服务研究机构、设立研究基地，细化研究内

容；发布产业年度报告、语言服务发展及趋势报告[①]，展示语言服务动态发展。由此可见，中国的语言服务在服务内容、服务模式、行业标准、人才培养、学术研究、科研投入、技术创新等方面全方位提升，语言服务迎来了前所未有的新局面。与此同时，我们也要面对问题和挑战，创新人才培养模式，不断为语言服务业输入能量，助力国家提升国际传播效能。

【参考文献】

[1] Language Services Market: Global Industry Trends, Share, Size, Growth, Opportunity and Forecast (2022—2027)［R］，最后浏览日期 2022 年 2 月 2 日.

[2] 北京冬奥会语言服务行动计划 [DB/OL]. 北京冬奥组委，教育部，国家语委，2017 年 5 月 21 日.

[3] 2019 中国语言服务行业发展报告［R］. 中国翻译协会，2019 年 11 月 9 日.

[4] 2020 年语言服务行业市场规模及发展前景分析［R］，前瞻经济学人，2020，最后浏览日期 2022 年 1 月 6 日.

[5] 2020 年中国语言服务行业十大新闻 [DB/OL]. 凤凰网，2021 年 1 月 29 日，最后浏览日期 2022 年 1 月 22 日.

[6] 陈亮，屈哨兵：做好新时代语言服务，助力现代化建设 [DB/OL]. 金羊网，2020 年 6 月 22 日，最后浏览时间 2022 年 1 月 26 日.

[7] 崔启亮，刘佳鑫. 国有企业语言服务需求调查分析及启示［J］. 中国翻译，2016，37（4）：7.

[8] 崔启亮. 中国语言服务行业 40 年回顾与展望（1979—2019）［J］. 译苑新谭，2019（2）：7.

[9] 分享全球语言服务业的一组关键数据 [DB/OL]. 机器翻译观察，2019 年 3 月 21 日，最后浏览日期 2022 年 1 月 6 日.

[10] 郭小洁，司显柱. 高质量发展视角下中国语言服务业发展路径探索［J］.

---

① 2020 年中国语言服务行业十大新闻 [DB/OL]. 凤凰网，2021 年 1 月 29 日，最后浏览日期 2022 年 1 月 22 日.

中国翻译，2021，42（3）：7.

[11] 郭晓勇．中国语言服务行业发展状况，问题及对策——在 2010 中国国际语言服务行业大会上的主旨发言［J］．中国翻译，2010（6）：4.

[12] 郭晓勇．加强语言服务行业建设，服务中国国际传播战略［J］．对外传播，2011（7）：3.

[13] 郭晓勇．中国语言服务业的机遇和挑战［J］．中国翻译，2014，35（1）：3.

[14] 刘和平．政产学研：语言服务人才培养新模式探究［J］．中国翻译，2014，35（5）：6.

[15] 马德锋，薛城，何亮．打造北京冬奥村语言服务的工匠精品 [DB/OL]．新浪财经，2022 年 02 月 24 日，最后浏览日期 2022 年 2 月 24 日．

[16] 邱锐，吴风．五个维度提升国际传播效能［J］．学习时报，2021 年 8 月 13 日，最后浏览时间 2022 年 1 月 7 日．

[17] 王传英．语言服务业发展与启示［J］．中国翻译，2014，35（2）：5.

[18] 王华树．语言服务的协同创新与规范发展——2016 中国语言服务业大会暨中国译协年会综述［J］．中国翻译，2017，38（1）：4.

[19] 王立非．从语言服务大国走向语言服务强国——对语言服务，语言服务学科，语言服务人才的再定位 [DB/OL]．译课，2019 年 8 月 1 日，最后检索时间 2022 年 1 月 6 日．

[20] 姚亚芝，司显柱．中国语言服务产业研究综述及评价［J］．海外华文教育动态，2017（10）：8.

[21] 尹铂淳．浅析"冰墩墩"的国际传播价值［J］．长沙晚报，2022 年 2 月 16 日，最后浏览时间 2022 年 2 月 17 日．

[22] 中国语言服务行业发展报告 2020［R］．上海翻译公司，2021-04-30，最后浏览日期 2022 年 1 月 6 日．

[23] 中国语言服务行业发展前景预测与投资战略规划分析报告［R］．语言服务，2014 年 4 月 3 日．

International Communication · Language Service · MTI Training

Liu Yanping

(China University of Political Science and Law, Beijing 100088)

Abstract: At the 30th group study session of the Political Bureau of the CPC Central Committee, General Secretary Xi Jinping stressed the need to strengthen international communication capacity and comprehensively improve the effectiveness of international communication. To achieve the goal of constructing a highly-efficient strategic communication system with distinctive Chinese characteristics, it is obvious that language service has an indispensable role. This paper first expounds the importance of international communication, then discusses the status, problems and solutions concerning language service in China, and furthermore takes the Master of Translation and Interpreting (MTI) training program of China University of Political Science and Law as a sample to discuss the training of language service personnel, cultivating the "high-level, application-oriented, professional" legal translation talents, thus contributing to the national strategic goal for the improvement of effectiveness of international communication.

Key Words: International Communication; Language Service; MTI Training

作者简介：刘艳萍，中国政法大学外国语学院教授，美国天普大学法律硕士，中国政法大学刑法学博士，硕士生导师，主要研究方向：法律翻译。电子邮箱：fadayanping@163.com。

为教师发展赋能，让非通用语种"金课"出彩

——以阿拉伯语课程建设为例

安徽外国语学院　周玉森

【摘　要】建设具有"高阶性、创新性、挑战度"的"金课"，已经成为当前各高校的共识。文章简要分析了"赋能"和"金课"内涵，阐述了高校如何顺势求变，以"金课"建设为标准，打造高素质的教师队伍，并以阿拉伯语为例，探讨如何为教师发展赋能，建设小语种"金课"，以期对提升高等学校本科阿拉伯语教学质量有所借鉴。

【关键词】赋能；教师；发展；"金课"；阿拉伯语课程建议

1　引言

党的十九大报告提出"加快一流大学和一流学科建设，实现高等教育内涵式发展"。2018 年 8 月，教育部发布了《关于狠抓新时代全国高等学校本科教育工作会议精神落实的通知》，要求各高校重视课程建设，淘汰"水课"，打造"金课"（教育部，2018），提高人才培养质量。打造"金课"要求的提出是我国高等教育跨越传统教学模式，从"量"到

"质"的重要转变,同时,也意味着为教师发展赋能已提上议事日程,因为"金课"建设的依靠者和实践者是教师。

2 "赋能"与"金课"的主要内涵

2.1 "赋能"的主要内涵

所谓"赋能",主要指"科技赋能",是指以大数据、人工智能等前沿技术为支撑,信息技术与教育深度融合的新型教育,具有网络化、数字化、个性化、终身化的特点。教师的教学水平与综合素养直接影响科技赋能教育的实施与推进(王建颖、张宏,2020)。

阿里巴巴执行副总裁曾鸣在《重新定义公司》的序言中提出:"未来组织最重要的职能是赋能,而不再是管理或激励。"因此,学校管理要通过价值认同、生命关怀和路径规划等机制赋能,让教师成长有底气;通过学习激励、榜样示范和故事育人等文化赋能,让教师成长有才气;通过项目引领、潜心科研和团队助力等自我赋能,让教师成长有士气。赋能,是教师成长的动力之源,是推动学校变革的关键(杨建伟,2020)。"赋能"是给予教师自由发展的空间,给予教师自发实践的平台,给予教师自主成长的可能(张彤,2020)。

2.2 "金课"的主要内涵

什么是"金课"?顾名思义,应是含金量最高的课程。以"矿"为喻,"金课"应是金质内涵的"矿"——"金矿"。"金课建设"好比打造一座座"金矿"供学习者不断"淘金"与"采矿"(江雪情,2019:36-41)。

"金课"的主要内涵包括"高阶性、创新性、挑战度"。"高阶性",是指课程教学设计既能实现知识、能力、素质的有机融合,确保学生能够持续学到高品质的知识,又能促使学生产生"问题意识",培养学生解决复杂问题的综合能力和高级思维能力。"创新性",是指课程内容有前沿性和时代性,其教学形式体现先进性和互动性,不是满堂灌,不是我讲你听,其学习结果具有探究性和个性化,不是简单告诉你什么是对的,什么是错的,而是培养学生去探究,注重发挥学生的个性特点。"挑战度",是指课程要有一定难度,需要学生和老师一起,跳一跳才能够得着,老师要用心认真,花时间花精力花情感备课讲课,学生课上课下要有较多的学习时间和思考做保障(吴岩,2018)。

3 为教师发展赋能,让小语种"金课"出彩

教学质量是教育的生命线,是学校的生存之本,而教学质量与教师的知识、责任心和使命感等成正比,因此,为教师赋能是学校的主要职能。教育家苏霍姆林斯基说过:"人只能由人来建树。"高素质的教师队伍是"1",其余皆为"0"。以"金课"为标准,为教师发展赋能,是高校打造"金课",全面提高教学质量,培养更多的适应时代要求和社会发展的优秀人才的基本保障。

2018年5月2日,习近平总书记在北京大学师生座谈会上强调:"教育兴则国家兴,教育强则国家强。高等教育是一个国家发展水平和发展潜力的重要标志。今天,党和国家事业发展对高等教育的需要,对科学知识和优秀人才的需要,比以往任何时候都更为迫切……当前,我国高等教育办学规模和年毕业人数已居世界首位,但规模扩张并不意味着质量和效益增长,走内涵式发展道路是我国高等教育发展的必由之路。"习近平总书记始终关注着党的教育事业的发展,在关于课程思政的指示精神中再次强调,其目的是立德树人;其目标是为党育人,为国育才;其路径是全员、全程、全方位;最终的期待是教师要成为大先生、大老师。

习近平总书记的讲话高屋建瓴,指出教育兴则国家兴,教育强则国家强。同时,对我国教育从量变到质变提出了要求,使我国高校及教师的发展有了前进的方向。要实现高等教育内涵式发展,培养更多的适应时代要求和社会发展的优秀人才,首要的是拥有一批能够打造金课的高素质的教师队伍,非通用语种教师队伍也不例外。

3.1 打造"高阶性"的教师队伍

"打铁还需自身硬。"淘汰"水课",打造"金课",合理提升学业挑战度、增加课程难度、拓展课程深度,切实提高课程教学质量,已经成为各高校的共识。这说明在"互联网+"等教学手段多样的今天,教师扮演着比以往任何时候都重要的多重角色,被赋予多重职能,他们不仅要从传统的教学资源拥有者和提供者转为新知识、新方法、新平台的组织者、引领者和推动者,而且要成为学生学习的合作者、帮助者、指导者;成为助力学生以学习主体和活动中心的姿态,去实现高阶教学目标的"脚手架",促进学生更好地探索和获取科学。

因此,作为高校教师的自己,要有紧迫感,首先要做到自我"赋能",要树立正确的价值观,不仅要有强烈的社会责任感和使命感,而且还要有坚强的信念和团队合作精神,主动融入"金课"建设大潮,坚持不断创新,敢于创新,坚持终身学习,了解当代技术发展新动态,汲取新知识、新成果,了解各种新兴学科、边缘学科等相关学科内容。除了有过硬的本专业知识外,还必须了解并掌握语言学、心理语言学、社会语言学、教育心理学、教育学等相关学科知识。这样才能为人师表,德艺双馨,主动驾驭"金课",游刃有余,才能生产以知识教学为内核的"金课",才能引发学生思索、理解、批判、反思等认识过程,使课程教学设计既能实现知识、能力、素质的有机融合,又能培养学生解决复杂问题的综合能力和高级思维能力。

对于高校而言,必须顺势求变,从加强顶层设计入手,制定激励措施,加大财力投入,积极创造条件,为教师发展赋能,不断为教师尤其是青年教师提供培训学习、充电的机会,为他们参加继续教育、短期学习提供便利。高校还应根据自身功能的不同,举办各类有特色的学术研讨会和交流会。重点高校还应充分发挥引领作用,定期举办学者论坛、国际国内论坛、大赛等与教学有关的活动,加强与社会团体之间、校际、系际交流与合作,有责任为各级各类高校青年教师增加锻炼的机会,从而开拓他们的视野,带领他们共同进步,提高他们的业务水平和对外交往能力，为打造更多的"高阶性"的教师队伍发挥引领作用。

3.2 打造"创新性"的教师队伍

中共中央、国务院（2019）印发《关于全面深化新时代教师队伍建设改革的意见》以习近平新时代中国特色社会主义思想为指引，准确对标新时代要求，为教育发展和教师队伍建设的主要症结号脉，描绘了新时代教师队伍建设的宏伟蓝图，指明了新时代教师队伍建设改革的方向，从师德建设、培养培训、管理改革、教师待遇、保障措施等方面提出了一系列建设高素质教师队伍的政策举措。《意见》指出，要打造一支高素质创新型的教师队伍，具体的建设目标，一是从创新型国家建设、人才强国战略和"双一流"建设出发，通过重大人才项目打造创新团队，培养引进一批具有国际影响力的学科领军人才和青年学术英才；二是依托高校智库和重点研究基地等，会聚培养一大批哲学社会科学名家名师；三是在高层次人才遴选和培育中突出教书育人，让科学家同时成为教育家。（中共中央、国务院，2019）

2017年中央全面深化改革领导小组第三十五次会议审议通过的《关于深化教育体制机制改革的意见》也指出，要注重培养适应学生终身学习发展、创新性思维、适应时代要求的关键能力，包括认知能力、合作能力、创新能力、职业能力等。要培养学生具备这些关键能力，教师首先要具备相关能力。

在信息时代的今天，教师自身要坚持不断创新，敢于创新，坚持终身学习，可以也应该充分将信息技术与教育教学融合，课程应用与课程服务相融通，以适合在线学习、翻转课堂以及线上线下混合式拓展性学习（姬彦红，2020）。教师从主动变为被动，从主导变为引导，努力实现知识传授、能力培养和价值引领的课程目标。并有针对性地解决当前教育教学中存在的问题，充分利用和发挥网络教学优势，各教学环节设计科学、充分、有效，能够满足学生的在线学习诉求，使课程教学活动设计具有吸引力，既符合以学生为中心的课程教学改革方向，注重激发学生学习志趣和潜能，又能增强学生的社会责任感、创新精神，使学生在潜移默化中掌握发现问题、分析问题和解决问题的科学研究方法。

3.3 让非通用语种"金课"出彩

所谓"金课",必然具有"挑战度",对课程教学设计有一定难度,教师和学生都要跳一跳才能够得着,对老师备课和学生课下都有较高的要求,教师要用心备课,学生要用心完成各项学习任务。从这个意义上讲,具有"挑战度"的"金课",实际上是"高阶性"和"创新性"的落脚点和具体体现。如何打造具有"挑战度"的非通用语种金课,笔者作为一名阿拉伯语教师,做了以下实践:

3.3.1 提高思想意识

态度决定一切,高度决定视野。淘汰"水课",建设"金课",其实就是一个教育改革与创新的过程,是利用"翻转课堂"以教师"教"为中心转为以学生"学"为中心的过程,是我国高等教育跨越传统教学模式,从"量"到"质"的重要转变。建设"金课",教师要持有孜孜矻矻、上下求索的精神,勇于改革、善于改革,终身学习,持续充电,做到教学方法持续创新,教学内容持续更新,切实促进更多的"金矿"得以成长,真正保障学生既能"淘到金",又能"采到矿"。

3.3.2 做好教学专题设计

意识决定成败,以阿拉伯语精读课教学专题设计为例,笔者结合多年的教学实践和体会,概括为课前预习,课中两两会话、启发引导,课后作业、阅读原著。在教学过程中,坚持因材施教,并做到教学方法和内容持续更新。

(1)课前预习

在具体教学过程中,新课都有课前导入,且遵循语言教学以"听说"为先的原则,每上新课之前,不仅要采用新媒体技术为学生提供线上学习资料,而且要求学生提前预习新课,并对预习效果提出要求,如收集课文背景知识、挖掘课程思政元素和拓展知识、查找出新词语的近义词或反义词、划出课文中的疑难点、回答提问，以及预翻译课文等，预习结果纳入学生平时成绩。

（2）两两会话

课前将要求融入的课程思政元素，以及与课程有关的背景知识发送给学生，供学生线上学习，并要求学生结合课文自编会话。如在教学"أحد أعظم أطباء الإنسانية"（人类最伟大的医生之一）（国少华等，2019）这一课中，在解疑释惑之前，安排三组学生（每两人一组）展示5分钟左右的会话，在介绍人类最伟大的医生之一阿拉伯著名医生拉齐（864—923）的同时，举例介绍部分中国古代杰出医学大家。学生对"俩俩会话"环节兴趣很高，大有"欲与天公试比高"之势。

（3）启发引导

在该课的教学中，我们还以"医学·社会·人类"启发学生思考医学在社会发展过程中承担着什么样的社会职能，以及对人类健康的影响。此外，还设计了讨论过程，如"中国古代杰出医药学家李时珍对人类有哪些科学成就和贡献？"以引导学生展开课堂讨论，充分调动了学生的学习积极性，课堂气氛热烈。为该课设计的课后作业，除了熟读课文、背诵重点段落外，还要求学生以"弘扬中国古代医家人文精神"为题，写一篇300个词左右的作文。学生自觉完成作业率100%。

在教学"التعامل مع الشخصيات الصعبة"（学会与性格孤僻的人交往）（国少华等，2019）这一课中，我们以"情商、沟通、合作"启发学生思考人际关系与团队合作的关系。在讨论中，学生发言踊跃，所学词语、句型，以及语句的表达得到了很好的运用。同时，学生的思维能力和德育也得到了提升。

（4）阅读原著

创新教学理念，不担心学生看不懂，听不懂，学不会，在课程教学设计过程中，不囿于对课文的讲解，而是向更高层级迈进，并围绕课文精选补充素材，选材难度应高于教材，且具有知识性、趣味性，让学生欲罢不能，但要跳一跳才能够得着。为此，有针对性地为学生精选一些知识性较强的原语素材，内容以阿拉伯语小说、散文、诗歌、历史、文化、科技类素材为主。并这些素材将纳入考试内容。学生都能自主线上学习，自学能力和文化素养普遍提高，知识面也得到拓宽。

（5）因材施教

在信息化时代成长起来的大学生，大多有对相关信息关注时间短、黏性差、兴趣转移快等习惯。因此，根据每个学生的实际情况，坚持创新教学手段，从学生视角去设计课程，在课堂上杜绝满堂灌，每堂课要给学生留出讨论、互动时间，学生的思维始终得到调动，使每个学生都能得到应有的发挥。

此外，注重对学生能力的培养，突出学生是学习的主体。为此，我们还设计了能力培养环节，如要求学生制作PPT上讲台讲课，并让学生走出课堂，走出书本，多开展户外教学、户外活动和学习实践，如布置学生分组编排阿拉伯语话剧的活动，并在户外进行表演。这些活动让学生学以致用，使每个学生的才能都得到了有效的施展，不仅增强了学生的学习兴趣，变要我学为我要学，而且收到了拓宽视野，巩固所学知识的良好效果。

4 教学效果评价与反思

经过创新教学方法，从过去在课堂上抽象地讲解课文和理解技能，转向既有理论和实践为特征的课堂教学，又有课程思政，且以实践为主，理论为辅。贯穿课堂的教学模式是：学生为主体→翻转课堂→教师解疑→学生讨论→学生执行扩展的职责→教师评论→学生自己用红笔改正作业中的错误→学生完成和整理作业。这种教学法起到了"做中学，做中教"的良好教学效果。实践证明：

①打造"金课"的生机与活力来源于课程思政与教学方法的持续创新，使赋能教师发展成为可能。

②课堂有效学习时间得以外延。

③体现了实践为主、理论为辅的"以学生为主体"的理念，使学生的潜能得以充分挖掘，实际能力得以有效发挥。

④挖掘学生的创新精神，以及知识、能力、德育等综合元素的培养，

需要持之以恒，必须及时予以肯定，及时发现成长点。

5 结语

为教师发展赋能是"金课"建设的基础，"金课"建设是我国高等教育改革的继续与深化，它要求课程设计持续创新，其终极目标是实现高品质"金课"的高等教育。从宏观角度上讲，"金课"是一种从"量"到"质"的转变；从微观角度上讲，又存在"量"的掌控。为教师发展赋能和"金课"建设，不可能一蹴而就，要靠国家级顶层设计有步骤、有计划、有"质"有"量"地逐步实施，需要国家、各级政府、各类学校投入大量的人力、物力和财力，需要社会、学校、教师、学生四位一体的共同参与。作为高校教师队伍中的一分子，在"金课"建设的大潮中，要主动融入教育改革，主动接受挑战，不断自我赋能，更新知识，不断提高教学技能和教学质量，向"金课"课程目标迈进。

【参考文献】

[1] 国少华，张洪仪，李宁．新编阿拉伯语（第六册）［M］．北京：外语教学与研究出版社，2019．

[2] 翻转课堂．[EB/OL]．（2022-09-01）．https://baike.baidu.com/item/翻转课堂/3381700．

[3] 姬彦红．基于"金课"建设标准的翻转课堂教学模式建构研究［J］．教育教学论坛，2020（01）：265-267．

[4] 江雪情．从"线上金课"窥视中国高等教育"金课建设"质量［J］．现代大学教育，2019（06）：36-41．

[5] 教育部．教育部关于深化高校教师考核评价制度改革的指导意见[EB/OL]．（2016-08-29）．http://www.moe.gov.cn/srcsite/A10/s7151/201609/t20160920_281586.html．

[6] 教育部. 关于狠抓新时代全国高等学校本科教育工作会议精神落实的通知 [EB/OL]. （2018-08-27）. http://www.moe.gov.cn/srcsite/A08/s7056/201809/t20180903_347079.html.

[7] 王建颖, 张红. 科技赋能视阈下大学外语教师职业发展策略探析 [J]. 内蒙古师范大学学报（教育科学版），2020，33（06）：104-107.

[8] 吴岩. 建设中国"金课". [EB/OL]. （2018-12-07）. https://www.sohu.com/a/280373310_706199.

[9] 杨建伟. 赋能，教师成长的动力之源 [J]. 教学月刊小学版（综合），2020（10）：11-13.

[10] 张彤. 为教师赋能 让教育出彩 [J]. 江苏教育，2020（10）：12-13.

Empowering Teachers to Develop "First-Class Courses" in Minor Languages
——Taking Arabic Teaching as an Example

Zhou Yusen

(Anhui University of Foreign Languages, Hefei 231201)

Abstract: The construction of "first-class courses" with "high-level, innovative and challenging" characteristics has become the consensus of various colleges and universities. The article briefly analyzes the connotations of "empowerment" and "first-class courses" and expounds how colleges and universities can follow the trend and build a high-quality teaching team with the construction of "golden class" as the standard. Develop empowerment and build "first-class courses" for minor languages, with a view to improving the quality of undergraduate Arabic teaching in colleges and universities.

Key Words: Empowerment; Teachers; Development; First-Class Courses

作者简介： 周玉森，阿拉伯语副译审，安徽外国语学院东方语言学院阿拉伯语副教授，本科，主要研究方向：阿拉伯文化。

学界之声

推进语言服务研究，助力外语学科供给侧改革

——语言服务研究专业委员会第二届全国学术研讨会暨语言服务承德论坛综述

北京第二外国语学院　王　敬
河北民族师范学院　蒙永业

【摘　要】 中国英汉语比较研究会语言服务研究专业委员会第二届学术研讨会暨语言服务承德论坛于 2021 年 10 月 15 日至 10 月 17 日在河北省承德市举行，大会宣布《语言服务研究》（第一卷）出版，并举行了河北民族师范学院语言服务研究中心揭牌仪式。会议分为主论坛和四场分论坛，主论坛围绕语言服务产业研究、语言服务学科研究、语言服务管理研究展开了深入讨论，分论坛就语言服务科研选题与方法、语言服务教师知识和能力提升、语言服务技术应用及语言服务研究的前沿热点问题开展了学术研讨，本文就此作出综述。

【关键词】 语言服务；会议综述

1　引言

为促进我国语言服务行业健康发展，提升国家语言服务能力，汇聚

学科交叉资源，推动我国语言服务学科建设，培养高质量的语言服务人才，并深入研讨当前语言服务领域中的热点问题，中国英汉语比较研究会语言服务研究专业委员会第二届学术研讨会暨语言服务承德论坛于2021年10月15日至10月17日在河北省承德市举行。

中国英汉语比较研究会副会长、语言服务研究专业委员会会长、北京第二外国语学院高级翻译学院院长司显柱教授在致辞中总结了自2020年语言服务研究专业委员会成立以来的五件大事，阐释语言服务产业发展的深远意义。河北民族师范学院党委常委、副校长李国明代表河北民族师范学院出席开幕式并致开幕辞，预祝会议顺利召开并对京津冀语言服务的发展提出了希望。承德市社科联主席王景山在致辞中高度认可发展语言服务对发展承德国际旅游城市的积极意义，预祝论坛顺利进行。开幕式上中国英汉语比较研究会语言服务专业委员会秘书长、中国政法大学徐珺教授宣布语言服务研究专业委员会的《语言服务研究》（第一卷）出版，会上还举行了河北民族师范学院语言服务研究中心揭牌仪式。

论坛由中国英汉语比较研究会语言服务研究专业委员会主办，河北民族师范学院与语服信息技术研究院（北京）有限公司承办，北京外国语大学高级翻译学院、北京语言大学国际语言服务研究院、北京文化贸易语言服务基地、承德市京津冀语言服务研究基地、广东外语外贸大学高级翻译学院、河北民族师范学院语言服务研究所、上海外国语大学语料库研究院、西安外国语大学丝绸之路语言服务协同创新中心、西安迪佳悟信息技术有限公司、中国海洋大学外国语学院、中国人民大学出版社、中国政法大学外国语学院与中译出版社协办。语言服务行业知名直播平台译直播进行全程直播。共有来自全国三十多所高校、十多家企业的一百多位专家学者参与本次论坛。

本次研讨会分为主论坛和四场平行分论坛。主论坛共安排了五场主旨报告，五位专家对语言服务产业研究、语言服务学科研究和语言服务管理研究进行深入探讨；四场平行分论坛分别对语言服务科研选题与方法、语言服务教师知识和能力提升、语言服务技术应用、语言服务研究的前沿热点问题进行了讨论，其中第四场论坛是语言服务博士圆桌论坛。

2 主论坛综述

围绕"高质量发展视角下中国语言服务业发展路径探索",司显柱教授指出,我国经济已由高速增长阶段转向高质量发展阶段,亟须打破片面追求增长的单向思维,开启创新发展、融合发展,打造现代产业集群。当前我国语言服务业仍存在产业集聚化程度低、品牌度不高、产品质量难以鉴别等问题。语言服务业的创新产业化以及产业创新化有助于向市场传递高质量服务信号,正式和非正式制度的建立是优化语言服务市场环境、完善质量信号传递渠道的有效方式。

河北民族师范学院语言服务研究所所长蒙永业博士就"全球语言服务行业发展和未来趋势"做了报告,从语言类服务、非语言类服务、语言技术类服务等方面分析全球与中国语言服务产业的产值、业态、特点与基准数据,针对新冠疫情、语言技术发展与全球内容管理等影响分析国内外语言服务产业发展趋势。

北京语言大学王立非教授就"国际语言服务博士和硕士点研究重点和特色"问题提出了自己的见解,论述了国际语言服务学科研究重点领域与特色方向建设,并结合北京语言大学的语言服务学科设置的基本情况与理念,提出本地化管理、语言资源管理、语言内容管理、语言服务外包、商务语言服务、法律语言服务等重点研究领域,强调面向国家战略和行业需求,未来发展国际传播语言服务、本地化语言服务、应急语言服务、语言服务贸易、语言服务智库等特色方向,培养更多高素质的国际语言服务人才。

在题为《国家翻译能力研究:从指数看现状、观未来》的报告中,北京外国语大学高级翻译学院院长任文教授在对国家翻译能力概念及构成要素进行定义的基础上,提出了国家翻译能力指数指标体系,通过数据呈现世界各国当下翻译能力现状,分析了成因,并预测了未来主要国家翻译能力发展走向。

全国语言与术语标准化技术委员会王海涛秘书长在题为《国内外语

言服务标准化》的报告中提出，标准化是提高语言服务行业创新发展能力的有效保障，是实现语言服务行业产学研用有机结合的重要手段，是提升语言服务行业管理水平的有力支撑。他通过对标准化背景、发展、国内外现状的简要概括，分析了目前国内语言服务行业标准化问题和难点，探讨了利用标准化手段助力语言服务行业发展的基本思路。

3 平行分论坛综述

除主论坛外，本次研讨会还包括四个分论坛，对语言服务相关问题进行更为详细的讨论。

分论坛一主要聚焦"语言服务科研选题与方法"的探讨。中国政法大学徐珺教授在题为《基于评价理论的法律翻译研究探索》的报告中表示，党的十八大以来，我国坚持依法治国、依法执政、依法行政共同推进，全面依法治国实践取得重大进展，中国特色社会主义法律体系日臻完善。在全球化的当下，中国法律日益与世界接轨，法律翻译研究已引起学者的关注与重视，并取得了可喜成就，但是依然存在着不容忽视的问题，例如在探讨法律翻译研究方面，理论研究尚未引起足够的重视。徐珺教授以功能语言学之评价理论为依据，以《中华人民共和国传染病防治法》为语料，对源语文本与英译本的态度资源进行描述和诠释，在对比分析态度资源的分布特征及其实现手段异同的基础上，简要剖析了其蕴含的文化内涵，为法律翻译、英汉法律语篇对比分析提供了一个不同的视角，有助于进一步增强法律英语学科建设。

华北电力大学（保定）外语系主任高霄教授围绕"语言服务的属性认知与实践路径的探究"，介绍了华北电力大学学科建设与人才培养厘定的方向——能源语言服务，并介绍了探索路径：（1）聚焦"双碳"目标，服务国家战略；（2）建设语料库，服务学校主流学科；（3）搭建平台，服务电力企业；（4）发挥智库作用，服务政府部门决策；（5）构建师生研学共同体，服务学科建设与人才培养。

北京悦尔信息技术有限公司总经理马跃围绕"语言服务研究中心的

发展历程与研究任务"，介绍河北民族师范学院与北京悦尔信息技术有限公司产教融合、校企合作的发展历程，介绍双方共同就翻译专业教育与人才培养、实习实训实验室建设、创新创业、产品研发、科学研究、社会服务等方面所进行合作。

在题为《美国联邦应急管理署〈语言服务计划〉对我国应急语言服务的启示》的报告中，北京师范大学刘永厚教授探讨了"语言服务计划"对我国应急语言服务建设的启示，包括灾前、灾中和灾后的应急语言服务、怎样建立一个专门的应急语言服务管理平台等。刘教授认为，这些启示对于我国新时代推进应急语言服务大有裨益。

吉林外国语大学翻译研究院院长谢旭升教授围绕"新文科背景下MTI师资能力构建内涵探讨"，论述了新文科背景下MTI师资应具有的学科交叉思辨能力和深厚的人文素养以及如何提升译学思政和做好案例教学。该文围绕当前MTI的现状和师资在教学中的作用，重点阐述了师资实践能力、跨文化交际能力、对外语言服务能力和译学能力建构的内涵，倡导广大师资译学译术并重，立德树人、培养好用世界话语讲好中国故事的对外话语服务人才。

在题为《智能制造领域语言服务师资提升探索》的报告中，安徽工业大学外国语学院院长曹瑞斓教授认为，智能制造领域的国际化对该领域的语言服务提出了更高要求，为从数量和质量上培养满足智能制造领域语言服务人才，相关领域的师资提升势在必行。曹教授还介绍了安徽工业大学外国语学院近年来在突出校本特色，服务国家建设，开展智能制造领域语言服务人才培养方面的初步探索。

北京文化贸易语言服务基地总经理李建勋围绕"语言服务专业教育中的技术应用"，介绍了上海文化贸易语言服务基地专门为帮助广大高校解决翻译专业学生实习实践所面临的困难，同时支持高校口笔译线上线下教学而研究开发的"文策伊亚Oia口笔译教学与语料系统"。

分论坛二关注"语言服务教师知识和能力提升"。广西民族大学李学宁教授在题为《SentiWordNet述评——兼谈对改编〈汉壮英词典〉的启示》的报告中，介绍了SentiWordNet在情感标注方面具有鲜明的特点：针对词语的义项分别进行情感极性标注；采用"三性合一"的情感强度标注体例；采用机器学习的方法进行情感极性、强度的自动标注。并通过借鉴 SentiWordNet，提出《汉壮英词典》情感分步标注方案：（1）基于英壮索引开展壮语词语的标注；（2）基于词典正文进行壮语词语义项的标注；（3）基于跨境电商客户评论动态调整壮语词语义项的极性、隶属度。这项研究有助于为广西的跨境电商提供更好的多语种语言服务。

在题为《诗词翻译与批评模式建构》的报告中，山西师范大学黄远鹏教授结合王国维的"境界"论中的"气质、格律、神韵"与《诗薮》中作诗的论述，提出了译诗的四要素：气质、体格、韵律、风格。论述了"译者需与诗人气质吻合""韵律需表达诗词情感与意义"及"译诗与原诗风格一致"的问题。建立了基于情景语境要素"语场、语旨及语式"和文化语境相融合的诗词翻译与批评的"造境"模式，并提出了诗词翻译与批评原则。

在题为《Logo 多语虚拟景观中国元素主体性研究》的报告中，陕西科技大学文理学院李稳敏教授和张佳颖同学通过案例分析研究新时代背景下我国 Logo 多语语言景观的设计特点，探讨中国元素在 Logo 多语语言景观设计中多模态的显性化呈现模式和文化表达方式，提出现有 Logo 语言景观英汉双语表达中存在的中国文化失语问题及其相应改进建议，以期规范我国 Logo 多语语言景观设计，提升其文化表达能力。

方圆标志认证集团有限公司运营中心审核部部长兼云南分公司总经理李明通过题为《笔译服务认证融入翻译教学案例分析》的报告，介绍了笔译服务认证目的和意义、笔译服务认证流程和认证模式、笔译服务认证要求、笔译服务认证评价和笔译服务认证准备。

在题为《人工智能背景下翻译人才培养》的报告中，沈阳药科大学赵冰副教授认为，翻译专业的毕业生不得不面对机器翻译给语言服务行业带来的结构性变化。为了应对这种变化，未来的翻译人才培养目标需要逐渐从原先的专职翻译过渡到"翻译 + 语言工程师"的融合体。她提出，各院校可根据学生背景的差异，制订差异化的培养方案，培养"翻译为主 + 技术为辅"或"技术为主 + 翻译为辅"不同类型的翻译硕士，并根据培养目标和师资情况将涉及技术的课程模块有选择、有层级地加入课程体系中。

西安外国语大学丝绸之路语言服务协同创新中心办公室主任曹达钦则围绕"现代语言服务人才协同培养体系创新与实践",从语言服务行业的基本概念、行业现状、主要垂直领域的特征与前景谈起,分析语言服务行业与翻译专业教育融合发展的必要性与可行性,并通过具体案例(专利翻译、本地化、全球地名译写工程等)分享了语言服务人才培养体系的创新途径与实践探索。

分论坛三围绕"语言服务技术应用"展开。对外经济贸易大学副教授、国际语言服务与管理研究所副所长崔启亮在题为《翻译技术教学案例资源建设与应用》的报告中提出,翻译技术课程属于综合性与应用型课程,案例教学、案例资源建设和应用是培养应用型、实践型、专业性翻译人才的有效方式。该报告针对当前翻译技术课程教学模式陈旧、资源不足的现状,提炼翻译技术教学案例资源建设的原则,指出了教学案例资源建设的任务内容,结合教学实践提出了翻译技术教学案例资源建设和应用建议。

在题为《数字时代的产教融合新探索》的报告中,传神语联网科技股份有限公司副总裁闫栗丽介绍了如何利用人工智能的翻译技术提升教学及实训效率,通过校企联合建设人机共译实验室,突出"语言+专业+技术"的LIT三能力人才培养模式,推动产教融合创新。

北京甲申同文翻译有限公司总经理张雪涛围绕"语言服务行业信用体系建设"介绍了中国翻译协会的语言服务行业信用体系建设规划及中国翻译协会官网的诚信平台建设;分析了诚信平台受理的语言服务行业上下游纠纷案例、相关标准制定情况及关键痛点;提出了将银行支付系统整合到平台以保障支付的尝试,将面向译者的个税优惠政策整合到平台的尝试,将银行直接提供的小额低息贷款整合到平台的尝试等目标。

随着信息技术的迅速革新,人工智能与大数据的紧密结合,翻译行业实践的协作化、众包化、平台化、自动化正在成为主流趋势。在《人工智能如何助力翻译专业实践与科研平台建设》的报告中,试译宝总经理师建胜介绍了人工智能和翻译技术在翻译专业实践基地、翻译科研平台建设等环节的应用,分享了多语言特色领域翻译实习实践平台的构建过程和运营经验,为高校建设此类平台提供参考借鉴。

在当今人工智能时代背景下,翻译技术已然成为语言服务行业和翻译人才培养体系的标配。翻译研究日益关注并转向于如何在技术支撑条件下组织翻译教学、翻译实践与政产学研协同创新。在"现代翻译技术支撑下的立体化翻译人才培养体系"的报告中,西安迪佳悟信息技术有限公司总经理周东莉聚焦探讨如何通过国际领先计算机辅助翻译软件 Déjà Vu-迪佳悟构建计算机辅助翻译、机器翻译译后编辑、翻译实务等课程,助力翻译教学、翻译研究等活动,并依托丰富的行业资源与主流的翻译工具保障师生在翻译项目实践与实训、文化外译项目申报等领域实现突破与发展。

上海华之译信息科技有限公司总经理曹清清在题为《跨语言舆情分析技术助力国际传播语言服务人才培养》的报告中,结合语言服务人才需求和用人场景,探讨了如何利用前沿的技术,加快对外传播的信息化建设,在此基础上通过发挥对外传播、政策分析和科学研究等多种功能,助力语言服务人才培养。

分论坛四为语言服务博士圆桌论坛,来自不同院校的语言服务博士生分享了语言服务研究领域的前沿热点问题。北京语言大学博士生任杰在题为《跨国语言管理四十年研究热点与趋势》的报告中,对近四十年国外跨国语言管理研究现状进行定量统计与分析,总结了以下几点:(1)跨国语言管理研究总体呈现上升趋势,跨学科特点鲜明;(2)研究热点涉及全球化、员工双语能力、跨国流动、新自由市场理论、语言政策、语言障碍、知识转移;(3)研究对象从单一趋向多元,从语言表象深入管理内核,从"多语言社群"转向"多概念社群";(4)研究理论包括社会语言学理论、社会身份理论、信任理论、跨国公司理论等;(5)研究方法以实证为主,定性方法居多。基于研究结果,任杰建议,我国"一带一路"企业应积极寻求跨国语言管理咨询、实施完整的跨国语言管理解决方案;院校应优化专业和课程设置,大力实施语言人才培养供给侧改革;跨国语言管理研究应构建语言管理评价体系。

随着语言服务产业不断发展壮大,语言服务人才培养亟须跟上社会需求。翻译教师是语言服务教育的重要环节,但尚不清楚他们是否为开展相关教学活动做好充分准备。对此,对外经济贸易大学博士生潘梦来做了题为《翻译教师语言服务教学基本条件调查研究》的报告。通过问卷法对本科院校翻译教师展开问卷调查，从经验、能力、认知、外部环境等多个维度调查并评估本科翻译教师开展语言服务教学的基本条件，以期为规划语言服务教师培训，提升教师能力提供支持。

围绕"身份、观念、策略：王维《辋川集》英译译者群研究"，苏州大学博士生吕晖以《辋川集》10个英译本为语料，以其译者群体为研究对象，首先运用描写的方法，对译者群体的身份、翻译动机、翻译观念及原则进行描述，然后以《欹湖》的英译为例考察上述因素在具体译作中的表现。吕晖研究发现，《辋川集》英译群体呈现学者型译者、诗人译者及普通译者的分野；外籍译者多关注王维诗歌的思想内容，在译作中寻求王维诗歌的世界性和可接受性；国内译者更注重其诗歌形式技巧，译诗以形式和韵律为先。

在题为《大型体育赛事媒体传播中的语言服务问题思考》的报告中，北京语言大学博士生林旭从实践的角度探讨大型体育赛事媒体传播中的语言服务问题，以及体育赛事媒体传播中语言服务体系的建设思路。主要讨论了语言服务在体育赛事媒体传播中的作用；体育赛事媒体传播中语言服务层面存在的问题及对策；大型体育赛事媒体传播中语言服务体系构建的着眼点和草拟模型。

新译研究院院长助理刘劲松做了题为《人工智能机器翻译助力跨语言科研》的报告。在发言中，他结合亲身实践做经验分享，提出全球化背景下，当前国际上学术沟通主要以英语为主要沟通语言，而随着人工智能机器翻译的飞速发展，可以遇见跨语言学术沟通的大门正在打开。

叙事学与经济学交叉产生了叙事经济研究新领域。在题为《经济话语研究新领域：叙事经济研究热点分析与研究框架构建》的报告发言中，北京语言大学博士生栗洁歆采用文献计量方法分析了国外近十年叙事经济研究现状。研究结果显示，国外叙事经济研究关注五个热点领域：智能机器叙事、社交媒体叙事、企业叙事、数字营销叙事、服务员工叙事。根据研究结果构建出叙事经济研究框架，指出了其未来发展趋势，以期对国内叙事经济研究提供一定启示。

全部会议议程完成之后，语言服务研究专业委员会第二届全国学术研讨会暨语言服务承德论坛于2021年10月17日圆满结束。研究会暨学术论坛的顺利召开,为推进语言服务研究的发展,助力外语学科供给侧改革做出了重要贡献。

Language Service Research
——Overview of the Second Language Service Research Symposium and Chengde Forum

Wang Jing   Meng Yongye

(1. Beijing International Studies University, Beijing 100024; 2. Hebei Normal University for Nationalities, Chengde 067000)

Abstract: The Second Language Service Research Symposium and Chengde Forum were held in Chengde City, Hebei Province from October 15 to October 17, 2021. The forum has witnessed the release of the book *Research on Language Service* (Volume I) and the inauguration ceremony of the Language Service Research Center in Hebei Normal University For Nationalities.

The Symposium has been divided into the main forum and four sub-forums, the main forum focuses on the in-depth discussion of language service industry, language service discipline, and language service management, while the sub-forums on the related scientific research topics and methods, teachers' knowledge and ability improvement, technology application and frontier hot issues, in the aforesaid discipline.

Key Words: Language Service; Overview of the Forum

作者简介:王敬,北京第二外国语学院讲师,研究方向为自然语言处理、语言服务等;电子邮箱:wangjingrs@bisu.edu.cn。

蒙永业,河北民族师范学院讲师,研究方向为标准国际化、语言服务、商务英语等;电子邮箱:myy@langservice.cn。

汉英对比视角下的
翻译实践分析

C-E and E-C Translation Analyses:
A Perspective of Contrastive Language Studies

王建国 著

中国出版集团
中译出版社

图书在版编目(CIP)数据

汉英对比视角下的翻译实践分析 / 王建国著. -- 北京 : 中译出版社, 2023.5
（中译翻译文库）
ISBN 978-7-5001-7366-3

Ⅰ.①汉… Ⅱ.①王… Ⅲ.①英语－翻译－研究 Ⅳ.①H315.9

中国国家版本馆 CIP 数据核字（2023）第 044690 号

出版发行／中译出版社
地　　址／北京市西城区新街口外大街28号普天德胜大厦主楼4层
电　　话／(010) 68359827, 68359303（发行部）；68359725（编辑部）
邮　　编／100044
传　　真／(010) 68357870
电子邮箱／book@ctph.com.cn
网　　址／http://www.ctph.com.cn

出 版 人／乔卫兵
总 策 划／刘永淳
策划编辑／范祥镇　钱屹芝
责任编辑／钱屹芝
营销编辑／吴雪峰　董思嫄

排　　版／冯　兴
封面设计／冯　兴
印　　刷／北京玺诚印务有限公司
经　　销／新华书店

规　　格／710毫米×1000毫米　1/16
印　　张／14.25
字　　数／208千字
版　　次／2023年5月第1版
印　　次／2023年5月第1次

ISBN 978-7-5001-7366-3　　定价：59.00元

版权所有　侵权必究
中　译　出　版　社

中译翻译文库
编　委　会

顾　　问（以姓氏拼音为序）
John Michael Minford（英国著名汉学家、文学翻译家、《红楼梦》英译者）
黄友义（中国外文局）　　　　　　　尹承东（中共中央编译局）

主任编委（以姓氏拼音为序）
Andrew C. Dawrant（AIIC 会员，上海外国语大学）　柴明颎（上海外国语大学）
陈宏薇（华中师范大学）　　　　　　戴惠萍（AIIC 会员，上海外国语大学）
方梦之（《上海翻译》期刊）　　　　冯庆华（上海外国语大学）
辜正坤（北京大学）　　　　　　　　郭建中（浙江大学）
黄忠廉（广东外语外贸大学）　　　　李亚舒（中国科学院）
刘和平（北京语言大学）　　　　　　刘士聪（南开大学）
吕和发（北京第二外国语学院）　　　罗选民（清华大学）
梅德明（上海外国语大学）　　　　　穆　雷（广东外语外贸大学）
谭载喜（香港浸会大学）　　　　　　王恩冕（对外经济贸易大学）
王继辉（北京大学）　　　　　　　　王立弟（香港中文大学）
吴　青（北京外国语大学）　　　　　谢天振（上海外国语大学）
许　钧（南京大学）　　　　　　　　杨　平（《中国翻译》期刊）
仲伟合（广东外语外贸大学）

编委委员（以姓氏拼音为序）
Daniel Gile（AIIC 会员，巴黎高等翻译学校）　蔡新乐（南京大学）
陈　刚（浙江大学）　　　　　　　　陈　菁（厦门大学）
陈德鸿（香港岭南大学）　　　　　　傅勇林（西南交通大学）
高　伟（四川外国语大学）　　　　　顾铁军（中国传媒大学）
郭著章（武汉大学）　　　　　　　　何其莘（中国人民大学）
胡开宝（上海交通大学）　　　　　　黄杨勋（福州大学）
贾文波（中南大学）　　　　　　　　江　红（AIIC 会员，香港理工大学）
焦鹏帅（西南民族大学）　　　　　　金圣华（香港中文大学）
柯　平（南京大学）　　　　　　　　李均洋（首都师范大学）
李奭学（台湾"中央研究院"）　　　　李正栓（河北师范大学）
廖七一（四川外国语大学）　　　　　林超伦（英国 KL 传播有限公司）

林大津（福建师范大学）	林克难（天津外国语大学）
刘树森（北京大学）	吕　俊（南京师范大学）
马会娟（北京外国语大学）	马士奎（中央民族大学）
门顺德（大连外国语大学）	孟凡君（西南大学）
牛云平（河北大学）	潘文国（华东师范大学）
潘志高（解放军外国语大学）	彭　萍（北京外国语大学）
彭发胜（合肥工业大学）	秦潞山（AIIC 会员，Chin Communications）
任　文（北京外国语大学）	邵　炜（AIIC 会员，北京外国语大学）
申　丹（北京大学）	石　坚（四川大学）
石平萍（解放军外国语大学）	宋亚菲（广西大学）
孙迎春（山东大学）	陶丽霞（四川外国语大学）
王　宏（苏州大学）	王　宁（清华大学）
王克非（北京外国语大学）	王振华（河南大学）
文　军（北京航空航天大学）	文　旭（西南大学）
闫素伟（国际关系学院）	杨　柳（南京大学）
杨承淑（台湾辅仁大学）	杨全红（四川外国语大学）
姚桂桂（江汉大学）	张德禄（山东大学、同济大学）
张美芳（澳门大学）	张其帆（AIIC 会员，香港理工大学）
张秀仿（河北工程大学）	章　艳（上海外国语大学）
郑海凌（北京师范大学）	朱纯深（香港城市大学）

特约编审（以姓氏拼音为序）

Andrew C. Dawrant（AIIC 会员，上海外国语大学）	柴明颎（上海外国语大学）
戴惠萍（AIIC 会员，上海外国语大学）	方梦之（《上海翻译》期刊）
冯庆华（上海外国语大学）	高　伟（四川外国语大学）
胡安江（四川外国语大学）	黄国文（中山大学）
黄忠廉（广东外语外贸大学）	李长栓（北京外国语大学）
李凌鸿（重庆法语联盟）	李亚舒（中国科学院）
刘军平（武汉大学）	罗新璋（中国社会科学院）
梅德明（上海外国语大学）	孟凡君（西南大学）
苗　菊（南开大学）	屠国元（中南大学）
王东风（中山大学）	王立弟（香港中文大学）
王明树（四川外国语大学）	谢天振（上海外国语大学）
徐　珺（中国政法大学）	杨　平（《中国翻译》期刊）
杨全红（四川外国语大学）	杨士焯（厦门大学）
杨晓荣（《外语研究》期刊）	俞利军（对外经济贸易大学）
张　健（上海外国语大学）	张　鹏（四川外国语大学）
赵学文（吉林大学）	祝朝伟（四川外国语大学）

献给刘宓庆老师

序

收到王建国教授的新作《汉英对比视角下的翻译实践分析》，我心中充满钦佩和感动。钦佩的是建国老师选定一个研究方向，孜孜不倦，潜心钻研，专著不断。感动的是，在人们对抽象的理论研究趋之若鹜的时候，他能够把视角放到翻译实践方面，在实践的基础上寻找总结规律。任何一个学科的研究，方法自然是多种多样，各有各的视角，各有各的道理。抽象的理论研究、学科前沿的探索是必要的，但是日常翻译实践的细枝末节也不可忽视，因为任何翻译作品或者任务的完成，靠的还是翻译具体的操作。目前的翻译理论研究，无论是国外还是国内，似乎缺少一个层面，即一个理论与实践相结合，对实践确实有指导意义的层面。抽象的理论不能指导翻译实践，这似乎是许多学者比较认同的一个观点。理论是在实践的基础上总结出来的精华，简洁、概括性的理念和原则，但反过来指导翻译实践就缺乏具体的方法。拿自然科学来说，用基础理论直接去开发产品显然是不可行的，其中还需要应用理论的层面。翻译理论研究中有缺失，或者研究不足的领域应该是这样一种应用理论。现在的翻译教学中确实也教授翻译技巧，但有些过于机械，增字减字，结构调整，往往注意了方法而忽视了其背后的道理，知其一，而不知其二。看看现在汉英翻译方面出现的问题，究其根源，很多是因为不了解，或者是没有系统地了解和掌握两种语言和文化差别而造成的错误，而简单地掌握一些技巧是难以解决问题的。

因此，汉英对比研究与分析仍然是翻译方法论的基础，尽管这种方法在翻译研究领域显得有点老套、传统，不那么与时俱进。但是任何一个学科，在不断创新和探索科学的疆界的同时，对那些传统的、赖以安身立命的东西是坚决不能放弃的。尤其是在翻译教学方面，学生首先要学的是一种翻译认知方法，而不是机械性的转换。既然学的是两种语言之间的翻译，那么首先还是要对两种语言和文化，尤其是其中的差异有个系统性的了解，在这个基础上学习和掌握翻译的具体应对方法。

多年来，汉英对比方面的研究也有不少，也提出了不少独到的见解。不过许多研究似乎还是偏重于讨论语言形式的差异，而对语义、语篇、文化及话语表述习惯方面的差异的研究略显不足。王建国教授在之前出版的《汉英翻译学：基础理论与实践》《英汉翻译学：基础理论与实践》两本书中，从语用方式、思维方式、审美方式、语言组织方式等多个汉英对比角度对汉英翻译和英汉翻译进行了阐述。本书中，作者始于语用上"汉语重过程、英语重结果"的论述，把汉英对比的重要研究成果归纳成两条：汉语和汉语使用者的界限性或界限意识弱于英语，英语和英语使用者更有前瞻性或前瞻意识，而汉语和汉语使用者更有回顾性或回顾意识。这个汉英差异的系统归纳，对传统上各种对比研究成果是一个有益的补充，展现了各种汉英差异之间的内在关联性和统一性，对汉英对比语言学的发展是一个推动。

本书基于汉英对比提出一些翻译方法，改善了传统上诸多过于具有普适性的翻译方法论体系，例如直译和意译的说法。若说直译可以大致从原文和译文形式是否对应来认定的话，即直译的认定可以参照原文形式，那么意译的认定基本上没有参照对象。因为若说意译"不是参照原文形式"，那么"不是参照原文形式"所给出的想象空间太大了，意译作为翻译方法也就价值不大了。王建国教授在其前期研究的基础上，进一步明确了汉英翻译的译者需要前瞻意识，英汉翻译的译者需要回顾意识，这在一定程度实际上明确了传统上意译说法的翻译方向，如汉英翻译中可能需要在原文字面意义的基础上向结果方向理解并推进翻译才能获得可接受的译文；相反，英汉翻译中可能需要在原文字面意义的基础上向过程方向推进翻译才能获得可接受的译文。当然，读者需要明白作者这里说的是一种意识，或者说是一种取向，不是一种法则。

本书利用汉英对比研究成果，解释了诸多传统上难以解释的现象。作者还结合了文学翻译的特点，分析了文学翻译中得与失。例如，作者分析了汉语和英语如何通过语言表达构建文学意象，如何通过语言节奏的快慢来表达原文角色的情绪，为何一些元素在汉英文学互译中不可复得等。

  本书采用了大量的案例。虽然案例绝大部分取自于文学作品翻译，但例句本身的语言特点基本属于叙事文体，具有规范性的示范作用。尤其是案例采用了对比分析法，分析基本上是多个译本比较，在多个译本中看出各自的精彩、各自的不足。尤其是对比分析了英语母语人士和非英语母语人士的译作，一定程度上反映了译者母语对汉英翻译和英汉翻译的影响。这些对比分析对读者今后的汉英互译两种翻译实践、翻译效果评估都有较大的参考意义。

  本书当然也留下了较多的研究课题和研究空间。例如，作者采取了母语不同的译者译作对比视角，但因为汉英翻译中汉语母语译者少，英汉翻译中英语母语译者少，而形成案例取材不够广泛的局限。一些案例分析难以避免存在一些主观性和认识不足。

  万丈高楼平地起。无论构建多么宏大的理论体系，最终都离不开最基础的微观研究；否则，只会构建无数个空中楼阁。本书再次体现了王建国教授等诸多学者提出的理念：基于翻译实践的翻译理论必须体现翻译所涉两种语言的语言针对性和两种语言转换的翻译方向性。这样的研究才能有效地解释翻译实践、指导翻译实践，才能更进一步构建更为宏观的体系，同时，也能为其他语言对之间的互译研究提供参照，为翻译学的发展贡献力量。

鲍川运
2023 年 5 月

前　言

　　本书以《汉英翻译学：基础理论与实践》和《英汉翻译学：基础理论与实践》的知识体系为基础，进一步拓展了我们对汉英差异的最新认识，并用之于专门分析英汉翻译和汉英翻译案例，旨在给汉英翻译和英汉翻译实践带来启示。换言之，本书既是为了巩固《汉英翻译学：基础理论与实践》和《英汉翻译学：基础理论与实践》的知识体系，同时也是这两部书知识体系的延伸和拓展。

　　本书在案例选择上，尽量避免了《汉英翻译学：基础理论与实践》和《英汉翻译学：基础理论与实践》使用过的案例，但我们认为，两部书中的案例有一些颇为经典，阅读那些案例对更好地了解我们的知识体系有很大的帮助。

　　本书提到的各种汉英意识差异与汉英的语法、语用、审美等方面都存在关联，只是一些差异与某个方面的相关度更突显，进行意识差异分类，便于我们对案例进行描写和分析，而非割断各种意识的内在关联。根据我们观察，与语法相关度更高的意识差异，汉英互译时更容易找到原则性强的翻译方法，而与语用和审美相关度更高的，则其翻译方法更依赖于语境。

　　本书案例主要是文学翻译，因而更强调对文学意象理解和表达的分析。本书的分析把理解和表达融为一体，即强调先了解汉英意识差异，找到原文各种意识差异在原文的表现，然后根据意识差异选择与译语相适应的表达方式。尽管本书不讨论语言和文化的忠实引入或输出问题，但认为若需要忠实引入或输出，译者也必须先了解两种语言文化所承载的意识差异，才能明白何谓忠实引入或输出，因而本书所讨论的意识差异对忠实引入或输出也有极其重要的参照价值。

本书特意比较多个译文,来彰显理解和表达的差异,尤其特意比较不同母语译者的译文,对分析译者母语对翻译的影响有重要的参考价值。当然,这种做法也限制了我们对案例的收集。首先,英汉翻译极少能找到英语母语者的译文,汉英翻译也并不多见汉语母语者的译文。其次,很多作品并没有多个译文,尤其是不同母语者的译文。

英汉翻译与汉英翻译,按理说,根据汉英差异其翻译技巧应该是逆反的,然而,事实上并非如此。英汉翻译照着原文译的概率明显要大于汉英翻译。英语倾向于精确审美,英汉翻译时译者会倾向于留下主次清晰的表述。汉语倾向于模糊审美,汉英翻译时模糊审美难以保留。正是因为汉英翻译和英汉翻译的这个差异,同时也因为汉语是我们的母语,我们发现需要特别分析的英汉翻译案例要比汉英翻译案例少很多,尽管我们掌握了更多的英汉翻译语料。

另外,本书还有一些汉英意识差异是因为案例不多、语料难寻而没有专章叙述。但我们认为,能了解这些汉英意识差异,也将对汉英翻译和英汉翻译带来启示。例如:

(一)融合意识与排他意识。因为汉语表述中的整体意识和个体意识界限不够分明,因而英汉翻译需要一定的融合意识;相反,因为英语表述中的整体意识和个体意识界限相对分明,因而汉英翻译需要一定的排他意识。这点与本书中提到的整体意识和个体意识差异是对应的。

(二)明晰意识和隐含意识。因为英语表述有很强的前瞻意识,其表述内容很多情况下以汉语表述内容为前提,因而英语表达时需要隐含汉语表述的部分或全部内容,而汉语表述时则需要把英语中隐含的内容表述出来。这两种意识的差异,对应了汉语重过程意识和英语重结果意识:结果导向会隐含过程,过程导向会明晰结果或不说结果(不一定是隐含结果)。

(三)具象意识和抽象意识。英语的抽象主要源自其构词、构句具有很强的压缩意识,高度压缩容易形成抽象概念,因而英语多使用抽象名词是一种抽象意识的表现。汉语由于由字构词,汉语词语为字与字的拼接,以汉语式的复合方式构词,难以形成英语式的派生词,也就难以形成英语派生词那种抽象。同时，汉语式的构词难以以较为简洁的方式压缩多种意义在一个词之中，不容易形成抽象。英语的派生即相对的压缩意识，使得汉英翻译以压缩为主要策略，自然会形成更多的抽象表达，而汉语的复合即相对的扩展意识，使得英汉翻译以扩展策略为主，也更容易形成具象表达。

（四）问题意识和答案意识。汉英疑问句都有强疑问句、高疑问句、中疑问句、低疑问句和无疑问句之分，通常情况下，汉语和英语的疑问句是可以相互转换的。不过，我们的观察表明，汉语用疑问句表达而英语用陈述句表达（即用汉语疑问的答案来表达）的现象不少，相反的情况也有，只是数量上要少。同时，翻译汉语疑问句时，英语母语译者使用陈述句对译的概率要大于非英语母语译者。换言之，汉英翻译要有答案意识，英汉翻译要有问题意识，才能给出更符合汉语或英语审美的译文。

（五）未知意识和已知意识。英语趋向把汉语已知信息隐含起来，把未知信息作为已知信息表述出来（王建国，2019，2020）。因而，有时，英汉翻译要把英语中的已知信息在汉语中用未知信息表达出来，才能通顺。例如：

（1）A resolution which had surprised herself had brought her into the fields this week for the first time during many months. (Thomas Hardy: *Tess of the D' Urbervilles*)

　　a. 她好几个月以来，老躲在家里，这个礼拜，居然会走到地里去工作，就连她自己也没想到，她会有这么大的决心。（张谷若译）

　　b. 在过去的好几个月里苔丝深居简出，这个星期却下了决心到地里去干活，这是连她自己也感到惊讶的。（郑大民译）

　　c. 叫她自己也感到意外的决心在这一周把她带到了田野里来，这是几个月来的第一次。（晓燕译）

原文的已知信息是 A resolution which had surprised herself，译文 a 和 b 中的对应译文都成了未知信息。译文 c 没有改变原文语序，读起来较为生硬。

（六）类比意识和与演绎意识。沈家煊（2019）提到，汉语注重类比，英语注重演绎。例如：

（2）鲁镇的酒店的格局，是和别处不同的：都是当街一个曲尺形的大柜台，柜里面预备着热水，可以随时温酒。（鲁迅《孔乙己》）

a. The wine shops in Luchen are not like those in other parts of China. They all have a right-angled counter facing the street, where hot water is kept ready for warming wine. When men come off work at midday and in the evening they buy a bowl of wine.（杨宪益、戴乃迭译）

b. The taverns in Luzhen were rather particular in their layout. Facing out to the street was a substantial bar, squared off at the corners, behind which hot water was always at the ready for warming up wine.（蓝诗玲译）

画线部分，杨戴译与原文更对应，是类比；蓝译则没有明显的类比特征，与后文结合，更好地形成了演绎表述。这个案例一定程度上反映了沈家煊的观点。译者若对译汉语，容易产生类比意识的译文。类比意识是一种横向思维，与汉语注重平面审美是一致的，而演绎意识是一种纵向思维，与英语注重立体聚焦审美是一致的。

上述六种意识都与本书正文提到的各种意识差异并行不悖。融合意识和排他意识的差异，与第一部分的界限性强弱差异明显相关，其他的五种则与前瞻意识强弱差异明显相关。

本书各个章节所给的案例数量并不均衡，这与我们所获得的语料以及认识相关。一些角度的意识差异，只是为了辅助其他意识差异的阐述。另外，一些角度的意识差异对汉英翻译和英汉翻译更有启发，现实翻译中碰到的概率较大，这种案例分析往往较多。

前　言

　　本文提到的受汉语思维、审美方式等因素的影响，绝大多数情况下并不是指该译文是难以接受的中式英语，而是指该译文与汉语原文所承载的思维方式、审美方式等有更多的相似特征，我们不认为汉英的思维和审美方式是绝对不相容的。

　　本书慎用"译文中添加、增加、删减或删除"等表述，也罕用"调整原文语序"等表述。因为我们认为，译文是译者自己表达的，除非修改自己或别人已有的译文，否则不存在在译文中添加或删减什么，同时，译者也不可能调整已有的原文。增加、删减，往往是译者无奈之举或者另有它图，因为这意味着不忠实。通常情况下，只要是意义忠实，若发现一些译文中的词语在原文中没有直接的对应词，只能说译者使用了这些译语词语让译文显化了原文的内容或原文发生的背景信息。

　　最后，我们在对比分析中指出了一些译文的不足，非否定译者的翻译能力，更不是否定译者对汉英文化交流做出的贡献。我们一直在学习路上，这些译者都是我们的学习对象。鉴于知识局限，我们分析中还可能存在不当之处，也敬请相关读者予以谅解。

王建国

2023 年 3 月

目 录

序 I

前 言 V

第一章　两条基本汉英差异 1

第二章　弱界限意识和强界限意识 7

2.1　整体意识与个体意识 7
    2.1.1　汉英翻译 7
    2.1.2　英汉翻译 14

2.2　平面散焦意识与立体聚焦意识 19
    2.2.1　汉英翻译 19
    2.2.2　英汉翻译 47

2.3　主体意识与客体意识 68
    2.3.1　汉英翻译 69
    2.3.2　英汉翻译 79

2.4　扩展意识与压缩意识 92
    2.4.1　汉英翻译 93
    2.4.2　英汉翻译 106

第三章　回顾意识和前瞻意识 …………………… 122

3.1　可能意识与事实意识 ……………………………… 122
3.1.1　汉英翻译 ……………………………………… 122
3.1.2　英汉翻译 ……………………………………… 128

3.2　过程意识与结果意识 ……………………………… 131
3.2.1　汉英翻译 ……………………………………… 132
3.2.2　英汉翻译 ……………………………………… 153

3.3　归纳意识与演绎意识 ……………………………… 162
3.3.1　汉英翻译 ……………………………………… 162
3.3.2　英汉翻译 ……………………………………… 165

3.4　平比意识与差比意识 ……………………………… 170
3.4.1　汉英翻译 ……………………………………… 170
3.4.2　英汉翻译 ……………………………………… 174

3.5　说事意识与说物意识 ……………………………… 176
3.5.1　汉英翻译 ……………………………………… 177
3.5.2　英汉翻译 ……………………………………… 180

3.6　重复意识与求异意识 ……………………………… 187
3.6.1　汉英翻译 ……………………………………… 187
3.6.2　英汉翻译 ……………………………………… 190

参考文献 ………………………………………………… 200

后　　记 ………………………………………………… 208

第一章　两条基本汉英差异

王建国、何自然（2014）发现，Pinkham（2000）修改译文或英语写作时往往都没有保留与汉语句子中表过程意义相对应的英语词语，如例（1）—（3）①中只表述了原文中或由原文可推导的表示事件结果的语义。由此，他们指出了汉英语用差异原则："汉语语用重过程，英语语用重结果。"

（1）我们工作已经<u>取得</u>进展。
a. *We have <u>made</u> an [improvement] in our work.
b. We have [improved] our work.
（2）他们必须下决心<u>落实</u>当前制度的改革。
a. *They must make up their minds to <u>implement</u> the [reform] of the current system.
b. They must make up their minds to [reform] the current system.
（3）我们<u>采取了</u>撤退的战略。
a. *We <u>adopted</u> the policy of [withdrawal].
b. We [withdrew].

之后，何自然（2015）、王建国（2019，2020）、王建国和谢飞（2020）、姚斌和冯爱苏（2020）、孙会军（2021）、鲍川运（2021，2022）进一步论证并发展了这个观点。鲍川运（2021）认为，汉语表述注重事件的前端，而英语表述注重事件的后端，例如：

---

① 此处三例，Pinkham 没有提供汉语原文或者本就没有原文，其中的汉语为本文作者根据被修改的英语原文对译写出。

（4）樱桃好吃树难栽。

a. *Cherries are delicious, but the trees are difficult to <u>plant</u>.

b. Cherries are delicious, but the trees are difficult to <u>grow</u>.

例（4）的译文 a 中 plant 对译了"栽"，表过程，说的是事件的前端，译文不可接受，因为"栽树不难"；译文 b 中 grow 表结果，说的是事件后端，说清楚了樱桃树是难养，符合事理（鲍川运，2021）。

经过对比，我们认为，过程和结果之间至少具有两个相互参照的认知语义特点：

①"过程"是连续的，其界限性弱；"结果"是离散的，其界限性强。

②"过程"在先与"结果"在后。

这两个特点与我们收集的 37 条主要汉英差异成果①存在一致性，如表 1 和表 2。

表 1　汉界限"弱"与英界限"强"对比（23 种）

汉语	英语	引用文献	备注
语法隐含性	语法外显性	（刘宓庆，2006：21-25，61；潘文国，1997：118-125）	英语有更多稳定的语法标记，也是范畴的界限标记
弹性语法	刚性语法	（连淑能，2010：51-60；潘文国，1997：137-142）	同上
意合	形合	（连淑能，2010：74，78；刘宓庆，2006：74，241-244；潘文国，1997：336-341）	同上

---

① 限于篇幅，差异收入原则，考虑了一般性、熟知性和典型性。

（续表）

汉语	英语	引用文献	备注
直接	间接	汉语注重直接陈述法、明示陈述法，而英语倾向于注重间接陈述法、暗示陈述法，强调间接性（连淑能，2010：188-220；刘宓庆，2006：395，417-424）	英语重间接在于：英语表达形式多样，表达了多样功能，尤其是表达了多样的社会功能。这说明英语分类更清晰，界限性更分明
竹式结构	树式结构	（潘文国，1997：199-206；连淑能，2010：90，93；刘宓庆，2006：200，235）	树式结构，界限分明
语序相对固定	语序相对灵活	（连淑能，2010：25，30，34；刘宓庆，2006：278）	有稳定的界限和界限标记，语序灵活，不至于误解语义表达
视点流动	视点固定	（潘文国，1997：207；刘宓庆，2006：235）	前者产生界限性弱的平面感，后者产生界限性强的层次感
话题突出	主语突出	（Li & Thompson, 1976）	话题构成界限性弱、平面感强的话题链，主语构成主谓结构为核心、层次感强的句子
动态	静态	（连淑能，2010：133-154；刘宓庆，2006：395+409-417；潘文国，1997：375-82）	静态的事物，界限性强
整体意识	个体意识	（刘宓庆，2006：487-491）	
模糊	精确	（连淑能，2002）	
求同性	求异性	（连淑能，2002）	
整体性	分析性	（连淑能，2002）	
主客不分	主客两分	（连淑能，2002：40-46，63-64；潘文国，1997：363-368；刘宓庆，2006：83-111）	
平面审美	立体审美	（王建国，2019）	

(续表)

汉语	英语	引用文献	备注
伦理型	认知型	以儒家为代表的先哲对现实社会政治和伦理道德的关注。西方智者们追究宇宙起源（连淑能，2002）	与主客不分和主客两分的差异类似
意象性	实证性	（连淑能，2002）	同上
意向性	对向性	中国传统思维用主体的修养代替对客体的认识，自身内心体验是一切认识的出发点。西方将自然作为自身之外的对象来研究（连淑能，2002）	同上
内向型	外向型	中国传统思维注重内向自求。外向性思维使西方人富于全球观念和宇宙意识（连淑能，2002）	同上
类比	演绎	英语语法每个层次区分"主"和"从"。汉语主要用"对言格式"（dui-speech format）完形明义、完形生义。对言格式是对称性的，没有中心，不分主次（沈家煊，2019）	类比的层次感弱，演绎的层次感强
甲乙包含范畴观	甲乙分立范畴观	（沈家煊，2017）	"分立"的界限更强，"包含"的更弱
连续性语法	离散性语法	（吕叔湘，1979：11）	—
复合构词为主	派生构词为主	（沈家煊，2006）	派生构词的主次界限更明显

表2　汉英认知语义的"先"与"后"（14种）

汉语	英语	引用文献	备注
主动	被动	（连淑能，2010：118-131；刘宓庆，2006：313，500）	—

（续表）

汉语	英语	引用文献	备注
具体	抽象	（连淑能，1993：24-31；2010：159-187；刘宓庆，2006：507-508）	—
后馈	超前	（连淑能，2002）	—
直觉性	逻辑性	（连淑能，2002）	—
生命审美	宇宙审美	（宗白华，2015）	—
悟性意识	理性意识	（连淑能，2010：288-345）	—
中国重心	西人重智	（孙隆基，2004）（康有为；转引自马洪林，1994：19-28）	—
空间意识	时间意识	（王文斌，2013）	—
人称	物称	（连淑能，2010：104-116；刘宓庆，2006：498）	—
重复	替换	（连淑能，2010：221-243；刘宓庆，2006：395，424-429；潘文国，1997：349-352）	"替换"反映了更深的认知：对事物的相似性的识别
语用语言	语法语言	（刘丹青，1995；沈家煊，2012，2019）	"语法是语言演化过程中语用适应的结果"（Leech，1983）
多前置定语	多后置定语	（刘宓庆，1992）	—
重归纳	重演绎	（连淑能，2006）	—
词汇化程度低、语义含量小	词汇化程度高、语义容量大	（刘宓庆，1980；邵志洪，1996）	—

根据以上表格，我们可得知两条汉英基本差异：

①界限性（意识）上，汉语（人）更弱，英语更强。
②汉语（人）的回顾意识强，英语（人）的前瞻意识强。

宏观上，界限意识表现为译者必须具有职业意识、规则意识、法律意识、道德意识、逻辑意识、了解和探索汉英语言文化差异的意识、终身学习而储备各种百科知识的意识。前瞻意识表现为译者必须有时代的眼光，必须心中有读者。

微观上，界限意识要求译者能够精确把握字词句的意义，并做出精准的表达。前瞻意识，则要求译者的译文能达致期待的读者效果。

从界限意识和前瞻意识的特征来看，汉英翻译和英汉翻译似乎没有多大区别。但从上文汉英两条基本差异来看，我们认为，汉英翻译的译者更需要注意加强界限意识，增强前瞻意识。英汉翻译的译者更需要注意减弱界限意识，加强回顾意识。换言之，是译者所面对的译语特点对汉英翻译译者和英汉翻译译者提出了不同的要求。同时，还是因为译者所面对的译语特点，使得对汉英翻译译者的要求更具刚性，即需要遵循的频率很高；对英汉翻译译者的要求更具柔性，即不遵循的发生频率会更高。这种差异与汉英语言在语法等方面上的差异是一致的。

我们认为，把汉英翻译和英汉翻译区分开来本身就是有界限意识的一种表现。我们要把握这两个语种相同但翻译方向相反的翻译方式的特点，尊重这些特点，并根据这些特点结合其他因素进行翻译实践或对翻译产品进行评价。

下文我们将参照表1和表2，对微观的界限意识和前瞻意识做出更为细致的分类，并根据汉英差异，对汉英翻译和英汉翻译案例进行分析和讨论。这些分类很大程度上只是反映了看问题的角度，其实相互之间是相通的。例如，从我们归纳的两个最大的汉英差异来看，英语界限意识强，会把汉语行云流水的平面审美转换成英语的立体审美，而从认知上，应该是先有平面意识，才会形成立体意识，把平面意识转换成立体意识，就表现出前瞻意识。希望之后的案例分析，能够引起读者相互贯通的认识。

第二章　弱界限意识和强界限意识

汉语具有连续性，英语具有离散性（吕叔湘，1979：1）。这句话的意思是指汉语语法结构之间没有十分明确的界限，如词和词组不是很容易区别，而英语的各种语法结构则更容易区分开来。

汉英的这种差异也体现在多个方面：思维方式上，如汉语主客不分，英语主客两分；审美方式上，汉语模糊审美，英语精确审美；语用方式上，汉语重过程，英语重结果；等等。

2.1　整体意识与个体意识

传统上一般认为西方具有更强的个体意识，东方具有更强的整体意识。我们认为，个体意识和整体意识是相对概念。

英语中的个体意识，表现出很强的分类意识、排他意识、界限意识。而汉语在这些方面表现出意识不强，这些从汉语各种结构之间界限不够清晰而英语更为清晰可以看出来。

英语中的整体意识，表现出很强的主次意识、层次意识。这点可从英语主从结构更加分明的特点看出来。

由此，我们认为，汉英翻译需要很强的主次意识、界限意识、层次意识和分类意识。

2.1.1　汉英翻译

（1）[1]有时疲倦了，躺在临溪大石上睡着了，[2]人在隔岸招手喊过渡，[3] 翠翠不让祖父起身，就跳下船去，很敏捷的替祖父把路人渡过溪，一切皆溜刷在行，从不误事。（沈从文《边城》）

    a. Tired out, he lies down to sleep on a rock nearby; and if someone hails them from the further shore <u>Emerald will not let her grandfather get up but jumps aboard to take his place as nimbly as one could wish.</u>（杨宪益、戴乃迭译）

    b. When he was tired, he stretched out to sleep on the bluffs by the waterside. If someone on the other side waved and hollered that he wanted to cross, <u>Cuicui would jump into the boat to save her grandpa the trouble and swiftly ferry the person across, pulling on the cable smoothly and expertly without a miss.</u>（金介甫译）

    原文 [1] 写的是老船夫也就是后面的祖父的动作，[2] 写的是过渡路人，[3] 写的是翠翠的动作。由于受界限性弱的整体思维方式的影响，该汉语语段结构表现出流泻式流放铺排的特点，句内和句间似乎都是平行结构，只有先后之别，主从却难分，表现出很强的平面推进感。

    我们考察这两个译文，就会发现英语个体意识是相对清晰的，整体意识也是相对清晰的。就 [1] 而言，杨、戴将"疲倦"译为 tired out，过去分词做原因状语，"躺" lies 是谓语，而金介甫将"疲倦"译为 when he was tired 做时间状语，"躺" stretched out 是谓语。戴和金的翻译都将 [2] 作为从句，引出 [3]，翠翠是主角。同理，参看画线部分，译者都将 [3] 主次不够清晰的汉语译为主从两分的英语。

    总体而言，译者的处理突出地反映了英语具有主次分明即界限分明的个体意识，主从和并列结构相结合。与原文相比，译文更具有立体感，更具有整体意识。

    （2）<u>我们</u>所要介绍的是祥子，不是骆驼，因为"骆驼"只是个外号；那么，<u>我们</u>就先说祥子，随手儿把骆驼与祥子那点关系说过去，也就算了。（老舍《骆驼祥子》）

    a. I'd like you to meet a fellow named Xiangzi, not Camel,

because, you see, Camel is only a nickname. After I've told you about Xiangzi, we'll deal with his relationship with camels, and be done with it.（葛浩文译）

b. This story is about Xiangzi, not about "Camel" because "Camel" was only his nickname. So let us start with Xiangzi, just mentioning in passing how he became linked with camels.（施晓菁译）

原文开篇即出现了"我们"，这个范围很宽泛，所指不清，体现了汉语的整体意识较为模糊，在葛浩文的译文中，第一个"我们"处理为了 I，即作者，因为祥子的故事是由作者来介绍，因此翻译成 I 较为准确，体现了英语的个体意识。施晓菁的译文则避开了"我们"的翻译，直接叙述了客观事实，即这个故事是关于祥子的。

第二个"我们"，两位译者的理解都不同于第一个"我们"，都包含了读者在内，因而都用了 we 或 us，体现两位译者都把原著理解为较为口语化的文本。两个"我们"有不同理解，提醒我们必须具有精确意识。

（3）临河的土场上，太阳渐渐的收了他通黄的光线了。（鲁迅《风波》）

a. The sun's bright yellow rays had gradually faded on the mud flat by the river.（杨宪益、戴乃迭译）

b. Over the mudflats down by the river, the sun was slowly gathering in its golden rays.（蓝诗玲译）

（4）她有时自己偶然摸到脖子上，尤其是耳朵后，指面上总感着些粗糙，本来早就知道是积年的老泥，但向来倒也并不很介意。（鲁迅《肥皂》）

a. Sometimes when she rubbed her neck, especially behind the ears, her fingers detected a roughness; and though she knew this was the accumulated dirt of many years, she had never given it much thought.（杨宪益、戴乃迭译）

b. From time to time, <u>she</u> would notice a certain roughness to the back of her neck, especially just behind her ears. She'd never minded it much — it was just dirt, long-accumulated dirt. （蓝诗玲译）

（3）和（4）两对画线的译文中，蓝诗玲的译文都是整体和部分是分开的，而杨氏夫妇的译文都是粘合在一起的。王建国（2019）也指出过，霍克斯和闵福德的《红楼梦》译文，在处理类似原文时，也倾向于蓝诗玲的做法。

（5）<u>我们</u>先是默默地相视，逐渐商量起来，终于决定将现有的钱竭力节省，一面登"小广告"去寻求钞写和教读，一面写信给《自由之友》的总编辑，说明<u>我</u>目下的遭遇，请他收用<u>我</u>的译文，给<u>我</u>帮一点艰辛时候的忙。（鲁迅《伤逝——涓生的手记》）

a. We first stared at each other in silence, then we began to talk about the situation, and we decided that we must do our best to stretch out as far as possible the little money <u>we</u> had, that <u>we</u> should put a classified advertisement in the papers for a copying or tutoring job and at the same time write to the editor of *The Friend of Liberty*, telling him of <u>our</u> present difficulties and asking him to help <u>us</u> by using some of my translations. （王际真译）

b. First we gazed at each other in silence, then started discussing what to do. Finally we decided to live as economically as possible on the money <u>we</u> had, to advertise in the paper for a post as clerk or teacher, and to write at the same time to the editor of *Freedom's Friend*, explaining <u>my</u> present situation and asking him to accept a translation to help me out of this difficulty. （杨宪益、戴乃迭译）

c. We stared at each other in silence for a moment and then gradually began reviewing our alternatives. In the end we decided that the first order of business was to economize. At the same time, <u>I</u> would put a few lines in the classifieds, offering <u>my</u> services as copyist or tutor. I would also write to the editor-in-chief of *Freedom's Friend* explaining my present difficulty and asking him to let me do a translation for his magazine in order to tide me over in this time of need. （莱尔译）

d. We looked silently at each other, then began to come to grips with our situation. Eventually, we decided to stretch our current savings as far as we could. At the same time, I would place small advertisements for copying and teaching work and also write to the editor of *Freedom's Friend*, explaining my current predicament and asking for translation work to help me through a difficult time. （蓝诗玲译）

(6) 我家的王升的家，就和她家同村。（鲁迅《伤逝——涓生的手记》）

a. Our servant Wang Sheng comes from the same village as she did. （王际真译）

b. My servant Wang Sheng comes from the same village as her family. （杨宪益、戴乃迭译）

c. My servant, Wang Sheng, comes from the same village she does. （莱尔译）

d. My servant, Wang Sheng, is from the same village. （蓝诗玲译）

例（5）说的是主人公与子君的悲惨爱情故事。原文是主人公和子君讨论如何生计，汉语母语译者更多采用第一人称复数形式，把"我"和子君分开来。例（6）中王际真同样是使用第一人称复数形式。这种现象可能与汉语母语译者在家庭上的整体意识较强有关。

(7) 在新街口附近他转悠了一会儿。听说车已经都不敢出城，西直门外正在抓车，大车小车骡车洋车一齐抓。（老舍《骆驼祥子》）

a. He heard that no vehicles dared leave the city, for they were being seized out the Xizhi Gate—wagons, large and small, donkey carts and rickshaws, no exceptions. （葛浩文译）

b. He strolled about the district a while and heard that no vehicle dared leave the city, for whether carts or rickshaws all were being seized just outside Xizhimen Gate. （施晓菁译）

案例中"大车小车骡车洋车一齐抓"的意思就是无论是什么车都要被抓，那么从汉语表达中可以看出"大车小车"和"骡车洋车"的覆盖范围是有重叠的，也就是说大车小车这个范围里有骡车和洋车，骡车和洋车也有大小之分。因此汉语的整体意识看似强，看似包罗万象，但却不能精确地罗列个体，个体与个体之间界限模糊。

译文 a 保留原文模式，将"大小"和"骡洋"都翻译出来，车的种类有：

① Wagons: A wagon is a strong vehicle with four wheels, usually pulled by horses or oxen and used for carrying heavy loads.

② Carts: A cart is an old-fashioned wooden vehicle that is used for transporting goods or people. Some carts are pulled by animals.

③ Rickshaws: A rickshaw is a simple vehicle originally used in Asia for carrying passengers. Some rickshaws are pulled by someone walking, running or cycling in front.

wagon 主要是动物拉的车，cart 人和动物都可能拉，而 rickshaw 主要是人拉的。译文 b 将"大车小车骡车洋车"划分为 carts or rickshaws，某种意义上分类不如译文 a 清晰。

（8）祖父知道黄狗在翠翠身边，也许比他自己在她身边还稳当，于是便回家看船去了。（沈从文《边城》）

a. And knowing that the yellow dog offered a better protection that anything he could offer, he went home to watch over his ferry. （金隄、白英译）

b. And <u>knowing that</u> Brownie would guard her, the old man left. (戴乃迭译)

本句是写祖父带翠翠去看划船，但自己要先回家看船时的心理活动。两个译文在翻译时，主语都是祖父，将祖父的心理活动译作 knowing that 结构，为伴随状语，而将祖父回家看船这一动作行为译为主句，即英语表达把心理活动和动作行为区分开来，并做出主次表述。而汉语表达时，将祖父回家前担心翠翠安全的心理描写与这一动作行为并列起来，主次难分。

(9) 像针尖上一滴水滴在大海里，我的日子滴在时间的流里，没有声音，也没有影子。（朱自清《匆匆》）

a. Like a drop of water falling off the point of a <u>needle</u> down to the sea, my days are dripping into the stream of time, soundless and traceless. （许景城译）

b. Just like water drops a <u>pinpoint</u> dripping slowly into the vast ocean, my days been dripping into the river of time, quietly and invisibly. （张梦井译）

c. each like a drop of water on the head of a <u>pin</u>, falling into the ocean. My days are disappearing into the stream of time, noiselessly and without a trace; （葛浩文译）

原文中的"针尖"中的"针"体现了汉语在词法上善用类别词来统括事物的整体意识，这容易模糊事物之间的差异。从语义上看，汉语中的"针"可以指多种细长的物体，如：绣花针，即英语的 needle；大头针，即英语的 pin；指南针，即英语的 compass。此外，还有"打针"，即英语的 injection；针灸，即英语的 acupuncture，这些都体现了英语相对汉语而言，在构词上更为重视事物的个体属性。

由于"针"的意义多样性，使得此处"针尖"的译文出现了不同的版本。许景城将其译为 point of a needle，张梦井将其译为 pinpoint，而葛浩文译为 the head of a pin，某种程度上都将汉语的模糊概念精确化了。

(10) 父亲接下去说："所以<u>你们要像花生一样</u>，它虽然不好看，可是很有用。"（许地山《落花生》）

　　a. "So you must take after peanuts," Father continued, "because they're useful though not great and nice-looking."（张培基译）

　　b. "So you should try to be like the peanut," Dad went on, "because it is useful, though not great or attractive."（刘士聪译）

　　c. Dad continued, "So, you should learn from the groundnut and be useful people instead of those grand or beautiful ones."（Poplar 译）

原文中"你们要像花生一样"，表达的是父亲对于儿女们的一种希冀，希望儿女们在日后的生活中能够像花生一样做人做事，张培基、刘士聪两位汉语母语译者根据原文对译为 take after 和 try to be like，留下的理解空间缺乏界限，而 Poplar 译将父亲的希冀具体化为向花生学习，译作 you should learn from the groundnut，让读者可以清楚地了解父亲的意思，具有个体意识所表现的界限性或排他性。

2.1.2　英汉翻译

由于英语语言结构主次较为分明，表现出很强的整体意识和个体意识，而汉语语言结构主次界限相对不够清晰，站在这个角度来看，整体意识和个体意识相对较弱。英汉翻译时，往往需要使用连续性强、层次性弱、界限性弱的语言结构来表达。这样，从审美角度来看，汉语表达追求平面审美。汉译中一些表达不流畅的问题，是由于违反了汉语审美观；一些表达不准确的问题，是为了满足汉语审美观做出的牺牲。换言之，在不考虑审美的情况下，汉英两种语言应该具有相同的表达力。

(1) The perpetual <u>commendations</u> of the lady either on his handwriting, or on the <u>evenness</u> of his lines, or on the <u>length</u> of his letter,

with the perfect <u>unconcern</u> with which her praises were received, formed a curious dialogue, and was exactly in unison with her <u>opinion</u> of each. (Jane Austen: *Pride and Prejudice*)

  a. 只听得彬格莱小姐恭维话说个不停，不是说他的字写得好，就是说他的字迹一行行很齐整，要不就是赞美他的信<u>写得仔细</u>，可是对方却完全是冷冰冰爱理不理。这两个人你问我答，形成了一段奇妙的对白。照这样看来，伊丽莎白的确没有把他们俩看错。（王科一译）

  b. 只听宾利小姐恭维个没完没了，不是夸奖他字写得棒，就是赞美他一行行写得匀称，要不就是称颂他信写得长，不想对方却冷冰冰地带理不理。他们之间展开了一场奇妙的对话，这场对话与伊丽莎白对两人的看法完全吻合。（孙致礼译）

  c. 宾利小姐一个劲儿地夸奖达西，一会儿夸他的字体隽永，一会儿夸他的书写匀称整齐，一会儿又是这封信写得不长不短，篇幅适中。一边赞誉之辞无休无止，一边却似听非听全无热情，这种有趣的对话正好印证了伊丽莎白心中对他们俩各自的评价。（罗良功译）

原文主次分明，层次性强，使用了大量的强界限性的名词，都与英语个体意识所表现出的层次性和高界限性相关。三个译文都平整了原文所表现出的层次性，大量使用界限性比名词相对弱的动词来表达。

（2）He was an old man <u>who fished alone in a Skiff in the Gulf stream</u> and he had gone eighty-four days now <u>without taking a fish</u>. (Ernest Miller Hemingway: *The Old Man and the Sea*)

  a. 他是个独自在湾流的一只小船上打鱼的老头儿，他到那儿接连去了八十四天，一条鱼<u>也</u>没捉到。（海观译）

  b. 他是个老头子，独个儿驾一艘小艇在墨西哥湾流里打鱼，如今<u>已</u>八十四天没打到一条鱼了。（宋碧云译）

who 引导的从句表现出层次性，译文 a 一定程度上复制了这种层次性，而译文 b 译为一个与其他句子并列的句子，更符合汉语特点，读起来更为流畅。without taking a fish 的两个译文都较好地削弱了原文的从属特征，较为流畅。

（3）but the weakness of Sir John's constitution made mountains of his petty sins in this kind. On reaching the fresh air he was sufficiently unsteady to incline the row of three at one moment as if they were marching to London, and at another as if they were marching to Bath—which produced a comical effect, frequent enough in families on nocturnal homegoings; and, like most comical effects, not quite so comic after all. (Thomas Hardy: *Tess of the D'Urbervilles*)

a. 而约翰爵士呢？他那孱弱的身子却叫他这小小的罪过造成了巨大的问题。一走进清凉的空气他便开始跌跌蹿蹿，拉住两个人一时往伦敦走，一时往巴士走，十分好笑。这类笑话在一家人夜行回家时虽很常见，但也像大多数笑话一样叫人啼笑皆非。（孙法理译）

b. 不过约翰爵士身材衰弱，所以这一类小小的罪恶，就像大山一样压来，叫他招架不住了。他出来叫凉风一吹，可就有些东倒西歪起来，只弄得他们一行三人，一会儿好像要往伦敦去，一会儿又好像要往汤泉去。这种情况，原是一家人夜间同归常有的事儿，从外表上看来，颇为可乐；不过，像世界上大多数可乐的事儿一样，骨子里却并不怎么可乐。（张谷若译）

译文 a 中添加了"也"，看起来可有可无。事实上，译文 b 中就没有使用。我们认为，"也"的使用在译文 a 中有衔接功能，使得译文更加流畅，但从逻辑上看，前文并没有提到别的东西像大多数笑话一样叫人啼笑皆非，因而是不符合逻辑的使用。这说明，汉语的整体意识和个体意识在满足审美要求时，某些时候并不追求事理逻辑。

（4）He had an almost swarthy complexion, with full lips, badly moulded, though red and smooth, above which was <u>a well-groomed black moustache with curled points</u>, though his age could not be more than three or four-and-twenty. (Thomas Hardy: *Tess of the D'Urbervilles*)

  a. 他差不多得说脸膛深色；两片厚嘴唇，虽然红而光滑，样子却没长好；其实他不过二十三四岁，但是嘴上却早已<u>留了</u>两撇黑八字须了，修得很整齐，两个尖儿朝上<u>撅着</u>。（张谷若译）

  b. 他面色有些黑，两片嘴唇虽然又红又光滑，样子却不好看，嘴上<u>留着</u>两撇黑色的八字胡，修得整整齐齐，两端的胡尖<u>卷曲着</u>。其实他的年龄只不过二十三四岁。（孙致礼、唐慧心译）

  c. 此人肤色接近黝黑，嘴唇虽然红润光滑，却肥厚得不成样子，年龄虽然不过二十三四岁，却<u>蓄起了</u>两撇修得整整齐齐的黑色髭须，须尖朝上<u>翘着</u>。（晓燕译）

英语中大量使用"人称代词+has/have"的结构，把人及其相关的事物分开（整体和个体分开），而汉语则把人与相关事物紧邻放置更多（整体和个体结合），如译文 b 中的"他面色"和译文 c 中的"此人肤色"。

（5）He entered, vociferating oaths dreadful to hear; and <u>caught me</u> in the act of stowing his son away in the kitchen cupboard. (Emily Jane Brontë: *Wuthering Heights*)

  a. <u>他走了进来，一路上赌神发咒，叫人听着寒心</u>；我正要把哈里顿往碗柜里塞，就在这当儿，给他撞见了。（方平译）

  b. <u>他一路骂骂咧咧，让人不堪入耳地走进来时</u>，正好看到我把他的儿子往厨房的碗柜里藏。（宋兆霖译）

  c. <u>他进来了，叫喊着不堪入耳的咒骂的话</u>，刚好看见我正把他的儿子往厨房碗柜里藏。（代斌译）

entered 和 vociferating 之间的表意关系应该是，他进来时就骂骂咧咧，而不是进来后或者进来前。但因为他后来 caught me，因而一定是进来了，而且进来后也骂骂咧咧。因此准确来说，entered 此处包括了进来时和进来后两层意思。

三个译文中，仔细读来，译文 a 和 c 都不够准确，译文 b 相对准确，但读起来不顺，如"让人不堪入耳地走进来"。

（6）Scarlett heard Mammy's lumbering tread <u>shaking the floor of the hall</u> and she hastily untucked <u>her foot</u> and tried to rearrange her face in more placid lines. (Margaret Mitchell: *Gone with the Wind*)

　　a. 思嘉听见嬷嬷的脚步笨重地在堂屋里把地板踩得嘎嘎响，便迅速将盘着的<u>那条腿</u>伸下来，并设法放松脸部的表情，尽量显得平静一些。（戴侃、李野光、庄绎传译）

　　b. 这时思嘉听见嬷嬷的沉重脚步在穿堂里踩得咯咯响，便把<u>那条盘着的腿</u>急忙伸下来，并且勉强把面容装得平静些。（傅东华译）

汉语里说"盘腿"才通，但原文中是 foot，说盘着的脚或盘着的足都有些怪异，尽管这样说更准确。

（7）When I woke I <u>looked</u> around. There was sunlight <u>coming in</u> through the shutters. I saw the big armoire, the bare walls, and two chairs. My legs in the dirty bandages, stuck straight out in the bed. I was careful not to move them. I was thirsty and reached for the bell and pushed the button. I heard the door open and <u>looked</u> and it was a nurse. She looked young and pretty. (Hemingway: *A Farewell to Arms*)

　　a. 醒来时我打量一下四周。阳光从百叶窗外漏进来。我看见那只大衣柜、空空的四壁和两张椅子。我的双腿扎着污秽的绷带，笔直伸出在床上。我很小心，两条腿都不敢动。我口渴，又伸手按铃。我听见门打开，<u>抬头一看</u>，来了一位护士。她看上去很年轻，相当漂亮。（林疑今译）

　　b. 一觉醒来，我巡视了一下四周，阳光从百叶窗里<u>钻</u>进来。我看见了那张大衣柜、空空的四壁和两把椅子。我的双腿<u>裹</u>着脏兮兮的绷带，直直停放在床上。我很小心，不敢移动双腿。由于口渴，我又伸出手，按了按电铃。只听见门吱扭一声开了，我抬头看见来了一位护士，看上去年轻、漂亮。（方华文译）

两位译者都使用了"抬头"这种模糊表达，似乎有着衔接功能。"抬头"这个词的模糊性在汉英翻译时尤其能感觉到：到底是抬头，还是抬抬眼睛，很多时候分不清。此处，翻译成"抬头"严格来说并不准确，因为"我"是躺着的，应该无法抬头，甚至也不用抬头、抬眼。此处，模糊地翻译成"看见来了位护士，很年轻，很漂亮"即可。

2.2 平面散焦意识与立体聚焦意识

2.2.1 汉英翻译

流畅的汉语讲究行云流水，句子界限不够清晰客观，平面感强，主次不够分明，焦点不够突出。英语由于主次分明，每个句子会形成焦点，语言结构有较强的立体感。英语的立体感和聚焦意识，在文学翻译中，要求译者能有较好的聚焦意识和构图意识。

汉英翻译对焦点的选择非常重要，主要表现在对主语和谓语的选择，主语和谓语的选择直接影响主题的再现以及文学意象的构建。

（1）她刚要往下问，一看祥子垂头丧气的样子，车上拉着铺盖卷，<u>把话咽了回去</u>。（老舍《骆驼祥子》）

a. She <u>bit back</u> the rest of her question at the sight of his crestfallen look and the bedding in the rickshaw.（施晓菁译）

b. She <u>stopped</u> when she saw the dejected look on his face and the bedding in the rickshaw.（葛浩文译）

原文中虎妞先是看到祥子，想要问他，后注意到祥子"垂头丧气的样子",然后又看到"铺盖卷",于是"把话咽了回去"。这是一连串的动作,而译入英语时,译文 a 和 b 都分别用 bit back the rest of her question 和 stopped 首先聚焦结果信息,然后再去描述次要信息,这样一来也体现出了英语中的主次结构清晰,表现出立体的空间意识。

(2) 外面的谣言他不大往心里听,什么西苑又来了兵,什么长辛店又打上了仗,什么西直门外又在拉夫,什么齐化门已经关了半天,他都不大注意。(老舍《骆驼祥子》)

a. He paid little attention to rumors floating around town: soldiers have appeared at Xiyuan; more fight at Changxindian; forced conscription outside Xizhi Gate; the closing of the city gate at Qihua. <u>He took note of none of it.</u>(施晓菁译)

b. <u>He paid scant attention to the rumours flying about town</u>—the appearance of soldiers at Xiyuan, renewed fighting at Changxindian, forced conscription again outside Xizhimen Gate, Qihuamen Gate already closed for half a day—<u>none of this bothered him.</u>(葛浩文译)

两位译者对英语标点符号的使用体现了较强的主次意识和立体空间意识。汉语原文语句呈流水式平铺,界限性弱,在翻译到英语时,两位译者采取了类似的策略,施晓菁将原本句中的逗号换为冒号,葛浩文使用了破折号,将谣言的具体内容与句子主干分开,做到了主次界限更加分明,增强了立体空间感,方便读者理解。

(3) 他的心要跳出来!这些日子,他的血似乎全流到四肢上去;这一刻,仿佛全归到心上来;心中发热,四肢反倒冷起来;热望使他浑身发颤!(老舍《骆驼祥子》)

a. His heart was pounding in his chest. These last days, it had seemed as if all his blood had been drained into his four limbs, but now it was flowing back into his chest so that his heart was burning hot while his arms and legs were icy cold. Feverish hope made him tremble from head to foot.（施晓菁译）

b. His heart nearly leaped out of his chest. Over the past several days, all his blood seemed to flow into his limbs; now suddenly, it rushed back to his heart, which burned hot, while his arms and legs went cold. Feverish hope made him tremble from head to toe.（葛浩文译）

施晓菁用 but、so that、while 等连词将中间三小句串联起来，形成层次较为分明的英语句子。葛浩文则选择串起其中两小句。处理方法比较相似，都较好地传达出了原文所表达的含义，句子结构也从主次不清变为层次分明，增强了立体空间感。

（4）涨水时在城上还可望着骤然展宽的河面，流水浩浩荡荡，随同山水从上流浮沉而来的有房子、牛、羊、大树。（沈从文《边城》）

a. You could see from the city wall how the water of the flood suddenly spread wider when it reached the mouth of the river, and all sorts of things came down with the stream, such as houses, cows, sheep and big trees.（项美丽、辛墨雷译）

b. From the city wall they would see the flood-waters spreading in ever widening torrents, while houses, cattle, sheep and even trees floated down in the stream.（金隄、白英译）

c. Watchers on the wall can see houses, oxen, sheep and big trees washed down from the mountains on the swirling, foaming water which has overflown its banks.（戴乃迭译）

原文中"骤然展宽的河面""流水浩浩荡荡"和"随同山水从上流浮沉而来的有房子、牛、羊、大树"似乎是并列的关系，但实则不然，细细品味就能发现，其中"流水"和"河面"关系密切，在译文 a 和 c 中，译者都处理成主从关系——"when it reached the mouth of the river""which has overflown its banks"，译文 b 则处理成介词词组 in ever widening torrents。三个译文都体现了英语主次结构分明、立体空间感强的特点。

（5）秦显家的<u>听了</u>，<u>轰去了魂魄</u>，<u>垂头丧气</u>，登时<u>偃旗息鼓</u>，<u>卷包而去</u>。（曹雪芹《红楼梦》）

a. Thunderstruck and utterly cast down <u>by this news</u>, Chin Hsien's wife made haste to pack up and beat a retreat.（杨宪益、戴乃迭译）

b. Stunned though she was <u>by this news</u>, the wretch woman had at once to begin packing her things, and soon, with drums muffled and colors furled, beat a hasty retreat from the kitchen.（霍克斯、闵福德译）

原文中"听了""轰去""垂头丧气""偃旗息鼓""卷""去"等多个动词，都是主语"秦显家的"发出，行云流水，并无主次，其中还有"登时"这样的衔接词，呈现出一个动作连贯、先后有序的完整过程。

杨、戴和霍克斯都把"听了"处理成了…by this news 的状语结构，并顺势将"轰去""垂头丧气"这一系列过程融入 this news 所带来的结果之中，形成了主次分明的结构，带来了立体空间感。

（6）黛玉便倚着房门出了一会神，信步出来，看阶下新迸出的稚笋，不觉出了院门。一望园中，四顾无人，<u>惟见花光柳影，鸟语溪声</u>。（曹雪芹《红楼梦》）

a. So she stood for a while leaning against the doorway in a brown study, before stepping out to look at the bamboo shoots sprouting below the steps. And then hardly knowing what she did, she stepped out of the courtyard. <u>There was no one in sight in the Garden, nothing to be seen but the brightness of flowers and the shadows of willows, nothing to be heard but birdsong and gurgling streams.</u>（杨宪益、戴乃迭译）

b. …she stood for a while leaning against the doorway, vacantly looking out. The young bamboo shoots were just breaking through in the forecourt, and after inspecting them, she drifted out into the

Garden. Everywhere the flowers were <u>blooming</u>, the birds were <u>singing</u>, and the water <u>splashed</u> and <u>tinkled</u>, but not a human soul was to be seen.（霍克斯、闵福德译）

曹雪芹用"花光柳影，鸟语溪声"寥寥八个字即描绘出了大观园里的灿烂景色，其中，有花有树，有鸟有泉，而且"花光"对"柳影"，色泽斑斓，流光溢彩，一派百花齐放、争芳斗艳、柳荫重重、绿树荫浓的美景，加上啾啾鸟鸣和潺潺的溪水流声，意境优美，情趣盎然。"花光柳影""鸟语溪声"，一静一动，动静结合，原文颇有美感。

杨译将"见"翻译为 in sight 和 seen，显化使用了 heard，表现出 she 单一的平面视角，而霍译没有，体现出全面视角，即谁都可以见到，更具立体感。

（7）[1]人若过溪越小山走去，则只一里路就到了茶峒城边。[2]溪流如弓背，山路如弓弦，故远近有了小小差异。[3]小溪宽约二十丈，河床为大片石头作成。[4]静静的水即或深到一篙不能落底，却依然清澈透明，河中游鱼来去皆可以计数。（沈从文《边城》）

a. but if you <u>leave the stream and climb the mountain</u>, the city is then only one *li* away, for the creek forms a bent bow and the straight path the string, and <u>there is a slight difference in their lengths</u>. Now this stream is about two hundred feet across, and the bed is made up of large pieces of stone, so that even when it is too deep to touch bottom with a pole, you can still see the fishes <u>swimming</u> in the clear and transparent water.（金隄、白英译）

b. If you <u>crossed the little stream and went up over the heights</u>, you could get to Chadong in one *li* over dry land. The water path was bent like a bow, with the mountain path the bowstring, <u>so the land distance was a little shorter</u>. The stream was about twenty *zhang* wide—two hundred feet—<u>over a streambed of boulders</u>. Though the quietly flowing waters were too deep for a boat pole to touch bottom, they were so clear you could count the fish <u>swimming to and from</u>.（金介甫译）

原文的第一句 [1]，金隄和白英用了 leave the stream and climb the mountain 表达"过溪越小山"，而金译则通过 crossed the little stream and went up over the heights 向读者清晰传达了过溪的方向是横穿，越小山是要爬上小山然后翻过去。

原文的第二句 [2]，金隄和白英对译了汉语却没有指出差异的点在哪里，而金介甫则清晰指出了陆地距离很近，让人对于整体路程有了更加明晰的理解。

原文的第三句 [3]，金隄和白英没有做到像金译中用 The stream was...over a streambed of boulders 再次将空间关系点明。

原文的第四句 [4]，原文强调的是溪水的清晰，金译使用了 swimming to and from，空间感更强。

综上，金隄和白英的译文更贴近汉语对于空间和句子结构的模糊性，而金译则更有英语式的立体空间感。

（8）远处有个村子，不小的一个村子，村外的柳树像一排高而绿的护兵，低头看着那些矮矮的房屋，屋上浮着些炊烟。（老舍《骆驼祥子》）

a. He saw a village <u>off in the distance</u>, a fairly large one, with a row of tall, green willows <u>standing</u> guard, <u>bending low over</u> the <u>squat rooftops</u> from which kitchen smoke <u>curled upward</u>.（葛浩文译）

b. There was a fairly large village in the distance. The willow trees outside it were like a row of tall guards and some wisps of cooking smoke <u>drifted over</u> the low dwellings.（施晓菁译）

汉语流泻铺排，这一个句子所写的景物包括了"村子""柳树""房屋""炊烟"，先写"村庄"，再由"村外"转到"柳树"，再由"像一排高而绿的护兵""低头看着"转向看着的对象"房屋"，再由"屋上"

转到"炊烟",可以说是移步换景,衔接自然,没有焦点,体现出平面推进之感。

葛浩文的译文画线部分,层次感强,表现出立体感。施晓菁的译文则在相应处多未能展现出很强的立体感。

(9) [1] 于土墙凹凸处,花台小草丛杂处,常蹲其身,使与台齐;定神细视,以丛草为林,以虫蚁为兽,以土砾凸者为丘,凹者为壑,神游其中,怡然自得。(沈复《浮生六记》)

a. Sometimes I would squat by a broken, earthen wall, or by a little bush on a raised flower-bed, with my eyes on the same level as the flower-bed itself, and there I would look and look, transforming in my mind the little plot of grass into a forest and the ants and insects into wild animals. The little elevations on the ground became my hills, and the depressed areas became my valleys, and my spirit wandered in that world at leisure. (林语堂译)

b. I often used to crouch in the hollow of a ruined wall or squat on my heels beside one of the raised flower terraces, my eyes on a level with the plants and grasses, and with rapt attention stare at some minute object until, in my mind, I had transformed the grass into a dense forest and the insects and ants into wild beasts. With my spirit wandering happily in this world of my imagination I would then see the small stones as towering mountains, the slight depressions in the earth as deep ravines. (Shirley M. Black 译)

原文中第 [1] 小句,作者"常蹲其身"于两处地点,但是这两处地点的高度应是有所不同的,为了使身体与这两处平齐,蹲的姿势和离地高度也相应不同。在林译文中,只用了 squat 对两处地点进行对应,而第二个译文则考虑到了这个因素,使用 crouch 与 squat on my heels 两个不同程度的动词,较为准确地再现了原文的场景。

另外,Black 的译文中,使用 hollow、dense 和 towering 也都更有立

体感。

(10) 依然是这样的破窗,这样的窗外的半枯的槐树和老紫藤,这样的窗前的方桌,这样的败壁,这样的靠壁的板床。(鲁迅《伤逝——涓生的手记》)

a. Everything is as it used to be—the same broken window looking out on the same hollow locust tree and ancient wisteria, the same square table in front of the window, the same cracked wall, and by it the same bed. (王际真译)

b. Everything is now as it was then—the same broken window, and <u>outside the window</u> the same half-withered locust and old wisteria; <u>inside</u>, the same square desk, the same slatboard bed, and the same faded wall. (莱尔译)

原文是对房间布局的描写。译文a所对应的焦点是在屋内。视角聚焦于屋内,以窗户为室外、室内的分界点,在描写"槐树和老紫藤"这些室外之景时,视角仍然立足于室内,屋里屋外一条线。译文b则存在两个视角,一个是屋外,一个是屋内,空间界限更为清晰。

(11) 从篷隙向外一望,苍黄的天底下,远近横着几个萧索的荒村,没有一些活气。(鲁迅《故乡》)

a. Looking through the cracks in the mat covering, I saw a few dismal and forlorn villages scattered over the landscape under a pale yellow sky, without any signs of life, ... (王际真译)

b. Through a crack in the canopy, I peered out <u>into the distance</u>. Scattered across <u>the distant horizon</u>, towns and villages came into view under the vast and graying sky: they were drab, desolate, devoid of any semblance of life. (莱尔译)

原文中可以推断出村庄与船的距离是较远的,但汉语中并没有明确空间方位的词语。两译文中,王际真的译文更贴近于原文,同样需读者推断出村庄与船的位置远近,而在莱尔的译文中,加上了 out into the distance、the distant horizon 这两个明确指出位置远近的词语,使空间结构更明晰化,更能体现出英语中较强的空间意识。

(12) 他们的跑法也特别,四六步儿不快不慢,低着头,目不旁视的,贴着马路边儿走,带出与世无争,而自有专长的神气。(老舍《骆驼祥子》)

a. Their style of running is also unique: at a pace that is neither particularly fast nor too slow, they <u>run</u> with their heads down, not deigning to look left or right as they keep to the sides of the roads, aloof and self-assured.(葛浩文译)

b. Their way of running is special too. Going at a fair speed, head lowered, looking neither to right nor to left, they <u>hug</u> the side of the road, seemingly indifferent to the world yet supremely self-assured.(施晓菁译)

原文描写的是专拉洋买卖的车夫拉车时候的动作和神情,主要描写了他们的速度、神态、拉车的方式,作者将这些内容逐一陈述,行云流水般地刻画出与世无争,而自有专长的优越感。

译文 a 梳理出整段话的主次结构:译者将第一句处理为总句,后面的描写都是对于第一句的拓展;其次,他将 run 作为主要动作,"不快不慢"翻译为介词短语加定语从句,"目不旁视的"和"贴着马路边儿走"处理为含有时间状语从句的句子;最后的神情描写处理为两个并列的形容词,更加凸显了这类车夫独有的气质。整段话层次分明,能让读者在脑海中塑造一个立体的形象。

译文 b 与原文的结构较为对应,整个句子中的主要意象为 they hug the side of the road(贴着马路边儿走),其他动作都处理为从属的动作或状态,虽然与译文 a 获得的意象有所差异,但也层次分明,有焦点和立体感。

（13）西间的旁边有一个车门，两扇绿漆大门，上面弯着一根粗铁条，悬着一盏极亮的，没有罩子的电灯，灯下横悬着铁片涂金的四个字——"人和车厂"。（老舍《骆驼祥子》）

c. The rickshaw entrance, next to the western room, was a double gate painted green, over which a bright, uncovered electric light hung from a thick wire, illuminating a metal plaque beneath it with the words "Harmony Shed" in gold script.（葛浩文译）

d. Next to the west room there was a rickshaw entrance with a big double gate painted green. Above this, hanging from a thick wire, was a very bright naked light bulb. Beneath this light hung a horizontal iron plaque inscribed with the gold characters "Harmony Rickshaw Yard".（施晓菁译）

原文采用"移步换景"式的叙述方式，使读者目光由"西间"转到"车门"，再转到"粗铁条""点灯""贴片"，行云流水，没有主次之分，体现了汉语的平面性。葛浩文分析后发现，"两扇绿漆大门"指的是第一个小句中的车门，并对其进行修饰，而后三小句中的焦点事物为"电灯"，所以葛浩文先选定一个主句 The rickshaw entrance was a double gate，然后用定语从句将 light 引出，次要信息"粗铁条"和"铁片"则用介词词组和非谓语 illuminating 引出，主次分明，条理清晰，充分体现了英语的立体感。而施晓菁则是按照汉语的顺序，逐步呈现原文中的物体，相对来说，不太能凸显立体感。

（14）我们过了江，进了车站。我买票，他忙着照看行李。（朱自清《背影》）

a. We entered the railway station after crossing the River. While I was at the booking office buying a ticket, father saw to my luggage.（张培基译）

b. We crossed the Yangtze and arrived at the station, where I bought a ticket <u>while</u> he saw to my luggage.（杨宪益、戴乃迭译）

"过了江，进了车站"是两个连续的动作，译文 a 将其译为 entered the railway station after crossing the River，以 entered the railway station 为焦点，强调了"进了车站"这个动作。而译文 b 将其译为 crossed the Yangtze and arrived at the station，将两个动作并列。

第二句"我买票，他忙着照看行李"的翻译中，译文 a 强调了"他忙着照看行李"这个动作，以 father saw to my luggage 为主句，突出了父亲的动作。而译文 b 把"我买票，他忙着照看行李"两个动作并列，没有突出主次。这篇文章是作者对父亲的回忆，主要突出父亲的行为，译文 a 在句子结构上以父亲为主句主语，出现在焦点信息中，更为合适。

(15) ……，我从北京到徐州，打算跟着父亲奔丧回家。到徐州见着父亲，<u>看见</u>满院狼藉的东西，又<u>想起</u>祖母，不禁簌簌地流下眼泪。父亲说，"事已如此，不必难过，好在天无绝人之路！"（朱自清《背影》）

a. I left Beijing for Xuzhou to join father in hastening home to attend grandma's funeral. When I met father in Xuzhou, <u>the sight of</u> the disorderly mess in his courtyard and <u>the thought of</u> grandma started tears trickling down my cheeks. Father said, "Now that things've come to such a pass, it's no use crying. Fortunately, Heaven always leaves one a way out."（张培基译）

b. I went from Beijing to Xuzhou, to go back with him for the funeral. When I joined him in Xuzhou I found the courtyard strewn with things and could not help shedding tears at <u>the thought of</u> granny. "What's past is gone," said my father. "It's no use grieving. Heaven always leaves us some way out.（杨宪益、戴乃迭译）

原文共三句，其中前两句一共有六个小句，每个小句都有一个动词，呈现意象如同移步换景，记叙了"我"的行程和一系列动作。张培基和杨宪益的译文均添加了连接词，且主次分明，体现了英语的焦点意识。但在张的译文中，压缩性强，通过 sight 和 thought 压缩了"看"和"想"的过程意义；而杨的译文中，主语始终是 I，体现了英语篇章层面聚焦的特点，稍微显得更加流畅。

（16）摸了摸脸上那块平滑的疤，摸了摸袋中的钱，又看了一眼角楼上的阳光，他硬把病忘了，把一切都忘了，好似有点什么心愿，他决定走进城去。（老舍《骆驼祥子》）

  a. …he <u>rubbed</u> the smooth scar on his face, then <u>felt</u> the coins in his bag before <u>gazing up</u> at the sun resting atop the bridge. He <u>forced</u> the recent illness out of his mind, along with everything else; his aspirations restored, he <u>was now ready to</u> enter the city proper.（葛浩文译）

  b. <u>Fingering</u> the smooth scar on his face and the money in his pocket, he <u>squinted</u> again at the sunlight on the watch-tower. He <u>forgot</u> his illness, forgot everything else. As if spurred on by some great longing, he <u>decided to</u> enter the city.（施晓菁译）

葛浩文将该句的焦点定在两个"摸了摸""忘了""决定走进城"，而施晓菁则将焦点定格在"看""忘了""决定走进城"。两个译文最大的差异就在前三个动作的聚焦上，而这一差异出现的原因就是汉语中的主次界限模糊，导致了两位译者的认知差异。

葛浩文使用 rubbed 和 felt 为谓语动词，gazing up 为伴随，更能刻画祥子重拾信心之前的心理状态，顺接之后的 forced，再 aspirations restored，很好地刻画了祥子做好了进城的准备。

施晓菁的译文使用 squinted，强调了"看"阳光，之后 forgot 等词的选用，相比葛浩文的译文而言，体现祥子心态都不够细致。

（17）那经验十足而没什么力气的却另有一种方法：<u>胸向内含，度数很深；腿抬得很高；一走一探头；</u>这样，他们就带出跑得很用力

的样子，而在事实上一点也不比别人快；（老舍《骆驼祥子》）

a. Old-timers who lacked physical strength had their own way of running: <u>with their chests drawn in, they strained forward and lifted their legs high in the air, jerking their heads forward with each step</u>, appearing to run but never moving faster than a brisk walk.（葛浩文译）

b. Other old hands drained of strength have a different method: <u>they strain forward, raise their legs high and thrust up their heads at each step</u>, as if pulling with might and main; but in fact they are no faster than the others.（施晓菁译）

本例描写了经验足但欠力气的车夫拉车时的动作，有三个主要动作"含胸""高抬腿"和"一走一探头"，作者将它们流放铺排，呈并列平行结构，没有主从之分。

译文 a 对这一系列动作进行了筛选，将含胸向前跑的姿势和抬腿作为句子的主要谓语，刻画出车夫拉车时的主要形象，而"胸向内含"和"一走一探路"则用 with 和伴随状语的方式依附在主句之后，层次分明，焦点清晰，给人感觉有主有次，呈现出一种立体的、整体的动态效果。

译文 b 保留了汉语原文平铺直叙的风格，用三个并列谓语呈现三种动作，更贴近汉语表达。动作之间主次不分明，仿佛三个动作有先后顺序，即先含胸用力向前，再高抬腿，再探头。然而这几个动作应是同时发生，是一个整体，将它们分开形成并列结构就会出现多个焦点，破坏动作的整体性，逻辑性不强。

（18）荷塘的四面，远远近近，高高低低都是<u>树</u>，而杨柳最多。这些树将一片荷塘重重围住；只在小路一旁，漏着几段空隙，像是特为月光留下的。（朱自清《荷塘月色》）

a. Around the pond, far and near, high and low, are trees. Most of them are willows. Only on the path side can <u>two or three gaps</u> be seen through the heavy fringe, as if specially reserved for the moon.（朱纯深译）

b. Far and near, high and low around the pool were trees, most of them willows. <u>These trees</u> had the pool entirely hemmed in, the only small clearings left being those by the path, apparently intended for the moon. （杨宪益、戴乃迭译）

本例描写荷塘边几乎都被层层叠叠、高高低低的树包围了，几乎没有一点空隙。从引文及其上下文可以推断出，主焦点是"树"。这里既有正面描写，如"远远近近，高高低低都是树"，也有侧面描写，即通过"漏着几段空隙"来体现树的茂密。

从译文 a 可以看出，焦点从树转移到小路，再从小路转移到空隙，很大程度上保留了汉语原文的流散型结构，移步换景。如此一来，"树之多"与"只在小路旁漏着几段空隙"之间的联系变得略松散，"树"的聚焦力也被削弱了，但实际上"小路"的描写都是为"树"服务的。

译文 b 依旧将焦点锁定在"树"上，将"树包围荷塘"作为主句，将侧面描写"只在小路一旁，漏着几段空隙"用伴随状语的形式依附在主句之后，焦点清晰，主次分明，句子结构紧密，体现出英语语言的立体聚焦意识。

(19) 他便爬上这矮墙去，扯着何首乌藤，但泥土仍然簌簌的掉，阿 Q 的脚也索索的抖；终于攀着桑树枝，跳到里面了。（鲁迅《狂人日记》）

a. he <u>grabbed</u> the blackhair vines that covered the wall and started to climb. Everyplace he <u>managed</u> to get a toehold, the dirt of the wall crumbled and whooshed down through the leaves while the trembling of his feet rustled the vines. Availing himself of a nearby mulberry limb, he finally <u>made</u> it over the wall and <u>jumped</u> down into the garden. （莱尔译）

b. He then <u>set about</u> scaling the garden wall, hauling himself up on a bunch of knotweed. As the surface of the wall crumbled, Ah-Q's feet <u>began to tremble</u> beneath him, before he managed to scramble over via an incidental mulberry tree.（蓝诗玲译）

原文中有一连串描写动作的词，"爬上""扯着""簌簌的掉""索索的抖""攀着""跳"，这些动作既有先后发生也有同时发生的。译文 a 把这一句分成几个句子翻译，描写得很详细。英语的谓语动词越多，焦点也越多，焦点多则会拖缓叙事节奏，导致动作意象显得迟缓。从本例的描述来看，阿 Q 翻墙的速度并不敏捷，因而译文 a 是可取的。

译文 b 则利用分词和从句等语法手段尽量简洁地将句子翻译出来。但该译文的焦点是 began to tremble 而非译文 a 的 made it over the wall and jumped down into the garden。

（20）"别动！"茶馆掌柜的有经验，拦住了大家。他独自过去，把老车夫的脖领解开，就地扶起来，用把椅子戗在背后，用手勒着双肩："白糖水，快！"（老舍《骆驼祥子》）

  a. "Don't move!" the proprietor, who had experience in such things, called out to stop the men from going up to the old fellow, then took charge by loosening his collar and propping him up against a chair by his shoulders. "Some sugar water, and hurry!"（葛浩文译）

  b. "Don't move!" The tea house manager, an experienced man, stopped the crowd. Going over alone, he loosened the old man's collar, propped him up against a chair and held his two shoulders. "Bring some sugar water, quick."（施晓菁译）

这段话写了茶馆掌柜的一系列动作，汉语按照动作先后进行描写，掌柜先喊"别动"来拦住大家，然后独自过去，解开脖领，就地扶起，用椅子戗在背后，勒着双肩，一系列动作描写自然流畅，呈平面推进，体现了汉语平面的动态散点意象美。在葛浩文的译文中，用一个 took charge 统领了后面一系列动作，突出了有经验的掌柜独自过去抢救老者的情景，且"就地扶起来，用把椅子戗在背后，用手勒着双肩"三个动作，"就地扶起来"用一个 up 就能体现，"用手勒着双肩"处理成 by his shoulders，合在一起译为 propping him up against a chair by his shoulders，更显得简洁，焦点也更突出，体现了英语立体的动态焦点意象美。

施晓菁的译文则将"独自过去"译作 Going over alone，以现在分词的形式将这个动作放在次要位置，将解开脖领、就地扶起并用椅子戗在背后、勒着双肩三个动作并列描写，以这三个动作为主体，焦点多，不太好反映系列动作的连贯和主次性。

(21) 直到太阳快落，<u>男人与孩子们</u>才陆续的回来，这时候<u>院中</u>有了墙影与一些凉风，而<u>屋里</u>圈着一天的热气，像些火笼。（老舍《骆驼祥子》）

  a. Towards evening, <u>men and children came</u> trickling back. There would be some cool breeze <u>in the yard</u> shaded by the walls, while <u>indoors</u>, the heat of the day was trapped as if in a steamer.（施晓菁译）

  b. The <u>men and children trickled back</u> shortly before sunset, when the walls cast their shadows and cool breezes rose up, while the stored-up heat turned the rooms into steamers.（葛浩文译）

原文存在多个话题，分别描写了"男人与孩子们""院中""屋里"，各个意象平面推出，焦点不清晰。在翻译时，施晓菁将其断句，分别描绘了两个画面：第一个画面有关 men and children，第二个画面描绘 yard 和 indoors，形成对比的平行意象。因此，前后两个句子有不同的焦点。

葛浩文的译文中，焦点则更为清晰，以一个谓语动词 trickled，把焦点定位在 the men and children，其他信息当作背景，并置于 when 引导的时间状语从句下，层次分明，焦点清晰。

(22) 他们<u>一不小心</u>，<u>一松手</u>，阿呀，阿弥陀佛，她就一头<u>撞在</u>香案角上，头上<u>碰了</u>一个大窟窿，鲜血<u>直流</u>，<u>用了</u>两把香灰，<u>包上</u>两块红布还止不住血呢。（鲁迅《祝福》）

第二章　弱界限意识和强界限意识

　　a. Once they loosed their hold on her for a moment, and—Amkofo—she dashed her head against the corner of the wedding table, and gave herself a big gash. The blood flowed so freely that two handfuls of incense ash and a bandage could not stop it. （王际真译）

　　b. The moment they were careless enough to loosen their grip—gracious Buddha!—she threw herself against a corner of the table and knocked a big hole in her head. The blood poured out; and although they used two handfuls of incense ashes and bandaged her with two pieces of red cloth, they still couldn't stop the bleeding. （杨宪益、戴乃迭译）

　　c. Then when they let their guard down for just a split second—Aiya, may Buddha preserve us!—before anyone knew what was up, she slammed her head on the comer of the incense table. Made a hole so big the blood just gushed out. They slapped a couple handfuls of incense ash on the hole and wrapped her head in some red cloth. But even with all that they still couldn't stop the blood. （莱尔译）

　　d. The moment they let go of her, just a little bit, she smashed a great big hole in her head against the incense table. They couldn't stop the bleeding — not even with two handfuls of incense ash and two pieces of red cloth to bind it. （蓝诗玲译）

　　汉语原文中先后出现了众多意象，所有意象之间没有主次之分，没有详尽与简略之分，只有先后之分，读者似乎找不到这段话的重点所在，找不出重点描写的意象，意象分布成散点式的，没有作为关键信息的重点描写对象。但是英语中，描写的对象会随着主从句的划分而被作为焦点凸显出来。比如在译文的第一句话中，四个译文都将意象"他们"与"她"进行了划分，都将"他们"归在了从句里面，将"她"定位成主句的主语，聚焦了整句话的意象，突出了描写的重点"她"。

　　但是，对于从"头上碰了一个大窟窿"开始，四个译文对意象的处理就显得不太一致了，译文 a 将 blood 与 bandage 放在了第二句的主句的主语位置，于是整段话的焦点意象就从前面的 she 又转换到了 blood 与 bandage；译文 b、c 也都进行了焦点意象的转移，从 she 到 blood 再到 they；译文 d 的焦点意象只从 she 转移到了 they。

因此，就整个段落而言，相比之下，译文 d 主句主语的一致性保持得相对较好，因此虽也同其他译文一样保留了众多意象，但是主语比较一致，意象聚焦性最好，体现了英语的焦点意象美。

（23）阿Q并没有<u>抗辩</u>他确凿姓赵，只用手<u>摸</u>着左颊，和地保<u>退出去</u>了；外面又被地保<u>训斥</u>了一番，<u>谢了</u>地保二百文酒钱。（鲁迅《阿Q正传》）

a. Ah Q <u>did not try to argue</u> that his name was really Chao; he simply <u>backed out</u> with the constable, nursing his left cheek. Outside, <u>the constable</u> gave him a lecture and accepted two hundred *cash* from him for wine money.（王际真译）

b. Preferring not to argue the toss on the issue, Ah-Q <u>followed the constable out</u>, rubbing his left cheek. Outside, he received a second, brisk rebuke from the man of the law, who concluded by extracting from him two hundred coppers as compensation.（蓝诗玲译）

原文中有较多的动词，且动词间没有明显的主次之分，是汉语平面动态散点意象的体现。原文中，阿Q"抗辩""摸""被训斥"和"谢了"均为动词。而在两个译文中，对这些动词做了不同的处理。

在王际真的译文中，"阿Q并没有抗辩他确凿姓赵，只用手摸着左颊，和地保退出去了"这一句话的焦点为"没有抗辩"及"退出去"；而在蓝诗玲的译文中，焦点为"退出去"一处，"没有抗辩"作为阿Q的心理状态，伴随"退出去"及"摸着左颊"发生，两译文对比下，蓝诗玲的译文焦点更为明确，更具立体感。对于"被地保训斥了一番，谢了地保二百文酒钱"一句，王际真译文中主语发生了改变，由阿Q变为地保，而在蓝诗玲译文中，主语并没有改变，仍然为阿Q，且"谢了"的意义隐含在蓝诗玲译文 who 引导的从句中，使得主句的焦点更为明确。

(24)"你的骨头痒了么?"王胡也站起来,披上衣服说。(鲁迅《阿 Q 正传》)

a. "Are your bones itching?" said the Beard, standing up and putting on his coat. (王际真译)

b. "Looking for a thrashing, are we?" Wang now joined him on his feet, pulling his jacket back on. (蓝诗玲译)

此句中,"你的骨头痒了么"是两人打架之前的挑衅语,没有实际含义,即使不按照原文翻译也不会影响读者的理解。在翻译中,王际真保留了原文的措辞,而蓝诗玲直接翻译为"是不是想打架",直接翻译出了这句话的隐含意,即这句话所引向的结果。可见,王际真的翻译更贴近汉语原文,而蓝诗玲的翻译较王际真的翻译更能体现出英语的结果取向。

另外,在王胡的动作描写上,原文中三个动词叠加,几乎不分先后,为一个平面动态散点意象。而在两个译文中,两位译者分别选择了不同的动作作为本句的动词。王际真选择了 said,standing 和 putting 则伴随 said 发生。蓝诗玲的翻译中,joined him on his feet 为主要动词,pulling 为伴随状态。原文情景更为强调的是王胡站起,并打算攻击阿 Q 这一动作,由这一动作构成画面,而非王胡说话这一动作。相比之下,蓝诗玲将"站起"这一动作作为主要动词的翻译方法更为立体,更有画面感,更能体现出英语的立体动态焦点意象。

(25)红霞碎开,金光一道一道地射出,横的是霞,直的是光,在天的东南角织成一部极伟大光华的蛛网;绿的田,树,野草都由暗绿变成发光的翡翠。(老舍《骆驼祥子》)

a. The red clouds were pierced by golden ray, interweaving to spin a majestic, glittering web in the southeastern sky with the clouds as warp, the rays as weft. Fields, trees and wild grass changed from dark green to bright emerald.（施晓菁译）

b. The red began breaking up, releasing golden sunbeams—layers of color intersecting with the sun's rays. Gorgeous spiderlike webs formed in the southeastern corner of the sky, <u>as fields, trees, and wild grass</u> turned from dark green to the color of jade.（葛浩文译）

原文是一段景色描写，先是描写红霞，再到田野、树木、野草，很符合汉语"移步换景"的特点。译文 a 将对于"红霞"和"田野、草树"的描写分成了两个完全独立的部分。而译文 b 则是用了 as 从句，将对于"红霞"以及"田野、草树"的描写连接在一起，并且从主句可以看出，译者将"红霞"的描写放在了主要位置。而从整个段落来看，也可以发现作者景色描写的重点也确实是在"红霞"，所以译文 a 更加贴切准确，也更符合英语静态聚焦意象美的特点。

（26）从风里雨里的咬牙，从饭里茶里的自苦，才赚出那辆车。那辆车是他的一切挣扎与困苦的总结果与报酬，像身经百战的武士的一颗徽章。（老舍《骆驼祥子》）

a. By gritting his teeth through wind and rain and scrimping on food and tea, <u>he</u> finally put enough aside to buy it, a tangible reward for his struggles and his suffering, like a medal for valor.（葛浩文译）

b. <u>He</u> had earned it by gritting his teeth in the wind and rain, by skimping his food and drink. <u>That rickshaw</u> represented the fruit and reward of all his struggles and hardships, like the single medal of a warrior who has fought a hundred battles.（施晓菁译）

原文有两句话，主要描写的是祥子辛苦赚钱并省钱买了人力车，以及这辆车的价值和对他的意义。第一小句的主语应该是祥子，第二句的主语是那辆车。译文 a 将两小句合并为一句，以 he 为主语，put...aside 为谓语，产生一个焦点，通过 by doing... 引导方式状语，后面 a tangible reward... 做同位语修饰 it，指 rickshaw。译文层次分明，主、从句界限清晰，立体感强。译文 b 按照原文的形式，有两个主语和谓语动词，虽然也有 by 引导的从句，但是没有译文 a 那么有立体感。

（27）有人心中不安，抓了一把钱掷到船板上时，管渡船的必为一一拾起，依然塞到那人手心里去，俨然吵嘴时的认真神气："我有了口粮，三斗米，七百钱，够了。"（沈从文《边城》）

a. If some well-meaning passenger tosses down a few coins, <u>the ferryman</u> picks them up one by one and thrusts them back into his hand, protesting almost truculently: "I'm paid for this job — three pecks of rice and seven hundred coins!"（戴乃迭译）

b. But <u>there were some people</u> who felt uneasy just the same, so they threw cash into the bottom of the boat as they left it; but <u>the old man</u> always picked up the money, piece by piece, and gently put it back into the hand of the giver. He would say rather testily, "I've got my wages, three bushels of rice and seven hundred cash. I've got enough."（项美丽、辛墨雷译）

原文描写的是有些过渡人渡船给钱，管渡船的把钱塞回去的情景，包括"抓了一把钱""掷到船板上""一一拾起""塞到手心里"等一系列动作，属于汉语的流水句，主次不清晰。此外，不同的动作也涉及了不同的主语，结构较为松散。

译文 a 将一系列的动作进行了筛选，只对主要动作进行了刻画，如"掷""拾起"和"塞"，而将不重要的动作转化成附加成分或者修饰语，如将"心中不安"转换成形容词 well-meaning 修饰 passenger，将"俨然吵嘴时的认真神气"转化成了现在分词短语作为附加成分。此外，译文 a 只有一句话，对原文进行了高度浓缩，采用了 if 条件状语从句，将两个对象"过渡人"和"管渡人"联结在一起，只突出一个主要焦点 the ferryman，结构紧凑，且主次分明，体现了英语立体的动态焦点意象美。

而译文 b 的叙述对象有两个——过渡人和管渡人，且保留了汉语平铺直叙的特点,将他们的动作对译出来,动作没有主次之分,焦点较为分散,层次感弱。译文将这些动作处理成并列结构,呈现出多个画面,削弱了画面的整体性以及动作的紧凑性。

(28) 老栓正在专心走路,突然吃了一惊,远远看见一条<u>丁字街,明明白白横着</u>。他便退了几步,寻到一家关着门的铺子,蹩进檐下,靠门立住了。好一会儿,身体有些发冷。(鲁迅《药》)

a. [1]Single-mindedly going his away, Big-bolt is suddenly startled as he catches sight of another road in the distance that <u>starkly crosses the one he is walking on</u>, forming a T-shaped intersection with it. [2]<u>He retreats a few places, finds his way to a close store, slips in under the eaves, and takes up a position beside the door.</u> [3]<u>After standing there for some time he begins to feel cold.</u>(莱尔译)

b. [1]Absorbed in his walking, Old Shuan was startled when he saw crossroad lying distantly ahead of him.[2] <u>He walked back a few steps to stand under a eaves of a shop, in front of its closed door.</u> [3] After some time he begin to feel chilly.(杨宪益、戴乃迭译)

原文的第一句 [1],莱尔用 across 着重强调了"丁字街"的布局是横跨在主人公走的路上,同时用 walking on 更加突出"丁字街"的空间位置。而在杨译中,仅描述在华老栓的前方有条丁字街,并没有对"丁字街"做过多的空间描述。

原文的第二句 [2],在莱尔的译文中采用了多个动词结构"retreats""finds...to""slips in""takes up...beside the door",突出了华老栓"走近""蹩进""立住"的空间位置。而杨译并没有做过多的凸显,例如"寻到铺子,蹩进檐下"的空间感。

原文的第 [3] 句,莱尔的译文用 standing there 特意解释了整段话所处的空间大背景,而杨译文没有指出这一点。

(29) 于是在水势较缓处,税关趸船前面,便常常有人驾了小舢板，一见河心浮沉而来的是一匹牲畜，一段小木，或一只空船，船上有一个妇人或一个小孩哭喊的声音，便急急的把船桨去，在下游一些迎着了那个目的物，把它用长绳系定，再向岸边桨去。（沈从文《边城》）

a. Where the water was least turbulent, revenue boats waited and their crews tried to <u>salvage</u> animals, wood, or an occasional empty boat; <u>if</u> they heard the cry of a woman or child then they rowed out to meet them and towed the boat back. （项美丽、辛墨雷译）

b. So men often wait in sampans where the current flows less strongly, in front of the Customs Boat, for instance; and <u>as soon as</u> an animal, tree, empty boat or one with a woman or child crying in it come into sight, <u>they row off furiously to intercept it</u>, and having lassoed it pull it back to the shore. （戴乃迭译）

本例描写了洪水之中抢救人员和物资的动态画面，原文是以救人者的视角对这个动态画面进行描写的，"驾了""一见""桨去""迎着""系定"是一系列救人者的动作，体现了汉语平面的动态散点意象特点。两个译文都把"所见"进行了处理，对多个散点的谓语动词进行了压缩和聚焦。项译将原文中所见的画面分成两部分，分别处理成了 salvage 的宾语和后一句的条件状语从句。"迎着"则处理成不定式 to meet 做"桨去"的目的状语，将原来散点的动态画面聚焦在了"桨去"上。而戴译把"所见"处理为 as soon as 引导的从句，并由"人所见"转换为物 come into sight，体现了英语视角的立体化。同样，row off furiously to intercept it 利用非谓语动词手段，将原来散点的动态画面进行了聚焦，体现了英语立体的动态聚焦的意象特点。

（30）过铁道时，他先将橘子散放在地上，自己慢慢爬下，再抱起橘子走。（朱自清《背影》）

a. In crossing the railway track, he first <u>put the tangerines on the ground, climbed down slowly and then picked them up again</u>. （张培基译）

b. He put these on the platform before climbing slowly down to cross the lines, which he did after picking the fruit up.（杨宪益、戴乃迭译）

原文就是想体现父亲作为一个胖子，在返回过程中的笨拙姿态以及对怀里橘子的珍视。张培基的译文虽是依照原文进行的翻译，但多个焦点往往体现出动作节奏慢，从而将父亲攀爬过程中的艰难以及小心翼翼体现出来了。对比之下，杨译则将对橘子的保护作为信息焦点，这是可行的，但之后用一个定语从句对父亲的动作进行压缩，没能很好地传达出父亲因为身形受限而呈现出的笨拙之姿。

（31）路上只我一个人，背着手踱着。这一片天地好像是我的；我也像超出了平常的自己，到了另一世界里。我爱热闹，也爱冷静；爱群居，也爱独处。（朱自清《荷塘月色》）

a. I am on my own, strolling, hands behind my back. This bit of the universe seems in my possession now; and I myself seem to have been uplifted from my ordinary self into another world. I like a serene and peaceful life, as much as a busy and active one; I like being in solitude, as much as in company.（朱纯深译）

b. Strolling alone down the path, hands behind my back, I felt as if the whole earth and sky were mine and I had stepped outside my usual self into another world. I like both excitement and stillness, under the full moon.（杨宪益、戴乃迭译）

从原文的"也"字来看，朱自清对"热闹""群居"和对"冷静""独处"的喜爱程度是一致的、均衡的，两个对立面是并列的，没有主次之分。但是从上下文的语境，如"路上只我一人""这一片天地好像是我的"可以看出，此时此刻的朱自清更加偏爱的是"安静"与"独处"，这两种状态才是这段的主题。由此可见，汉语行云流水，主题也大致可从上下文中推断而出，但其表述有时是模糊的，主次不明显，焦点不明确。

对于译文 a，译者理解了作者的心情，注意到了作者的主要侧重点，因此转变了对事件的认知，将 I like a serene and peaceful life 和 I like being in solitude 作为主句，将模糊的"都爱"转变成"偏爱冷静和独处"，这样的处理使译文与上下文相呼应，主次更加清晰。此处，译文 b 没有主次之分。

（32）史进、陈达两个斗了多时，史进卖个破绽，让陈达把枪望心窝里搠来，史进却把腰一闪，陈达和枪撺入怀里来。史进轻舒猿臂，款扭狼腰，只一挟，把陈达轻轻摘离了嵌花鞍，款款揪住了线裙膊，只一丢，丢落地，那匹战马拨风也似去了。（施耐庵《水浒传》）

a. These two, thus face to face, each tried to vanquish the other. After they had fought for a long time Shih Chin purposely pretended something was wrong with his knife and he allowed Chen Ta to point his spear at his breast. Just at this instant Shih Chin bent to one side and Chen Ta, pushing with all his strength, fell upon Shih Chin's bosom. Then Shih Chin sent out his arm, swift as an ape's arm, and he twisted his back with a wolf-like strength and he grasped Chen Ta and lifted him easily from his embroidered saddle and seizing him by the woven girdle he wore, threw him to the ground. The horse Chen Ta had ridden ran away like the wind.（赛珍珠译）

b. Chen Da whipped his horse, thrust forward his three-pronged halberd, and advanced to meet Shi Jin. They fought for some time. Then Shi Jin thought of a plan, and purposely allowed Chen Da to thrust in his halberd, he parried the blow by moving to one side, as Chen Da lunged forward. With a dexterous turn of the arm he caught Chen Da and pulled him out of his saddle, then he took hold of his plaited waistbelt and threw him to the ground. The horse galloped away like a gust of wind.（Jackson 译）

两个译文中的动词对比如下表：

原文动作	赛珍珠的译文	Jackson 的译文
斗了多时	had fought	fought
卖个破绽	pretended	thought
让陈达把枪望心窝里	allowed	allowed
搠来	(to point)	(to thrust)
把腰一闪	bent	parried
搠入怀里来	fell upon	lunged
轻舒猿臂	sent out	(with a dexterous turn of the arm)
款扭狼腰	twisted	骑在马上抓另一匹马的人需要扭腰，因而可认为"扭腰"意义被隐含
只一挟	grasped	caught
把陈达轻轻摘离了嵌花鞍	lifted	pulled
揪住了线褡膊	(seizing)	took
只一丢	threw	threw
丢落地	隐含	隐含
那匹战马拨风也似去了	ran away	galloped
其他的谓语动词		
	the woven girdle he wore	
	The horse Chen Ta had ridden	

(33) 掀起笠儿，挺着朴刀，来战丘小乙。四个人两对厮杀。智

44

深与崔道成正斗到间深里,智深得便处喝一声:"着!"只一禅杖,把生铁佛打下桥去。那道人见倒了和尚,无心恋战,卖个破绽便走。史进喝道:"那里去?"赶上望后心一朴刀,扑地一声响,道人倒在一边。史进踏入去,掉转朴刀,望下面只顾肐肢肐察的搠。智深赶下桥去,把崔道成背后一禅杖。(施耐庵《水浒传》)

a. Shih Chin pushed back his wide bamboo hat and stretched his arm out with his knife in his hand and he came forward to fight with the layman. The four then fought together in pairs. Lu Chi Shen and the priest fought until they reached the crisis and Lu Chi Shen took his chance and with a yell he lifted his staff and pushed the priest off the bridge. When the layman saw the priest had fallen he had no heart for further fighting and he pretended to have met a mischance and so tried to make his escape. But Shih Chin yelled at him, "Where do you go?" and he pursued the man and thrust his knife into his back with two stabs.

With two thuds the man fell to one side. Shih Chin put one foot on the man's body and turned his knife over and stabbed again and again. Chi Shen hurried down from the bridge and gave a stroke to the back of the priest's neck with his staff. (赛珍珠译)

b. Seeing this Flying Ogre went to his assistance, but Shi Jin ran from the shade of a tree, and attacked him. There were now four men fighting, two on each side. After a short time Lu Da became aware that he was getting the better of his opponents, and shouted Strike, and made a final effort, striking Iron Buddha with his staff, knocking him off the bridge into the water below. When Flying Ogre saw this he retreated: but Shi Jin running after him struck him a blow in the back. Flying Ogre fell down and Shi Jin placing his foot on the body stabbed him repeatedly. Lu Da went under the bridge and killed Iron Buddha. (Jackson 译)

汉英对比视角下的翻译实践分析

两个译文中的动词对比如下表：

原文动作	赛珍珠的译文	Jackson 的译文
掀起笠儿	pushed back	隐含
挺着朴刀	stretched	隐含
来战丘小乙	came forward	attacked
两对厮杀	fought	there were now four men fighting
正斗到间深里	fought	隐含
得便处	took	became aware that he was getting the better of his opponents
喝一声	(with a yell)	shouted
只一禅杖	lifted his staff	(striking)
打下桥去	pushed	(knocking)
见倒了和尚	saw	saw
见倒了和尚	had fallen	隐含
卖个破绽	pretended	隐含
便走	tried to make his escape	retreated
喝道	yelled	隐含
赶上	pursued	(running)
望后心一朴刀	thrust his knife	struck
倒在一边	fell	fell
踏入去	put one foot on the man's body	placing his foot
掉转朴刀	turned	隐含
只顾肐肢肐察的搠	stabbed	stabbed
赶下桥去	hurried down	went

46

（续表）

原文动作	赛珍珠的译文	Jackson 的译文
把崔道成背后一禅杖	gave a stroke	killed
其他的谓语动词		
	reached	made a final effort
	had no heart for	
	have met a mischance	

从例（32）和（33）中两对译文所使用的动词来看，Jackson 的译文更多地隐含了原文动词意义，而赛珍珠的译文使用了大量的谓语动词，形成了大量的焦点。焦点多影响叙述节奏速度，从这个角度来看，赛珍珠的译文不适合节奏很快的打斗场面。

2.2.2 英汉翻译

英汉翻译中，由于汉语难以通过主谓结构聚焦，其构句的话题就显得非常重要，选择好话题以及该话题形成的层次结构则直接影响篇章主题的再现以及表达的流畅性。通过使用话题链或不对译原文中的逻辑关联词来增强汉语的平面感是非常惯用的汉译方法。

（1）<u>Lydia</u> was a stout, well-grown girl of fifteen, with <u>a fine complexion and good-humoured countenance</u>; a favourite with her mother, whose affection had brought her into public at an early age. (Jane Austen: *Pride and Prejudice*)

a. 丽迪雅是个胖胖的、发育得很好的姑娘，今年才十五岁，细皮白肉，笑颜常开，<u>她</u>是她母亲的掌上明珠，由于娇纵过度，<u>她</u>很小就进入了社交圈。（王科一译）

b. 莉迪亚是个身体丰满、发育成熟的十五岁姑娘，<u>她皮肤白皙</u>，脸上总是笑嘻嘻的，<u>深</u>得母亲宠爱，小小年纪就<u>给</u>带进了社交界。

（张玲、张扬译）

原文整句话共享 Lydia 这个话题。张的译文，围绕话题莉迪亚，用"深得""给"，巧妙地避免了人称代词的重复使用，使得行文流畅，一气呵成，符合汉语的平面感。而王的译文，多次使用了人称代词"她"，显得冗余。其实，两个译文中的"她"都去掉，话题链也不会断，读者也会明白话题是围绕"莉迪亚"的。

（2）"<u>But</u> it is very likely that he may fall in love with one of them, <u>and therefore</u> you must visit him as soon as he comes." (Jane Austen: *Pride and Prejudice*)

a."<u>不过</u>，他倒作兴看中我们的某一个女儿呢。他一搬来，你就得去拜访拜访他。"（王科一译）

b."他兴许会看中她们中的哪一个，因此，他一来你就得去拜访他。"（孙致礼译）

本句是贝内特太太与贝内特先生的对话。对话中，使用了 but 和 and therefore 这种连接词来连接整个句子，逻辑关系清楚，在翻译成汉语时，也需要注重此类表达。王译直接对译了 but，隐含了 and therefore 所表达的逻辑关系；孙译没有对译 but，而是一定程度上对译了 and therefore，两位译者虽然未将原文的衔接词所表达的逻辑关系全部显化出来（有些无法译出如 that），但汉语句子的关系也体现得很清楚。若把能对译的都全部显化，会增强译文的界限感，从而影响汉语的平面审美。所以英汉翻译中，是否对译逻辑连接词需要仔细斟酌。

（3）<u>When</u> those dances were over she returned to Charlotte Lucas, and was in conversation with her, <u>when</u> she found herself suddenly addressed by Mr. Darcy, <u>who</u> took her so much by surprise in his application for her hand, <u>that</u>, without knowing <u>what she did, she accepted him.</u> (Jane Austen: *Pride and Prejudice*)

第二章 弱界限意识和强界限意识

　　a. 跳完舞之后,她又回到夏洛蒂·卢卡斯身边,同她聊天,这时候突然发现达西先生在向她招呼,请她同他跳舞,这种邀请太出乎意料之外,在不知所措中,她也就接受了。(张玲、张扬译)

　　b. 跳完这两曲舞之后,她又回到了夏洛特·洛卡斯身边,跟她正说着话,突然听到达西先生叫她,出乎意外地请她跳舞,她一时不知所措,竟然稀里糊涂地答应了他。(孙致礼译)

原文描写了伊丽莎白接受达西先生邀舞的场面。原文有多种主次结构,呈现一种立体的空间结构。反观译文,基本上表现出一种移步换景的先后叙述方式,呈现出一种平铺式的平面空间感。两译文的表述虽然基本保持在伊丽莎白的视角,但原文中达西先生在从句中,很明显是个配角,同时,两译文中的事件过程显然没有原文有层次。

　　(4) When he was gone, Durbeyfield <u>walked a few steps in a profound reverie, and then sat down upon the grassy bank by the roadside, depositing his basket before him.</u> In a few minutes a youth appeared in the distance, walking in the same direction as that which had been pursued by Durbeyfield. The latter, on seeing him, held up his hand, and the lad quickened his pace and came near. (Thomas Hardy: *Tess of the D'Urbervilles*)

　　a. 牧师一走,杜伯菲尔德便陷入了沉思。他<u>迈了几步</u>,却在路边的草坡<u>上坐了下来</u>,<u>把篮子放在身边</u>。过了几分钟,远处出现了一个年轻人,正走向杜伯菲尔德要去的路。杜伯菲尔德一见便举手招呼。年轻人急忙加快步伐来到他身边。(孙法理译)

　　b. 牧师走远之后,德贝菲尔充满奇思幻想地<u>走了几步</u>,接着在路边的<u>草坡上坐了下来</u>,<u>把篮子放在身前</u>。过了几分钟,远处出现了一个小伙子,也顺着德贝菲尔刚才走的同一个方向过来了。德贝菲尔见到他,便举起手来,年轻人加快脚步,走到跟前。(吴笛译)

仔细分析原文结构,该选段共有三句话。第一句话中,原文利用主

49

从和非谓语结构叙述了德贝菲尔和小伙子的一系列动作，而汉语表述已经是连续的、主次不够分明的动作。

(5) <u>He</u> did look at it and into it for half an hour, was pleased with <u>the situation and the principal rooms</u>, satisfied <u>with what the owner said in its praise</u>, and took it immediately. (Jane Austen: *Pride and Prejudice*)

  a. <u>他</u>里里外外看了半个钟头，<u>地段和几间主要的房间</u>都很中他的意，加上<u>房东</u>又把那幢房子大大赞美了一番，<u>那番话</u>对他也是正中下怀，于是<u>他</u>就当场租了下来。（王科一译）

  b. <u>他</u>果真去了，用半个小时把里里外外看了个遍，对这里的位置和几间主房十分中意，<u>又加上房主一番赞誉之辞</u>，非常受用，立刻就将房子租了下来。（罗良功译）

原文中主语和话题都为 he，其他画线部分也都是非主要成分，但译文中这些非画线部分后文都以零形式回指，话题连续性高。王译中，话题变动频繁，话题由"他"转为"地段和房间""房东""那番话"，再转为"他"；而罗良功的译文中，话题变动较少，整句话的话题基本上是"他"，后文遵照使用了零形式回指，只在"又加上房主一番赞誉之辞"处岔开话题，但尽管话题发生转移，后文还是使用了零形式回指。总体而言，罗良功的译文更符合汉语行文，即平面感更强。

(6) <u>Mr. Collins</u> was at leisure to look around him and admire, and <u>he</u> <u>was so much struck</u> with the size and furniture of the apartment, that <u>he</u> declared <u>he</u> might almost have supposed himself in the small summer breakfast parlour at Rosings. (Jane Austen: *Pride and Prejudice*)

  a. <u>柯林斯先生</u>悠然自得地朝四下望望，想要赞赏一番。<u>他十分惊羡</u>屋子的面积和陈设，说<u>他</u>好像走进了罗辛斯那间消夏的小餐厅。（孙致礼译）

b. 柯林斯先生却悠然自得地环顾着四周，欣羡不已，这宽敞的房间和精美的家具让他心动。他说他简直就像是坐在罗辛斯庄园较小的一间消夏的早餐厅。（罗良功译）

原文主语自始至终都是 Mr. Collins。两个译文中，译文 a 对译了原文，而译文 b 通过被动转主动的方式，将主语换成了"这宽敞的房间和精美的家具"，在大话题链里使用了一个小的话题结构，增强了原文的立体感。孙译没有改变话题，平面感更强，读起来更为流畅。

（7）But she had such a <u>kindly</u>, <u>smiling</u>, <u>tender</u>, <u>gentle</u>, <u>generous heart</u> of her own, as won the love of everybody who came near her, from Minerva herself down to the poor girl in the scullery... (William Makepeace Thackeray: *Vanity Fair*)

a. 除了这些不算，她<u>心地厚道</u>，<u>性格温柔可疼</u>，<u>器量又大</u>，<u>为人又乐观</u>，所以上自智慧女神，下至可怜的洗碗小丫头，没一个人不爱她。（杨必译）

b. 而且她<u>性情格外和气、笑容可掬、亲切温柔、慷慨豁达</u>，上至智慧女神，下至可怜的洗碗丫头，凡接近过她的，没有不喜欢上她的。（彭长江译）

使用主谓结构替代偏正结构，更容易形成汉语平面感。原文画线部分是一串形容词修饰中心词 heart。汉语多用四字格，杨译将原文的定语与形容词杂糅在一起，构成"心地厚道，性格温柔可疼，器量又大，为人又乐观"等多个主谓结构；彭译则是用"性情"统领，构成一个主谓结构"性情格外和气、笑容可掬、亲切温柔、慷慨豁达"，各个形容词翻译成四字格，意思比较贴合原文，语言也符合汉语表达。

（8）As I never saw my father or my mother, and never saw any likeness of either of them (for their days were long before the days of photographs), my first fancies regarding what they were like, were unreasonably derived from their tombstones. <u>The shape of the letters on my father's, gave</u> me an odd idea that he was a square, stout, dark man, with curly black hair. (Charles Dickens: *Great Expectations*)

  a. 我既没有见过亲生父母，也没见过爹娘的肖像（他们那时候离拍照这玩意儿还远着呢），因此，<u>我</u>第一次想到父母究竟像个什么模样，完全是根据他们的墓碑胡乱揣测出来的。<u>看了</u>父亲墓碑上的字体，<u>我</u>就有了个稀奇古怪的想法，认定他是个皮肤黝黑的矮胖个儿，长着一头乌黑的鬈发。（王科一译）

  b. 我既没有见过自己的亲生父母，也没见过他们的画像（他们那时候离拍照片的日子还远着呢），因此，我第一次想象到他们的模样时，完全是根据他们的墓碑胡乱揣测出来的。父亲墓碑上的字体<u>使</u>我有了一种古怪的想法。我认为他是一个矮胖结实、皮肤黝黑的人，生着一头拳曲的黑发。（主万、叶尊译）

  本例中第二句话的主语为 the shape of the letters on my father's，谓语为 gave。主和叶对译了原文主语，用了"使"字结构，但是汉语中用"使"的频率并不高，因为它相当于是一个界限标记，会增加汉语的界限感。王科一的译文则使用了感官动词"看了"，将原文扩展为两句话，且两句话的话题皆统一为"我"，衔接更加流畅，界限感由此减弱，增强了平面感，符合汉语的表达。

  (9) The young woman was tall, with a figure of perfect elegance on a large scale. She had dark and abundant hair, so glossy that it threw off the sunshine with a gleam, and <u>a face which, besides being beautiful from regularity of feature and richness of complexion</u>, had the <u>impressiveness</u> belonging to a marked brow and deep black eyes. (Nathaniel Hawthorne: *The Scarlet Letter*)

  a. 这个青年妇人，身材修长，容姿完整优美到堂皇程度。乌黑丰茂的头发那么光泽，闪耀出阳光的彩色；她的面孔，除去润泽的肤色与端正美丽的五官之外，还有清秀的眉宇和深黑的眼睛，<u>发出</u>

一种威仪。(侍桁译)

　　b. 那年轻妇女身材颀长，体态优美之极。她头上乌黑的浓发光彩夺目，在阳光下熠熠生辉。她的面孔不仅皮肤滋润、五官端正、容貌秀丽，而且还有一对鲜明的眉毛和一双漆黑的深目，十分<u>楚楚动人</u>。(胡允桓译)

"a face which, besides being beautiful from regularity of feature and richness of complexion"，译文 a 基本根据原文结构直接对译，而译文 b 用了三个四字格短语，具有平衡感、节奏感，并与"她的面孔"形成主谓结构，避免使用译文 a 中"除去……之外"这样层次感更强的介词短语结构，使译文更加易读。

　　(10) Even when a mere child I began my travels, and made many tours of discovery into foreign parts and unknown regions of my native city, <u>to the frequency alarm</u> of my parents, and <u>to the emolument</u> of the town-crier. (Washington Irving: *The Author's Account of Himself*)

　　a. 我的旅行从童年时候就开始，本城范围以内的"穷乡僻壤"，我很小就去"考察"，因此我常常失踪，<u>害的家长很着急，镇上的地保把我找回来了，常常因此受到奖赏</u>。(夏济安译)

　　b. 早在童稚时期，我的旅行即已开始，观察区域之广，遍及我出生城镇的各个偏僻之所与罕见之地；<u>此事固曾使我父母饱受虚惊，市镇报讯人员却也赖以而沾益颇丰</u>。(高健译)

to the frequency alarm 和 to the emolument 均为介词短语，但在汉译时，需要考虑通过扩展手段来消除虚词带来的界限，从而增加译文的流畅性和可读性。两位译者均将两个介词结构处理为主谓结构，文本更为流畅。

　　(11) "I wonder," said he, <u>at the next opportunity of speaking</u>, "whether he is likely to be in this country much longer." (Jane Austen:

Pride and Prejudice)

  a. 等到有了说话的机会，他又接下去说："我不知道他是否打算在这个村庄里多住些时候。"（王科一译）

  b. 等到有了说话的机会，他便说："不知道他是否会在这里住很久。"（孙致礼译）

  c. 又轮到他讲话了，他只是问道："不知道他在这个地方是否还要待很久？"（罗良功译）

对比三个画线部分的译文，王译和孙译都将画线部分译成了"等到有了说话的机会"，连续性增强；罗译的"又轮到他讲话了"，更好地传达了原文的意思，处理得十分巧妙，读起来也甚为流畅。三个译文都抹去了 at 短语带来的层次感。

  （12）Stately, plump Buck Mulligan came from the stairhead, bearing a bowl of lather on which a mirror and a razor lay crossed. (James Augustine Aloysius Joyce: *Ulysses*)

  a. 体态丰满而有风度的勃克·穆利根从楼梯口出现。他手里托着一钵肥皂沫，上面交叉放了一面镜子和一把剃胡刀。（萧乾、文洁若译）

  b. 仪表堂堂、结实丰满的壮鹿马利根从楼梯口走了上来。他端着一碗肥皂水，碗上十字交叉，架着一面镜子和一把剃刀。（金隄译）

Buck Mulligan came from the stairhead 为句子的主干部分，凸显 came 这一主要动作，然后用伴随状语 bearing 来连接 bowl，并利用定语从句描述 mirror、razor 的位置，用非谓语和定语从句表达次要动作，主次分明，结构清晰，彰显了英语立体聚焦的审美特点。而两个译文，使用"移步换景"的表达方式，动作看似平行，没有主次之分，体现了汉语平面散焦的审美特点。

  （13）Now come great news! Stunning news — joyous news, in

fact. (Mark Twain: *The $30,000 Bequest*)

　　a. 后来终于传来了一个<u>了不起的消息</u>！这个消息真是<u>使人吃惊、使人欢喜</u>啊。（张友松译）

　　b. 终于传来了一条重大的消息！那是<u>一条惊人的消息</u>——说真的，那是<u>一条令人喜出望外的好消息</u>。（叶冬心译）

文中用了三个并列的偏正结构 great news、stunning news 和 joyous news 来强调这一消息的惊人程度。在张的译文中，原文被处理为两个分句，在后一个分句中"这个消息"被前置作为句子主语，使英语的偏正结构变为汉语的主谓结构，同时凸显出"消息"之惊人。而叶的译文则保留了与原文类似的修饰结构，重复"消息"一词三次，虽然也符合强调的目的，但相对而言有些翻译腔，不够通顺。

（14）Elizabeth was sitting with her mother and sisters, reflecting on what she had heard, and <u>doubting whether she were authorised to mention it</u>, when Sir William Lucas himself appeared, sent by his daughter to announce her engagement to the family. (Jane Austen: *Pride and Prejudice*)

　　a. 伊丽莎白正跟母亲和姐妹坐在一起，回想刚才所听到的那件事，<u>决不定是否可以把它告诉大家</u>，就在这时候，威廉·卢卡斯爵士来了。他是受了女儿的拜托，前来班府上宣布她订婚的消息。（王科一译）

　　b. 伊丽莎白正跟母亲姐妹们坐在一起，寻思着刚才听到的那件事，<u>拿不定是否可以告诉大家</u>。恰在这时，威廉·卢卡斯爵士来了。他是受女儿的委托，前来贝内特府上宣布她订婚的消息。（孙致礼译）

　　c. 伊丽莎白与母亲和姐妹们围坐在一起，心里却暗自思忖着刚才听到的事，<u>一时间拿不定主意，不知道该不该告诉家人</u>。正在踌躇之间，威廉·卢卡斯爵士大驾光临，他正是受女儿的委托前来贝内特家公布女儿订婚的消息的。（罗良功译）

doubting whether she were authorised to mention it 是主句动词加宾语从句，王科一和孙致礼均对译了此英语结构，译作"决／拿不定是否可以（把它）告诉大家"，这种译文与罗良功的译文比较稍显不顺。罗良功巧妙地将英语的主从结构用两个流水小句"一时间拿不定主意，不知道该不该告诉家人"来表达。

(15) With many compliments to them, and much self-gratulation on the prospect of a connection between the houses, <u>he unfolded the matter</u>, to an audience not merely <u>wondering, but incredulous</u>; (Jane Austen: *Pride and Prejudice*)

a. 他一面叙述这件事，一面又大大地<u>恭维</u>了太太小姐们一阵，说是两家能结上亲，他真感到荣幸。班府上的人听了，<u>不仅感到惊异，而且不相信真有这回事</u>。（王科一译）

b. 他一面公布这件事，一面又再三<u>恭</u>维太太小姐们，说是他们两家能结上亲，他真感到<u>荣幸</u>。太太小姐们听了，<u>不仅为之愕然，而且不肯相信</u>。（孙致礼译）

c. 他先是把贝内特家母女几人大加恭维了一番，<u>然后就把女儿订婚一事慢慢道出</u>，一面还在念叨着这两家联姻的大好前景呢。听者却一片愕然，简直不敢相信这是真的。（罗良功译）

英语原文的语意重点在主句 he unfolded the matter，所以在译文中，应注重突出这一点。译文 a 和 b 均用"一面……一面……"的结构强调了"说出这件事"和"恭维"的并列关系，无法传达原句通过语法手段表达的重点，译文 c 则通过先后关系表明了强调的重点。同理，wondering 和 incredulous 是有递进关系的，前两位译者将这种递进关系用表示承接的关联词表达出来了，同样没有译文 c 更加符合汉语的表达习惯。总之，译文 c 逻辑性更好，也更有行云流水的平面感。

(16) ... and <u>though</u> he begged leave to be positive as to the truth of his information, he listened to all their impertinence with the most

forbearing courtesy. (Jane Austen: *Pride and Prejudice*)

　　a. <u>虽然</u>他要求她们相信他说的是实话，<u>可是</u>他却使出了极大的忍耐功夫，满有礼貌地听着她们无理的谈吐。（王科一译）

　　b. 他<u>虽然</u>要求她们相信他说的全是实话，<u>但却</u>采取极大的克制态度，颇有礼貌地听着她们无理取闹。（孙致礼译）

　　c. 他<u>一面</u>恳请大家相信他所说的话都是实情，<u>一面</u>以最大的克制和忍让听着这些无礼之言。（罗良功译）

　　针对 though，王科一译和孙致礼译都选择将前后的关联词补齐，分别译作"虽然他要求……可是他却……"和"他虽然要求……但却……"，但相比之下，罗良功译作"他一面……一面……"，也就是将原文中本来的转折关系淡化为对比关系，这样更符合汉语平面审美意识，读起来也更符合汉语的表达习惯。

　　(17) He could not see the green of the shore now but only <u>the tops of the blue hills</u> that showed white as though they were snow-capped and <u>the clouds</u> that looked like high snow mountains above them. (Ernest Hemingway: *The Old Man and the Sea*)

　　a. 他眼下已看不见海岸的那一道绿色了，只<u>看得见</u>那些青山的仿佛积着白雪的山峰，以及山峰上空像是高耸的雪山般的云块。（吴劳译）

　　b. 他现在看不见岸上的绿色了，只有那青山的顶，望过去是白的，就像上面的积雪，还有那些云，看着像山背后另有崇高的雪山。（张爱玲译）

　　原文是个较长的复合句，"看得见的"是 the tops of the blue hills 和 the clouds，其余修饰成分用 that 引导，放在从句中，从而主次分明，界限清晰。

　　译文 a 按照原文的结构，翻译腔较重，"的"字使用频繁，阅读不够流畅，译文 b 则按照汉语的行文习惯，使用短句，虽然界限变得模糊，

57

重点不突出，但更加行云流水，符合汉语阅读习惯。

（18）Their <u>reception</u> at home was most kind. Mrs. Bennet rejoiced to see Jane in <u>undiminished beauty</u>; and more than once during dinner did Mr. Bennet say voluntarily to Elizabeth, "I am glad you are come back, Lizzy." (Jane Austen: *Pride and Prejudice*)

a. 家里人极其亲切地<u>接待</u>她们。班纳特太太看到吉英<u>姿色未减</u>，十分快活；吃饭的时候，班纳特先生不由自主地一次又一次跟伊丽莎白说："你回来了，我真高兴，丽萃。"（王科一译）

b. 她们到了家里，<u>受到</u>极其亲切的<u>接待</u>。贝内特太太欣喜地发现，简<u>姿色未减</u>。吃饭的时候，贝内特先生不由自主地几次对伊丽莎白说道："你回来了，我真高兴，莉齐。"（孙致礼译）

c. 回到家中，她们一行人<u>受到</u>了极为亲切的<u>接待</u>。贝内特太太见到大女儿<u>依旧美丽动人</u>，喜不自禁，贝内特先生则在饭桌上不止一次地对伊丽莎白说："我很高兴你回来，丽兹。"（罗良功译）

英语原文多用名词，如 Their reception 和 undiminished beauty，体现了英语的界限性较强。而译文则均译为动词，关于 reception，王直接取动词意，译为"接待"，孙和罗则译为"受到……的接待"，也十分可取。undiminished beauty 被分别译为"姿色未减""依旧美丽动人"。总之，这里的名词都翻译为动词或形容词结构，界限性降低了，连续性和平面感加强了。

（19）<u>We</u> know how little there is to tempt any one to our humble abode. <u>Our plain manner of living, our small rooms, and few domestics, and the little we see of the world</u>, must make Hunsford extremely dull to a young lady like yourself; but I hope you will believe us grateful for <u>the condescension</u>, and that we have done every thing in our power to prevent your spending your time unpleasantly. (Jane Austen: *Pride and Prejudice*)

第二章 弱界限意识和强界限意识

　　a. 我们自知舍下寒伧，无人乐意光临。我们<u>生活清苦</u>，<u>居处局促</u>，<u>侍仆寥寥无几</u>，再加我们<u>见识浅薄</u>，像你这样一位年轻小姐，一定会觉得汉斯福这地方极其枯燥乏味，不过我们对于你这次赏脸，实在感激万分，并且竭尽绵薄，使你不至于过得兴味索然，希望你能鉴谅。（王科一译）

　　b. 我们自知<u>舍下寒伧</u>，无人乐意光临。我们<u>生活简朴</u>，<u>居室局促</u>，<u>仆从寥寥无几</u>，再加上我们<u>寡见少闻</u>，像你这样一位年轻小姐，一定会觉得亨斯福德这地方乏味至极。不过我希望你能相信：我们非常感激你的光临，并且竭尽全力，使你不至于过得兴味索然。（孙致礼译）

　　c. 我们自知，<u>家舍贫寒</u>，难得有客人愿意光临。我们这里<u>生活清苦</u>，<u>住房狭小</u>，<u>又雇不起多的仆人</u>，再加上我们<u>见识浅陋</u>，这一切一定会让像您这样的女士认为，亨斯福实在乏味至极。不过，请您相信，我们对于您<u>大驾光临</u>不胜感激，并且一直在竭尽全力为您在这里的生活添色增彩。（罗良功译）

　　一般而言，名词和形容词的界限性强于动词，原文中的 Our plain manner of living、our small room、few domestics 和 the little we see of the world 均是形容词或定语从句修饰的名词结构，体现了英语的界限性强。三个译文都把名词结构多译为主谓结构，更加符合汉语界限性弱的特点。

　　(20) She was therefore obliged to seek another branch of the subject, and related, <u>with much bitterness of spirit and some exaggeration</u>, the shocking rudeness of Mr. Darcy. (Jane Austen: *Pride and Prejudice*)

　　a. 她因此不得不另找话题，于是就谈到达西先生那不可一世的傲慢无礼的态度，<u>她的措辞辛辣刻薄，而又带几分夸张</u>。（王科一译）

　　b. 因此她不得不另找个话题，<u>非常尖刻而又有些夸张地说起了</u>

59

达西先生令人震惊的粗暴态度。（孙致礼译）

原文中的画线部分"with + 名词"为伴随状语，界限性强。王科一译为"她的措辞辛辣刻薄，而又带几分夸张"，形成主谓结构。孙致礼译为"非常尖刻而又有些夸张地说起了"，将原文界限性较强的名词 bitterness 和 exaggeration 都转译为了形容词，虽然界限性减弱，但其为偏正结构，层次性和界限性比主谓结构强，平面感不如王译好。

（21）The room was long with windows on the right-hand side and a door at the far end that went into the dressing room. (Hemingway: *A Farewell to Arms*)

　　a. 我那病房很长，右首是一排窗，尽头处有一道门通包扎室。（林疑今译）

　　b. 病房呈长方形，窗户都开在右侧，尽头处有一道门通往换药室。（方华文译）

在本句中，原文使用了 with、on、at 等介词表达位置，体现了较强的逻辑性和层次性，而译文使用"是，有"和"呈，开，有"这样的动词表达，句子与句子之间没有显性的主次关系，由此体现了汉英的界限意识差异。

（22）They attacked him in various ways; with barefaced questions, ingenious suppositions, and distant surmises; but he eluded the skill of them all; and they were at last obliged to accept the second-hand intelligence of their neighbour Lady Lucas. (Jane Austen: *Pride and Prejudice*)

　　a. 母女们想尽办法对付他——赤裸裸的问句，巧妙的设想，离题很远的猜测，什么办法都用到了；可是他并没有上她们的圈套。最后她们迫不得已，只得听取邻居卢卡斯太太的间接消息。（王科一译）

b. 母女们采取种种方式对付他——露骨的盘问，奇异的假想，不着边际的猜测，但是，任凭她们手段多么高明，贝内特先生都一一敷衍过去，最后她们给搞得无可奈何，只能听听邻居卢卡斯太太的间接消息。（孙致礼译）

c. 她们从多方面向贝内特先生发起攻势，正面提问啦，巧妙想象啦，迂回推测啦，真可谓用尽心机，但贝内特先生毕竟道高一丈，没让她们的图谋得逞，她们也就无可奈何，只好从邻居卢卡斯夫人那里去打听一些二手信息。（罗良功译）

译文 a 和 b 中用了很多"的"字结构，如译文 a 中有"赤裸裸的问句，巧妙的设想，离题很远的猜测"，层次性强。同时，"她们的圈套"以及"卢卡斯太太的间接消息"，也体现了界限性。而译文 c 中，译者没有使用界限性强的"的"字结构，而是译为"正面提问啦，巧妙想象啦，迂回推测啦"，"从邻居卢卡斯夫人那里去打听一些二手信息"也避免使用"的"字结构，将原文中由介词 of 带来的界限削弱，增强连续性和平面感。

（23）"Do you consider the forms of introduction, [1]and the stress that is laid on them, as nonsense? I cannot quite agree with you there. What say you, Mary?[2] For you are a young lady of deep reflection, I know, and read great books, and make extracts." (Jane Austen: *Pride and Prejudice*)

a."你以为替人家效点儿劳介绍是毫无意思的事吗？你这样的说法我可不大同意。你说呢，曼丽？我知道你是个有独到见解的少女，读的书都是皇皇巨著，而且还要做札记。"（王科一译）

b."你以为替人家作作介绍讲点礼仪是无聊吗？我可不大同意你这个看法。你说呢，玛丽？我知道，你是个富有真知灼见的小姐，读的都是鸿篇巨制，还要做做札记。"（孙致礼译）

c."我们说的都是在替别人牵线搭桥，难道都是胡说八道？我对这点不敢苟同。玛丽，你饱读诗书，博闻强记，应该是一位思想深

刻的才女了，说说你的看法吧！"（罗良功译）

英语的界限性较强，多使用不同的界限标记如连词、介词、关系词等，使句子主次分明、结构清晰。汉语的界限性较弱，汉语较少使用各种连词以加强句子间、段落间的连贯性，多依靠语序来体现句子间的逻辑。英语原文多处使用 and、that、for 以连接各小句。相应地，汉语的三个译文都采取了策略，不对应这些界限标记，表现出更强的平面感。

（24）Studies serve for delight, for ornament, and for ability. Their chief use for delight is in privateness and retiring; for ornament, is in discourse; and for ability, is in the judgement and disposition of business. (Francis Bacon: *Of Studies*)

  a. 读书为学的用途是娱乐、装饰和增长才识。在娱乐上学问的主要用处是幽居养静；在装饰上学问的用处是辞令；在长才上学问的用处是对于事务的判断和处理。（水天同译）

  b. 读书足以怡情，足以傅彩，足以长才。其怡情也，最见于独处幽居之时；其博彩也，最见于高谈阔论之中；其长才也，最见于处事判断之际。（王佐良译）

汉语注重平面对称美。对比来看，王佐良的译文更加凝练，文笔更胜一筹，有更强的平面对称美。

（25）Presently he was met by an elderly parson astride on a gray mare, who, as he rode, hummed a wandering tune. (Thomas Hardy: *Tess of the D'Urbervilles*)

  a. 他往前刚走了不一会儿，就有一个年事垂老的牧师，【牧师】骑着一匹灰色的骡马，一路信口哼着小调儿，迎面而来。（张谷若译）

  b. 不一会儿，一个骑着一匹灰色母马一边随口哼着小调的老牧师迎面走来。（王忠祥、聂珍钊译）

原文句子虽不长，但主次分明，主要焦点集中于牧师这一人物，其余次要信息则以"牧师"的后置定语成分出现，使得原文文本总体呈现出层次分明的立体感，是典型的英语行文风格。而相较之下，汉语行文则更是不分主次的平面叙述。对于汉英的这一差异，王忠祥、聂珍钊两位译者并未进行过多的处理，仅简单地使用汉语前置定语对译原文的后置定语；而张谷若则采用了汉语行文中典型的话题链结构，将英语中的后置定语拆分成了一个个的小句，平铺直叙，乍一看并无明显的主次之分，更符合汉语行文行云流水的特点。

(26) The <u>traveller</u> from the coast, who, after plodding northward for a score of miles over calcareous downs and corn-lands, suddenly reaches the verge of one of these escarpments, <u>is surprised and delighted to behold</u>, extended like a map beneath him, <u>a country</u> differing absolutely from that which he has passed through. (Thomas Hardy: *Tess of the D'Urbervilles*)

a. 一个从海边上来的旅客，往北很费劲地走过了几十英里石灰质丘陵地和庄稼地以后，一下来到这些峻岭之一的山脊上面，看到一片原野，【原野】像地图一样，平铺在下面，和刚才所走过的截然不同，他就不由得要又惊又喜。（张谷若译）

b. 那个从海岸走来的游客，向北面跋涉了二十几英里的路程，才走完白垩质的草原和麦地。他突然走到一处悬崖的山脊上，看见一片<u>田野</u>就像一幅地图铺展在下面，同他刚才走过的地方决然不同，不禁又惊又喜。（王忠祥、聂珍钊译）

c. 从海岸徒步北上的旅客，在跋涉了二十多英里路程，越过了白垩质的草原和麦地之后，突然来到这样一座悬崖边上，<u>发现一种跟他适才走过的地区截然不同的景色像地图一样呈现在他的面前时</u>，是免不了会喜出望外的。（孙法理译）

句子主干是 The traveller is surprised and delighted to behold a country，其余成分均为后置的修饰成分。在处理这一主次分明的长句时，三位译者都采用了汉语典型的话题链结构，但细究之下，话题链的结构不尽相同。译文 c 的话题链是以 traveller 为话题的一个简单话题链，而译文 a 和 b 为了更好地处理 country 的众多修饰成分，在大的话题链下嵌套了一个以看见的"田野"为话题的小话题链，避免出现修饰成分众多的冗长句子。进一步对比还发现，译文 a 的小话题链包括更多的小句，使得译文显得更加短小精练。

（27）There was fighting for that mountain too, <u>but</u> it was not successful, <u>and</u> in the fall <u>when</u> that rains came the leaves all fell from the chestnut trees <u>and</u> the branches were bare and the trunks black with rain. The vineyards were thin and bare-branched too and all the country wet and brown and dead with the autumn. (Ernest Miller Hemingway: *A Farewell to Arms*)

  a. 那座山峰也有争夺战，不过不顺手，而当秋天一到，秋雨连绵，栗树上的叶子都掉了下来，就只剩下赤裸裸的树叶和被雨打成黑黝黝的树干。葡萄园中的枝叶也稀疏光秃；乡间样样东西都是湿漉漉的，都是褐色的，触目秋意萧索。（林疑今译）

  b. 部队也在攻击那座山，不过推进不利。到了秋季，这儿秋雨连绵，栗树叶子纷纷掉落，枝头光秃秃的，树干则被雨水渍得发黑。葡萄园里也枝叶稀疏；乡间样样东西都是湿漉漉的，都是褐色的，一片萧瑟的秋意。（方华文译）

原文为两个典型的英语长句，使用了 but、and、when、and 等衔接词进行衔接，而两个译文都处理成了多个短句。原文中多个衔接词所表达的意义，都被译者删除或隐含，即译者通过删除界限标记而形成了行云流水的平面感。

（28）<u>One end, indeed, reflected splendidly both light and heat</u> from ranks of immense pewter dishes, interspersed with silver jugs and tankards, towering row after row, on a vast oak dresser, to the very roof. (Emily Jane Brontë: *Wuthering Heights*)

  a. 倒是在屋子的一头，在一个大橡木橱柜上摆着一叠叠的白镴盘子；以及一些银壶和银杯散置着，一排排，垒得高高的直到屋顶，的确它们射出的光线和热气映照得灿烂夺目。（杨苡译）

  b. 光彩、热量，倒是从屋子的另一边反射过来，十分热闹：原来那儿有口橡木大碗橱，陈列着一排又排无计其数的白镴盆子，中间还杂放着银壶、银杯，一直堆叠到屋顶。（方平译）

  在原文中，句子的主干结构是 One end reflected splendidly both light and heat，作者要介绍厨房的场景，将其他物品的介绍通过过去分词短语和介词短语一一陈述，保持句子只有一个主语即 one end，也是话题；然而，两个译文中都出现了多个话题，体现了汉语移步换景和平面化的特点。

  （29）<u>Her eyes</u> were pale green without a touch of hazel, <u>starred with</u> bristly black lashes and slightly tilted at the ends. <u>Above them</u>, her thick black brows slanted upward, cutting a startling oblique line in her magnolia-white skin. (Margaret Mitchell: *Gone with the Wind*)

  a. 她的眼珠子是一味的淡绿色，不杂一丝儿的茶褐，周围竖着一圈儿粗黑的睫毛，眼角微微有点翘，上面斜竖着两撇墨墨的蛾眉，在她那木兰花一般白的皮肤上，画出两条异常惹眼的斜线。（傅东华译）

  b. 眼睛纯粹是淡绿色的，不带一点儿淡褐色，眼眶缀着浓密乌黑的睫毛，稍稍有点吊眼梢。上面是两道又浓又黑的剑眉，在木兰花似的洁白皮肤上勾画出两条触目惊心的斜线。（陈廷良译）

  c. 淡绿色的双眼无一丝淡褐色，又粗又黑的睫毛点缀着眼眶，并在眼角处微微上翘。眼睛上方是浓黑的眉毛，眉毛往上倾斜着，在她那木兰花般洁白的皮肤上画了一道十分显眼的斜线。（李明译）

  本段话是对郝思嘉小姐的面部描写，可以看出整段的描写都是聚焦

her eyes，后面用 starred with、above them 对 eyes 层层嵌套地描绘，用伴随结构、方位词等形成的层层叠加，突显了立体感。而三个译文都是用一个个小句对郝思嘉小姐的面部部位进行描写，结构平行，平铺直叙，呈现出汉语平面散焦审美。

（30）..., and Elizabeth continued her walk alone, crossing field after field at a quick pace, jumping over stiles and springing over puddles with impatient activity, and finding herself at last within view of the house, with weary ancles, dirty stockings, and a face glowing with the warmth of exercise. (Jane Austen: *Pride and Prejudice*)

a. ……剩下伊丽莎白独自往前赶，只见她急急忙忙，脚步匆匆，穿过一块块田地，跨过一道道栅栏，跳过一个个水洼，最后终于看见了那幢房子。这时，她已经两脚酸软，袜子上沾满了泥浆。脸上也累得通红。（孙致礼译）

b. ……伊丽莎白一个人继续赶路。她脚步匆匆，穿过一片接着一片的田地，跳过一道又一道的篱笆，跨过一处又一处的水洼，终于发现那幢别墅出现在视野之中。这时，她脚也酸了，袜子也脏了，脸颊却因为赶路而涨得通红。（罗良功译）

原文主要是对伊丽莎白的一系列动作和状态的描写。英语是一句话的结构，主干部分是 Elizabeth continued her walk alone，后面一系列分词短语以及 with 短语都处于次要地位，整句话主次立显，体现了典型的英语立体聚焦审美。

两位译者的译文，异曲同工，都是将原文的次要地位的动作平铺直叙，同时也都进行了断句，语段之中是平行的，并无清晰的主从之分，只有先后之别，体现了汉语平面散焦审美。

（31）Down at street level another poster, torn at one corner, flapped fitfully in the wind, alternatively covering and uncovering the single word INGSOC. (George Orwell: *1984*)

a. 在下面街上有另外一张招贴画，一角给撕破了，在风中不时地吹拍着，一会儿盖上，一会儿又露出唯一的一个词儿"英社"。（董乐山译）

b. 街道上有一张彩照的一边脱落下来，随风舞荡，照片下面的两个字，"英社"——英国社会主义——也因此时隐时现。（刘绍铭译）

这段原文以 poster 这一"物"做主语，flapped 为谓语动词，全句主次分明，运用介词短语和非谓语动词构成的伴随状语或后置定语，对主语进行了补充描写，丰富了英语中立体聚焦、有层次的画面感。两个译文都采取用了平面化的译法，较为流畅。

（32）Mr. Collins <u>repeated</u> his apologies in <u>quitting</u> the room, and <u>was assured</u> with unwearying civility that they were perfectly needless. (Jane Austen: *Pride and Prejudice*)

a. <u>柯林斯先生走出门来，又再三道谢</u>，主人也礼貌周全地请他不必过分客气。（王科一译）

b. <u>柯林斯先生出门的时候，又再三表示歉意</u>，主人带着不厌其烦的客气口吻说，<u>这就大可不必啦</u>。（孙致礼译）

c. <u>临出门时，柯林斯先生再次表示歉意</u>，主人则不停地礼貌地说大可不必抱歉。（罗良功译）

原文主语和话题都是 Mr. Collins。相比来说，译文 b 和 c 要更加贴切一点。原因是原文 repeated 和 quitting 应该是同时发生的动作，但是在译文 a 中，译者翻成"走出门来，又再三道谢"，似乎两个动作是先后发生的，这和原文想表达的意思有出入，但话题延续性更强，形成较为完整的话题链。而译文 b 和 c 相应的两个小句则形成有层次的修饰关系，没有话题链读起来流畅。

（33）She was shewn into the breakfast-parlour, <u>where all but</u>

Jane were assembled, and where her appearance created a great deal of surprise. That she should have walked three miles so early in the day, in such dirty weather, and by herself was almost incredible to Mrs. Hust and Miss Bingley; (Jane Austen: *Pride and Prejudice*)

  a. 她被领进了餐厅，<u>只见他们全家人都在那儿</u>，只有吉英不在场。 她一走进门就引起全场人的惊奇。<u>赫斯托太太和彬格莱小姐心想</u>，这么一大早，路上又这么泥泞，她竟从三公里路开外赶到这儿来，而且是独个儿赶来的，这事情简直叫人无法相信。（王科一译）

  b. 她被引进早餐厅，大家都在那儿，唯独<u>不见简</u>。她一露面，在场的人都感到惊讶。这么一大清早，这么泥泞的道儿，她居然独自一人步行了三英里。这在赫斯特太太和宾利小姐看来，简直令人难以相信。（张玲、张扬译）

  原文第一句描写伊丽莎白进入 Bingley 家餐厅的画面，原文用 where 引导的状语从句来描述客观的画面，形成一种有层次感的立体视角。在汉语译文中，两译文分别加了感官动词"只见"和"见"，将客体视角转换为主人公的主体视角，即从伊丽莎白的视角出发来描述她眼中看到的画面，这样的描述方式增加了叙述的平面感，更加符合汉语的平面审美方式。

2.3 主体意识与客体意识

  中国人重"心"（东方传统文化中的"心"，不是解剖学上的"心"），英人重"脑"（mind，主要指智慧）（王建国，2019）。因而中国人具有较强的主体意识和主观意识，英人具有较强的客体意识和客观意识。这表现在：中国人在叙事和理解叙事时主体参与度高，会夹杂一些主观臆测，而西方人则倾向于陈述客观事实。汉语行文在主体意识的影响下，有时会有意或无意地模糊对事件的认知，英语中则往往要更精确化。

  受主客体意识差异的影响，英语母语者时间意识相对较强、较清晰，汉语母语者的时间意识相对较弱、较模糊。例如，英语的谓语动词有时体标记，精确地表明事件发生的时间，体现出精确的时间观；而汉语的谓语动词则没有稳定的时体标记，因而不少事件的时间不够清晰。

2.3.1 汉英翻译

汉英翻译中，译者需要识别出句子中的主观臆测成分，在翻译时对主观成分进行删减或调整，使译文更具有客观性，符合英语本族人的思维方式。

(1) <u>逃吧</u>！不管是凶是吉，逃！（老舍《骆驼祥子》）
a. He ran. Whatever happened, good or bad, it was time to flee.（葛浩文译）
b. Now was the time to make a run for it, for better for worse.（施晓菁译）

原文中，"逃吧"可以理解为祥子内心的想法，是一种主观的表达，而没有从客观上直接说明祥子有没有逃，需要读者从上下文推断，而在葛浩文的译文中，没有翻译为祥子的内心活动，而是直接点出客观的结果，即 He ran。相比于原文，葛浩文的译文更加侧重于结果，侧重于客观上发生的活动。施晓菁的译文并没有对译"逃吧"，但整个译文与原文类似，更近似讲祥子内心活动。

(2) 他把脸<u>仿佛</u>算在四肢之内，只要硬棒就好。（老舍《骆驼祥子》）
a. In fact, to him, his face was another limb and its strength was all that mattered.（施晓菁译）
b. He counted his face as one of his limbs, and its strength was all that mattered.（葛浩文译）

"仿佛"一词表推测,根据上下文可知,对于祥子来说,"脸"在他的眼中的确就像"四肢"一样,因此"仿佛"一词在这一句话中并不是必不可少的部分。两位译者在翻译时也都没有对译"仿佛"一词,施晓菁的译文甚至加上了 in fact,更强调祥子对"脸"的看法和对"四肢"的看法是一样的。

(3) 他,即使先不跑土窑子,也该喝两盅酒,自在自在。烟,酒,现在仿佛对他有种特别的诱力,他觉得这两样东西是花钱不多,而必定足以安慰他;使他依然能往前苦奔,而同时能忘了过去的苦痛。可是,他还是不敢去动它们。(老舍《骆驼祥子》)

a. Though he wasn't quite ready to go to a whorehouse, he could at least have a drink or two and relax. Alcohol and tobacco suddenly held a strong attraction; neither cost much, and both brought a bit of comfort, an incentive to struggle on and help a man forget past suffering. And yet he could not bring himself to try either one. (葛浩文译)

b. As for him, even if he stayed away from women, why not drink a glass or two and relax? Wine and tobacco seemed to have a special attraction for him, for he felt they were inexpensive yet from them he could surely draw comfort and the strength to struggle on, forgetting his past wretchedness. Yet still he dared not touch them. (施晓菁译)

基于酒对祥子是否有诱惑力这一点,葛浩文直接做出了肯定的判断,删去了"仿佛";而施晓菁却保留了"仿佛"(seem),也就是说她可能认为酒对祥子并不会造成诱惑。

值得注意的是,原文背景是祥子失去了自己的车,逃亡回来之后决心攒钱买车,但在攒钱的过程中,祥子感到十分不甘、十分苦闷,那么酒对这种心境下的祥子来说定然是有诱惑力的,从这个角度来看,葛浩文的译文则更为客观。

(4) 它的果实不像那好看的苹果、桃子、石榴,把它们的果实

悬在枝上，鲜红嫩绿的颜色，<u>令人一望而发生羡慕的心</u>。（许地山《落花生》）

  a. Unlike nice-looking apples, peaches and pomegranates, which hang their fruit on branches and win people's instant admiration with their brilliant colours. （张培基译）

  b. Unlike apples, peaches or pomegranates that display their fruits up in the air, attracting you with their beautiful colours. （刘士聪译）

  c. It's not like the apple, peach or pomegranate, flaunting their bright, beautiful fruits on their branches for all to see and admire. （杨宪益、戴乃迭译）

  d. This small nut is not like those good-looking apples, peaches and pomegranates, which hang their colorful fruits on the branches and invite admiration. （Poplar 译）

原文中"令人一望而发生羡慕的心"，有很强的主体意识，但又不知主体是谁。三位汉语母语译者分别在译文中加入了 people、you 和 all 来表达原文的意思，而 Poplar 直接译作 invite admiration，反映了客体意识。

  (5) 醒来时天已亮了，雨<u>不知在何时业已止息</u>，<u>只听到溪两岸</u>山沟里注水入溪的声音。（沈从文《边城》）

  a. When she awoke it was already daybreak; the rain had ceased, but torrents of water were still pouring down the hillsides into the stream. （金隄、白英译）

  b. When she wakes it is light and the rain has stopped, but runlets are racing down the hills into the stream. （戴乃迭译）

汉语行文中，以人称视角出发，感官动词通常夹杂其中，形成了主客交融的行文习惯——实实虚虚，虚虚实实。

  此文的上下文背景为昨夜暴雨。原文中，"不知在何时"和"只听到"强调了一种主观感受，在阐述客观事实中增添一层主观感受。因为这两个动词所表达的意义都不是"她"有意而为,甚至连下意识的动作都不是,出现在这里更多的是起着衔接作用,使得汉语表达更为流畅,符合汉语主客交融的行文习惯。两个译文都直接将这些主观意义删除,只保留要表达的客观含义。

(6) <u>好容易</u>,庄木三点清了洋钱;两方面各将红绿帖子收起,大家的腰骨都似乎直得多,原先收紧着的脸相也宽懈下来,全客厅顿然见得一团和气了。(鲁迅《离婚》)

a. <u>At last</u> Chuang Mu-san finished counting his money. He put the marriage papers safely away. The tension was gone. Every one relaxed and an atmosphere of peace and harmony reigned in the room. (王际真译)

b. <u>With some difficulty</u> Chuang Mu-san finished counting the money, and both sides put away the red and green certificates. They all seemed to draw themselves up, and their tense expressions relaxed. Complete harmony prevailed. (杨宪益、戴乃迭译)

c. <u>After a great deal of difficulty</u>, Zhuang Wood-three finally managed to finish counting up the money. Both parties picked up their Red-Green Certificates and put them away. Postures began to relax, faces lost their tenseness, and in less time than it takes to tell the tale, an atmosphere of politeness and amiability reigned supreme throughout the Wei family's entire living room. (莱尔译)

d. <u>Eventually</u>, Zhuang Musan completed his laborious task of accountancy and both sides filed away their certificates. Everyone straightened up, and the tension on the assembled company's faces relaxed into expressions of relieved cordiality. (蓝诗玲译)

原文中的"好容易",属于汉语中特殊的衔接方式,不可直接按字面意思理解。在翻译时,王际真将其译为 at last (after a long period of time),蓝诗玲译为 eventually。虽然这两个词都有"最后,终于"之意,强调的都是结果，却又存在细微的差异。at last 多指经主观努力，克服各种困难后才终于达到目的，eventually（at an unspecified later time: in the end）侧重于动作或行为的结果。两者相较，at last 一词用在这儿更为合适。

另一方面，杨宪益、戴乃迭将其译为 with some difficulty，莱尔译为 after a great deal of difficulty，强调了"不容易"，但语气表达不够充分。

(7) "……<u>可知</u>这样的大族人家，若从外头杀来，一时是杀不死的。这可是古人说的，'百足之虫，死而不僵'，必须先从家里自杀自灭起来，才能一败涂地呢！"（曹雪芹《红楼梦》）

a. "... Now I realize that big families like ours can't be destroyed in one fell swoop from outside. In the words of the old saying, 'A centipede even when dead won't fall to the ground.' We must start killing each other first before our family can be completely destroyed."（杨宪益、戴乃迭译）

b. "... A great household like ours is not destroyed in a day. 'The beast with a thousand legs is a long time dying.' In order for the destruction to be complete, it has to begin from within."（霍克斯、闵福德译）

这里是探春怒骂抄园婆子的一段话，上面说到甄家抄家了，再回到自己贾家，用"可知"衔接，并不是字面意思上互动式的"你知不知道"，与其他汉语特色的衔接词一样，往往不容易判断是客观的还是主观的描写，甚或就是主客交融的描写。

靠想象来理解、边际很弱的理解，译成英语时会被选择性地限定理解边界，如杨译将"可知"处理为 Now I realize that，仅限于"我（探春）知……"，但她描述的这一番道理更可能是大家都能明白的，而不是只有她 realize；霍克斯没对译，反而稍显恰当。

(8) "我最恨的就是那些剪了头发的女学生，<u>我简直说</u>，军人土

匪倒还情有可原，搅乱天下的就是她们，应该很严地办一办……"（鲁迅《肥皂》）

  a. "Nothing disgusts me so much as these short-haired school girls. What I say is: There's some excuse for soldiers and bandits, but these girls are the ones who turn everything upside down. They ought to be very severely dealt with indeed…"（杨宪益、戴乃迭译）

  b. "Schoolgirls with bobs now they are the limit. It's not the warlords and bandits that're the problem, it's the women who've brought the country to its knees. They need to be taught a lesson they won't forget."（蓝诗玲译）

"我简直说"是汉语的一种衔接方式，没有什么特殊的含义，但却是对感情的一种强调。杨译的 What I say is 有一定的强调作用。而蓝诗玲直接隐含了这句话的意义，用强调句型传达了原文的感情色彩，较为巧妙。

  （9）饿了<u>三天</u>，火气降下去，身上软得像皮糖似的。恐怕就是在<u>这三天</u>里，他与三匹骆驼的关系由梦话或胡话中被人家听了去。一清醒过来，他已经是"骆驼祥子"了。（老舍《骆驼祥子》）

  a. <u>Three days</u> without food had dissipated the heat in his body, leaving him as weak as a piece of soft candy. Sometime during <u>those three days</u> he must have dreamed about his three camels and muttered aloud, for when he was conscious again he had gained a nickname: Camel Xiangzi.（葛浩文译）

  b. After fasting for <u>three days</u>, the fever abated and he felt as limp as taffy. It was probably during <u>this time</u> that people got to know about the three camels from his delirious raving, for when he finally came to his senses he was already "Camel Xiangzi".（施晓菁译）

汉语和英语在时间的描述方面有所差异，汉语中有时为了拉近心理距离，会对客观时间进行主观调整，而英语中时间界限的定位却相对客观，这就要求译者在汉英翻译时对时间进行准确的描述。

例中"这三天"所指的时间长度的确是三天，但却显然并非英语中对应的 this 所指的近距离的三天，此时就需要译者还原客观时间。相较于施晓菁使用的表示近距离的 this，葛浩文用 those 拉远时间距离，还原了原文的客观时间。

（10）第二天的生意不错，可是躺了两天，他的脚脖子肿得像两条瓠子似的，再也抬不起来。（老舍《骆驼祥子》）

a. The second, business was quite good. But then he was flat out on his back <u>for two days</u> because his ankles had swollen up so badly.（施晓菁译）

b. The next day was better. But then he had to take <u>a couple of days</u> off, for his ankles had swelled to the size of gourds, putting his leg out of commission.（葛浩文译）

"两天"一词的翻译体现出汉语时间概念的主观性及英语时间概念的客观性。原文中，"躺了两天"中的"两天"在汉语中既可以明确地指两天的时间，也可以指时间不长的几天，在上下文没有明确指出的情况下，并不好判断到底是多长的时间，体现出汉语时间概念的主观性。因而在翻译时，施晓菁将其翻译为 two days，而葛浩文则翻译为 a couple of days，两位译者对时间长度的判断不同。

（11）[1] 某君昆仲，今隐其名，皆余昔日在中学校时良友；[2] 分隔多年，消息<u>渐阙</u>。[3] <u>日前</u>偶闻其一大病；适归故乡，迂道往访，则仅晤一人，言病者其弟也。[4] 劳君远道来视，然已<u>早</u>愈，赴某地候补矣。（鲁迅《狂人日记》）

a. Two brothers, whose names I need not mention here, were both good friends of mine in high school; but <u>after a separation of many years</u> we gradually lost touch. <u>Some time ago</u> I happened to hear that one of them was seriously ill, and since I was going back to my old home I broke my journey to call on them, I saw only one, however, who told me that the invalid was his younger brother. "I appreciate your coming such a long way to see us," he said, "but my brother recovered <u>some time ago</u> and has gone elsewhere to take up an official post."（杨宪益、戴乃迭译）

b. At school I had been close friends with two brothers whose names I will omit to mention here. <u>As the years went by after we graduated</u>, however, we gradually lost touch. <u>Not long ago</u>, I happened to hear that one of them had been seriously ill and, while on a visit home, I broke my journey to call on them. I found only one of them at home, who told me it was his younger brother who had been afflicted. Thanking me for my concern, he informed me that his brother had <u>long since</u> made a full recovery and had left home to wait for an appropriate official post to fall vacant.（蓝诗玲译）

原文的第二句 [2]，杨戴译用了 after a separation of many years we gradually lost touch，表达出的意思是分开多年以后我们才渐渐失去联系，而蓝译则通过 As the years went by...we gradually lost touch，点明了是因毕业后持续分离才慢慢失去联系，两者是同步发生的。

另外，蓝译对"早愈"的"早"字的翻译——long 比杨译的 some time ago 稍显准确。

（12）母亲说着，便向房外看，"<u>这些人</u>又来了。说是买木器，顺手也就随便拿走的，我得去看看。"（鲁迅《故乡》）

a. And then, looking out of the door: "Here come <u>those people</u> again. They say they want to buy our furniture; but actually they just want to see what they can pick up. I must go and watch them."（杨宪益、戴乃迭译）

b. As she looked toward the yard, she cried: "There are <u>those</u>

<u>people</u> again. They come here under the pretext of buying furniture but they are apt to help themselves to things when no one is looking. I must go and keep an eye on them."（王际真译）

母亲所说的"这些人"指顺手拿走东西的人，在母亲说话时并没有出现在她面前。汉语表达，用心来调整客观距离，用了"这些人"来表述，但从客观距离来看，英语中应指"那些人"。两位译者都意识到汉英指代差异特点，将"这些人"翻译为 those people。

（13）[1]<u>沿着荷塘，是一条曲折的小煤屑路</u>。[2]<u>这是一条幽僻的路</u>；白天也少人走，夜晚更加寂寞。荷塘四面，长着许多树，蓊蓊郁郁的。<u>路的一旁</u>，是<u>些</u>杨柳，和一<u>些</u>不知道名字的树。没有月光的晚上，这路上阴森森的，有些怕人。今晚却很好，虽然月光也还是淡淡的。（朱自清《荷塘月色》）

a. <u>Alongside the Lotus Pond</u> runs a small cinder footpath. It is <u>peaceful and secluded</u> here, a place not frequented by pedestrians even in the daytime; now at night, it looks more solitary, in a lush, shady ambience of trees all around the pond. <u>On the side where the path is</u>, there are willows, interlaced with some others whose names I do not know. The foliage, which, in a moonless night, would loom somewhat frighteningly dark, looks very nice tonight, although the moonlight is not more than a thin, grayish veil.（朱纯深译）

b. <u>At the edge of the pond</u> is a winding narrow cider path. This path, <u>being out of the way</u> little used even in the daytime, and at night is all the more deserted. All around the pond grow many trees, lush and dense, while <u>on one side of the path</u> there are some willows, and other trees whose name are unknown to me. On moonless night the path is overcast and gloomy, somewhat eerie. But tonight all was well, even though the moonlight was only dim.（卜立德译）

原文的第一句"沿着荷塘，是一条曲折的小煤屑路"，朱译的 alongside the Lotus Pond，所表现出的空间要大于卜立德译的 at the edge of the pond。原文"这是一条幽僻的路"，卜立德用了 being out of the way，强调了这条路的空间位置，而朱纯深采用形容词 peaceful and secluded，只表达出这条路的特征，并没有刻意凸显小路的空间位置。

另外，"路的一旁"，朱译为 On the side where the path is，即路所在方向，似乎很难说清是否只有路的一边还是两边长着柳树，而卜立德的译文却点明了路的两边只有一边有杨柳。

总体上，卜立德的空间感要更加精确。

（14）山行六七里，渐闻水声潺潺，而泻出于两峰之间者，酿泉也。（《醉翁亭记》欧阳修）①

a. A walk of two or three miles on those hills brings one within earshot of the sound of falling water which gushes forth from a ravine, and is known as the Wine-Fountain;（Herbert A. Giles 译）

b. When you penetrate a mile or two into this mountain you begin to hear the gurgling of a stream, and presently the stream — the Brewer's Spring — comes into sight cascading between two peaks.（杨宪益、戴乃迭译）

汉语如行云流水，很多动作没有施动者，因汉语主体意识强，读者会自动模糊地代入动作主体，但英语句子往往需要主语，英译时需要给无主句找到主语。如译文 a 和 b 都有主语，前者主语为 A walk of two or three miles on those hills，后者 you 做主语。用 you 做主语，较为吻合汉语的主体意识，与前者趋向于客体意识不同。

（15）冬天的白日里，到城里去，便只见各处人家门前皆晾晒有衣服同青菜。红薯多带藤悬挂在屋檐下。（沈从文《边城》

---

① 《醉翁亭记》原文及6个版本英译_腾讯新闻（qq.com）（2022年7月1日登录）。

a. If you go into town during the day in winter, <u>you see</u> clothes and vegetables drying before every door, sweet potatoes hanging with trailing vines from the eaves. (戴乃迭译)

b. On winter days, clothes and green vegetables could be seen drying in the sun in front of every doorway. Sweet potatoes hung from the eaves by their vines. (金介甫译)

汉语原文中有"只见"二字，但并没有施动者。对比两个译文，戴译使用了主语 you，一定意义上对应了汉语的主体意识。同时，因为"只见"的施动者可能是 we、they、one 或 you，戴选择 you，更多地发挥了译者的主体意识；而金译使用 clothes and green vegetables 为主语，这种做法更强调这种描述的客观性，表现出较强的客体意识。

（16）听到打门声，我去开门时，是局里的信差，交给我一张油印的纸条。（鲁迅《伤逝——涓生的手记》）

a. There was a knock on the door. I answered. A messenger from the bureau handed me a mimeographed slip of paper. (莱尔译)

b. We heard a knock on the door. When I opened it, the messenger from our bureau handed me a mimeographed slip of paper. (杨宪益、戴乃迭译)

c. …there was a knock on the door. When I opened it, a courier from the bureau handed me a mimeographed sheet of paper. (蓝诗玲译)

"听到打门声"是隐含了动作主体的。译文 a 和 c 都隐含了主体，成为后面故事情节的背景介绍。译文 b 选择了 we 做动作的主体，出现了新话题，一定程度上造成话题干扰。

2.3.2 英汉翻译

汉语主客不分的思维方式，使得汉语表达中需要一些包含主观意义

79

的词来衔接句内和句外结构。使用这类衔接词，彰显主体意识和主观意识，汉语才更为流畅。

（1）And when the party entered the assembly room, it consisted of only five altogether — Mr. Bingley, his two sisters, the husband of the oldest, and another young man. (Jane Austen: *Pride and Prejudice*)

a. 后来等到这群贵客走进舞场的时候，却一共只有五个人——彬格莱先生，他的两个姐妹，姐夫，还有另外一个青年。（王科一译）

b. 后来等宾客走进舞厅时，却总共只有五个人——宾利先生，他的两个姐妹，他姐夫，还有一个青年。（孙致礼译）

c. 到了舞会开始，这一行人走进舞厅时，人们发现他们只有五人：宾利先生本人，他的两位姐妹，姐夫以及另外一位年轻男人。（罗良功译）

it consisted of only five altogether，前两位译者在处理时直接叙述当时的客观情况，这样的说话方式在汉语中可以接受。罗译则使用"人们"为主语，并且在"人们"后面添加了动词"发现"，转变了这个句子的叙述视角，将当时的客观情况强调成人们眼中看到的情况，反映了主客交融的意识。

（2）In the warmth of her responsiveness to their admiration she invited her visitors to stay to tea. (Thomas Hardy: *Tess of the D'Urbervilles*)

a. 她见了她们对苔丝那样羡慕，欣喜之余，一阵热情，就把她们都留下了吃茶点。（张谷若译）

b. 见了这几个姑娘对苔丝羡慕不已，她就一阵兴奋，热情地留她们喝茶。（吴笛译）

在原文中，画线部分是介词短语做状语，对译过来就是"在她对他们羡慕反应的热烈中",这是很客观的描述,但是这种对译有很浓的翻译腔。两位译者在自己的译文中,都不约而同地使用了"见了"这个词,这就使得译文带有非常强的主体意识,但却更加流畅,符合汉语表达习惯。

(3) Sir William had been delighted with him. He was quite young, wonderfully handsome, extremely agreeable, and, to crown the whole, he meant to be at the next assembly with a large party. (Jane Austen: *Pride and Prejudice*)

a. 威廉爵士十分喜欢他。他年纪轻轻,相貌堂堂,为人极其随和,最令人欣慰的是,他打算拉一大帮人来参加下次舞会。(孙致礼译)

b. 威廉爵士对宾利先生也满意有加,说他年轻英俊,风流倜傥,和蔼可亲。最重要的是,他还打算率一大批人去参加即将举行的舞会呢。(罗良功译)

原文是贝纳特太太从他人那里打听到的一些有关宾利先生的情况。译文 b 在翻译宾利先生外表举止时加了一个"说"字,意指这些对于宾利先生的夸奖全是出自威廉爵士之口,但事实并非如此,所以可以看出这是译者的主观猜测。但这个词的添加,反映了主客交融的意识,使得其译文较为流畅。

(4) ... and by her connivance and aid he so far recommended himself to Georgiana, whose affectionate heart retained a strong impression of his kindness to her as a child, that she was persuaded to believe herself in love, and to consent to an elopement. She was then but fifteen, which must be her excuse; (Jane Austen: *Pride and Prejudice*)

a. 仗着杨吉太太的纵容和帮忙,他向乔治安娜求爱。可惜乔治安娜心肠太好,还牢牢记着小时候他对待她的亲切,因此竟被他打

动了心，自以为爱上了他，答应跟他私奔。她当时才十五岁，<u>我们当然只能原谅她年幼无知</u>。（王科一译）

　　b. 仗着扬格太太的纵容和帮忙，他向乔治亚娜百般讨好，而乔治亚娜心肠太软，还铭记着他对她小时候的情意，竟被他打动了心，自以为爱上了他，答应跟他私奔。她当时才十五岁，因此也就<u>情有可原</u>。（孙致礼译）

　　c. 在她的默许和帮助之下，威克汉竟然向她求婚。我妹妹乔治安娜还记得小时候对他的友善，再加上她又是一个重感情的姑娘，所以一下子就被迷惑住了，自以为爱上了他，居然还同意和他一起私奔。她当时才十五岁，这<u>或许</u>是能为她开脱的一个原因吧！（罗良功译）

　　对于 be her excuse 的翻译，王译为"我们当然只能原谅她年幼无知"，罗译为"为她开脱的一个原因"，孙译为"情有可原"。其中，王的"年幼无知"带有译者的主观表达，原文只表达年幼，并没有无知之意。

　　另外，原文用了 must，罗译的"或许是"添加了主观态度。孙译的"情有可原"，添加了主体视角。这些添加都增强了译文的流畅性。

　　（5）<u>It was impossible for her</u> to see the word without thinking of Pemberley and its owner. (Jane Austen: *Pride and Prejudice*)

　　a. 她看到这个地名，就<u>不禁</u>想到彭伯里和彭伯里的主人。（王科一译）

　　b. 她一看见这个名字，<u>难免</u>要想到彭伯利及其主人。（孙致礼译）

　　c. 看到这个名字，她<u>怎能不</u>想起彭伯里和彭伯里的主人呢？（罗良功译）

　　原文中的 It was impossible for her 是较为客观的表述，王科一译为"她不禁"，孙致礼译为"她难免"，而罗良功译为了反诘句"她怎能不",和原文相比,这些表述都稍显主观,且具有一定的情感色彩。

(6) "...You and the girls may go, or you may send them by themselves, which perhaps will be still better; for, as you are as handsome as any of them, Mr. Bingley might like you the best of the party." (Jane Austen: *Pride and Prejudice*)

a. "……你带着女儿们去就得啦,要不你干脆打发她们自己去,那或许倒更好些,因为你跟女儿们比起来,她们哪一个都不能胜过你的美貌,你去了,彬格莱先生倒可能挑中你呢。"(王科一译)

b. "……你带着女儿们去就行啦,要不你索性打发她们自己去,这样或许更好些,因为你的姿色并不亚于她们中的任何一个,你一去,宾利先生倒作兴看中你呢。"(孙致礼译)

c. "……你叫女儿们去得了,要么你就和她们一块儿去,这或许会更好。反正你的模样也不比她们差,说不定宾利先生还会相中你呢。"(罗良功译)

三个译文将 You and the girls may go 译为"你带着女儿们去就得啦""你带着女儿们去就行啦"和"你叫女儿们去得了",都使用了语气词,表达出情感色彩。译文中分别使用"干脆""索性""反正"增强了主观性,提高了流畅性。

(7) Without speaking, he struck suddenly and strongly. I tottered, and on regaining my equilibrium retired back a step or two from his chair. (Charlotte Brontë: *Jane Eyre*)

a. 因为他二话没说,就突然使劲打我,我打了个趔趄,好不容易站稳了,连忙从他椅子那里后退了一两步。(祝庆英译)

b. 因为他二话没说,一下子就狠狠地给了我一下。我一个趔趄,从他椅子跟前倒退了一两步才站稳身子。(曾凡海、吴江皓译)

对于 without speaking 的翻译,两位译者都选择"二话没说",b 译将 struck 翻译成了"给了我一下子",而 on regaining my equilibrium,a 译使用了"好不容易",都添加了一定的主观意义。

(8) Mr. Gardiner, whose manners were easy and pleasant, encouraged her communicativeness by his questions and remarks; (Jane Austen: *Pride and Prejudice*)

  a. 那位管家奶奶看见嘉丁纳先生为人那么随和,便跟他有问有答。(王科一译)

  b. 加德纳先生为人和蔼可亲,又是盘问,又是议论,鼓励女管家讲下去。(孙致礼译)

  c. 加迪纳先生为人亲切谦和,不断地提些问题,作出评价,引着雷诺兹太太往下说。(罗良功译)

原文说 Mr. Gardiner 为人和蔼可亲,是阐述事实,但是译文 a 添加了"那位管家奶奶看见",即译者主观地站在了文中人物的角度去猜测其内心想法,所以相对来说,译文 b 和 c 更加客观些。

(9) She was shown into the breakfast-parlour, where all but Jane were assembled, and where her appearance created a great deal of surprise. (Jane Austen: *Pride and Prejudice*)

  a. 她被领进了餐厅,只见他们全家人都在那儿,只有吉英不在场。她一走进门就引起全场人的惊奇。(王科一译)

  b. 她被领进了早餐厅,只见众人都在那里,唯独简不在场。她一走进来,众人都大吃一惊。(孙致礼译)

  c. 她被领进了早餐室,所有的人都在那里,只是没有看见简。她的到来无疑引发一阵惊叹。(罗良功译)

三个译文都使用了"见",符合汉语惯于从主体出发看待或叙述事件的思维方式。

第二章 弱界限意识和强界限意识

(10) But if we do not venture, somebody else will; and after all, Mrs. Long and her nieces must stand their chance; and therefore, as she will think it an act of kindness, if you decline the office, I will take it on myself. (Jane Austen: *Pride and Prejudice*)

a. 不过，要是我们不去尝试尝试，别人<u>可少不了</u>要尝试的。话说到底，郎格太太和她的侄女一定不肯错过这个良机。因此，要是你不愿意办这件事，我自己来办好了，<u>反正</u>她会觉得这是我们对她的一片好意。（王科一译）

b. 不过，这件事我们不抢先一步，别人<u>可就</u>不客气了。不管怎么说，朗太太和她侄女总要结识宾利先生的。因此，你要是不肯介绍，我来介绍好了，<u>反正</u>朗太太会觉得我们是一片好意。（孙致礼译）

c. 但是假如我们不先去尝试，别人<u>就</u>会捷足先登，结果龙太太和她的侄女<u>就会</u>占尽先机。所以说，[……]如果你不担此大任，那我<u>可就</u>自告奋勇了，<u>我想</u>龙太太会理解这其中的良苦用心的。（罗良功译）

三个译文都不同程度地使用了带有主观性的词语：可少不了、反正、可就、就会、我想。联系上下文可知，这是班纳特太太在对其丈夫的不作为表示不满，有种嗔怪的语气，加上这些词，译文变得生动形象，也符合语境。

(11) He came up the hill at a gallop on his thick-barreled, long-legged hunter, <u>appearing in the distance</u> like a boy on a too large horse. (Margaret Mitchell: *Gone with the Wind*)

a. 他骑着那匹腰壮腿长的猎马驰上山冈，<u>远远看去就像</u>个孩子骑在一匹过于高大的马上。（戴侃、李野光、庄绎传译）

b. 父亲骑的是一匹粗腰身长腿儿的大猎马，当他骑上山顶的时候，<u>远远看去就像</u>一个小孩子骑在匹大马上一般。（傅东华译）

appearing in the distance like……，是客观描述，而译文 a 和 b 都译为"远远看去就像"，使用了"看"，增加了主体视角，而且"就像"的"就"也能体现出主观态度，具有一定的、修辞性的主观意义。

（12）Mrs. Hurst and Miss Bingley had spent some hours of the morning with the invalid, who continued, though slowly, to mend; and in the evening Elizabeth joined their party in the drawing-room. The loo table, however, <u>did not appear</u>. (Jane Austen: *Pride and Prejudice*)

　　a. 赫斯脱太太和彬格莱小姐上午陪了病人几个钟头，病人尽管好转得很慢，却在不断地好转。晚上，伊丽莎白跟她们一块儿待在客厅里。<u>不过这一回却没看见有人打"禄牌"。</u>（王科一译）

　　b. 赫斯特太太和宾利小姐上午花了几个小时陪伴病人。病人虽然恢复得很慢，却是在不断好转。晚上伊丽莎白到客厅去同大家待在一起。<u>不过那一桌鲁牌没有再打。</u>（张玲、张扬译）

did not appear 客观地表达"鲁牌"没有出现，而两个译文均使用了"打"，体现了主体视角。

但对比之下，王的译文又增加了感官动词"看见"，增强了主观意识，更符合汉语的习惯性表达。

（13）Mary <u>had</u> heard herself mentioned to Miss Bingley as the most accomplished girl in the neighbourhood; (Jane Austen: *Pride and Prejudice*)

　　a. 曼丽<u>曾</u>听到人们在彬格莱小姐面前提到她自己，说她是邻近一带最有才干的姑娘。（王科一译）

　　b. 玛丽听见有人向宾利小姐夸奖自己，说她是附近一带最有才华的姑娘。（孙致礼译）

　　c. 玛丽听到有人向宾利小姐提起<u>过</u>自己，说自己是这一带最有才华的女子。（罗良功译）

所有译文都几乎无法反映原文是过去完成时还是一般过去时。原文使用的是过去完成时，译文 a 和 c 分别用"曾"以及"过"来反映原文事件发生的时间，而译文 b 没有类似的词，显得更为含糊。

(14) From his garden, Mr. Collins would have led them round his two meadows, but the ladies, not having shoes to encounter the remains of a white frost, turned back; and <u>while</u> Sir William accompanied him, Charlotte took her sister and friend over the house, extremely well pleased, probably, to have the opportunity of showing it without her husband's help. (Jane Austen: *Pride and Prejudice*)

a. 柯林斯先生本来想把他们从花园里带去看看两块草地，但是太太小姐们的鞋子抵挡不住那残余的白霜，于是全都走回去了，只剩下威廉爵士陪伴着他。夏绿蒂陪着自己的妹妹和朋友参观住宅，这一下她能够撇开丈夫的帮忙，有机会让她自己显显身手，真是高兴极了。（王科一译）

b. 柯林斯先生本想把大家从花园带到两块草场转转，不想太太小姐们穿的鞋子架不住那残余的白霜，于是全都回去了，只剩下威廉爵士陪伴着他。<u>这时</u>，夏洛特便领着妹妹和朋友看看住宅。大概因为能有机会撇开丈夫，单独带人参观的缘故，她显得万分高兴。（孙致礼译）

c. 从花园里出来，柯林斯先生本来还想领着众人到他的两片草坪上遛遛，无奈，女士们脚上的鞋实在敌不过外面的残霜，大家只好折转而回，趁着父亲与柯林斯待在一起的机会，夏洛特领着妹妹和朋友在屋子的四处看看，或许是没有丈夫在跟前帮腔插话，她显得格外高兴。（罗良功译）

原文整个过程时间界限分明，不仅有清晰的时态标记，还有表明时间的连接词 while。从某种意义上来看，只有孙译还有些 while 的痕迹，使用"这时"对译。其他两个译文都把这个时间界限词带来的界限感给消除了，使得译文的连续性更强。

（15）They had finished making the bed and I lay with a clean smooth sheet under me and another sheet over me. (Ernest Miller Hemingway: *A Farewell to Arms*)

  a. 她们铺好了床，我躺在那儿，身上身下都挨着一条干净光滑的被单。（林疑今译）

  b. 她们铺好了床。我躺在那儿，身上盖的和身下铺的都是干净、平展的单子。（方华文译）

  英语表达过程中有很明显的时间标记，如本句中 had finished 和 lay 可以看出先发生"铺"的动作再是"躺"的动作，因为前者是过去完成式，而后者是过去式。两个译文都很难体现出这种差异。

  方华文的译文把两个部分用句号隔开，一定程度上稍微反映了前者的动作和后者的动作之间应该有些间隔，但又增强了前后的界限感。不过，这个界限感似乎更合理，更能反映出"铺好床"与"我躺"有一些时间间隔，而不是铺好就躺。

（16）There are few people in England, I suppose, who have more true enjoyment of music than myself, or a better natural taste. If I had ever learnt, I should have been a great proficient. (Jane Austen: *Pride and Prejudice*)

  a. 我想，目前在英国，没有几个人能象我一样真正欣赏音乐，也没有人比我趣味更高。我要是学了音乐，一定会成为一个名家。（王科一译）

  b. 我想，英国没有几个人能像我这样真正欣赏音乐，也没有几个人比我情趣更高。我要是学过音乐，一定会成为一位高手。（孙致礼译）

  原文中用一般现在时描述现在的状态，王译特意用"目前"点明时间；孙译则循着汉语时间模糊的特点没有特别点出。第二句英语使用了虚拟语气，对过去的虚拟，王译和孙译都做了相应的处理，两个译文差异甚微。整体上，孙译更准确，也更符合汉语时间意识模糊的特点。

（17）Her new green flowered-muslin dress spread its twelve yards of billowing material over her hoops and exactly matched the flat-heeled green morocco slippers her father had recently brought her from Atlanta. (Margaret Mitchell: *Gone with the Wind*)

　　a. 她身上穿着一件新制的绿色花布春衫，从弹簧箍上撑出波浪纹的长裙，配着脚上一双也是绿色的低跟鞋，是她父亲新近从饿狼陀买来给她的。（傅东华译）

　　b. 她穿着那件绿花布的新衣，裙箍把用料十二码的波浪形裙幅铺展开来，跟她父亲刚从亚特兰大给她捎来的平跟摩洛哥羊皮绿舞鞋正好相配。（陈良廷等译）

　　c. 她穿一件新做的绿花布衣裳，长长的裙子在裙箍上波翻浪涌般地飘展着，配上她父亲新近从亚特兰大给她带来的绿色山羊皮鞋，显得分外相称。（戴侃、李野光、庄绎传译）

　　d. 她身着一件新的绿色花棉布连衣裙，波浪形的裙幅达十二码，从裙箍处飘泻下来，这与她父亲最近从亚特兰大给她买回的绿色平跟摩洛哥皮拖鞋刚好相配。（李明译）

原句以物体 her new green dress 作为主语，而所有译文均用"她"即小说中的女主人公来做话题，显现了主体意识。

（18）And the rumour of this new presence having spread itself whisperingly around, there arose at length from the whole company a buzz, or mummer, expressive of disapprobation and surprise—then finally, of terror, or horror, and of disgust. (Edgar Allan Poe: *The Masque of the Red Death*)

　　a. 这个消息悄悄地传布到四方，毕竟招了全体的人的非难和惊愕，而纷纷窃议起来，——最后竟变成恐怖和嫌恶的态度了。（钱歌川译）

b. 大家顿时窃窃私议，来客的消息就此一传十，十传百地传开了，宾客间一片喊喊喳喳，纷纷表示不满和惊讶，末了又表示恐惧、害怕和厌恶。（陈良廷等译）

原文并没有使用人作为主语，但陈译使用了"大家"作为主语，反映了主体意识，而钱译则是用"这个消息"这个"物"作为主语（话题）。

钱译的"变成恐怖和嫌恶的态度"读起来不够顺，一定程度与其选择"消息"作为话题有关。总体来说，陈译更加自然，体现了主体意识。

(19) Her manners were pronounced to be very bad indeed, a mixture of pride and impertinence. (Jane Austen: *Pride and Prejudice*)
  a. 把她的作风说得坏透了，说她既傲慢又无礼貌。（王科一译）
  b. 说她太没有规矩，真是既傲慢又无礼。（孙致礼译）

在此句中，英语主语是物 her manners，两位译者都没有给出具体主语，但使用"把"和"说"增加了主体意识。

(20) In a large bedroom upstairs, the window of which was thickly curtained with a great woollen shawl lately discarded by the landlady, Mrs Rolliver, were gathered on this evening nearly a dozen persons, all seeking beatitude; (Margaret Mitchell: *Tess of the D'Urbervilles*)
  a. 这天晚上约莫有一打客人正聚集在楼上一间大卧室里，卧室的窗户被老板娘罗丽佛太太新近淘汰的一张巨大的羊毛披肩遮了个严严实实。客人有十来个，都是来寻快活的。（孙法理译）
  b. 那天晚上，差不多有一打寻欢找乐的人，都聚在楼上一个大卧室里，卧室的窗户，用女掌柜露力芬太太新近用旧报废的大个毛围巾，严严地遮起；（张谷若译）

第二章　弱界限意识和强界限意识

原文是一个倒装句，以 in a large bedroom upstairs 为话题，译文从主体的视角叙述了客人聚集在房间里寻欢作乐的情形，进行了视角的转变，从原文中物的视角转换为人的视角，体现了主体意识。

（21）But though virtue is a much finer thing, and those hapless creatures who suffer under the misfortune of good looks ought to <u>be continually put in mind</u> of the fate which awaits them. (William Makepeace Thackeray: *Vanity Fair*)

　　a. 当然，德行比容貌要紧得多，<u>我们</u>应该时常提醒不幸身为美人的女子，<u>叫</u>她们时常记着将来的苦命。（杨必译）

　　b. 然而，尽管德行比相貌要美妙得多，那些遭受美貌之苦的不幸女子应当经常得到提醒，记住等待着她们的下场。（彭长江译）

be continually put in mind 表达的是一个被动的含义，但不强调施动者是谁。而在汉语中，被动语态不经常使用。对于这部分的处理，杨译添加了施动者"我们"及其动作"叫"，主体意识较强。而彭译为"经常得到提醒"，保留了原文的结构，主体意识稍弱，但也较为通顺。

（22）The first objects that assume a distinct presence before me, as I look far back into the blank of my infancy, are my mother with her pretty hair and youthful shape, and Peggotty, with no shape at all. (Charles Dickens: *David Copperfield*)

　　a. 当<u>我</u>向幼年的空白生活中回顾时，在我前面具有清楚的形象的第一批物体，是<u>生有好看的头发和年轻的样子的我母亲</u>，以及完全不成样子的辟果提。（董秋斯译）

　　b. 现在年深日久之后，<u>我把我的孩提时期那种混沌未凿的懵懂岁月重新忆起</u>，只见在我们面前首先清晰出现的形象，<u>一个是我母亲，头发秀美，体态仍旧和少女一样</u>；另一个是坡勾提，毫无体态可言。（张谷若译）

91

原文的主体结构是 the first objects are my mother and Peggotty。译文都换成了"我"的视角来叙述，表现出主体意识。

（23）<u>Humour or kindness</u> touches and amuses <u>him</u> here and there—a pretty child looking at a gingerbread stall... (William Makepeace Thackeray: *Vanity Fair*)

  a. <u>他</u>不时地会碰上一两件事，或是<u>幽默得逗人发笑</u>，或是<u>显得出人心忠厚的一面</u>，<u>使人感动</u>。这儿有一个漂亮的孩子，眼巴巴地瞧着卖姜汁面包的摊儿……（杨必译）

  b. <u>他</u>会偶尔碰上一件幽默的事，<u>令人好笑</u>，或是一件善事，<u>令人感动</u>。比如一个俊小孩，眼望着姜汁面包摊……（彭长江译）

抽象名词短语 humour or kindness 做主语，但两个译文都将主语译成了"他"，将原句中的受动者转为施动者，体现了主体意识。

2.4　扩展意识与压缩意识

冗余和精练都是相对概念。就冗余而言，汉英翻译中，汉语大量的叠词、名词重复以及夸张修辞在英语中都无法译出，相对写实的英语而言，这些用法往往视为冗余。平卡姆的《中式英语之鉴》中有大量的案例呈现了汉语这些用法不能在英语表达中对译出来。

同时，也有学者认为英语表达中也存在冗余。例如 I went to the market yesterday，其中 yesterday 已经隐含了过去时间意义，went 里的过去意义就是冗余的。

我们认为，汉英中这些所谓的冗余，在各自语言中都不是冗余的。英语中的各种时态标记反映了英语民族很强的规则、界限意识。汉语中的叠词、名词重复以及夸张修辞在汉语中可能存在修辞意义，或者具有篇章衔接功能。

汉语母语者多认为汉语是精练的语言，尤其是古汉语。然而，汉语的精练往往表现为少用虚词，一定意义上牺牲了精确。英语的精练方式较少受到关注。我们认为，英语的精练体现在其具有丰富的派生词、不及物动词以及同时能表过程和结果的各种词语。

另外，本书后文中诸多英语前瞻意识的表现，都反映出：英语表达往往以汉语表达为前提，并隐含了这个前提。例如，汉语重过程，英语重结果，结果隐含过程。因而从这个意义上来看，英语也是精练的。

因此，汉英翻译要善于剔除或隐含汉语中的"冗余"，要善于使用压缩策略（王建国，2019）。英汉翻译需要善于使用汉语中的"冗余"，要使用扩展策略（王建国，2020）。

2.4.1 汉英翻译

汉英翻译通常需要使用压缩策略。压缩不是看词语使用多少，而是看意义的浓缩度和精确度，看读者理解的认知空间界限得到强化。

（1）老马兵原来跟在她的后边，因为他知道<u>女孩子心门儿窄</u>，说不定一炉火闷在灰里，<u>痕迹不露</u>，见祖父去了，自己一切无望，跳崖悬梁，想跟着祖父一块儿去，也说不定！（沈从文《边城》）

a. There was the old cavalryman standing behind her, for he knew well that <u>the minds of little girls are sometimes limited</u>. Perhaps she was like a stove where the fire is hidden under ashes, showing no trace of its burning; she might feel everything ended for her, now that Grandpa was dead; she might plunge from the bluff, or hang herself, to follow the poor old man whither he had gone.（项美丽、辛墨雷译）

b. To be on the safe side, Yang follows her. He knows girls may <u>look calm</u> when a fire is smouldering inside them. Now <u>her grandfather is dead and all her hopes dashed</u>, she may jump over the cliff to join the old man.（戴乃迭译）

画线部分"女孩子心门儿窄"，译文 a 基本上采取了对译策略，译文 b 则没有。"女孩子心门儿窄"的意义可从后文她可能跳崖悬梁中推出，因此译文 b 隐含了这个次要原因，而突出了"见祖父去了，自己一切无望"这一主要原因。译文 b 重点更突出，逻辑更清晰，体现了汉译英的压缩策略。

（2）可是，不知翠翠是故意不从屋里出来，还是到别处去了，许久还不<u>见到</u>翠翠的影子，也不<u>闻</u>这个女孩子的声音。（沈从文《边城》）

a. But he began to fear Ts'ui Ts'ui didn't answer him purposely, and had run away, because he couldn't <u>find</u> even her shadow for a long time, nor the little girl's voice.（项美丽、辛墨雷译）

b. Perhaps she was hiding in the house, perhaps she had disappeared among the woods, but she did not <u>appear</u>, and neither did he <u>hear</u> her voice till long afterwards.（金隄、白英译）

c. But as ill luck will have it, she is out. They <u>get</u> neither <u>sight</u> nor sound of her.（戴乃迭译）

d. But luck was not with him. He waited a long while and still <u>there was no sign</u> of her, and <u>no response</u>. She had either gone off or was purposely staying inside the house.（金介甫译）

对于主体动作"见到"和"闻"的翻译，译文 a 都为 find，译文 b 分别为隐含在 appear 里和译为 hear，译文 c 分别译为 get sight 和 get sound；译文 d 完全隐含了主体视角，运用两个名词 sign 和 response。对于整句话的翻译，译者们在翻译时采取了不同程度的压缩策略。

（3）两方面各将<u>红绿帖子</u>收起，大家的腰骨都似乎直得多，原先收紧着的脸相也宽懈下来，全客厅顿然见得一团和气了。（鲁迅《离婚》）

a. He put the <u>marriage papers</u> safely away.The tension was gone. Every one relaxed and an atmosphere of peace and harmony reigned in the room.（王际真译）

b. ...and both sides put away the red and green certificates. They all seemed to draw themselves up, and their tense expressions relaxed. Complete harmony prevailed.（杨宪益、戴乃迭译）

c. ...and both sides filed away their certificates. Everyone straightened up, and the tension on the assembled company's faces relaxed into expressions of relieved cordiality.（蓝诗玲译）

原文中的"红绿帖子"指的是旧式婚姻所用的订婚凭证，王际真译文中翻译成 marriage papers 是有道理的，舍弃了字面含义，取其真正内涵或相似之意，压缩了读者的想象空间。相比之下，杨氏夫妇对译成 red and green certificates，蓝诗玲译文简单翻译成 certificates 则会给读者留下较大的困惑，没有较好地运用压缩策略。

(4) [1] 那时我妹子才五岁，可爱可怜的样子，还在眼前，母亲哭个不住，他却劝母亲不要哭；[2] 大约因为自己吃了，哭起来不免有点过意不去。（鲁迅《狂人日记》）

a. My sister was only five at the time. I can still remember how lovable and pathetic she looked. Mother cried and cried, but he begged her not to cry, probably because he had eaten her himself, and so her crying made him feel ashamed.（杨宪益、戴乃迭译）

b. I can see her now—such a lovable and helpless little thing, only five at the time. Mother couldn't stop crying, but he urged her to stop, probably because he'd eaten sister's flesh himself and hearing mother cry over her like that shamed him!（莱尔译）

原文的第一句 [1] 中，对应的杨译将前三个小句译为两句话，分别以 my sister 和 I 做主语，而对应的莱尔译则用 I 做主语，并使用"——"将前三个小句的意思串联起来，通过译文中主次结构重组来压缩表述。

两处画线原文的译文都反映了莱尔善用结果义动词来获得压缩。第一

95

句 [1] 中的"他却劝母亲不要哭",杨译是 but he begged her not to cry,而莱尔译的是 but he urged her to stop,在这里用 stop 足以表达 not to cry;原文的第二句 [2] 中,对应的杨译用了 her crying made him feel ashamed 来表达"哭起来不免有点过意不去",而对应的莱尔译则用的是 hearing mother cry over her like that shamed him,"shamed him"足以表达"made him feel ashamed"。

(5) [1] 因大笑,出示日记二册,<u>谓可见当日病状</u>,不妨献诸旧友。持归阅一过,知所患盖"迫害狂"之类。[2] 语颇错杂无伦次,又多荒唐之言;<u>亦不著月日</u>,惟墨色字体不一,知非一时所书。(鲁迅《狂人日记》)

a. Then, laughing, he produced two volumes of his brother's diary, <u>saying that from these the nature of his past illness could be seen</u>, and that there was no harm in showing them to an old friend. I took the diary away, read it through, and found that he had suffered from a form of persecution complex.The writing was most confused and incoherent, and he had made many wild statements; <u>moreover he had omitted to give any dates</u>, so that only by the colour of the ink and the differences in the writing could one tell that it was not written at one time.(杨宪益、戴乃迭译)

b. Smiling broadly, he showed me two volumes of a diary his brother had written at the time, <u>explaining that they would give me an idea of the sickness</u> that had taken hold of him and that he saw no harm in showing them to an old friend. Reading them back home, I discovered his brother had suffered from what is known as a 'persecution complex'. The text was fantastically confused, <u>and entirely undated</u>; it was only differences in ink and styles of handwriting that enabled me to surmise parts of the text were written at different times.(蓝诗玲译)

原文的第一句 [1] 中的小句"谓可见当日病状"中,"谓"不仅是

第二章 弱界限意识和强界限意识

说的意思，更是对给我日记这个动作的解释，对应的杨译为 saying that from these the nature of his past illness could be seen，而对应的蓝译则用的是 explaining that they would give me an idea of the sickness，可见蓝译对于"谓"的翻译更加清晰明了，用更具结果义的动词来表达这个动作。

同时"可见"含有一定主观意味，在英译时应注意压缩。两种翻译都对"可见"的主观视角进行了压缩，均采用的是无灵主语。

原文的 [2] 中，对应的杨译用了 moreover he had omitted to give any dates 来表达"亦不著月日"，而对应的蓝译则用的是 and entirely undated。显然在此例中，蓝诗玲更善于运用高度词汇化的英语，使得句子的意思更加精确而压缩。

(6) 有时疲倦了，躺在临溪大石上睡着了，人在隔岸招手喊过渡，翠翠不让祖父起身，就跳下船去，很敏捷的替祖父把路人渡过溪，一切皆溜刷在行，从不误事。（沈从文《边城》）

a. When he was tired he would lie on a big rock near the stream and fall asleep, and then if people beckoned from the other side, Ts'ui Ts'ui would jump into the boat ahead of her grandfather and carry them over, and she never failed him.（项美丽、辛墨雷译）

b. When he was tired, he stretched out to sleep on the bluffs by the waterside. If someone on the other side waved and hollered that he wanted to cross, Cuicui would jump into the boat to save her grandpa the trouble and swiftly ferry the person across, pulling on the cable smoothly and expertly without a miss.（金介甫译）

"躺在临溪大石上睡着了"中的"躺"这一动作，译文 a 译作 lie，而译文 b 译作 stretch out，这一词组浓缩了舒展身体躺下的意思，更符合疲倦时候躺在石头上的形象，也更加生动。

"招手喊过渡"在译文 a 中译为 beckoned，有"招手示意他人过来"的意思，译文 b 则亦步亦趋，waved and hollered that he wanted to cross 用了 wave、holler 两个动词，显然没有译文 a 简练。

(7) 同时停泊在吊脚楼下的一些船只，上面也有人在摆酒炒菜，把青菜萝卜之类，倒进滚热油锅里去时发出吵——的声音。（沈从文《边城》）

  a. Lounging beneath the chambers, the boatmen's families set their tables for dinner. From the frying-pans of cabbage and turnips in hot oil, <u>a sizzling</u> arose.（项美丽、辛墨雷译）

  b. And in the junks moored beneath these houses, tables were being set for dinner and you heard all the sounds of cooking, and <u>the simmering</u> of cabbages and turnips as they were poured into boiling oil.（金隄、白英译）

  c. On some boats moored nearby supper was being prepared: greens and turnips <u>hissed and spluttered</u> in boiling fat.（戴乃迭译）

  d. Meanwhile, in boats moored below the stilt houses, people were frying up dishes for a feast; greens and turnips <u>sizzled in oil</u> as they plopped into their woks.（金介甫译）

  汉语与英语使用拟声词有所区别，在英语中拟声词有很多可以直接做动词，而汉语的拟声词很少为动词，在汉语中拟声词常常有类似英语中形容词、名词或副词的作用，通常需要搭配上"发出……的声音"等句型，或者使用"……地＋动词"的结构，因而在汉译英时可以对拟声词进行压缩。

  本例中使用的是"发出吵——的声音"，相比之下，译文 a 和 b 压缩程度低，分别用 a sizzling arose 与 you heard...the simmering of 的结构进行翻译；但是译文 c 和 d 就对汉语中的拟声词进行了压缩翻译，直接使用拟声动词 hissed and spluttered 与 sizzled 简洁地表达出了原文的意思。

  (8) 真人三回五次禀说："此殿开不得，<u>恐惹利害，有伤于人</u>。"太尉大怒，指着道众说道："你等不开与我看，<u>回到朝廷，先奏你们</u>

第二章　弱界限意识和强界限意识

众道士阻挡宣诏，违别圣旨，不令我见天师的罪犯；后奏你等私设此殿，假称锁镇魔王，煽惑军民百姓。把你都追了度牒，刺配远恶军州受苦。"（施耐庵《水浒传》）

　　a. "This hall mustn't be opened," the abbot pleaded. "It would mean <u>disaster</u>." Marshal Hong grew angry. He pointed his finger at the Taoists and roared: "If you don't do as I say <u>I'll report to the court</u> that you prevented me from delivering the imperial edict and refused to let me see the Divine Teacher. I'll tell how you rigged up this hall and invented the story that you've got demons inside in order to fool the public. I'll have your religious orders cancelled and have you all tattooed with the mark of the criminal and exiled to a wild and distant region!"（沙博理译）

　　b. Again and again did the abbot say, "This temple must not be opened lest some fierce evil will be stirred up and <u>men will be harmed with it</u>." Then was the Commander filled with great rage and he pointed at the Taoists and said, "If you do not open it for me, <u>I shall return to the Emperor and I will say</u> you held me and would not let me read the imperial mandate before you and that you disobeyed the imperial command and would not let me see the face of The Heavenly Teacher and then I will tell him that you have secretly builded such a temple as this and pretend you have locked the kings of devils in it, so that you sow such superstition among the people. Then shall your priestly pledges be taken from you and you shall be branded and exiled to some far evil place and there shall you suffer."（赛珍珠译）

　　本例是描写太尉命令真人将"伏魔之殿"打开的对话，沙译共有 109 词，赛译共有 157 个词，沙译中有多处采用压缩策略。原文中的"有伤于人"是指打开"伏魔之殿"的后果，沙博理用 disaster 一个单词就能涵盖当中的意义。相比较而言，赛珍珠的译文 men will be harmed with it 显得复杂冗余。

99

对于"回到朝廷",沙译 I'll report to the court 既表达了向朝廷参奏的意思,又有回到朝廷的意味,而赛译 I shall return to the Emperor and I will say 反而将两层意思分开显得不够简练。对于原文中的"先奏""后奏",其实在将参奏的内容列举出来时就已经有先后之分,因此,两个译文都将这部分内容隐含,体现了压缩策略。原文中的"受苦"的意义能从前文中的"刺配远恶军州"推导出来,因此在英译过程中这部分的内容也被隐含。针对这几个方面,沙博理的译文更能体现出压缩策略。

(9) 我晓得他们的方法,直接杀了,是不肯的,而且也不敢,怕有祸祟。所以他们大家连络,布满了罗网,逼我自戕。(鲁迅《狂人日记》)

a. I know their way; they are not willing to kill anyone outright, nor do they dare, for fear of the consequences. Instead they have banded together and set traps everywhere, to force me to kill myself. (杨宪益、戴乃迭译)

b. I'm on to the way they operate. They'll never be willing to come straight out and kill me. Besides, they wouldn't dare. They'd be afraid of all the bad luck it might bring down on them if they did. And so, they've gotten everyone into cahoots with them and have set traps all over the place so that I'll do myself in. (莱尔译)

c. I know their ways. They do not want, or dare, to kill me openly; they fear the vengeance of the ghosts. Instead, they conspire to drive me to suicide. (蓝诗玲译)

就原文画线部分的动词而言,比较以上三个译文,蓝诗玲的译文最为简洁,她将原文的几个动作压缩成一个短句,使得焦点清晰。

(10) 一面照料船只,一面还时时刻刻抽空赶回家里来看祖父,问这样那样。祖父可不说什么,只是为一个秘密痛苦着。躺了三天,人居然好了。(沈从文《边城》)

a. She looked after the boat, coming to glance at her grandfather whenever there was time, and enquiring about this and that. Grandfather didn't say a word. He was suffering a secret pain. He lay in bed three days, and then recovered.（项美丽、辛墨雷译）

b. Between trips on the boat she runs home to see how he is. He says nothing, but his secret preys on his mind. Three days in bed restore him.（金隄、白英译）

"躺了三天，人居然好了"这一句有两个动词，一个是"躺"，另一个是"好了"即"身体恢复健康"，译文 a 保留了这两个动词"He lay in bed three days, and then recovered"，而译文 b 则压缩成 Three days in bed restore him。

（11）到现在，他有六十多辆车，<u>至坏的也是七八成新的</u>，他不<u>存</u>破车。（老舍《骆驼祥子》）

a. Eventually, he owned more than sixty rickshaws, all <u>in good to excellent shape</u>—no run-down rickshaws <u>for</u> him.（葛浩文译）

b. By now he already had sixty-odd rickshaws, <u>even the oldest at least new in seven-tenth portion</u>, for he did not <u>hire out</u> broken-down vehicles.（施晓菁译）

施晓菁并未对两处下画线部分进行过多的处理，对该句的翻译基本是依据汉语行文推进的（even the oldest at least new in seven-tenth portion，hire out）；而葛浩文的译文则较好地体现了汉英翻译过程中压缩策略的应用，将"至坏的也是七八成新的"压缩为 in good to excellent shape，因为"七八成新"就意味着车的大体情况是 good，直接点明车是良好的这一结果会比汉语中用程度表达更为直观。此外，葛浩文还将"存"这一动词压缩成介词 for，很好地体现了汉英翻译中由过程到结果的转换。

(12) 他头上是一顶破毡帽，身上只一件极薄的棉衣，浑身瑟索着；手里提着一个纸包和一支烟管，那手也不是我所记得的红活圆实的手，却又粗又笨而且开裂，像是松树皮了。（鲁迅《故乡》）

a. He wore an old scalp cap and a light cotton padded coat and shivered with cold. He held a paper package and a long pipe in his hands, hands no longer plump and ruddy as I remembered them but coarse, clumsy, and cracked like the bark of a pine tree.（王际真译）

b. Beneath a battered felt hat and a thin padded cotton jacket, his body trembled from the cold. A paper bag and a long pipe were carried in rough, clumsy hands cracked like pine bark—again, no longer the strong, pink hands I remembered.（蓝诗玲译）

原文中第一个小句，"浑身瑟索着"的原因是"头上是一顶破毡帽，身上只一件极薄的棉衣"，王的译文处理成了有两个并列谓语动词的简单句，wore 和 shivered 像是前后发生的两个不同画面。而蓝诗玲的译文是选取 trembled 做句子谓语，其余部分处理成了修饰成分，给读者的印象是一个完整的画面，压缩了多余动词 wore 的使用。

(13) 我不禁头涔涔而泪潸潸了。（朱自清《匆匆》）

a. Aware of this, I feel sweats exuding from my forehead, and tears brimming in my eyes.（许景城译）

b. At the thought of this, sweat oozes from my forehead and tears trickle down my cheeks.（张培基译）

c. Uncontrollably, my sweat and tears stream down.（葛浩文译）

许景城的译文有较强的主体视角，与原文的汉语特色较为接近。张培基的译文则隐含了"我"，对意义进行压缩，使用 sweat 和 tears 为主语，主客两分的意识较强。而葛浩文的译文压缩程度更高，选用了带有结果义的副词 uncontrollably，压缩了汉语原文"我不禁"的意思，且将"涔涔"和"潸潸"压缩为了同一个词 stream down。

第二章　弱界限意识和强界限意识

(14) 等他的背影<u>混入来来往往的人里，再找不着了</u>，我便进来坐下，我的眼泪又来了。（朱自清《背影》）

a. I, however, did not go back to my seat until <u>his figure was lost among crowds of people hurrying to and fro and no longer visible</u>.（张培基译）

b. When <u>his back disappeared among the bustling crowd</u> I went in and sat down, and my eyes were wet again.（杨宪益、戴乃迭译）

该例描写的是父亲送别作者之后，离开车站的场景。译文 a 将"他的背影混入来来往往的人里，再找不着了"译为 his figure was lost among crowds of people hurrying to and fro and no longer visible，在该译文中，no longer visible 与 lost 有意义上的重合，所以可以将 no longer visible 删除。而译文 b 将其译为 his back disappeared among the bustling crowd，进行了压缩，相较译文 a 更加简洁明了。

(15) 他们一不小心，<u>一松手</u>，阿呀，阿弥陀佛，她就一头撞在香案角上，头上碰了一个大窟窿，鲜血直流，用了两把香灰，包上两块红布还止不住血呢。（鲁迅《狂人日记》）

a. Once they <u>loosed their hold on her</u> for a moment, and—Amkofo—she dashed her head against the corner of the wedding table, and gave herself a big gash. The blood flowed so freely that two handfuls of incense ash and a bandage could not stop it.（王际真译）

b. The moment they were careless enough to <u>loosen their grip</u>—gracious Buddha! —she threw herself against a corner of the table and knocked a big hole in her head. The blood poured out; and although they used two handfuls of incense ashes and bandaged her with two pieces of red cloth, they still couldn't stop the bleeding.（杨宪益、戴乃迭译）

c. Then when they <u>let their guard down</u> for just a split second—Aiya, may Buddha preserve us! —before anyone knew what was up,

103

she slammed her head on the comer of the incense table. Made a hole so big the blood just gushed out. They slapped a couple handfuls of incense ash on the hole and wrapped her head in some red cloth. But even with all that they still couldn't stop the blood.（莱尔译）

d. The moment they <u>let go of her</u>, just a little bit, she smashed a great big hole in her head against the incense table. They couldn't stop the bleeding — not even with two handfuls of incense ash and two pieces of red cloth to bind it.（蓝诗玲译）

对于原文"一松手"这一动作，王和杨的译文都采取了对译的方式，分别处理为 loosed their hold on her 及 loosen their grip，描述出具体的松手动作。而莱尔和蓝诗玲的译文则采取将语义向前推进一步的压缩策略，分别处理为 let their guard down 及 let go of her 体现"松手"这一动作发生之后的状态，描述动作的结果，体现了汉英翻译中的压缩策略。

(16) 远处鼓声又蓬蓬的响起来了，黄狗张着两个耳朵听着。（沈从文《边城》）

a. The "<u>boom boom</u>" of the drums rose out of the distance and the yellow dog pricked his ears and listened.（项美丽、辛墨雷译）

b. The <u>pounding</u> of faraway drums could be heard, and the yellow dog pricked up his ears.（金介甫译）

原文中"蓬蓬"是鼓声的拟声词。译文 a 直接使用 boom boom 进行对应；译文 b 使用了 pound 这个动词的动名词形式。

汉英语在拟声词表达方面存在差异，英语多使用动词，这就需要汉语的拟声词在英译时压缩成英语中有拟声功能的动词。以此可以看出把汉语的拟声词"蓬蓬"译成有动作意义的 pounding，比直译成 boom boom 更符合英语的表达习惯。

(17) 城门洞里挤着各样的车，各样的人，谁也不敢快走，谁可都想快快过去，鞭声，喊声，骂声，喇叭声，铃声，笑声，都被门洞儿——像一架扩音机似的——嗡嗡的联成一片，仿佛人人都发着点声音，都嗡嗡的响。（老舍《骆驼祥子》）

  a. All manner of vehicles and people crowded through the city gate, and though no one dared to rush, they all wanted to get through as quickly as possible. Sounds—cracking whips, shouts, curses, horns, bells, laughter merged by the gate's acoustics, with, it creating noise at the same time, and were amplified seemed, everyone one loud <u>buzz</u>. （葛浩文译）

  b. The gate-way through the city wall was crowded with vehicles and pedestrians of every kind, all in a hurry to get through although none dared move too fast. The cracking of whips, the cries, curses, the honking of horns, the tinkling of bells and the laughter all mingled to form one great din as if the tunnel were an amplifier with each individual in it <u>clamouring</u>. （施晓菁译）

原文中的拟声词"嗡嗡"，葛浩文选用了名词 buzz 来体现，既保留了拟声词的声音，又体现了原文所描述的嘈杂场景；施晓菁则选用了动词 clamour，体现了原文体现的喧闹场景，却未能体现"嗡嗡"一词所体现的拟声之意。

（18）渐近故乡时，天气又阴晦了，冷风吹进船舱中，<u>呜呜的响</u>。（鲁迅《故乡》）

  a. ...and as I neared my destination, the sky became overcast and a cold wind began to <u>moan</u> through the boat. （王际真译）

  b. As we drew near my former home the day became overcast and a cold wind <u>blew</u> into the cabin of our boat, ... （杨宪益、戴乃迭译）

  c. ...and as I drew closer to the place where I'd grown up, the sky clouded over and a cold wind <u>whistled</u> into the cabin of my boat. （莱尔译）

d. As I neared my destination the weather grew overcast, the midwinter wind <u>whistling</u> through my cabin. （蓝诗玲译）

原文中"呜呜的响"，形容冷风吹进船舱的声响和情状。四位译者都将其翻译为动词。moan 和 whistle 在英语中本身便包含声音，能代替汉语拟声词，而 blow 虽不包含声音，但也能根据意境听出"吹"的声音来。

2.4.2 英汉翻译

汉译英过程中，要采用压缩策略；而在英译汉过程中，要使用扩展策略，使界限变弱，更具有连续性。使界限变弱的方式：少对译界限标记即英语中的功能词或虚词，少使用汉语界限标记词；多使用动词，少用名词，名词界限性最强。还有不少其他方式，在其他章节中有详述，如多说事，少说物；多用过程表述，少用结果表述，等等。

（1）Although schoolmistresses' letters are to be trusted no more nor less than churchyard epitaphs; yet, as it sometimes happens that a person departs this life who is really deserving of all the praises the stone cutter carves over his bones; who IS a <u>good</u> Christian, a <u>good</u> <u>parent</u>, <u>child</u>, <u>wife</u>, or <u>husband</u>... (William Makepeace Thackeray: *Vanity Fair*)

a. 一般说来，校长的信和墓志铭一样靠不住。不过偶然也有几个死人当得起石匠刻在他们朽骨上的好话，真的是<u>虔诚的教徒</u>，<u>慈爱的父母</u>，<u>孝顺的儿女</u>，<u>尽职的丈夫</u>，<u>贤良的妻子</u>，他们家里的人也真的哀思绵绵地追悼他们。（杨必译）

b. 虽然校长写的信的可信度和墓志铭不相上下，但有时候碰巧也有个别辞别人世的人真的无愧于石匠刻在其遗骸之上的颂词：真的是<u>好基督徒</u>、<u>好父母</u>、<u>好子女</u>、<u>好妻子</u>、<u>好丈夫</u>，死后其家人真的悲悲切切地哀悼他。（彭长江译）

第二章 弱界限意识和强界限意识

原文中形容词 good 出现了两次，第二个修饰了 parent、child、wife 等多个身份词。杨译将其分别扩展为"虔诚的、慈爱的、孝顺的、尽职的、贤良的"；彭译则对译和重复使用了"好"，进行了适度扩展。

（2）THERE was no possibility of taking a walk that day. We had been wandering, indeed, in the leafless shrubbery an hour in the morning; but since dinner (Mrs. Reed, when there was no company, dined early) the cold winter wind had brought with it clouds so <u>sombre</u>, and a rain so <u>penetrating</u>, that further outdoor exercise was now out of the question. (Charlotte Brontë: *Jane Eyre*)

 a. 那一天不可能去散步了。不错，我们早上已经在片叶无存的灌木林中逛了一个钟头；但是，自从吃午饭的时候起（如果没有客人，里德太太是很早吃午饭的），冬日的凛冽寒风就送来了那样<u>阴沉的</u>云和那样<u>透骨的</u>雨，这就不可能再在户外活动了。（祝庆英译）

 b. 那天，出去散步是不可能了。其实，早上我们还在光秃秃的灌木林中溜达了一个小时，但从午饭时起（无客造访时，里德太太很早就用午饭）便刮起了冬日凛冽的寒风，随后<u>阴云密布，大雨滂沱</u>，室外的活动也就只能作罢了。（黄源深译）

sombre 和 penetrating 分别表示"阴沉的"和"透骨的"，祝译直接对译，翻译为"那样阴沉的云"和"那样透骨的雨"，而黄译扩展为两个小句，并且译为主谓结构，符合汉语习惯，更加自然有序。

（3）…and that the dark flat wilderness beyond the churchyard, intersected with <u>dykes</u> and <u>mounds and gates</u>, with scattered cattle feeding on it, was the marshes; (Charles Dickens: *Great Expectations*)

 a. ……墓地对面那一大片黑压压的荒地就是沼地，沼地上<u>堤坝纵横</u>，<u>横一个土墩，竖一道水闸</u>，还有疏疏落落的牛群在吃草；（王科一译）

 b. ……墓地前面那一大片黑茫茫的荒地就是沼泽地，沼地上堤

坝纵横，<u>有不少土堆和水闸</u>，还有疏疏落落的牛群在吃草；(主万、叶尊译)

英语中的名词有复数形式，而汉语只能通过使用量词或形容词等方式来体现数量的多少。在本例中，mounds 和 gates 都是复数形式，译为汉语时就需要体现出有很多的土堆，有很多的水闸。主和叶的译文用了"有不少"体现数量之多，但不如王科一的译文用词巧妙。王科一使用动词和量词，扩充为"横一个土墩"和"竖一道水闸"，与前文"纵横"相对应。

(4) "Well, yes," said Mrs Durbeyfield; and in a private tone, "at first there mid be a little <u>pretence</u> o't … But I think it will be wiser of 'ee to put your best side outward," she added. "Very well; I suppose you know best," replied Tess with <u>calm abandonment</u>. (Thomas Hardy: *Tess of the D'Urbervilles*)

    a. 德北太太说："不错，是；"跟着又带着说私话的口气，"你刚一去，也许<u>外面儿上叫你做点活儿</u>。……可是依俺说，你把你最大的长处在明处显摆显摆，才算得更懂情理。""好吧，我想你比谁都明白。"苔丝<u>安安静静，听天由命</u>地回答说。(张谷若译)

    b. "那倒也是。"杜伯菲尔德太太说，然后便像说知心话一样补充说，"开头嘛，是<u>假装去做活儿</u>的……但是我认为你还是放聪明些，把最好的一面让别人看到为好。""好吧好吧，这些事你最懂。"苔丝<u>无可奈何</u>地说。(孙法理译)

原文 pretence，两个译文都把抽象名词扩展开来，张译为"外面上叫你做点活儿"，孙译为"假装去做活儿"。calm abandonment，指的是一种语气的妥协，两位译者同样都进行了扩展，如张译为"安安静静，听天由命"，孙译为"无可奈何"，将原文的抽象化程度高的名词扩展成了流畅的汉语译文。

(5) From the holiday gaieties of the field — the white gowns, the <u>nosegays</u>, the <u>willow-wands</u>, the <u>whirling movements</u> on the green, the flash of gentle sentiment towards the stranger — to the yellow melancholy of this one-candled spectacle, what a step! (Thomas Hardy: *Tess of the D'Urbervilles*)

  a. 从田野里节日的欢乐——白色的长袍，<u>一束束鲜花</u>，<u>垂柳的枝条</u>，草地上<u>旋转的舞步</u>，对陌生人生出来的柔情——到一支蜡烛的昏黄暗淡的景象，这是多么巨大的差异啊！（王忠祥、聂珍钊译）

  b. 田野里有的是假日的欢乐——白色的袍子、花束、柳条、在绿草地上的旋转，还有那为陌生人而激起的款款柔情。而离开了那儿一步踏进这片由一支蜡烛照耀着的幽暗愁苦的景象里，可是多么巨大的差异啊！（孙法理译）

  c. 从刚才野外过节那种快乐的气氛里——白色的长衫，<u>丛丛</u>的花束，<u>柳树的柔条</u>，青草地上<u>翩跹的旋舞</u>，青年过客一时引起的柔情——来到这蜡烛一支、光线昏黄的惨淡景象中，真是天上人间了。（张谷若译）

原文破折号之间采用的都是名词短语。孙法理仅对译原文，而译文 a 和 c 则对这些名词词组的内容进行了扩展表达。对于 nosegays 的复数，译文 a 和 c 分别使用了"一束束""丛丛"这类叠词；对于 willow-wands，两个译文分别使用了"垂柳的枝条"和"柳树的柔条"，对柳条的状态（柔）进行了扩展；对于 whirling movement，两个译文使用了"旋转的舞步"和"翩跹的旋舞"，都将 movement 与前文结合起来了，比单纯的"旋转"更为具体生动。总的看来，经过扩展的译文首先更加符合汉语的韵律，其次这一韵律感也使译文更为生动。

(6) To be fond of dancing was a certain step towards falling in love; and very lively hopes of Mr. Bingley's heart were entertained. (Jane Austen: *Pride and Prejudice*)

  a. 喜欢跳舞是谈情说爱的可靠步骤，<u>大家都热切希望去博取宾</u>

利先生的欢心。(孙致礼译)

  b. 喜欢跳舞是坠入爱河的第一步，<u>姑娘们</u>都满怀希望，渴望着赢得宾利先生的倾心。(罗良功译)

原文隐含了施动者，两位译者分别使用"大家""姑娘们"，显化了施动者。

  (7) The girls <u>grieved</u> over such a large number of ladies; but <u>were comforted</u> the day before the ball by hearing that, instead of twelve, he had brought only six with him from London, his five sisters and a cousin. (Jane Austen: *Pride and Prejudice*)

  a. 小姐们听说这么多女士要来，<u>不禁有些担忧</u>。但是到了舞会的头一天，又听说宾利先生从伦敦没有带来十二位女宾，而只带来六位——他自己的五个姐妹和一个表姐妹。小姐们<u>这才放了心</u>。(孙致礼译)

  b. 一听说要来那么多的女士，这儿的姑娘们<u>不由得黯然伤心</u>。可是等到了舞会的前一天她们又听说宾利先生从伦敦带来的女士没有十二位，仅有六位，而且其中五位是他的亲姊妹，还有一位是他的表妹，这消息<u>让她们大舒了一口气</u>。(罗良功译)

英语的精练体现在它有丰富的派生词、不及物动词以及能表过程表结果的词语。原文中的不及物动词 grieve，对应的译文分别是"不禁有些担忧"和"不由得黯然伤心"，英语中的一个词扩充成了汉语的一个小句。were comforted 也被扩展开，更加形象起来。

  (8) The <u>promised letter</u> of thanks from Mr. Collins arrived on Tuesday, addressed to their father, and written with all the solemnity of gratitude which a twelvemonth's abode in the family might have prompted. (Jane Austen: *Pride and Prejudice*)

  a. 柯林斯先生<u>事先答应写来的那封谢函</u>星期二就收到了，信是

写给她们父亲的,信上说了多少感激的话,看他那种过甚其辞的语气,就好像在他们府上叨光了一年似的。(王科一译)

b. 柯林斯先生<u>许诺要写的谢函</u>星期二就收到了,信是写给她们父亲的,信里充溢着一种铭感五内的语气,仿佛他在他们府上叨扰了一年似的。(孙致礼译)

c. 柯林斯先生<u>答应过的感谢信</u>倒是在星期二如期而至。信是写给她们父亲的,语气严肃认真,充满感激之情,像在贝内特家叨扰了一年似的。(罗良功译)

本例英语开头用的 the promised letter,体现了英语的精练和结果取向,翻译到汉语中,就需要将过程还原,所以三位译者都选择将过程显化出来,分别译为"事先答应写来的那封谢函""许诺要写的谢函""答应过的感谢信"。但在这里,我们认为也可以将过程单独写成小句,试译作"柯林斯先生说要写一封感谢信来,这封信星期二就寄到了",并没有过分拘泥于英语结构,也更符合汉语按时序逻辑的叙事方式。

(9) As they walked across the lawn towards the river, Elizabeth turned back to <u>look</u> again; (Jane Austen: *Pride and Prejudice*)

a. 大家穿过草场,朝河边走去时,伊丽莎白又掉头<u>看了一下</u>。(孙致礼译)

b. 这时伊丽莎白停下脚步,回过头想<u>多看一眼</u>彭伯里府邸。(罗良功译)

英语的某些词语具有丰富的含义,而汉语则需要根据不同的语境进行调整。英语中的不及物动词尤其体现了英语词义丰富,如原文中的 look,两位译者在翻译时,分别翻成了"看了一下""多看一眼",添加了动量词,保证了译文的连续性和流畅性。

(10) In describing to her all the grandeur of Lady Catherine and her mansion, <u>with occasional digressions</u> in praise of his own humble

abode and the improvements it was receiving, he was happily employed until the gentlemen joined them. (Jane Austen: *Pride and Prejudice*)

a. 柯林斯在讲述咖苔琳夫人和她公馆的富丽堂皇时，<u>偶然还要穿插上几句话</u>，来夸耀他自己的寒舍，说他的住宅正在装潢改善中等，他就这样自得其乐地一直扯到男客们进来为止。（王科一译）

b. 柯林斯先生一面描绘凯瑟琳夫人及其大厦的富丽堂皇，<u>一面还要偶尔穿插几句</u>，来夸耀夸耀他自己的寒舍，以及他正在进行的种种修缮。他就这样自得其乐地唠叨到男宾们进来为止。（孙致礼译）

c. 柯林斯先生一边描述着凯瑟琳夫人的雍容华贵和罗辛斯庄园的富丽堂皇，<u>一边时不时地撇开话题</u>，瞅机会赞扬自己的陋室几句，夸耀一下自己对"寒舍"所做的装修。他一直这样夸夸其谈，一直到几位先生进来后才停息下来。（罗良功译）

原文 with occasional digressions 中的 digressions 义为"离题、题外话"，是动词 digress 的名词形式，用在这里精练而生动，但如果直接对译成汉语，便会显得生硬，三位译者纷纷将其扩展，译文 a "偶然还要穿插上几句话"、译文 b "一面还要偶尔穿插几句"和译文 c "一边时不时地撇开话题"都译成动宾结构，扩展出过程，读来自然流畅，符合汉语表达习惯。

(11) All the world are good and <u>agreeable</u> in your eyes. I <u>never</u> heard you speak ill of a human being in my life. (Jane Austen: *Pride and Prejudice*)

a. 在你眼睛里看来，天下都是好人，你都<u>看得顺眼</u>。我<u>生平从来没</u>听见你说人家的坏话。（王科一译）

b. 在你眼里，世界上的人都好得很，都<u>顺心意</u>。我<u>没哪日哪时</u>听你说过什么人一句坏话。（张经浩译）

c. 在你眼里，天下人都是好的，都<u>很可爱</u>。我<u>生平从没</u>听见你说过别人的坏话。（孙致礼译）

本案例中，译者使用的扩展策略主要有两处，第一处是 agreeable，第二处是 never。三位译者将 agreeable 分别译为"看得顺眼""顺心意""很可爱"，属于形容词的扩展，相比直接对译更为通顺易懂。其次是对于 never 的处理，译者没有直接对译为"从未"，而分别使用了"生平""没哪日哪时"以加强语气，同时使译文更加贴近汉语的日常口语对话，更加生动易懂。

（12）Seated with <u>Stuart and Brent Tarleton</u> in the cool shade of the porch of Tara, her father's plantation, that bright April afternoon of 1861, she made a pretty picture. (Margaret Mitchell: *Gone with the Wind*)

a. 1861 年 4 月的一个晴朗的下午，郝思嘉小姐在陶乐垦植场的住宅，陪着<u>汤家那一对双胞胎兄弟</u>——一个叫汤司徒，一个叫汤伯伦的——坐在一个阴凉的走廊里。这时，春意正浓，景物如绣，她也显得特别标致。（傅东华译）

b. 1861 年 4 月有一天下午，阳光明媚，她在父亲的塔拉庄园宅前门廊的荫处，同<u>塔尔顿家两兄弟</u>司徒特和布伦特坐在一起，那模样真是宛若画中的人。（陈良廷等译）

c. 1861 年 4 月一个晴朗的下午，思嘉同<u>塔尔顿家的孪生兄弟</u>斯图尔特和布伦特坐在她父亲的塔拉农场阴凉的走廊中，她的美貌显得更加美如画了。（戴侃、李野光、庄绎传译）

d. 1861 年 4 月的一个下午，春光明媚，斯嘉丽同斯图尔特和布伦特一道坐在父亲的农场——塔拉农场——门廊的阴凉处，她那模样宛若画中美人。（李明译）

交代原文某些人物关系是一种必要的扩展。原文的两个人名 Stuart and Brent Tarleton，前三个译文将之扩展成"汤家那一对双胞胎兄弟""塔尔顿家两兄弟""塔尔顿家的孪生兄弟"，这不仅解释了人物身份，而且也保证了阅读顺利。

(13) She lay reclined on a sofa by the fireside, and with her darlings <u>about</u> her (for the time neither quarreling nor crying) looked perfectly happy. (Charlotte Brontë: *Jane Eyre*)

  a. 她斜靠在炉边的沙发上，心爱的儿女都<u>在身旁</u>（这忽儿既不争吵，又不哭闹），看上去很是快活。（祝庆英译）

  b. 她则斜倚在炉边的沙发上，<u>身旁坐着</u>自己的小宝贝们（眼下既未争吵也未哭叫），一副安享天伦之乐的神态。（黄源深译）

  c. 而她则斜靠在炉边的沙发上，让几个宝贝儿<u>簇拥着</u>（这会儿既不争吵，又不哭闹），一副心满意足的样子。（吴钧燮译）

原文画线部分的 about 是一个介词，about her 表示"围着她"。三位译者都采取了不同的扩展方式来解释这层含义。祝译"在身旁"是较为模糊的说法；黄译"身旁坐着"，引入了"坐"这个动词，且界定很明确，儿女们就是"坐"在她周围；吴译为"簇拥着"，直接将其译为一个动词，没有点明究竟是"坐着"还是"站着"，相同的是三位译者都进行了扩展。

(14) ...and there was such a scuffling, and hugging, and kissing, and crying, with the hysterical YOOPS of Miss Swartz, the parlour-boarder, from her room, as <u>no pen</u> can depict, and as <u>the tender heart</u> would fain pass over. (William Makepeace Thackeray: *Vanity Fair*)

  a. ……这种种，实在<u>没人</u>能够描写，<u>软心肠的人</u>也不忍多看的。（杨必译）

  b. ……这情景非笔墨所能形容，写下来<u>软心肠的人</u>也会跳过不看的。（彭长江译）

原文中出现了两个名词 pen 和 tender heart，在两个译文中，都对应地显化了动作的施动者。

(15) Sambo of the bandy legs <u>slammed</u> the carriage door on his

第二章 弱界限意识和强界限意识

young weeping mistress. He sprang up behind the carriage. "Stop!" cried Miss Jemima, rushing to the gate with a parcel. (Nathaniel Hawthorne: *The Scarlet Letter*)

a. 弯腿的三菩<u>啪的一声</u>替他哭哭啼啼的小姐<u>关好了车门</u>,自己一纵身跳在马车后面站好,这当儿吉米玛小姐拿着一个小包冲到门口叫道:"等一等!"(杨必译)

b. 罗圈腿桑博<u>等</u>哭哭啼啼的小女主人<u>上了车</u>,<u>砰的一声</u>关上了车门,纵身一跳站在车尾。"等等!"杰迈玛小姐拿着一个小包赶到校门口叫道。(彭长江译)

本句的动作描写比较多,首先,杨译描写三菩为小姐关车门的动作时,显化了"啪的一声",扩展了"关好了车门"的动作方式。彭译对施动者的动作也进行了扩展,关车门这个动作发生在小女主人上了车之后,所以译文显化了"等……上了车"。同时"砰的一声"也扩展了动作方式,这样的扩展使译文更加生动形象,且不失准确性。

(16) And poor Lady Jane was aware that Rebecca had captivated her husband, although she and Mrs. Rawdon <u>my-deared and my-loved</u> each other every day they met. (Nathaniel Hawthorne: *The Scarlet Letter*)

a. 可怜的吉恩夫人明明知道自己的丈夫也着了利蓓加的迷,不过每逢罗登太太和她见面的时候,她们两人还是你叫我亲爱的,我叫你亲爱的,<u>相处得非常和睦</u>。(杨必译)

b. 可怜的简郡主明白,丽蓓卡已经迷住了她的丈夫,尽管每逢她和罗顿太太见面的时候互相"亲爱的""宝贝"<u>叫得很亲热</u>。(彭长江译)

就画线部分,杨译使用"相处得非常和睦",把原文所隐含的意思翻译了出来,而彭译"叫得很亲热",也有相应的扩展。

(17) For some time he sat <u>gazing</u> stupidly at the paper. (George Orwell: *1984*)

a. 他呆呆地坐在那里，<u>看着</u>本子。（董乐山译）

b. 他<u>还是</u>呆呆地坐着，<u>目不转睛地盯着</u>面前摊开的白纸。（刘绍铭译）

两位译者对这句话的处理差别较大，刘译明显更长。如"还是"一词在原文中并无体现，是为了增强译文逻辑性做出的合理显化，虽然不加也并不影响读者理解，但是加上后更好地从侧面体现出了未对译出的 for some time 的意味。

对于 gazing 的翻译，董译对译为"看着"，简单明了；刘译文译为"目不转睛地盯着"，与 gaze 的意思更为贴合。但之后的"面前""摊开""白纸"，都是译者的显化扩展，更能体现出主人公想写日记却无从下手的茫然，渲染了气氛。

(18) When the twins left Scarlett standing on the porch of Tara and the last sound of flying hooves had died away, she went back to her chair like a sleepwalker. (Margaret Mitchell: *Gone with the Wind*)

a. 思嘉站在塔拉农场的走廊上<u>目送</u>那对孪生兄弟离开，直到飞跑的马蹄声已隐隐消失，她才如梦游似地回到椅子上去（戴侃、李野光、庄绎传译）

b. 那双胞胎兄弟走时，思嘉站在走廊上<u>送他们</u>，直到马蹄声消失，她方才像梦游人似的回到她的椅子上。（傅东华译）

When the twins left Scarlett standing on the porch of Tara 是状语从句，直接对译是"双胞胎离开时，斯嘉丽站在塔拉农场的走廊上"，而译文 a 和 b 均对这句话进行了扩展，显化或一定程度上添加了斯嘉丽的动作以及动作方式，如译文 a 使用了"目送"，译文 b 使用了"送他们"。

(19) He was a <u>mild</u>, <u>good-natured</u>, <u>sweet-tempered</u>, <u>easy-going</u>,

foolish, dear fellow—a sort of Hercules in strength, and also in weakness. (Charles Dickens: *Great Expectations*)

　　a. 他性情温和柔顺，心肠善良，脾气平和，平易近人。虽带有三分傻气，却是个极其可爱的人。在阳刚方面，他力大无比；在阴柔方面，他见了老婆就怕；真有点儿像赫尔克勒斯。（罗志野译）

　　b. 他性情温厚，心地善良，和蔼可亲，待人友善，还有几分傻气，真是个可爱的人，很有点像赫丘利，既有他那样的力气，也有他的那种弱点。（主万、叶尊译）

对 mild、good-natured、sweet-tempered、easy-going 这几个形容词，两个译文都处理成四字格。对于 foolish 和 dear fellow 的翻译，两位译者都采用了扩展的方式，用两个短语表达，意义和形式都较为对称。另外，在处理 Hercules 的 strength 和 weakness 时，译文 a 使用了"在阳刚方面，他力大无比；在阴柔方面，他见了老婆就怕"，意义和形式都较为对称。两个译文都较为流畅。

(20) The ladies of Longbourn soon waited on those of Netherfield. The visit was returned in due form. (Jane Austen: *Pride and Prejudice*)

　　a. 浪博恩小姐们不久就去拜访尼是斐花园的小姐们了。人家照例来回拜了她们。（王科一译）

　　b. 朗伯恩的女士们不久就去拜访了内瑟菲尔德的女士们。内瑟菲尔德的女士们也照例作了回访。（孙致礼译）

　　c. 龙博恩的女人们不久就去拜访了泥泽地别墅的小姐们，宾利的姐妹们也礼尚往来到龙博恩回拜。（罗良功译）

The visit was returned in due form 表达非常精练，联系前一句话意思也简洁明了。如果对译成汉语"照例进行了回访"，意义则不太明确，因此三个译者在翻译时都显化了一些背景信息进行解释，"人家照例来回拜了她们""内瑟菲尔德的女士们也照例作了回访""宾利的姐妹们也礼尚往来到龙博恩回拜"，这样一来整个意思就更加清楚了。

(21) ...since I am well aware that <u>it could not be complied with</u>; and that one thousand pounds in the 4 per cents, which will not be yours till your mother's decease is all that you may ever be entitled to. On that head, therefore, <u>I shall be uniformly silent; and you may assure yourself that no ungenerous reproach shall ever pass my lips when we are married.</u> (Jane Austen: *Pride and Prejudice*)

  a. 因为我非常清楚，即使提了什么要求<u>也</u>绝不可能满足。而至于你可能有权享有的不过就是一千英镑，利息也不过四厘，而且还得等到你母亲辞世之后才能得到。因此，对于这件事，我绝对不提一字。<u>你也</u>尽管放心，在我们结婚之后，<u>我也</u>绝对不会斤斤计较。"（罗良功译）

  b. 我知道提出来<u>也</u>无法满足，你名下仅有年利4分的1千镑财产，还要等你母亲去世以后才能到手。所以，这方面我会只字不提，你可以放心，结婚以后<u>我也</u>不会有半句责怪的话。（张经浩译）

  c. 因为我很清楚，提了他<u>也</u>满足不了。你名下应得的财产，只不过是一笔年息四厘的一千镑存款，还得等令堂去世以后才能归你所有。因此，在这个问题上，我将绝口不提。而且请你放心，我们结婚以后，我决不会小里小气地发一句怨言。（孙致礼译）

为更符合汉语的表达习惯，译者有时添加一些形式，表达语气，也属于扩展。如 it could not be complied with，译者都使用了"也"字。另外，"I shall be uniformly silent; and you may assure yourself that no ungenerous reproach shall ever pass my lips when we are married"，译文 a 和 b 中也同样使用了"也"字。

(22) However, could not be prevailed on to join in their censure of her, in spite of all Miss Bingley's <u>witticisms</u> on fine eyes. (Jane Austen: *Pride and Prejudice*)

  a. 不过，尽管彬格莱小姐怎么说<u>俏皮话</u>，怎么样拿她的美丽的眼睛开玩笑，达西始终不肯受她们的怂恿，夹在她们一起来编派她

的不是。（王科一译）

b. 不过，尽管宾利小姐一个劲地拿美丽的眼睛<u>打趣</u>，达西先生说什么也不肯跟着她们去编派伊丽莎白的不是。（孙致礼译）

c. 不过，尽管宾利小姐<u>妙语连珠</u>，在一双秋波上打趣逗乐，却始终无法逗引达西先生跟着她们来褒贬她。（张玲、张扬译）

witticism 义为"妙语、俏皮话、诙谐语"，是个抽象化程度高的派生词，翻译时，需要扩展表达，才能符合汉语的审美方式。王科一将 witticism 直接对译为"俏皮话"，中规中矩，但是原著用的是一个复数名词，该译文忽略了原著的用意。孙译为动词"打趣"，稍许忽视了词义中的"妙"的意思。张进行更大程度上的扩展，译为一个主谓式的成语"妙语连珠"，形象鲜明，贴切地翻译出"妙"的含义，"连珠"还准确地体现了复数含义。

总体而言，各个译者都有意在译文中使用了扩展策略，但张玲、张扬译本的扩展程度最高，并具有较高的文学性，相比之下略胜一筹。

(23) I honour your <u>circumspection</u>. <u>A fortnight's acquaintance</u> is certainly very little. (Jane Austen: *Pride and Prejudice*)

a. 我真佩服<u>你想得这般周到</u>。<u>两个星期的认识</u>当然谈不上什么。（王科一译）

b. 我真佩服<u>你的审慎</u>。<u>结识两周</u>当然微不足道。（孙致礼译）

c. <u>您考虑问题真是细密周到</u>，令人佩服。<u>两个星期的相识</u>的确太短，转瞬即逝。（罗良功译）

三个译文里，译文 a 和 c 将 circumspection 译成了动词词组，读来更具流畅性，而译文 b 将其直接对译为名词。同理，a fortnight's acquaintance 的三个译文也略有不同：仅译文 b 采取了扩展策略，将其译为动词词组"结识两周"。总体上，动词的界限性弱于名词，把 circumspection、a fortnight's acquaintance 都扩展成动词结构，流畅性会更好。

(24) ...and he <u>repeated</u> his enquiries as to the time of her having left Longbourn, and of her stay in Derbyshire, <u>so often</u>, and in so hurried a way, as <u>plainly spoke the distraction of his thoughts</u>. (Jane Austen: *Pride and Prejudice*)

  a. 他问她是几时从浪搏恩出发，在德比郡待了多久，诸如此类的话<u>问了又问</u>，而且问得很是慌张，这足以说明他是怎样的<u>心神错乱</u>。（王科一译）

  b. 他问她哪天离开朗伯恩，在德比郡待了多久，而且慌慌张张地<u>问了又问</u>，充分说明他也是<u>神不守舍</u>。（孙致礼译）

  c. 他<u>翻来覆去</u>地问着她什么时候离开龙博恩的，在德比郡住了多久，等等。他不断地重复着，语气匆促，一眼就能看出他的思绪<u>纷乱如麻</u>。（罗良功译）

使用四字格扩展是常见的方式。例如，前两位译者均将 so often 译为"问了又问"，第三位译者将 repeated 译为"翻来覆去"。另外，三位译者均用了四字格表达 distraction of his thoughts，分别为"心神错乱""神不守舍""纷乱如麻"。

(25) With Bewick on my knee, I was then happy: happy at least in my way. I feared nothing but interruption, and that came too soon. <u>The breakfast-room door opened.</u> (Charlotte Brontë: *Jane Eyre*)

  a. 我膝盖上<u>放着</u>比维克的书，那忽儿真是快活，至少我有我的快活之处。我什么也不怕，就怕别人来打扰，偏偏就有人过早地来打扰了我。早餐室的门给打开了。（祝庆英译）

  b. 当我膝头<u>上摊开着</u>彪依克的书的那一会儿，我觉得很快乐，至少是自得其乐。我只担心别人来打搅，可它却偏来得很快。早餐室的门<u>一下</u>打开了。（吴钧燮译）

原文中 Bewick 是书的作者，这里借代为书，译文 a 和译文 b 都做出了必要的扩展：介词 on 表示书放在膝盖上的状态，译文 a 扩展为"放着",译文 b 则译为"摊开着",显然译文 b 更生动准确地写出了主人公看书时放松愉悦的状态。

原文中 The breakfast-room door opened,承接上文提到的怕别人打扰,却偏偏有人来打扰,因此译文 b 中"一下"二字补充得十分恰当,表现出了打扰来得十分突然。由此可见,扩展描述事物的状态,可以使译文更为生动。

第三章 回顾意识和前瞻意识

3.1 可能意识与事实意识

汉语中多说"可能""会""可以"等有一定灵活度的词,对事和物不做精确判断,而相应地,英语中说话更多地说事实。通俗地说,汉语常常说话留有余地,而英语一般把话说死。

3.1.1 汉英翻译

(1) 又或<u>可以见到</u>几个中年妇人,穿了浆洗得极硬的蓝布衣裳,胸前挂有白布扣花围裙,躬着腰在日光下一面说话一面作事。(沈从文《边城》)

a. <u>You might see women</u> scattered here and there, dressed in stiffly starched blue cloth with white aprons, bending to work in the sun or talking.(项美丽、辛墨雷译)

b. <u>Middle-aged women</u> wore blue cotton outfits starched stiff, with embroidered white cotton aprons hanging down across their bosoms. They chatted as they worked, stooping in the sunlight.(金介甫译)

原文中"可以见到",是个全知全觉的表述,不知谁可以"见到",但又有人"见到",项译选了 you might see,而金介甫并没有对译此部分,删除了其隐含的汉语主体意识和主观意识。

（2）采莲是江南的旧俗，<u>似乎很早就有，而六朝时为盛</u>；从诗歌里可以约略知道。（朱自清《荷塘月色》）

a. It used to be celebrated as a folk festival in the South, <u>probably</u> dating very far back in history, most popular in the period of Six Dynasties. We can pick up some outlines of this activity in the poetry. （朱纯深译）

b. This was an old custom south of the Yangtse, which <u>apparently</u> originated very early and was most popular in the period of the Six Kingdoms, as we see from the songs of the time. （杨宪益、戴乃迭译）

原文中"似乎"一词并不是真正意义上的揣测和不确定，它只是汉语中用来衔接上下文的惯用表达。并且从后文"从诗歌里可以约略知道"中可以看出，关于"采莲"这一风俗的起源和兴盛时期都是有诗歌予以佐证的。因此这里的"似乎"一词并不是"可能"的意思。

译文 a 将似乎直译为 probably，表现出了一种不确定性，但实际上原文表达的并不是"可能"的含义，而是"确定"的含义。

相反，译文 b 直接用 apparently 表示肯定，不拘泥于原文，从模糊的汉语转换为清晰的英语，既符合英语界限清晰的特点，同时也忠实于原文意义的表达。

（3）几个人便挖出他的心肝来，用油煎炒了吃，<u>可以</u>壮壮胆子。（鲁迅《狂人日记》）

a. ...and that some of the men had taken out his heart and fried it in oil and had eaten it <u>in the belief</u> that this would give them more courage.（王际真译）

b. ...then some people had taken out his heart and liver, fried them in oil and eaten them, <u>as a means of</u> increasing their courage.（杨宪益、戴乃迭译）

c. Even gouged out his heart and liver. Fried them up and ate them <u>to</u> bolster their own courage!（莱尔译）

d. …and some of the villagers had dug out his heart and liver, then fried and eaten them, <u>for</u> courage.（蓝诗玲译）

参看各自画线部分，四个译文似乎都能看到"可以"的影子，其中译文 c 和 d 更为虚化。原文没说真可以壮胆子，而是说有人相信真可以壮胆子。因而四个译文都忠实了原文，站在原文的角度，译出了有人相信可以壮胆子。

（4）住在城中较高处，门前一站<u>便可以</u>眺望对河以及河中的景致，船来时，远远的就从对河滩上看着无数纤夫。（沈从文《边城》）

a. If you lived in a high part of the city, standing in front of your house <u>you could see</u> what was going on in the river or over on the other bank. When the boats came in you saw many boatmen towing on the bank afar off.（项美丽、辛墨雷译）

b. From the high ground overlooking the city, <u>you could stand</u> at the threshold of your house and enjoy the view of the river and the further bank.（金隄、白英译）

原文并没有说是谁"门前一站"，反映了汉语不说具体的施动者但又似乎存在施动者的主客交融思维，两个译文都选择了 you，并都把"可以"译为 could。

事实上，"门前一站"就一定能眺望对河以及河中的景致，而不仅仅是 could。两个译文一定程度上反映了汉语思维方式。

（5）楼上"空空如也"，任我拣得最好的坐位：<u>可以</u>眺望楼下的废园。（鲁迅《在酒楼上》）

a. The room was empty, leaving me free to take the best seat, <u>with a view down over a ruined garden below</u> that probably didn't belong to the tavern.（蓝诗玲译）

b. The fact that the place was empty enabled me to pick the best seat, one with a view of the deserted garden below. （杨宪益、戴乃迭译）

这里不是"可以不可以"的问题，是一定能眺望的事实。因而两个译文都没有对译"可以"。

(6) 即此一端，<u>我们便可以</u>知道女人是害人的东西。（鲁迅《阿Q正传》）
    a. Irrefutable proof that women are at the root of all evil. （蓝诗玲译）
    b. From this <u>we can</u> see that woman is a menace to mankind. （杨宪益、戴乃迭译）

"我们"的所指，虚虚实实。杨译用 we 来对译，并用 can 来翻译"可以"，一定程度上反映了汉语思维方式。当然，这不是认为杨译是中式英语，而是认为杨译与汉语原文更为相似。

(7) 这一对白兔，似乎离娘并不久，虽然是异类，也<u>可以</u>看出他们的天真烂熳来。（鲁迅《兔和猫》）
    a. They seemed barely weaned—both had this look of vulnerable, animal innocence about them. （蓝诗玲译）
    b. Apparently these two white rabbits had not left their mother long. Although a different species, their carefree innocence was evident. （杨宪益、戴乃迭译）

原文"也可以"体现了较高的"看出"概率，两个译者都相信"他们的天真烂熳"是事实，都没有对译"可以"，而是直接用事实上的表达来替代"可以看出"。

(8) 他们的眼睛都已老花多年了，但望这红白的花，却还<u>能</u>明

125

白看见。(鲁迅《药》)

　　a. Both of them suffered from failing eyesight, yet they <u>could</u> see these red and white flowers clearly. (杨宪益、戴乃迭译)

　　b. Across the grave's rounded peak lay a wreath of red and white flowers, clearly <u>visible</u> even to eyes long cloudy with old age. (蓝诗玲译)

译文 a 用 could 对译"能",说明了他们有这种视力和看见的能力。译文 b 把这种能力隐含到了 visible 中,换了"花"可以被看见的视角。译文 b 表述更客观。

(9)"那里去了?谁知道呢?——他能到那里去呢,你等着就是,一会儿总<u>会</u>回来的。"(鲁迅《孤独者》)

　　a. "Where? Who knows—where could he go? You can wait, he will be back soon." (杨宪益、戴乃迭译)

　　b. "How would I know? Where can he go? Hang on and he'll be back soon." (蓝诗玲译)

两个译文都把"会"对译为 will,而不是 may 或 can 等更加表可能性推断的词,体现出"会回来"的可能性更高。

(10) 晚上总是睡不着。凡事须得研究,才<u>会</u>明白。(鲁迅《狂人日记》)

　　a. I can't sleep at night. Everything requires careful consideration if one is to understand it. (杨宪益、戴乃迭译)

　　b. My nights are sleepless. Only thorough investigation will bring clarity. (蓝诗玲译)

"凡事须得研究"是事实,两个译文都没有对译"会"。

(11) 他听得呜咽声高了起来,也就站了起来,钻过门幕,想

着,"马克思在儿女的啼哭声中<u>还会</u>做《资本论》,所以他是伟人。"(鲁迅《幸福的家庭》)

  a. Hearing the sobs increase in volume, he stood up and brushed past the curtain, thinking, "<u>Karl Marx wrote his *Das Kapital*</u> while his children were crying around him. He must really have been a great man."(杨宪益、戴乃迭译)

  b. After the wailing increased in volume, he stood up and made his way through the door-curtain. "<u>Marx wrote *Das Kapital*</u> as his children screamed about him,' he thought to himself. 'The mark of a great man..."(蓝诗玲译)

(12) 真不料有这样没出息。青青年纪,倒学会了诅咒,怪不得那老婆子<u>会</u>那么相信他。(鲁迅《故事新编》)

  a. To think he should stoop so low...Such a young fellow, and yet he's picked up swearing. No wonder that old woman was taken in. (杨宪益、戴乃迭译)

  b. Hopeless. Such ill-breeding, at such a young age. No wonder he managed to hoodwink that old woman. (蓝诗玲译)

例(11)中马克思写了资本论,例(12)中老婆子相信了他,已经是事实。所有译文都没有对译"会"。

(13) 我们已经<u>不能</u>再希望从什么地方会有来信,子君也早没有一点食物<u>可以</u>引它打拱或直立起来。(鲁迅《伤逝——涓生的手记》)

  a. We'd long abandoned all hope of getting any kind of response to my advertisements, and Zijun had run out of even the tiniest scraps <u>to</u> coax him to sit up. (杨宪益、戴乃迭译)

  b. We had stopped hoping for a letter from anywhere, and for a long time Tzu-chun had had no food left <u>to</u> make the dog beg or stand on his hind legs. (蓝诗玲译)

"能""可以""会"这些词的否定式，译者们会对译的可能性，要比其肯定式小很多。本例中的"不能"都没有对译。

"可以"表示一种信念，这里的译法与译者使用了动词不定式有较高的关联度。

（14）我所聊以自慰的，是还有一个"阿"字非常正确，绝无附会假借的缺点，颇可以就正于通人。（鲁迅《阿Q正传》）

a. The only thing that comforts me is that the character Ah is indubitably authentic. There is no stretching the point or reading between the lines about it.（王际真译）

b. The only thing that consoles me is the fact that the character "Ah" is absolutely correct. This is definitely not the result of false analogy, and is well able to stand the test of scholarly criticism.（杨宪益、戴乃迭译）

c. There's one thing I do pride myself on: when you take the "Q" away from "Ah Q," you've still got an "Ah" there, and I'm positive I haven't mixed that character up with any other. I could show that one off to anybody, no matter how learned.（莱尔译）

d. My only consolation in this whole sorry business is that one syllable of his name at least — "Ah" — can boast of an unimpugnable correctness.（蓝诗玲译）

这里"可以"表示若有需要可以面对专家指正，因而含有可能性，而不是必然要去面对。译文 a 没有明显的对应词对应"可以"，其他三个译文都有相对应的词，基本上反映了原文的意义和风格。

3.1.2 英汉翻译

（1）A long course of poverty and humility, of daily privations and hard words, of kind office and no returns, had been her lot ever since womanhood almost, or since her luckless marriage with George Osborne. (William Makepeace Thackeray: *Vanity Fair*)

a. 自从她不幸嫁给乔治·奥斯本以后，简直<u>可以</u>说自从她成人之后，过到的就是穷苦的日子；她老是受气，老是短一样缺一样，听人闲言闲语责备她，做了好事没好报。（杨必译）

b. 自从她成年以来，或者说自从她跟乔治·奥斯本不幸成亲以来，长期过的是穷苦卑贱的日子，天天缺这少那，听的是刻薄话；好意帮忙不得好报。（彭长江译）

英语原文中若不存在 may、can 等类型的词，译者会不会使用"可以""会""可能"这些词，跟译者的行文有关。一些行文如译文 a，其上下文语境使得译者需要使用这些汉语词来达到通顺，而一些行文如译文 b，则不需要。

(2) Jane pictured to herself a happy evening in the society of her two friends, and the attention of their brother; and Elizabeth thought with pleasure of dancing a great deal with Mr. Wickham, and of seeing a confirmation of every thing in Mr. Darcy's looks and behaviour. (Jane Austen: *Pride and Prejudice*)

a. 吉英心里只是想象着，到了那天晚上，便<u>可以</u>和两个好朋友促膝谈心，<u>又可以</u>受到他们兄弟的殷勤侍候；伊丽莎白得意地想到跟韦翰先生痛痛快快地狂跳一下，又可以从达西先生的神情举止中把事情的底细看个水落石出。（王科一译）

b. 简心里想象着这个夜晚该有多么快活，既<u>可以</u>和两位女友促膝谈心，<u>又可以</u>受到她们兄弟的殷勤侍候。伊丽莎白乐滋滋地想到，她既可以跟威克姆先生纵情跳舞，又可以从达西先生的神情举止中印证一下她所听到的一切。（孙致礼译）

c. 简的脑海里浮现的却是另一幅快乐图景；<u>可以</u>与两位朋友共度良宵，<u>还可以</u>尽享宾利先生的殷殷眷顾。伊丽莎白也充满了愉快的想象，想到自己可以和威克汉先生一曲接一曲地跳舞，想着从达西

先生表情和眼神中印证心中的一切疑点。(罗良功译)

原文描绘的画面是一种对未来的想象，这是四个译文都使用了"可以"的主要原因。

(3) Ours is essentially a tragic age, so we refuse to take it <u>tragically</u>. The cataclysm had happened, we are among the ruins, we start to build up new little habitats, to have new little hopes. It is rather hard work: <u>there is now no smooth road into the future</u>: but we go round, or scramble over the obstacles. We've got to live, no matter how many skies have fallen. (David Herbert Lawrence: *Lady Chatterley's Lover*)

a. 我们根本就生活在一个悲剧的时代，因此我们不愿惊惶自扰。大灾难已经来临，我们处于废墟之中，我们开始建立一些新的小小的栖息地，怀抱一些新的微小的希望。这是一种颇为艰难的工作。<u>现在没有一条通向未来的康庄大道</u>，但是我们却迂回前进，或攀援障碍而过。不管天翻地覆，我们都得生活。(饶述一译)

b. 我们本来就活在一个悲剧的时代，因此我们不愿危言耸听说什么大灾难已经来了。我们在废墟中，开始树立一些新的小建筑，怀抱一些新的小希望。这是很艰难的工作，<u>现在是没有可以通往康庄大道的路了</u>：我们只能迂回地前进，或攀越障碍而过。尽管披荆斩棘也要活下去。(张瑜译)

通常情况下，"可以"等类型的词，其否定式没有"可能性"的含义，是一种断定的表达。译文 b 中的"可以"若删除，并不影响其意义表达。

(4) Withdrawing his other hand from Mr. Bumble's, he covered his face with both, and wept until <u>the tear sprung out from between</u> his chin and bony Fingers. (Charles Dickens: *Oliver Twist*)

a. 他直接把自己的另一只手在班布尔的掌心里抽出来，掩面痛

哭的他<u>可以看到</u>泪滴在瘦骨嶙峋的指尖涌出。（荣如德译）

b. 他索性把自己的手在班布尔的袖口缩回来，双手掩面痛哭，<u>可以看到</u>眼泪从他纤细的指尖涌出。（何文安译）

两个译文都使用了"可以看到"，增加了主观性，但似乎意义不大，若客观地译出，也具有较好的接受性，如：他掩面痛哭，泪水流下脸颊，湿透了纤细的手指。

（5） "The country," said Darcy, "can in general supply but few subjects for such a study. <u>In a country neighbourhood you move in a very confined and unvarying society.</u>" (Jane Austen: *Pride and Prejudice*)

a. 达西说："一般来说，乡下人可以作为这种研究对象的就很少。因为在乡下，<u>你四周围的人都是非常不开通、非常单调。</u>"（王科一译）

b. "在乡下，"达西说，"一般来说，可以提供作这种研究的材料寥寥无几。<u>在乡下邻里间，你只能在一种十分闭塞、一成不变的环境中活动。</u>"（张玲、张扬译）

两译文的理解和表达相差较大。译文 b 把原文中一般的、事实性的陈述，译为"只能"做什么，从可能性的角度进行叙述。译文 a 则从事实的角度叙述周围的人。

3.2 过程意识与结果意识

汉语重过程，英语重结果（王建国、何自然，2014），主要表现在说同一个事件时，英语说事件的后端，而汉语说事件的前端（鲍川运，2021）。

3.2.1 汉英翻译

（1）我们屋后有半亩隙地。母亲说，"让它荒芜着怪可惜，既然你们那么爱吃花生，<u>就辟来做花生园罢</u>。"我们几姊弟和几个小丫头都很喜欢——<u>买种的买种，动土的动土，灌园的灌园</u>；过不了几个月，居然收获了！（许地山《落花生》）

a. Behind our house there lay half a *mu* of vacant land. Mother said, "It's a pity to let it lie waste. Since you all like to eat peanuts so much, <u>why not have them planted here</u>." That exhilarated us children and our servant girls as well, and soon <u>we started buying seeds, ploughing the land and watering the plants.</u> We gathered in a good harvest just after a couple of months!（张培基译）

b. At the back of our house there was half a *mu* of vacant land. "It's a pity to let it go to waste like that," Mother said. "Since you all enjoy eating peanuts, <u>let us open it up and make it a peanut garden.</u>" At that my brother, sister and I were all delighted and so were the young housemaids. <u>Some went to buy seeds, some dug the ground and others watered it</u> and, in a couple of months, we had a harvest!（刘士聪译）

c. Behind our house there was a patch of land. "It would be a pity to let it go wild." said Mother. "I suggest that since you are all so fond of peanuts <u>you should grow some there</u>."

We children and the little maidservants were all delighted. Some of us <u>bought seeds, some dug up the plot and others watered it</u>. In just a few months we had a harvest.（杨宪益、戴乃迭译）

"就辟来做花生园罢"，刘译为 let us open it up and make it a peanut garden，张译为 why not have them planted here，杨译为 you should grow some there。刘译与汉语原文"辟来做花生园"的过程性表述较为对应。张译比刘译更关注结果，而杨译比张译更关注结果：杨译使用 grow，而张译使用 plant，前者更重结果。同时，张译使用问句形式而杨译使用该问句的答案形式，用答案形式的更重结果。

另外，"买种的买种，动土的动土，灌园的灌园"，张译有 started，刘译有 went to 等明显带有过程性的表述。杨译没有，更重结果。

(2) 他摸了摸床板，知道他要是<u>把头放下</u>，就得<u>把脚蹬在墙上</u>；把脚放平，就得<u>半坐起来</u>。（老舍《骆驼祥子》）

a. Feeling the wooden slats with his hand, he knew that with <u>his head at one end</u>, <u>his feet would be pressed up against the wall</u>, but if he stretched out his legs, he would <u>be in a half-seated position</u>. （葛浩文译）

b. Xiangzi felt the bed and discovered that if <u>he laid his head down</u> he would have to <u>prop his feet up on the wall</u>, while if he stretched out his legs <u>he'd have to sleep half-sitting</u>. （施晓菁译）

在葛浩文的译文中，将"把头放下"这个表示过程的动作译为"with his head at one end"，即当他的头处于一端时，也就是把头放下的结果，"把脚蹬在墙上"译为 his feet would be pressed up against the wall，"半坐起来"译为 be in a half-seated position，即"把脚蹬在墙上""半坐起来"等动作之后的结果，而施晓菁的译文使用 laid、prop 等动词结构，与葛浩文的译文形成对比，表现出更强的过程导向。

我们认为，这是一种内心思维话语，动作未必发生过，葛浩文的译文更能反映这种状态。

(3) 间或有什么男子，占据在自己屋前门限上锯木，或<u>用斧头劈树</u>，把劈好的柴堆到敞坪里去一座一座如宝塔。又或可以见到几个中年妇人，穿了浆洗得极硬的蓝布衣裳，胸前挂有白布扣花围裙，躬着腰在日光下一面说话一面作事。（沈从文《边城》）

a. Now and then you might find some man sitting on his own high doorsill sawing wood or <u>chopping a tree into fire-wood</u> and <u>stacking</u>

it in piles like little pagodas. You might see women scattered here and there, dressed in stiffly starched blue cloth with white aprons, bending to work in the sun or talking. （项美丽、辛墨雷译）

b. Now and then you would find a man in a doorway sawing a board or splitting logs with an axe, stacking the firewood into little pagodas. Or you would see a woman talking and working in the sunlight, her back bent over her work, clothed in stiffly-starched blue cloth with a white apron falling from the level of her breast. （金隄、白英译）

c. Men saw wood in front of their doors or chop firewood to stack in the yard, while middle-aged women in starched blue cotton clothes and flowered aprons chat to each other in the sunlight as they bend over their work. （戴乃迭译）

原文的第一句，如"用斧头劈树"中的"用斧头"，"把劈好的柴堆到敞坪里去一座一座如宝塔"中的"劈好的"和"一座一座"，显示了汉语的过程取向。在翻译时，各个译者对其采用了不同程度的压缩手段。其中，项美丽、辛墨雷和戴乃迭的译文都浓缩选词，使用了带有结果意义的动词 chop 来翻译"用斧头劈"，且戴乃迭的译文精简程度更高，把前后两个动作译为 chop firewood to stack，充分显示了英语的结果取向。

(4) 那头低得很深，双脚蹭地，跑和走的速度差不多，而颇有跑的表示的，是那些五十岁以上的老者们。（老舍《骆驼祥子》）

a. Those who lower their heads and shuffle along, in what only looks like a run are men over fifty. （施晓菁译）

b. While those who ran with their heads down and shuffled along at a walking speed that only like a run were in their fifties or older. （葛浩文译）

"头低得很深"，施晓菁处理为 lower their heads，用动词 lower 描写低下头的动作，符合汉语重视过程的特点。而葛浩文译文处理为 ran with their heads down，关于低头的动作译者并没有使用具体的动词，而是以介词 with 引导的短语表示车夫跑起来的状态，更加符合英语注重结果取向。

（5）他擎起右手，用力的在自己脸上连打了两个嘴巴，<u>热剌剌的有些痛</u>；打完之后，便心平气和起来，似乎打的是自己，被打的是别一个自己，不久也就仿佛是自己打了别个一般，……（鲁迅《阿Q正传》）

a. He raised his right hand and gave himself two good slaps in the face. This restored his humor, as if one Ah Q had struck another Ah Q, and, after a while, as if Ah Q had struck someone else（王际真译）

b. His right hand soared upwards, to deliver one—two forceful slaps to the face. He then got up, his cheeks burning with pain, his good humor fully restored. Soon enough, he was perfectly convinced that he had hit someone else entirely.（蓝诗玲译）

c. He raised his right hand and, one after the other, gave himself two sharp slaps across the mouth. His face burned with a prickly pain. After those slaps, however, he began to feel at peace with himself. It was as though Ah Q had done the slapping and the person he hand slapped was some other Ah Q. And before too long it actually seemed as though he had slapped someone else altogether.（莱尔译）

译文 a 一定意义上隐含了"热剌剌的有些痛"这样的描写，直接用两个 as if 结构刻画了阿 Q 的心境。译文 b 似乎认为"似乎打的是自己，被打的是别一个自己"是废话，因为确实就是打了自己，因而该译文直接跳到最后一步——"仿佛是自己打了别个一般"。译文 c 则几乎完全保留了汉语的结构。

相较之下，译文 a 和 b 不同程度上隐含了一些过程的描写，较好地体现出了英语的结果取向。译文 c 对译原文，读来略有些啰唆。

(6) 一路上的人，都是如此。其中最凶的一个人，<u>张着嘴，对我笑了一笑</u>；我便<u>从头直冷到脚跟</u>，晓得他们布置，都已妥当了。（鲁迅《狂人日记》）

　　a. Everyone I met on the street acted the same way. One of the most vicious among them <u>opened his mouth and grinned at me</u>; <u>I shivered from head to heels</u>, for I realized that their plans were set and they were about ready to strike.（王际真译）

　　b. All the people I passed were like that. The fiercest among them <u>grinned at me</u>; whereupon I <u>shivered from head to foot</u>, knowing that their preparations were complete.（杨宪益、戴乃迭译）

　　c. All up and down the street people acted the same way. The meanest looking one of all <u>spread his lips out wide and actually smiled at me</u>! <u>A shiver ran from the top of my head clear down to the tips of my toes</u>, for I realized that meant they already had their henchmen well deployed, and were ready to strike.（莱尔译）

　　d. Everywhere I went—the same thing. One of them—the most vicious of the bunch—<u>pulled his lips back into a grin</u>. I <u>prickled with cold fear</u>; their traps, I realized, were already in place.（蓝诗玲译）

"张着嘴，对我笑了一笑"，四个译文中采取了不同的翻译方法。译文 a 和译文 c 按照原文顺序进行对译，把"张开嘴"和"笑一笑"两个动作处理成并列谓语。译文 b 和译文 d 则是隐含了"张开嘴"一动作，压缩为 grin at me 和 pulled his lips back into a grin，体现了英语的结果取向。

另外，"从头直冷到脚跟"，译文 a、b、c 对译原文，译文 d 则直接取结果意义，用 prickle with cold fear 来表达"我"的害怕与恐惧。

(7) 老头子<u>跨出门</u>，<u>走不多远</u>，便低声对大哥说道，"赶紧吃罢！"（鲁迅《狂人日记》）

　　a. The old man <u>stepped outside the door and before they had</u>

walked very far, he whispered to my brother, "Must be eaten without delay!"（王际真译）

b. The old man went out of the gate, but before he had gone far he said to my brother in a low voice, "To be eaten at once!"（杨宪益、戴乃迭译）

c. The old man walked out. Before he had taken many steps, he lowered his head and told Elder Brother, "To be eaten as soon as possible!"（莱尔译）

d. 'To be eaten immediately!' the old man muttered as he left.（蓝诗玲译）

原文用"跨出门""走不多远"与"低声说"描写了一系列的动作，来体现他们谋划吃人鬼鬼祟祟的样子。前三个译文皆详细地译出老头子一系列动作，这句话的重点在于老头子和大哥鬼鬼祟祟说话，而非老头子走出去这一系列的动作。译文 d 则译为 muttered as he left，取"跨出门，走不多远"的结果意思——离开，同时用 muttered 一词也体现了老头子和大哥背着"我"说话时的鬼鬼祟祟，很好地体现了英语的结果取向。

（8）临溪而渔，溪深而鱼肥；酿泉为酒，泉香而酒洌；山肴野蔌，杂然而前陈者，太守宴也。（欧阳修《醉翁亭记》）[①]

a. There the governor gives a feast with a variety of dishes before him, mostly wild vegetables and mountain produce. The fish are freshly caught from the stream, and since the stream is deep and the fish are fat; the wine is brewed with spring water, and since the spring is sweet the wine is superb.（杨宪益、戴乃迭译）

b. To angle at the stream where the stream is deep and the fishes are fat; to brew the fountain water into wine where the water is delicious and the wine is clear; and with mountain game and wild

---

[①]《醉翁亭记》原文及 6 个版本英译 _ 腾讯新闻 (qq.com)（2022 年 7 月 1 日登录）。

vegetable placed before him in a confused manner — that is the Prefect at banquet.（潘正英译）

　　c. A cast in the stream, and a fine fish taken from some spot where the eddying pools begin to deepen; a draught of cool wine from the fountain; and a few such dishes of meats and fruits as the hills are able to provide;—these, nicely spread out beforehand, constitute the Governor's feast.（Herbert A. Giles 译）

　　"临溪而渔"中的"渔"表示"钓鱼、捕鱼"的意思，描绘出了一副小溪边捕鱼/钓鱼的景象；"酿泉为酒"中的"酿"在此处指酿酒，描绘出了用泉水酿酒的场景。

　　在三个译文中，译文 b 直接用动词 (to) angle 与 (to) brew 对译"渔"与"酿"保留了原文的过程性表达，再现了原文捕鱼/钓鱼与酿酒的画面。但是，译文 a 使用的是 (fish are) caught from 与 (wine is) brewed with，用被动式表达"渔"与"酿"，译文 c 则用过去分词 taken 与介词 from 来表达这些动词的意义，都表示了"捕鱼/钓鱼+钓到了鱼"与"用泉水酿酒+酒酿好了"这样的"过程+结果"，都将原文的过程描述变成了状态描述，都将原文聚焦动作转化为了聚焦餐桌上的"鱼"与"酒"，都是一种结果取向的描述。

　　这段话是描写宴会，汉语中"临溪而渔"与"酿泉为酒"其实都是对餐桌上菜肴美酒的描绘，使用表示结果的表达才是原文所表达的意思。

　　（9）我于是同时决心，放开喉咙灌下去了，几乎吃得和长富一样快。（鲁迅《在酒楼上》）

　　a. Thereupon, I made an effort and gulped every bit down, almost as fast as Chang-fu.（王际真译）

　　b. Through sheer will power, I widened my throat as much as I could and crammed that cereal down as fast as it would go, almost as fast as Changfu himself.（莱尔译）

原文中的"放开喉咙灌下去了",描写了作者吃东西的细节,包括"放开喉咙"和"灌下去"两个部分,充分显示了汉语的过程取向。在翻译时,王际真对原文进行了压缩,直接选取结果部分,也就是把"灌下去"译为 gulped every bit down,"放开喉咙"的意义被隐含其中;而莱尔的译法则与之不同,保留了过程和结果两部分,widened my throat as much as I could and crammed that cereal down as fast as it would go,就获得的意象而言,莱尔的译文更夸张了放开喉咙的动作。

(10) 到年底,扫尘,洗地,杀鸡,宰鹅,<u>彻夜的煮福礼</u>,全是一人担当,<u>竟没有添短工</u>。(鲁迅《祝福》)

a. At the end of the year she swept, mopped, killed chickens and geese and <u>sat up to boil the sacrificial meat</u>, single-handed, so the family <u>did not have to hire extra help</u>.(杨宪益、戴乃迭译)

b. And when the end of the year came, she single-handedly cleaned the entire house, straightened up the yard, killed the geese and chickens, and <u>worked straight through the night to prepare the ritual offering that would assure the Lu household of blessings in the year to come.</u> That New Year, Fourth Uncle <u>was actually able to get by without hiring any part-time help</u> at all.(莱尔译)

原文中的"彻夜的煮福礼",杨译是 sat up to boil the sacrificial meat 只是体现了主人公的动作,而莱尔的译文则是 worked straight through the night to prepare the ritual offering that would assure the Lu household of blessings in the year to come,不仅翻译了主人公的动作,还把句子当中"福"字进行诠释,描写了动作目的。

"竟没有添短工",杨译是 did not have to hire extra help,意义局限在动作这里,而莱尔的译文则是 was actually able to get by without hiring any part-time help at all,体现了表述方式的结果取向,即 without hiring any part-time help at all 也能够 get by。

(11) 持归阅一过,知所患盖"迫害狂"之类。(鲁迅《狂人日记》)

a. I took the volumes home and after going over them decided that he must have suffered an attack of what is known as persecution phobia.(王际真译)

b. I took the diary away, read it through, and founded that he had suffered from a form of persecution complex.(杨宪益、戴乃迭译)

c. Reading them back home, I discovered his brother had suffered from what is known as a persecution complex.(蓝诗玲译)

原文连续出现多个动词"持""归""阅""知",译文 a 和 b 都使用了动词 took 来描述"持"这一动作,且都体现出主人公将故友的日记带回家中这一过程。杨译使用 read through 一词,同样体现汉语重视过程的特点。蓝译则使用 reading them back home 的非谓语结构表达状态,隐含了主人公将书带回家的具体过程,使得句子的主次结构分明,体现了英语强调结果的取向性。

(12) 我说:"老五,对大哥说,我闷得慌,想到园里走走。"老五不答应,走了。(鲁迅《狂人日记》)

a. I said, "Lao-wu, tell my brother that I feel stifled in here and want to go into the garden for a walk." Lao-wu went out without answering.(王际真译)

b. I said, "Old Chen tell my brother that I feel quite suffocated, and want to have a stroll in the garden." Old Chen said nothing but went out.(杨宪益、戴乃迭译)

c. "Tell my brother," I said to Chen, "that I feel stifled inside—that I want to take a walk in the garden." Chen left me without a word.(蓝诗玲译)

关于原文中"我"对老五说的话,译文 a 和 b 都顺句驱动处理。对于"我"表示"想到园里走走"这点，译文 a 使用 go into 描述进入花园的具体过程。而杨译和蓝译分别使用 have a stroll 和 take a walk，强调了到花园的目的是"走走"，体现了英语更加注重结果的特点。

对于"老五不答应"的处理，译文 a 和 b 均出现了 went out、said nothing 等具体动作来描述老五离开，译文 c 则是以 left 说明了老五走开后留下"我"的状态，再一次体现了英语重结果。

（13）王婆<u>做</u>了一个梅汤，双手<u>递与</u>西门庆。（施耐庵《水浒传》）

a. The old woman <u>made</u> the tea and with both hands <u>gave</u> it to him. （赛珍珠译）

b. She soon <u>placed</u> the drink before him respectfully, with both hands. （沙博理译）

原文中有两个动词"做"与"递"，赛珍珠对译了两个动词；而沙博理将其浓缩为了一个词 placed，直接翻译出了动作的结果。此外，沙博理的翻译，显化了 respectfully 这个补充说明，将中国传统文化中双手递东西的潜在含义翻译了出来。

（14）他从不思索自己的职务对于本人的意义，只是静静的很忠实的<u>在那里活下去</u>。（沈从文《边城》）

a. Without reflecting what this job means, he <u>carries on</u> quietly and faithfully. （戴乃迭译）

b. He never mulled over what his work meant to him; he just quietly and faithfully <u>kept on with his life here</u>. （金介甫译）

对于译文"在那里活下去"的翻译，译文 a 采用的是 carry on 这一表过程的动词，将整句话的焦点聚焦在"活"上，可以看出汉语中重过程的取向。

译文 b 对于"活"在形式和内容上扩展了，用 kept on with his life 对"活"做出了解释，让读者明白这里的"活下去"是用自己的一生和生命，可以看出英语中重结果的取向。

(15) 大家有的<u>坐着没动</u>，有的跟出来。<u>祥子头一个跟出来</u>，他要看看那辆车。一辆极破的车，车板上的漆已经裂了口，车把上已经磨得露出木纹，一只唏哩哗啷响的破灯，车棚子的支棍儿用麻绳儿捆着。（老舍《骆驼祥子》）

  a. Some of the customers <u>sat still</u>, while others saw the old man and his grandson to the door. <u>Xiangzi was the first one outside</u>. He wanted to get a look at the rickshaw. It truly was in sad shape. The paint on the shafts was peeling, and the connecting bar was nearly worn through. The beat-up lamp rattled, ropes tied down the supports for the rain hood.（葛浩文译）

  b. Some of the men in the teahouse <u>sat where they were</u>, while others followed them out. <u>Xiangzi was the first to do so</u>. He wanted to see that rickshaw. It was a most ramshackle rickshaw. The paint was peeling off, so that the grain of the wooden shafts showed through. The broken lamp rattled in the wind, and the spokes of the hood had been tied on with hemp ropes.（施晓菁译）

汉语"坐着没动"，是一个动作，葛浩文和施晓菁都取其结果义，译为 sat till 和 sat where they were。

"祥子头一个跟出来"，凸显了祥子急迫的心情，动态性很强，体现了汉语重过程的特点。葛浩文将其译成 Xiangzi was the first one outside，点出结果。

(16) 且说贾雨村在旅店偶感风寒，愈后又因<u>盘费不继</u>，正欲得一个居停之所以为息肩之地。（曹雪芹《红楼梦》）

  a. It so happened that Yu-tsun had caught a chill which laid him up in his inn for a month and more. Exhausted by his illness, and <u>short for funds</u>, he was searching for somewhere to recuperate.（杨宪益、戴乃

第三章 回顾意识和前瞻意识

迭译）

b. But to proceed. Yue-ts'un, while sojourning at an inn, was unexpectedly laid up with a violent chill. Finding on his recovery, that <u>his funds were not sufficient to pay his expenses,</u> he was thinking of looking out for some house where he could find a resting place. （H. Bencraft Joly 译）

"盘费不继"，意思是资金不足以维持接下来的生活，是过程取向。在第一个译文中，译者采用了压缩译法，将其直接翻译为 short for funds，直取原文结果意义，体现了译者的结果取向。而第二个译文比较贴近原文，几乎是对译，将其译为 his funds were not sufficient to pay his expenses。

（17）我再三劝他不必去；他只说："不要紧，<u>他们去不好！</u>"（朱自清《背影》）

a. I repeatedly tried to talk him out of it, but he only said, "Never mind!<u> It won't do to trust guys like those hotel boys!</u>"（张培基译）

b. ... though I told him again and again there was no need. "Never mind," he said, "<u>I don't want them to go.</u>"（杨宪益、戴乃迭译）

"我"要去北京之前，父亲本来叫了一个熟识的茶房送我去，但左右都不放心，思来想去之后决定亲自为我送行。这里摘录的是父亲对我说的话，其中"他们"指的是"茶房"——在旅馆打杂儿的工人。两个译文对"他们去不好"的翻译有各自不同的处理。

画线部分的译文，杨宪益夫妇比张培基更有结果导向。

（18）进了书房，便<u>反扣上门</u>，宛然是<u>关了一只鸡鸭</u>。这一件事，<u>越教</u>我猜不出底细。（鲁迅《狂人日记》）

a. As soon as <u>they</u> got me into the study, <u>they closed the door and chained it from the outside</u> as if they were <u>shutting up a chicken or a duck</u>. The more I thought about this <u>the more</u> befuddled I became.（王

际真译）

　　b. When I went into the study, they locked the door outside as if cooping up a chicken or a duck. This incident left me even more bewildered.（杨宪益、戴乃迭译）

　　c. After he got me into the study, Old Fifth Chen bolted the door from the outside—just the way you would pen up a chicken or a duck! That made figuring out what was at the bottom of it all harder than ever.（莱尔译）

　　d. The moment I stepped into the study, the door was latched on the outside, as if I were a chicken in a coop. I had no idea what lay at the bottom of it all.（蓝诗玲译）

　　原文描述了"狂人"被抓起来的情形，由于原文第一句中的三个小句都是无主句，四位译者为第一句选取的主句和从句主语也有所差异，前三位译者选取的主句主语都是要把狂人关起来的人，而蓝诗玲选取的主语却是门。由原文分析可知，虽然三个小句在汉语中是并列关系，但最终要凸显的主题应是门被锁上了这一结果，译者蓝诗玲用门做主语，再加上被动语态的使用，都凸显了英语中重结果的取向。

　　具体来看，四个译文对第一句中"反扣上门""关了一只鸡鸭"的处理，也体现了不同的过程、结果取向。王际真将"反扣上门"的过程进行了详细的描述——先关门再锁门，而其他三位译者则直接描述了门从外面锁住的结果，更符合英语的结果倾向。对"关了一只鸡鸭"的翻译，前三位译者都照着汉语原文的表达将"关"的这一动作体现出来了，而蓝诗玲却将"关"这一动作隐含了，直接描写了"关"的结果——在笼子里，再次符合了英语的结果取向。

　　此外，原文第二句的翻译，前三位译者和蓝诗玲也呈现了很大的差异。前三位译者均按照汉语的行文体现了"越教"这一过程，但蓝诗玲却再次将这一动作隐含，直接描述了狂人的感知结果——"猜不出底细"，代以 it 衔接两句话，精简的同时再度凸显了英语的结果取向。

第三章　回顾意识和前瞻意识

(19) 深蓝的天空中挂着一轮金黄的圆月,下面是海边的沙地,都种着一望无际的碧绿的西瓜,期间有一个十一二岁的少年,项带银圈,<u>手捏一柄钢叉,向一匹猹尽力的刺去</u>,那猹却<u>将身一扭</u>,反<u>从他的胯下逃走了</u>。(鲁迅《故乡》)

a. A full moon, golden and yellow, hung in the sky, and below, against the emerald green of an endless expanse of watermelon plants on a sandy beach by the sea, stood a boy eleven or twelve years old, a silver ring around his neck and a steel pitchfork in his hand. He was aiming at 'cha' <u>with his fork</u>, but as he <u>struck with all his might, the 'cha' ducked and scuttled off between his legs</u>. (王际真译)

b. …a marvelous golden moon hanging in a midnight-blue sky over a seashore planted endlessly with dark green watermelons. A boy, around ten or eleven years old, a silver chain around his neck and <u>a pitchfork in his hand</u>, was <u>stabbing at a fierce-looking dog darting between his legs</u>. (蓝诗玲译)

原文较为详细地描写了闰土刺猹的动作,写出了闰土"手捏钢叉""尽力的刺去",还描述了猹逃走的姿态——"将身一扭""从胯下"。在蓝诗玲的译文中,这句话变得十分简洁,不仅隐含了"尽力刺去",也没有对译猹"将身一扭",直取其结果"从胯下逃走了",十分简洁明了,却也描写出了闰土的形象。相比之下,王际真的译文则十分贴近原文,过程还原度比较高。

(20) [1]<u>回来</u>,他一头倒在炕上,已经累得不能再动。[2]眼睛干巴巴的闭不上,他呆呆的看着那<u>有些</u>雨漏痕迹的顶棚。[3]既不能睡去,他坐了起来。[4]看了屋中一眼,他不敢再看。心中不知怎样好。[5]他出去买了包"黄狮子"烟来。坐在炕沿上,点着了一支烟;<u>并不爱吸</u>。(老舍《骆驼祥子》)

a. He threw himself on the brick-bed <u>as soon as he got back</u>, bone-tired. His eyes were too dry to close, so he stared fixedly at the patches

145

on the ceiling where the roof had leaked. Sleep evading him, he sat up, glanced around and then lowered his eyes. Not knowing what to do, he went out and bought a packet of cigarettes of Yellow-Lion brand, then sat on the edge of the bed to light one, not that he ever liked smoking. (施晓菁译)

  b. He threw himself down on the bed, too tired to move. His eyes were too dry to close, so he looked around the room, then quickly averted his eyes, not knowing what to do with himself. He went out, bought a pack of Yellow Lion cigaretees and sat on the edge of the bed and lit one. It brought him no pleasure. (葛浩文译)

对于原文第[1]句中"回来",施晓菁遵照原文,将其译为 as soon as he got back;葛浩文则将"回来"的含义隐含在 He threw himself down on the bed 中,这体现了英语的结果取向。

原文中的第[5]句,"并不爱吸",否定的是结果。在翻译时,施晓菁译为 not that he ever liked smoking;而葛浩文译为 it brought him no pleasure,否定的是带给他 pleasure 的过程,体现了:否定句中,英语是否定过程,从而否定结果,而汉语是否定结果,但预设了过程。实际上还是说明了汉语重过程,英语重结果的特点。

  (21) 次日,五更时分,<u>众道士起来</u>,备下香汤斋供。<u>请太尉起来</u>,香汤沐浴,换了一身新鲜布衣,脚下穿上麻鞋草履,吃了素斋,<u>取过丹诏</u>,用黄罗包袱背在脊梁上,手里提着银手炉,降降地烧着御香。(施耐庵《水浒传》)

  a. At the fifth watch the following morning the Taoists prepared scented water and a vegetarian meal for the marshal. After bathing in the scented water he dressed in new cotton garments and straw sandals, ate the meatless breakfast, wrapped the imperial edict in a piece of yellow silk and tied it on his back. In a silver censer he carried the smoking incense. (沙博理译)

b. On the next day the fifth watch <u>all the Taoists rose</u> and they prepared a fragrant hot water and <u>asked the Commander to rise</u> and wash his body. All his garments were changed to ones of cotton thread, new and such as had never been worn before by man. Upon his feet were hempen shoes and straw sandals. When he had eaten a vegetarian meal <u>he fetched</u> the imperial mandate and he wrapped it in a yellow silk kerchief and bound it on his back. In his hand he bore a silver censer and in it smoked the imperial incense. （赛珍珠译）

这段描写的主要特点就是动词串联，很多动词都是描述过程，如"众道士起来""请太尉起来""取过丹诏"，这些动作都可以由之后的动作推测出来。"起来"是之后所有动作的前提基础，因此可以隐含起来不对译，"取过丹诏"也是连接前后句子而用的句子，而在汉语中一一写出就是体现了汉语重过程的特点，但是，在英译过程中，这些动词如果翻译出来显得冗长多余。译文 a 将这几个部分都隐含了，但译文 b 将这几部分都按照原文对译出 all the Taoists rose、asked the Commander to rise、he fetched，相比而言，译文 a 更能体现英语重结果的特征。

（22）堂倌<u>搬</u>上新添的酒菜来，<u>排满了</u>一桌，楼上又添了<u>烟气和油豆腐的热气</u>，仿佛热闹起来了；楼外的雪也越加纷纷的下。（鲁迅《在酒楼上》）

a. The waiter <u>brought up</u> the freshly heated wine and dishes, and <u>set</u> them on the table. <u>The smoke and the fragrance of fried bean-curd</u> seemed to make the upstairs room more cheerful, while outside the snow fell still more thickly. （杨宪益、戴乃迭译）

b. Returning, the waiter <u>covered</u> the table with fresh food and wine. <u>Our small party</u> seemed to bring a little life to the room — or at least the warmth of cigarette smoke and fried bean-curd. Outside, the snow began to fall more heavily. （蓝诗玲译）

原文中第一句中有"搬上"和"排满"这两个动作的描写。杨译对堂倌两个动作都给了充分的描写，处理成 and 连接的简单句，而蓝诗玲的译文直接选用了 covered 这一动词作为句子的焦点，把画面定格在了桌子上满是酒菜的场景，堂倌的动作则成了句子的附属成分，两相对比，可以看出杨译的动作取向和蓝诗玲译的结果取向。

对于"楼上又添了烟气和油豆腐的热气，仿佛热闹起来了"这一部分的翻译，两个译文的差异体现在对"烟气和油豆腐的热气"的处理，杨译把其处理成句子的主语，而蓝诗玲则是放在句末，选取 our small party 做主语，这样把句子的焦点放在了"热闹起来"这个画面，体现了结果取向。

（23）早上我起来的时候，小屋里<u>射进两三方斜斜的太阳</u>。（朱自清《匆匆》）

  a. When I get up in the morning, the slanting sun <u>casts two or three squarish patches of light</u> into my small room.（张培基译）

  b. When I get up in the morning, the slanting sun <u>marks its presence in</u> my small room in two or three oblongs.（朱纯深译）

  c. In the morning when I get up, <u>there are two or three rays of sunlight slanting</u> into my small room.（葛浩文译）

原文中"射进两三方斜斜的太阳"是典型的过程取向描写。张培基将"射进"这个动作翻译成了 cast，比较贴近原文，基本上是原文的重现。朱纯深将其翻译为 marks its presence in...，将"射进"这个动作过程译为了一种结果状态，符合英语母语者的结果取向。第三个译者，运用了 there be 句型，同样将汉语的动作过程翻译为一种结果状态。

（24）适归故乡，<u>迂道往访</u>，则仅晤一人，言病者其弟也。（鲁迅《阿 Q 正传》）

  a. ...and as I happened to be visiting my native heath, <u>I went to call on them</u>. I saw only one of them and he told me that it was his younger brother who had been ill.（王际真译）

b. ...and since I was going back to my old home <u>I broke my journey to call on them</u>, I saw only one, however, who told me that the invalid was his younger brother.（杨宪益、戴乃迭译）

c. I obtained this intelligence at a time when I happened to be returning to my native haunts and, hence, made so bold as to <u>detour somewhat from my normal course in order to visit them</u>. I encountered but one of the siblings. He apprised me that it had been his younger brother who had suffered the dire illness.（莱尔译）

原文所表达的意思是主人公恰巧回到故乡，特意绕了些路去拜访他们。三位译者的处理方法各不相同。王际真的译文，直接用 I went to call on them，没对译"绕了路"，直接取结果。杨宪益夫妇和莱尔在翻译时保留了过程，杨译为 I broke my journey to call on them，莱尔译为 detour somewhat from my normal course in order to visit them，都译出了"绕了路"，保留了更多的原文表述方式。

(25) 其中最凶的一个人，张着嘴，对我笑了一笑；（鲁迅《阿Q正传》)

a. One of the most vicious among them <u>opened his mouth and grinned at me</u>;（王际真译）

b. The fiercest among them <u>grinned at</u> me;（杨宪益、戴乃迭译）

c. The meanest looking one of all <u>spread his lips out wide and actually smiled at</u> me!（莱尔译）

原文是对人物的神态描写，描写了人物张着嘴巴对我笑了笑的模样。王际真的译文既翻译出了"张着嘴"opened his mouth，又翻译出了"对我笑了笑"grinned at me。莱尔的译文和王际真一样，都对译原文。

张嘴笑应该是连贯动作，两个谓语，两次聚焦，显得怪异。而杨宪益的译文采取压缩策略，隐含了"张着嘴"，直接跳到了"对我笑了一

149

笑"。相较之下，杨宪益的译文隐含了一些过程的描写，体现出了英语语言的结果取向。

(26)"狗，狗，<u>你做什么！不许这样子！</u>"可是一会儿那声音被她发现了，她于是也绕屋跑着，且同黄狗一块儿渡过了小溪，站在小山头听了许久，让那点迷人的鼓声，把自己带到一个过去的节日里去。（沈从文《边城》）

　　a. "Dog, dog! <u>What is the meaning of all this? Really you are not allowed to behave so disgracefully.</u>" But as soon as she noticed the sound of the drumbeats, she too began to run round the cottage; and she stood on the top of a hill, listening for a long time, while the music of the drumbeats in her ears filled her with recollections of a previous festival.（金隄、白英译）

　　b. "<u>Hey there, dog! What's gotten into you? Stop it!</u>" But soon she made out the sound herself. She, too, ran around the house, then ferried herself and the dog across the stream, where she stood with him on the hilltop and listened for the longest time, letting those entrancing drumbeats carry her away to a festival in the past.（金介甫译）

原文中的"狗，狗，你做什么！不许这样子！"，金隄和白英对译为"Dog, dog! What is the meaning of all this? Really you are not allowed to behave so disgracefully."，而对应的金译为"Hey there, dog! What's gotten into you? Stop it!"。将原文中第一次对狗的呼唤译为 hey there 更生活化，另外，stop it 相比 you are not allowed to behave so disgracefully 也更符合文义，更符合英语行文重结果取向的思维。

(27)我<u>忍不住</u>，便放声大笑起来，<u>十分快活</u>。自己晓得这笑声里面，有的是义勇和正气。（鲁迅《狂人日记》）

　　a. And so, <u>unable to restrain</u> myself, I burst into laughter and the laughter <u>did me good</u>. <u>I knew</u> that there was in this laughter courage and righteousness. （王际真译）

b. I <u>could not help</u> roaring with laughter, I was <u>so amused</u>. <u>I knew</u> that in this laughter were courage and integrity. （杨宪益、戴乃迭译）

c. I <u>couldn't hold it</u> in any longer and let out a good loud laugh. Now that <u>really felt good</u>. <u>I knew</u> in my heart of hearts that my laughter was packed with courage and righteousness. （莱尔译）

d. Indeed, <u>I burst into uncontrollable roars of mirth</u> — a laughter that rang with righteous courage. （蓝诗玲译）

原文第一句中有三个并列的小句，前三位译者的译文与原文对应程度更高，而蓝诗玲则对三个小句的信息进行了压缩，不仅将"忍不住"这一信息压缩在 uncontrollable 一词中，此外，还将"十分快活"这一信息隐含在 mirth 一词中，因为 mirth 一词相较于 laughter 而言已经隐含了"快活"之意。

结合原文语境，可以发现，此句的重点为狂人大笑，"忍不住"及"十分快活"都可归为次要信息，蓝诗玲进行压缩之后的译文不仅点明了此句的主要信息，使译文更为精练，同时还体现了英语中的结果取向。

此外，第二句中"自己晓得"的翻译也体现了蓝诗玲译文的结果取向。前三位译者均按原文进行翻译，将"自己晓得"这一表示过程的词体现出来了。相比之下，蓝诗玲则直接突出了"笑声"最终的意义，而隐含了"自己晓得"这一信息，因为这些笑声是狂人自己发出的，自然狂人自己会晓得这些笑声的意义，隐含"自己晓得"这一显示过程的表达不仅使译文精简，还令译文更贴合英语的结果取向。

(28) <u>回家</u>变卖典质，父亲还了亏空；又借钱办了丧事。（朱自清《背影》）

a. After <u>arriving home</u> in Yangzhou, father paid off debts by selling or pawning things. He also borrowed money <u>to meet</u> the funeral expenses. （张培基译）

b. Once <u>home</u> he sold property and mortgaged the house to clear our debts, besides borrowing money for the funeral. (杨宪益、戴乃迭译)

原文中体现了"回"的过程,在两译文中,张培基对译原文还原"回"的过程,而杨宪益则直接点明已经在家的这一结果,贴合了英语重结果的语用特点。

同样,"借钱办了丧事",张译文选用了 meet 这一动词,体现葬礼费用的支付过程,而杨译文则直接用了介词 for,体现葬礼费用已经支付的结果,不仅呼应了英语的结果取向,也使译文更加简练。

(29) 我还记得大哥教我做论,无论怎样好人,翻他几句,他便打上几个圈……(鲁迅《狂人日记》)

a. I still remember how my elder brother, when he was teaching me composition, used to reward me with circles of approval. (王际真译)

b. I remember when my elder brother taught me to write compositions, no matter how good a man was, if I produced arguments to the contrary he would mark that passage to show his approval; (杨宪益、戴乃迭译)

c. I can still remember how it was when Elder Brother was teaching me composition. No matter how good a man was, if I could find a few things wrong with him he would approvingly underline my words; (莱尔译)

d. When my brother taught me to write essays, he would always mark me up. (蓝诗玲译)

译文 d 通过隐含了一部分内容,特别突显了 he 为主角以及"打上几个圈"这个行为,也就是焦点最清晰、最强调结果的译文。译文 a 和 b 的主句部分都是 I remember,更突显 I 为主角。译文 c 使用了两个句子来对译原文,焦点有些散,主角和配角的区分不够清晰。

总之，译文 d 的结果取向比其他三个译文更为明显。

（30）采莲的是少年的女子，她们是荡着小船，唱着艳歌去的。（朱自清《荷塘月色》）

a. It was young girls who went gathering lotuses, in sampans and singing love songs. （朱纯深译）

b. The lotus were picked by girls in small boats, who sang haunting songs as they padded. （杨宪益、戴乃迭译）

朱译将"少年的女子"作为主语，使用强调句，结合动词 went 和非谓语 gathering 描述了采莲的过程；杨译使用被动结构 were picked，采用压缩策略，隐含了"去"这一动作，强调了结果。

3.2.2 英汉翻译

汉语重过程，英语重结果，这要求英汉翻译为了表达流畅，不时地需要使用回顾式的过程表述。

（1）By the side of many tall and bouncing young ladies in the establishment, Rebecca Sharp looked like a child. But she had the dismal precocity of poverty. (William Makepeace Thackeray: *Vanity Fair*)

a. 利蓓加·夏泼在学校里许多又高又大、跳跳蹦蹦的同学旁边，好像还没有长大成人。其实贫穷的生活已经使她养成阴沉沉的脾气，比同年的孩子懂事得多。（杨必译）

b. 跟学校里许多又高又大、蹦蹦跳跳的学生比较起来，丽蓓卡·夏普看上去像个小娃娃。可她因家里穷而老成懂事，令人扫兴。（彭长江译）

抽象名词就是事件的高度概括，当抽象名词演绎成一个事件的过程时，往往就是结果取向表述转换为过程取向表述。

dismal precocity of poverty 是个高度浓缩的抽象概念，译文 a 和译文 b 分别将其演绎为"贫穷的生活已经使她养成阴沉沉的脾气，比同年的孩子懂事得多"和"因家里穷而老成懂事，令人扫兴"。

(2) When she was discontented, she fancied herself nervous. <u>The business of her life was to get her daughters married; its solace was visiting and news.</u> (Jane Austen: *Pride and Prejudice*)

　　a. 只要碰到不称心的事，她就以为神经衰弱。她生平的大事就是嫁女儿；她生平的安慰就是<u>访友拜客和打听新闻</u>。（王科一译）

　　b. 一碰到不称心的时候，就自以为神经架不住。她平生的大事，是把女儿们嫁出去；她平生的慰藉，<u>是访亲拜友和打听消息</u>。（孙致礼译）

　　c. 只要遇事不顺心遂意，就臆想着自己神经衰弱症发作，她平生的大事就是将女儿一一嫁出去，而<u>东走西访四处打探</u>就成了她精神上的慰藉。（罗良功译）

对于 visiting 和 news，王译处理成了"访友拜客和打听新闻"，孙译处理成了"访亲拜友和打听消息"，罗译处理成了"东走西访四处打探"，三人都不约而同地演绎成一个过程事件，这较好地证实了汉语重过程的特点。

(3) They attacked him in various ways; <u>with barefaced questions, ingenious suppositions, and distant surmises;</u> but he eluded the skills of them all; (Jane Austen: *Pride and Prejudice*)

　　a. 母女们想尽办法对付他——<u>赤裸裸的问句，巧妙的设想，离题很远的猜测</u>，什么办法都用到了；可是并没有上她们的圈套。（王科一译）

　　b. 她们千方百计对他下功夫；<u>厚着脸皮盘问，费尽心机揣摩，望风扑影猜测</u>，但是不管她们的手段多么高明，他都躲闪腾挪开了。

（张玲、张扬译）

两译文对各种"办法"的翻译采用了不同的方式，王科一采用"形容词+名词"即名词为中心的结构，保留了概念式的表达，具有结果取向，而张玲、张扬使用动词为中心的结构，这样的翻译策略更符合汉语重过程的取向，读来也朗朗上口。

（4）Her disappointment in Charlotte made her turn with fonder regard to her sister, of whose rectitude and delicacy she was sure her opinion could never be shaken, and for whose happiness she grew daily more anxious, as Bingley had now been gone a week, and nothing was heard of his return. (Jane Austen: *Pride and Prejudice*)

  a. 她既然在夏绿蒂身上失望，便越发亲切地关注到自己姐姐身上来。她深信姐姐为人正直，作风优雅，她这种看法决不会动摇。她关心姐姐的幸福一天比一天来得迫切，因为彬格莱先生已经走了一个星期，却没有听到一点儿她要回来的消息。（王科一译）

  b. 因为对夏洛特大失所望，她便越发关心自己的姐姐了。姐姐为人正直，性情温柔，她相信她这种看法决不会动摇。她一天天越来越为姐姐的幸福担忧，因为宾利先生已经走了一个星期，却没有听到一点他要回来的消息。（孙致礼译）

  c. 她对夏洛特非常失望，这样一来，反倒使她更加关心起姐姐来。在她的心目中，姐姐为人正派，性情温和，她的这种看法永远也不会动摇。可如今宾利先生一走就已经一个星期了，没有任何有关他要回来的消息，伊丽莎白不由得为姐姐的幸福前程着急起来，这种焦急之情日胜一日。（罗良功译）

本例中的前半句中出现了多个名词，如 disappointment、rectitude、delicacy，而在对应的英语译文中，三位译者都不约而同地将其转译为动词。同理，对于后半部分 she grew daily more anxious 的翻译，后两位译者同样选择将其译作谓语动词"为……担忧""为……着急"，以上这些

155

翻译中的变化主要是译者均考虑到了英语的结果取向，多用名词和形容词，而汉语则更偏重过程取向，多用动词。

（5）They held the funeral on the second day, with the town coming to look at Miss Emily <u>beneath</u> a mass of bought flowers, with the crayon face of her father musing profoundly <u>above</u> the bier and the ladies <u>sibilant</u> and <u>macabre</u>; (William Faulkner: *A Rose for Emily*)

　　a. 第二天她们举行葬礼，满城人都来看艾米莉小姐，她<u>躺在</u>买来的一大堆鲜花下，<u>挂在</u>棺椁上方的那张父亲的粉笔画肖像意味深长地沉思着，太太们<u>低声讲话</u>，阴阴惨惨；（杨瑞、何林译）

　　b. 他们第二天就举行了丧礼，全镇的人都跑来看<u>覆盖着</u>鲜花的爱米丽小姐的尸体。停尸架上方<u>悬挂着</u>她父亲的炭笔画像，一脸深刻沉思的表情，妇女们叽叽喳喳地<u>谈论</u>着死亡，（杨岂深译）

原文中出现了两个介词 beneath 和 above，对于第一个词，文中想要表达的是 Emily 小姐的尸体的状态，是处于鲜花的下面，表达的是一种结果状态，同样，第二个词想要表达的是她父亲的照片处于棺材的上方，也是一种表结果的状态，在两个译文中，译者都将其翻译为动词，"躺在/覆盖着""挂在/悬挂着"，体现了汉语的过程取向。之后出现了两个形容 ladies 的词 sibilant 和 macabre，是两个表示结果的形容词，两个译者也都将其进行动词化处理，译为"低声讲话/谈论着"。

（6）They had coffee from condensed milk cans <u>at an early morning place that served fisherman.</u> (Ernest Hemingway: *The Old Man and the Sea*)

　　a. 他们<u>到</u>一个大清早做渔夫们生意<u>的地方</u>，用听头炼乳的洋铁罐喝咖啡。（张爱玲译）

　　b. 他们<u>在</u>一家清早就营业的供应渔夫的小吃馆<u>里</u>，喝着盛在炼乳听里的咖啡。（吴劳译）

只能使用前置修饰语是汉语重过程的特点。at an early morning place that served fisherman 属于后置地点状语，且其中包含了定语从句。两位译者将该地点状语前置，译为"到……的地方"，"在……里"，均符合汉语过程取向特征。

(7) The struggles and wrangles of the lads for her hand in a jig were an <u>amusement to her</u> — no more. (Thomas Hardy: *Tess of the D'Urbervilles*)

  a. 她<u>看到</u>小伙子们竞相争着要同她跳一曲吉格舞时，心里头只感到好笑，并没有想到别的。（王忠祥、聂珍钊译）

  b. 小伙子们为了和她跳一曲吉格舞所作的斗争和纠缠，除了让她<u>感到</u>好玩之外再也没有别的。（孙法理译）

  c. 小伙子们争着吵着都想同她跳舞的时候，她<u>看着</u>只觉得好玩儿罢了，没有别的。（张谷若译）

an amusement 是个概念，汉译时回顾其形成过程，即什么带来了 amusement，则会形成过程取向的汉语表述。三个译文通过"看到""感到"等动作行为的描述，再现了好笑的过程。

(8) There was a start and <u>a troubled gleam of recollection</u> and a struggle to arrange her ideas. (Emily Brontë: *Wuthering Heights*)

  a. 她一惊，露出一种因回忆而苦恼的神色，竭力使自己镇定下来。（杨苡译）

  b. 她激灵了一下，随后因为想起了一些事情而掠过一丝不安，接着又强挣着想理顺自己的思绪。（张玲、张扬译）

比较原文和两个译文，我们会发现，原文其实是译文的归纳，即先有译文的各种行为，才能归纳为原文中的名词概念。从另一个角度来讲，两个译文都参照原文回溯了形成各个名词概念的过程。

(9) He drew in his breath and opened the door. Instantly <u>a warm wave of relief flowed through him</u>. A colourless, crushed-looking woman, with wispy hair and a lined face, was standing outside. (George Orwell: *1984*)

a. 他咬紧了牙关，打开了门。顿时<u>全身感到一股暖流，心中一块大石头落了地</u>。站在门外的是一个面容苍白憔悴的女人，头发稀疏，满脸皱纹。（董乐山译）

b. 他深深地吸了一口气，开了门。看到站在外面的是个全无生气、受尽折磨、头发蓬松、满面皱纹的女人时，他才<u>放下心头大石</u>。（刘绍铭译）

译文 a 对译原文语序，译文 b 按时序和逻辑顺序表达。从某种意义上来看，原文画线部分是结果，而汉语表达通常按照过程 – 结果语序来表达，译文 b 更符合这个惯例，读起来更为流畅。

(10) ...<u>the agreeable manner</u> in which he immediately fell into conversation, though it was only on its being a wet night, and on the probability of a rainy season, made her feel that the commonest, dullest, most threadbare topic might be rendered interesting by the skill of the speaker. (Jane Austen: *Pride and Prejudice*)

a. 他立即与她攀谈起来，虽然谈的只是当晚下雨和雨季可能到来之类的话题，但他那样<u>和颜悦色</u>，使她不禁感到，即使最平凡、最无聊、最陈腐的话题，<u>只要说话人卓有技巧，同样可以说得很动听</u>。（孙致礼译）

b. 他立刻和伊丽莎白攀谈起来。虽然他们谈的都是些今晚又下雨，又可能是个多雨的季节啦之类的话题，但威克汉先生悦耳的声音和迷人的谈吐使伊丽莎白不由得感到，<u>只要说话艺术高超，世界上再平凡、再乏味、再陈腐的话题都能变得妙趣横生</u>。（罗良功译）

原文的主干结构是 the agreeable manner made her feel...。两个译文

都是回顾式地描述了如何产生 the agreeable manner 的过程，然后才说到让人感到愉悦的结果。

（11）Miss Bennet's lovely face confirmed his views and established all his strictest notions of what was due to seniority; and <u>for the first evening she was his settled choice.</u>（Jane Austen: *Pride and Prejudice*）

  a. <u>一看到吉英那张可爱的脸蛋儿，他便拿定了主张</u>，而且更加确定了他那些老式的想法，认为一切应当先尽最大的一位小姐。<u>头一个晚上他就选中了她。</u>（王科一译）

  b. <u>本内特小姐娟秀可爱的容颜，使他的主意更加坚定</u>，而且还使他确定了以长幼为序的极其严格的概念。<u>第一天晚上，她就成了他选中的目标。</u>（张玲、张扬译）

译文 a "一看到吉英那张可爱的脸蛋儿""头一个晚上他就选中了她"，都是回顾式的过程描述。相比较，译文 b 因为没有使用过程表述，使用了"使"结构以及"成了他选中的目标"都不够流畅。译文 a 比较符合汉语的表达习惯。

（12）Inside the flat a fruity voice was reading out a list of figures which had something to do with the production of pig-iron. The voice came from an oblong metal plaque like a dulled mirror which formed part of the surface of the right-hand wall.（George Orwell: *1984*）

  a. <u>在他住所里面，有个圆润的嗓子在念一系列与生铁产量有关的数字</u>。声音来自一块像毛玻璃一样的椭圆形金属板，这构成右边墙壁的一部分墙面。（董乐山译）

  b. 温斯顿<u>一踏入</u>自己的房间，就<u>听到</u>一个运腔圆润的<u>声音</u>，正在一板一眼地念着大概是与生铁生产有关的数字。房间右边的墙上嵌了一块长方形的铁板，看似一面蒙蒙的镜子。那声音就从那儿来的。（刘绍铭译）

董译直接对译原文，可读性不强。而刘译则使用了回顾式的过程表述"温斯顿……听到……声音"，汉语更加流畅。

（13）The happiness of the superior advantages of the young women round about her, gave Rebecca inexpressible pangs of envy. (William Makepeace Thackeray: *Vanity Fair*)

　　a. 利蓓加看见她周围的小姐们那么福气，享受种种权利，说不出的眼红。（杨必译）

　　b. 周围小姐们生活幸福、条件优越，丽蓓卡见了说不出的眼红。（彭长江译）

杨译"利蓓加看见……"，彭译"丽蓓卡见了……"都是译者的回顾式过程表述，使得译文具有较好的衔接性。

（14）"What! you who have shown the poor orphan what happiness and love are for the first time in her life—quit YOU? Never!" and the green eyes looked up to Heaven and filled with tears. (William Makepeace Thackeray: *Vanity Fair*)

　　a. 她说："全亏了你，我这孤苦伶仃的可怜虫才得到了温暖，尝到了快乐。我怎么能扔下你一个人出去呢？"她翻起眼珠子瞧着天，绿眼睛里含着两包眼泪。（杨必译）

　　b. "什么！你让我一个可怜的孤儿平生第一次尝到幸福和爱是什么滋味——要我丢下你？没门！"她那双绿色的眼睛向天上望去，泪水盈盈的。（彭长江译）

the green eyes looked up to Heaven，杨译使用了翻起眼珠子，具有过程表述性质，这比彭译更有画面感。

（15）The pair of legs that carried him were rickety, and there was a bias in his gait which inclined him somewhat to the left of a straight line. <u>An empty egg-basket</u> was slung upon his arm, <u>the nap of his hat was ruffled</u>, a patch being quite worn away at its brim where his thumb came in taking it off. (Thomas Hardy: *Tess of the D'Urbervilles*)

  a. 此人走路时双腿摇晃，姿势有些不对，身子老向左歪着。他手臂上挎着一只空蛋篮，帽子的绒毛乱了，脱帽时大拇指接触的帽檐部分磨损得厉害。（孙法理译）

  b. 这位中年人拖着两条蹒跚的腿，步态倾斜，整个身子总是有些歪向左边。他胳膊上挎着一只盛鸡蛋的空篮子，帽子上沾着一层乱糟糟的绒头，摘帽子时用大拇指捏住的那个地方，已经磨损了一大块。（吴笛译）

原文的话题有多个，如 the pair of legs，an empty egg-basket 等，形成多个意象。两个译文分别使用"此人"和"这位中年人"作为话题，形成一个有层次的但平行感更强的话题链结构。话题链内部的界限性具有连续性，与过程特征是一致的。我们认为，与原文多个话题结构具有很强的界限性相比，两个译文使用话题链表述具有过程表述特征。

  (16) The hallway <u>smelt of</u> boiled cabbage and old rag mats. At one end of it a coloured poster, too large for indoor display, had been tacked to the wall. (George Orwell: *1984*)

  a. <u>一进门厅就闻到</u>煮卷心菜和霉旧地席的气味。门厅一边尽头的墙上贴上一张大得本来不应在室内张贴的彩色图片。（刘绍铭译）

  b. 厅里<u>有一股</u>熬白菜和旧地席的<u>气味</u>。门厅的一头，有一张彩色的招贴画钉在墙上，在室内悬挂略为嫌大了一些。（董乐山译）

就原文第一句，刘译的"一进门就能闻到"具有回顾式过程表述特征，相比董译的"有一股……的气味"要更加流畅。

3.3 归纳意识与演绎意识

汉语因为没有稳定的时态标记,其表述事件时非常依赖于时间和逻辑顺序,因而表述的事件往往是归纳式的,而英语往往先总后分,先点明主题,说出核心观点,然后再分述,形成演绎式的表述。

3.3.1 汉英翻译

(1)白日里无事,<u>就坐在门口做鞋子</u>,在鞋尖上用红绿丝线<u>挑绣双凤</u>,或为情人水手<u>挑绣花抱兜</u>,一面<u>看过往行人</u>,<u>消磨长日</u>。或靠在临河窗口上看水手铺货,听水手爬桅子唱歌。(沈从文《边城》)

a. Having nothing to do in the daytime, they sat in their doorways making slippers, embroidering the toes with phoenixes in red and green silk, or they leaned on the window sills overlooking the river to gaze at the sailors landing cargo, and hear them singing from the masts. (项美丽、辛墨雷译)

b. <u>They pass the day</u> seated on stools at their doors embroidering red and green phoenixes on their slippers or waistbands for their lovers, one eye on the passers-by. Or they stare down from their windows at the junks being loaded and unloaded, or listen to the boatmen's chants as they swarm up the masts. (戴乃迭译)

这一句是写妇女们的日常活动,原文中有多个动作描写如"坐在门口""做鞋子""挑绣双凤""挑绣花抱兜""看行人",但事实上,这些动作都只是为了一个结果即"消磨长日"。译文 a 某种意义上隐含了"一面看过往行人,消磨长日"这两个小句的意思,其他动作基本是对译;而戴乃迭把"消磨长日"译为 they pass the day,并置于句首,体现了演

第三章　回顾意识和前瞻意识

绎表达方式。

（2）他们的跑法也特别，四六步儿不快不慢，低着头，目不旁视的，贴着马路边儿走，带出与世无争，而自有专长的神气。（老舍《骆驼祥子》）

a. Their style of running is also unique: at a pace that is neither particularly fast nor too slow, they run with their heads down, not deigning to look left or right as they keep to the sides of the roads, aloof and self-assured.（葛浩文译）

b. Their way of running is special too. Going at a fair speed, head lowered, looking neither to right nor to left, they hug the side of the road, seemingly indifferent to the world yet supremely self-assured.（施晓菁译）

原文表述有演绎成分：他们的跑法也特别。葛浩文很好地使用冒号，使得 Their style of running is also unique 成为该句群的主题句，整个句群形成演绎 – 归纳式的表述，符合典型的英语思维方式。

（3）说着，便令人送女儿进去，自与雨村携手来至书房中。小童献茶。（曹雪芹《红楼梦》）

a. He told a servant to take his daughter inside, and led Yu-tsun into his study, where a boy served tea.（杨宪益、戴乃迭译）

b. So saying, he called for a servant to take the child indoors, while he himself took Yu-cun by the hand and led him into his study, where his boy served them both with tea.（霍克斯、闵福德译）

（4）这熙凤携着黛玉的手，上下细细打谅了一回，仍送至贾母身边坐下。（曹雪芹《红楼梦》）

a. Hsi-feng took her hand and carefully inspected her from head to foot, then led her back to her seat by the Lady Dowager.（杨宪益、戴乃迭译）

b. Xi-feng <u>took Dai-yu by the hand</u> and for a few moments scrutinized her carefully from top to toe before conducting her back to her seat beside grandmother Jia.（霍克斯、闵福德译）

例（3）和（4）中，霍译都使用了 take sb by the hand 的结构，杨译没有。霍克斯的译文都更倾向于先总后分的演绎式做法。这种演绎式的做法，与英语中先主后从的一般做法是一致的。

（5）他比先前并没有什么大改变，单是老了些，但也还未留胡子，一见面是寒暄，寒暄之后说我"胖了"，说我"胖了"之后即大骂其新党。（鲁迅《祝福》）

a. <u>He had not changed much</u> since my previous visit; he had grown a little older, but he did not yet have a beard. After we had exchanged greetings, he remarked that I was stouter, and immediately thereafter launched into a tirade against the reform movement.（王际真译）

b. <u>I found him very little changed in any way</u>, simply slightly older, but without any moustache as yet. When we met, after exchanging a few polite remarks he said I was fatter, and after saying that immediately started a violent attack on the revolutionaries.（杨宪益、戴乃迭译）

c. ...<u>he seemed little changed</u>, only a bit older than before, though he still had not grown a beard as one might have expected. Upon seeing me, he recited the usual social commonplaces; commonplaces concluded, he observed that I had put on weight; that observation having been made, he began to denounce the new party.（莱尔译）

d. <u>He seemed barely changed:</u> a touch older, that was all, and still beardless. After a little polite chit-chat and the observation that I had put on weight, he launched into a great tirade against reformist politics.（蓝诗玲译）

画线部分的原文一定程度上是演绎式表达。蓝诗玲使用了冒号，更明显地体现了这种演绎式表达。

3.3.2 英汉翻译

（1）In her face were too <u>sharply</u> blended the delicate features of her mother, a Coast aristocrat of French descent, and the heavy ones of her florid Irish father. (Margaret Mitchell: *Gone with the Wind*)

a. 她脸上有着两种特征，一种是她母亲的娇柔，来自法兰西血统的海滨贵族；一种是她父亲的粗犷，来自浮华俗气的爱尔兰人，<u>这两种特征混在一起显得不太协调</u>。（戴侃、李野光、庄绎传译）

b. 她脸蛋上<u>极其明显</u>地融合了父母的容貌特征，既有母亲那种沿海地区法国贵族后裔的优雅，也有父亲那种肤色红润的爱尔兰人的粗野。（陈良廷等译）

c. 在她<u>显著</u>的容貌特征中，既有母亲那种沿海地区法国贵族后裔的风雅，又有肤色红润的父亲那种爱尔兰人的粗犷。（贾文渊、贾文浩、贾令仪译）

三个译文中，译文 a 带有归纳式表述特征。根据观察，原文的演绎式表述不一定都需要转换成归纳式表述，很大程度上取决于整体内容的多少。若内容多，需要转换的概率大大增加，否则，汉语难以卒读。如本例，其内容并不多，还不足以多至需要从演绎式表述转换归纳式表述。

（2）Then she became aware of <u>the spectacle she presented to their surprised vision: roses at her breast; roses in her hat; roses and strawberries in her basket to the brim</u>. (Thomas Hardy: *Tess of the D'Urbervilles*)

a. 她那时才感觉到，她在他们觉得惊异的眼睛里，是怎么个模样：胸前插着玫瑰花，帽子上也插着玫瑰花，篮子里也装得满满的玫瑰花和草莓。（张谷若译）

165

b. 这时她才意识到，她那副模样让众人觉得惊奇：她胸前插着玫瑰，帽子上缀着玫瑰，篮子里装满了玫瑰和草莓。（孙致礼、唐慧心译）

c. 苔丝在别人吃惊的眼光之中才意识到自己是个什么样子：胸脯上堆着玫瑰；帽子上缀着玫瑰；篮子里玫瑰和草莓堆得冒了尖。（晓燕译）

原文是演绎式的表述，先提到 the spectacle，然后解释是这样的景象：roses at her breast; roses in her hat; roses and strawberries in her basket to the brim。三个译文基本上是对译了这种演绎式的表述。

(3) Mr. Collins's return into Hertfordshire was no longer a matter of pleasure to Mrs. Bennet. On the contrary, she was as much disposed to complain of it as her husband. — <u>It was very strange that he should come to Longbourn instead of to Lucas Lodge;</u> it was also very inconvenient and exceedingly troublesome. (Jane Austen: *Pride and Prejudice*)

a. 对班纳特太太说来，柯林斯先生的重返浪博恩，如今并不是什么叫人快意的事了。她反而跟她丈夫一样地大为抱怨。<u>说也奇怪，柯林斯不去卢家庄，却要来到浪搏恩</u>，这真是既不方便，又太麻烦。（王科一译）

b. 柯林斯先生要重返朗伯恩，这对贝内特太太说来，已不再是什么快事了。她倒像丈夫一样大发牢骚。<u>真是奇怪，柯林斯先生不去卢卡斯家，却偏要来到朗伯恩</u>。事情既不方便，还麻烦透顶。（孙致礼译）

c. 柯林斯先生重访赫特福郡，对于贝内特太太来说，已经不再是什么让人高兴的事。相反，她倒是和丈夫一样，对这事满腹牢骚：<u>那家伙竟然要来龙博恩却不去卢卡斯府，这岂非怪事</u>；他要是一来，岂不是会凭空增添太多的不便和麻烦？（罗良功译）

译文 a 和 b 分别把 it was very strange 译为"说也奇怪"和"真是奇怪",整个画线部分保留了演绎式表述,译文 c 则译为"这岂非怪事",整个画线部分也从原文的演绎式表述转换成归纳式表述。

(4) Hareton was impressed <u>with a wholesome terror</u> of encountering either his wild beast's fondness or his madman's rage. (Emily Jane Brontë: *Wuthering Heights*)

a. 哈里顿对于碰上他那野兽般的喜爱或疯人般的狂怒,<u>都有一种恐怖之感</u>。(杨苡译)

b. 哈里顿<u>一听说爸爸来了</u>,就吓得没命,<u>这不怪他胆小</u>,因为他爸爸不是像一头野兽般狠命地疼他,就是像一个疯子般狠命折腾他。(方平译)

两个译文都使用了不同于原文的语序,都有归纳式的叙述成分,尤其是译文 a。译文 b 的语序与原文相差更大,先是归纳式表述"哈里顿一听说爸爸来了,就吓得没命",然后又采取了演绎式表述:"这不怪他胆小,因为他爸爸不是像一头野兽般狠命地疼他,就是像一个疯子般狠命折腾他"。不过,这部分演绎式表述也可以改成归纳式表述:"他爸爸不是像一头野兽般狠命地疼他,就是像一个疯子般狠命折腾他,不怪他胆小"。

(5) A long course of poverty and humility, of daily privations and hard words, of kind office and no returns, had been her lot ever <u>since womanhood almost, or since her luckless marriage with George Osborne.</u> (William Makepeace Thackeray: *Vanity Fair*)

a. <u>自从她不幸嫁给乔治·奥斯本以后,简直可以说自从她成人之后</u>,过到的就是穷苦的日子;她老是受气,老是短一样缺一样,听人闲言闲语责备她,做了好事没好报。(杨必译)

b. <u>自从她成年以来,或者说自从她跟乔治·奥斯本不幸成亲以来</u>,长期过的是穷苦卑贱的日子,天天缺这少那,听的是刻薄话;好意帮忙不得好报。(彭长江译)

从某种意义上来看，若原文存在置后的状语、定语从句或者置后的其他从属结构，如短语结构做定语和状语，则往往就是演绎表达的方式。若其表达的内容被提前，则意味着译文的表达转换为归纳式表述。

本例中的两个 since 短语内容被提前表达，如译文 a 和 b 的画线部分，意味着两个译文都是归纳式表述。

（6）His brother-in-law, Mr. Hus merely looked the gentleman; but his friend Mr. Darcy soon drew the attention by his fine, tall person, handsome features, noble mien; and the report which was in general circulation within five minutes after his entrance, of his having ten thousand a year. (Jane Austen: *Pride and Prejudice*)

a. 他的姐夫赫斯托只不过像个普通绅士，不大引人注目，但是他的朋友达西却立刻引起了全场的注意，<u>因为</u>他身材魁伟，眉清目秀，举止高贵，于是他进场不到五分钟，大家都纷纷传说他每年有一万镑的收入。（王科一译）

b. 他姐夫赫斯特先生看来不过是个上流社会的绅士而已，但是他的朋友达西先生身材魁伟，相貌英俊，气宇轩昂，很快就引起了整个舞厅的注目。他进来还不到五分钟，消息就传开了，说他每年有万镑收入。（张玲、张扬译）

从汉英的审美观来看，汉语行文通常平铺直叙，行云流水，小句之间不常用连词连接，呈现出一种连续的平面美；而英语行文将就语法逻辑，层层叠叠，体现出聚焦的立体美。

原文采用了演绎表述方法，先谈达西引起全场注意这个结果，再谈原因。王的译文保留了英语的行文顺序，且添加了因果关系词"因为"，这就给整句句子添加了界限标记，不太符合汉语的风格。而张的译文则调整了语序，采用归纳式方法，先谈原因，再谈结果，这样就能避免添加连接词，行文更加流畅，符合汉语的平面审美特点。

（7）Prince <u>required but slight attention</u>, lacking energy for superfluous movements of any sort. The mute procession past her shoulders of trees and hedges became attached to fantastic scenes outside reality. (Thomas Hardy: *Tess of the D' Urbervilles*)

　　a. 王子并<u>不需要照顾</u>，因为它并没有力气做什么多余的动作。树木、树篱从她肩旁无声地掠过，似乎是现实以外的另一个神奇领域的事物。（孙法理译）

　　b. 王子只拉车就够它办的了，一点儿也没有多余的精力，做任何别的活动，所以竟<u>不大用着人来管</u>。从她肩旁一行行过去的树木和树篱，不言不语，不声不响，好像是属于现实以外的离奇景象。（张谷若译）

画线部分的翻译，译文 a 基本上是对译，采用先果后因的演绎式表述，译文 b 则采用了先因后果的归纳式表述方式。

（8）Scarlett, sick and miserable in the early stage of pregnancy, alternated between <u>a passionate hatred</u> of the bluecoats who invaded her privacy, frequently carrying away any little knick-knack that appealed to them, and <u>an equally passionate fear</u> that Tony might prove the undoing of them all. (Margaret Mitchell: *Gone with the Wind*)

　　a. 斯嘉丽在怀孕的初期，一直都害着病，心气非常恶劣。所以看见那些穿蓝军服的闯进她私室来，并且经常要带点小东西走，<u>她就觉得非常的愤恨</u>，同时又怕东义要连累他们，<u>一直都担着忧愁</u>。（傅东华译）

　　b. 斯嘉丽因为在妊娠初期，身子不适，心情也不佳。所以对那些穿蓝军服的闯进她的私室来见了喜欢的小摆设就拿走，<u>一方面觉得可恨</u>，另一方面因为怕汤尼的事儿会牵累到他们大家，<u>心里十分担忧</u>。（陈良廷等译）

本句描写了斯嘉丽怀孕初期的心理。英语抽象名词的使用，往往与演绎式表达相关。本例中，a passionate hatred 和 an equally passionate fear 两个名词结构实际上是对其后内容的归纳，其使用表现出英语的演绎式意识。为了符合汉语重归纳的表述方式，两个译文都从原文的演绎式转换成了归纳式。

(9) And for my part I believe that remorse is the least active of all a man's moral senses—the very easiest to be deadened when wakened, and in some never wakened at all. (William Makepeace Thackeray: *Vanity Fair*)

a. 照我看来，一个人的良心难得责备自己，即使心上有过不去的感觉，也就一下子给自己蒙混过去了。还有些人，根本一辈子没有受过良心的责备。（杨必译）

b. 在我看来，悔恨是一个人的道德观念中最不活跃的东西，一经唤醒，又立刻麻痹过去了，在有些人心里，悔恨从来没有醒来过。（彭长江译）

原文中的破折号具有延展解释的功能，解释 remorse is the least active of all a man's moral senses，形成演绎式的表述，而两个译文通过使用逗号等方式，改变了原文很明显的演绎式表达方式，形成了主次不够分明的表述。

3.4 平比意识与差比意识

汉语大量的无比较级形式可能翻译为英语的比较级，甚至最高级形式。相反，英语的比较级或最高级形式，在英汉翻译中，也需要翻译为汉语的平比即非比较级或最高级形式。

3.4.1 汉英翻译

(1) 话都说出来，虎妞反倒痛快了："我不要脸？别教我往外说

你的事儿，你什么屎没拉过？"（老舍《骆驼祥子》）

　　a. Huniu's secret was out, and she was glad, "I don't have any shame? Don't get me started on what you've been up to. Your shit stinks worse than mine!"（葛浩文译）

　　b. Now that she had spoken out, Tigress warmed up. "Me, Shameless? Who are you to talk? You wouldn't like me to crake out all your muck, would you?"（施晓菁译）

译文 a 刻意去再现了原文的隐喻，并使用了差比即比较级方式来表达虎妞的威吓。译文 b 则用否定反意疑问句的形式表达了无疑而问，体现出虎妞无惧无畏的气势。

　　（2）九斤老太自从庆祝了五十大寿以后，便渐渐的变了不平家，常说伊年青的时候，天气没有现在这般热，豆子也没有现在这般硬。（鲁迅《风波》）

　　a. Since she had celebrated the great milestone of her fiftieth birthday, Mrs. Nine-Pounds's general sense of grievance against the world had been steadily growing: the weather was much hotter than it had been when she'd been young, she became fond of saying; the beans much harder.（蓝诗玲译）

　　b. Since Old Mrs. Ninepounder's celebration of her fiftieth birthday, she had gradually become a fault-finder, who was always saying that in her young days the summer had not been so hot nor the beans so tough as now.（杨宪益、戴乃迭译）

译文 a 和译文 b 的视角几乎相反，前者说此时的天气，后者说过去的天气。前者用的是差比，后者用的是平比。

　　（3）赵秀才消息灵，一知道革命党已在夜间进城，便将辫子盘在顶上，一早去拜访那历来也不相能的钱洋鬼子。（鲁迅《阿 Q

正传》）

　　a. The licentiate Chao was <u>better informed</u> than most people in the village, and as soon as he learned that the revolutionaries had actually entered the city during the night, he wound up his queue under his cap and went to call upon the fake foreigner, whom he had up to that time avoided.（王际真译）

　　b. It had all happened that morning. The moment the village genius <u>heard</u>, through his own channels of communication, that the Revolutionary Party had taken the town during the night, he coiled his queue on to his head and, at first light, called on the Qian family's Fake Foreign Devil.（蓝诗玲译）

译文 a 使用了 better informed 来表达"消息灵"，而译文 b 把这部分的信息隐含在 hear 之中，故而不存在平比或差比表达方式。

（4）微光所照的院子里，放着一具棺材，旁边站一个穿军衣的兵或是马弁，还有一个和他谈话的，<u>看</u>时却是大良的祖母。（鲁迅《孤独者》）

　　a. In the light that illuminated the courtyard, I spotted a casket. Someone in military uniform stood to one side of it—a soldier. I made out someone else standing there talking to him. Taking a <u>closer look</u>, I saw that it was Big Liang's grandmother.（莱尔译）

　　b. In the dimly lit courtyard there was a coffin, by which some soldier or orderly in uniform was standing, talking to the children's grandmother.（杨宪益、戴乃迭译）

译文 a 主要以 I 为主角，并从 I 的角度 take a closer look，似乎都在讲 I 的故事。这与译文 b 差异很大，译文给出的画面只是一个故事开头的背景，故而隐含了诸多带有主体的视角表述。

(5) 酒店里的人也九分得意的笑。（鲁迅《阿Q正传》）

a. The men in the wine shop roared too, with only slightly less satisfaction.（杨宪益、戴乃迭译）

b. His audience joined in, with only slightly less enthusiasm.（蓝诗玲译）

"九分"是个含糊的表述，就是比完全得意还差一点点，内含了差比意思。译文 a 和 b 都反映了这点。

(6) 其一，酒店不肯赊欠了。（鲁迅《阿Q正传》）
a. First, the tavern would extend him no more credit.（王际真译）
b. First off, the wineshop wouldn't extend him any more credit.（莱尔译）

两个译文都使用了 more credit，因为译者根据前文推导出酒店不再给孔乙己赊账。

(7) 他意气渐渐勇猛，脚步愈跨愈大，布鞋底声也愈走愈响，吓得早已睡在笼子里的母鸡和小鸡也都唧唧足足的叫起来了。（鲁迅《肥皂》）

a. The braver and more vigorous he felt, the longer grew his strides and the louder sounded his footsteps, until the hens and chickens, which had been roosting peacefully in their cages, became frightened and started to cluck and twit.（王际真译）

b. His strides lengthened as his mood grew hawkish, the tramp of his cloth soles waking the hen and her chicks in their coop into frightened cheeps.（蓝诗玲译）

译文 a 对译了原文的差比表达，而译文 b 通过 lengthened 和 grew 来表达了原文的差比意义，同时也一定程度上隐含了"布鞋底声也愈走愈响"的意义。

(8) 秀儿和招儿都蹲在<u>桌子下横</u>的地上玩；学程坐在右横查字典。(鲁迅《肥皂》)

a. Hsiu-erh and Chao-erh were playing, squatted on the ground <u>in front of the table</u>, while Hsueh-cheng was looking up words in the dictionary on the right side of the table. (王际真译)

b. Hsiu-erh and Chao-erh were playing on the floor <u>at the lower end of the table</u>, while Hsueh-cheng sat on the right side looking up something in his dictionary. (杨宪益、戴乃迭译)

c. <u>At the lower end of the table</u>, Xiu'er and Zhao'er were squatted down at play; Xuecheng was seated on the right-hand side, thumbing through a dictionary. (莱尔译)

译文 a 没有突显桌子下端，而译文 b 和 c 都通过 lower end 突显了。

3.4.2 英汉翻译

(1) When she was pink she was feeling <u>less than</u> pale; her <u>more perfect</u> beauty accorded with her <u>less elevated</u> mood; her <u>more intense</u> mood with her <u>less perfect</u> beauty. (Thomas Hardy: *Tess of the D'Urbervilles*)

a. 她脸上娇妍的时候，她就<u>不像</u>她脸上灰白的时候那样多愁善感；她<u>更完美</u>的美丽，和她<u>较为轻松</u>的心情，相互协调；她<u>更紧张</u>的心情，和她<u>比较稍差</u>的美丽互相融合。(张谷若译)

b. 鲜艳，往往是出于无忧；而苍白却总是由于多愁。胸中没了思虑她便美丽无瑕，一旦忧愁涌起，便又容色憔悴。(孙法理译)

译文 b 没有对译原文的比较级，显然流畅许多。若译为差比表达，反而不顺或没有必要。下面四个案例也是如此。

(2) "I suppose you can't be blamed for not wanting to go back to the front. But I should think you would try something <u>more intelligent</u> than producing jaundice with alcoholism."

"With what?"

"With alcoholism. You heard me say it." (Hemingway: *A Farewell to Arms*)

a. "你不愿意上前线,倒也难怪。不过故意纵酒来害上黄疸病,<u>那未免也太不聪明啦</u>。"

"你说我故意什么?"

"故意酗酒,你明明听见的嘛。"(林疑今译)

b. "你不愿意回前线,大概也没有什么可指责的。不过故意酗酒以患上黄疸病,<u>我想并非明智之举</u>。"

"你说我故意什么?"

"故意酗酒,你刚才明明听见了嘛。"(方华文译)

(3) A <u>more elastic</u> footstep entered next; and now I opened my mouth for a 'good-morning', but closed it again, the salutation unachieved. (Emily Brontë: *Wuthering Heights*)

a. 跟着有人踏着<u>轻快</u>的脚步进来了,现在我张开口正要说早安,可又闭上了,敬礼未能完成。(杨苡译)

b. 接着来了一阵<u>有弹性的</u>脚步声。这一次,我张开嘴来准备道一声"早安"了,可是白费劲,我只得重又闭嘴,把这声"早安"咽了下去。(方平译)

(4) Though this conversation had been private, sufficient of its import reached the understandings of those around to suggest to them that the Durbeyfields had <u>weightier</u> concerns to talk of now than common folks had, and that Tess, their pretty eldest daughter had fine prospects in store. (Thomas Hardy: *Tess of the D' Urbervilles*)

a. 虽然他们两口子说的是体己话,可是在他们身旁那些人,也都有些明白话里的意义,因而能猜出来,德北夫妻现在所商议的,<u>是寻常人家所没有的重大事件</u>,他们那个漂亮的大女儿,正佳婿在望,快婿临门了。(张谷若译)

b. 尽管两人是悄悄地说着体己话,他们周围的这些人也还完全能够明白它的意义,猜得出德比夫妇<u>此刻在商量的是不同寻常的重要事情</u>,也猜到,美好的前途在等待着他们那漂亮的大女儿苔丝。(郑大民译)

c. 这话虽是私下的交谈,已经叫周围的人听得明白它的主要意思:现在杜伯菲尔德家可不再是小家小户了,<u>商谈的事分量重着呢</u>。他们的漂亮姑娘苔丝也大有盼头了。(晓燕译)

(5) His affection for her drew him <u>oftener</u> from home than anything else could do. (Jane Austen: *Pride and Prejudice*)

a. 他因为疼爱她,便<u>常常</u>去看她,他生平从来不肯这样经常出外做客。(王科一译)

b. 他很少为别的事出门,只因疼爱伊丽莎白,便<u>经常</u>跑去看望她。(孙致礼译)

3.5　说事意识与说物意识

说事的表述,描写事情发生和存在的状态,而说物的表述,往往牵涉到对事情的抽象和定义。因而说物的,更需要前瞻意识。

说事的界限性弱,往往有动作发生,从而牵涉到施动者、受动者等其他因素的表达。说物的,界限性强,一般就是用名词结构表达。

汉语多说事,英语多说物。这点与汉语界限性弱,英语界限性强是对应的。

3.5.1 汉英翻译

(1) 那时我的父亲还在世,家景也好,我正是<u>一个少爷</u>。(鲁迅《故乡》)

a. My father was still living then, and our family was in good circumstances. I was, in other words, <u>a shao-yeh, a young master</u>. (王际真译)

b. ...and at that time my father was still alive and the family well off, so I was really <u>a spoilt child</u>. (杨宪益、戴乃迭译)

c. Since my father was still alive at the time, our family was still fairly well-to-do, and I was <u>something of a "young gentleman"</u>. (莱尔译)

d. Back then, my father had still been alive, the family finances tolerably healthy and I <u>the spoilt young master of the house</u>. (蓝诗玲译)

"少爷"是个固定的事物,四个译文都译为说物。

(2) 已经坐起来,又急忙的躺下去,好像老程看着他呢!心中跳了起来。不,不能当贼,不能!刚才为自己脱干净,没去作到曹先生所嘱咐的,已经对不起人;怎能再去偷他呢?不能去!<u>穷死,不偷</u>!(老舍《骆驼祥子》)

a. He had already sat up, but then he hurriedly lay down again as if Old Cheng had seen him. His heart thumped. No, how could he become a thief? It was bad enough not to follow Mr. Cao's instructions and washing his hands of the whole business, how could he steal from his master too? No, no, <u>he'd starve to death rather than steal</u>! (施晓菁译)

b. By then he was sitting up, but he quickly lay back down. His heart was racing, almost as if Old Cheng were watching him. No, I can't become a thief, I can't! It was bad enough disregarding Mr. Cao's instructions and walking away. How could I even thinking of stealing from him? I won't do it—<u>I'll starve to death before I become a thief!</u>（葛浩文译）

原文中最后一句"不偷"，汉语中强调的是偷这个动作，即说事，而葛浩文译为 a thief，即说物。

（3）自从有了这辆车，他的生活过得越来越起劲了。<u>拉包月也好，拉散座也好</u>，他天天用不着为"车份儿"着急，拉多少钱全是自己的。（老舍《骆驼祥子》）

a. Life improved for Xiangzi now that he had his own rickshaw, <u>whether it was a steady job or individual fares</u>, since he no longer had to worry about the rental fee. Every cent he took in was his.（葛浩文译）

b. Now that he had his own rickshaw, things began looking up for him. <u>Whether hiring himself out on a monthly basis or taking odd fares</u>, he need no longer worry about the rental, all he earned was his own. （施晓菁译）

原文描写祥子拥有自己的黄包车的那种满足感和幸福感。第二句"拉包月也好，拉散座也好"，葛浩文将"拉包月"直接译为 a steady job，将"拉散座"译为 individual fares，而施晓菁译为 hiring himself out on a monthly basis or taking odd fares，是说事。

（4）要<u>革命</u>，单说投降，是不行的。（鲁迅《阿Q正传》）

a. He realized that it was not enough to say that he had <u>joined the revolutionaries</u>.（王际真译）

b. Simply to say that you had gone over was not enough to make anyone <u>a revolutionary</u>.（杨宪益、戴乃迭译）

c. If you're going to <u>revolt</u>, just saying so isn't enough.（莱尔译）

178

d. It wasn't enough to surrender to the revolutionaries.（蓝诗玲译）

（5）谁杀的呢？（鲁迅《孤独者》）
a. Who were his murderers?（王际真译）
b. Who killed him?（杨宪益、戴乃迭译）
c. And who was the killer?（莱尔译）
d. Who were they?（蓝诗玲译）

例（4）和例（5）中，莱尔和杨宪益夫妇的译文是说事，其他译文都是说人。说人的，讲究对人的定性；说事，强调人的某次行为。

（6）……今天见了，精神分外爽快。（鲁迅《狂人日记》）
a. ... the sight of it makes me feel particularly good.（王际真译）
b. ... the sight of it today was extraordinarily refreshing.（蓝诗玲译）
c. ... so today when I saw it I felt in unusually high spirits.（杨宪益、戴乃迭译）
d. ... Seeing it today, I feel like a new man.（莱尔译）

（7）到徐州见着父亲，看见满院狼藉的东西，又想起祖母，不禁簌簌地流下眼泪。（朱自清《背影》）
a. When I met father in Xuzhou, the sight of the disorderly mess in his courtyard and the thought of grandma started tears trickling down my cheeks.（张培基译）
b. When I joined him in Xuzhou I found the courtyard strewn with things and could not help shedding tears at the thought of granny.（杨宪益、戴乃迭译）

例（6）和例（7）中都有译文是说事或说物的，其中说物的都较为抽象，较为浓缩，说事的则较为具象。

179

3.5.2 英汉翻译

(1) <u>Lydia</u> was exceedingly fond of him. <u>He</u> was <u>her dear Wickham</u> on every occasion; (Jane Austen: *Pride and Prejudice*)

a. 丽迪雅太喜欢他了，<u>她每说一句话就要叫一声亲爱的韦翰</u>。（王科一译）

b. 莉迪亚太喜欢他了。<u>她无时无刻不把亲爱的威克姆挂在嘴上</u>。（孙致礼译）

c. 莉迪亚特别喜欢他。<u>他随时随地都是她的心肝宝贝魏肯</u>。（张玲、张扬译）

译文 a、b 都是说事，译文 c 是说人（她的心肝宝贝魏肯）。后者读起来不如前两者顺畅。

(2) I desired Mrs. Dean, when she brought in supper, to sit down while I ate it; hoping sincerely she would prove <u>a regular gossip</u>, and either rouse me to animation or lull me to sleep by her talk. (Emily Brontë: *Wuthering Heights*)

a. 在丁太太送晚饭来时，我装着打听关于我的住所必需的东西，请她坐下来守着我吃，真诚地希望<u>她是一个地道的爱絮叨的人</u>，希望她的话不是使我兴高采烈，就是催我入眠。（杨苡译）

b. 当丁恩太太端晚饭来的时候，我只说想多了解些这宅子的有关情况，要她在我吃饭的当儿坐下来谈谈，全心全意地希望<u>她地地道道是个健谈的老婆子</u>，她的话头不是激发我的兴趣，便是把我催入沉沉的睡乡。（方平译）

说事或说物可以对译。当对译不够通顺时，要考虑转换。汉语更多用说事的方式表述。本例的两个译文都对译了原文的说物（人）表达方式。

(3) This fellow might be in time a great buyer of land, with <u>his</u> statutes, <u>his</u> recognizances, <u>his</u> fines, <u>his</u> double vouchers, <u>his</u> recoveries. (William Shakespeare: *Hamlet*)

　　a. 这家伙当年也许是个地皮大买主，<u>订合同、立地契、收罚款、取双保、索赔偿</u>。（梁实秋译）

　　b. 这家伙生前也许曾经买下许多地产，开口闭口用那<u>些条文、具结、罚款、双重保证、赔偿</u>一类的名词吓人。（朱生豪译）

　　c. 这家伙当年也许是个收罗田产的大老板，<u>订立押单，设置欠据，要求双保，把人家有限制的嗣产变成了他无条件的私产</u>。（孙大雨译）

译文 a、c 为说事，而译文 b 的理解与前两者存在较大差异，虽然整体上也是说事，但名词概念即"说物"对译的痕迹更清晰。

(4) When those dances were over she returned to Charlotte Lucas, and was in <u>conversation</u> with her, when she found herself suddenly addressed by Mr. Darcy, who took her so much by surprise in his <u>application</u> for her hand, that, without knowing what she did, she accepted him. (Jane Austen: *Pride and Prejudice*)

　　a. 跳完这两曲舞之后，她又同到夏洛特·卢卡斯身边，<u>跟她正说着话</u>，忽然听见达西先生叫她，出乎意外地<u>请她跳舞</u>，她一时不知所措，竟然稀里糊涂地答应了他。（孙致礼译）

　　b. 舞曲终了，她又回到了夏洛特小姐的身边，两个人又<u>聊了起来</u>。这时她猛然听到有人向她打招呼，原来是达西先生。达西先生<u>礼貌地请她跳个舞</u>，这着实让她深感意外，不知所措，竟然答应了他的请求。（罗良功译）

conversation 和 application 都是说物，两个译文都在相应地方翻译成了说事。

（5）Mr. Bennet was so odd a mixture of quick parts, sarcastic humour, reserve, and caprice, that the experience of three and twenty years had been insufficient to make his wife understand his character. Her mind was less difficult to develope. <u>She was a woman of mean understanding, little information, and uncertain temper</u>. When she was discontented, she fancied herself nervous. (Jane Austen: *Pride and Prejudice*)

　　a. 班纳特先生真是个古怪人，他一方面喜欢插科打诨，爱挖苦人，同时又不苟言笑，变幻莫测，真使他那位太太积二十三年之经验，还摸不透他的性格。太太的脑子是很容易加以分析的。<u>她是个智力贫乏、不学无术、喜怒无常的女人</u>，只要碰到不称心的事，她就自以为神经衰弱。（王科一译）

　　b. 贝内特先生是个古怪人，一方面乖觉诙谐，好挖苦人，另一方面又不苟言笑，变幻莫测，他太太积二十三年之经验，还摸不透他的性格。这位太太的脑子就不那么难捉摸了。<u>她是个智力贫乏、孤陋寡闻、喜怒无常的女人</u>。一碰到不称心的时候，就自以为神经架不住。（孙致礼译）

　　c. 贝内特先生就是这么性情古怪复杂，既机敏诙谐、喜欢冷嘲热讽，又保守矜持，让人捉摸不定，难怪二十三年的共同生活都不足以让他的妻子真正了解他的性格。而她的心思却不难理解，<u>她是一个悟性平庸、孤陋寡闻、喜怒无常的女人</u>。只要遇事不顺心遂意，就臆想着自己神经衰弱症发作。（罗良功译）

She was 这样的结构是定性式的定义表述，即说物（人）。三个译文都对译了这种表述。若改成"她这个女人，悟性平庸，孤陋寡闻，喜怒无常……"，读起来会稍显流畅。

（6）<u>There were pain and bewilderment in her face, the bewilderment</u> of a pampered child who has always had her own way for the asking and who now, for the first time, was in contact with the unpleasantness of life. (Margaret Mitchell: *Gone with the Wind*)

  a. <u>她脸上流露出痛苦和惶惑的神情</u>，这种惶惑说明，她这个娇宠惯了、经常有求必应的孩子如今可碰到生活中不愉快的事了。（陈良廷等译）

  b. <u>她脸上显出苦痛和惶惑</u>，仿佛是一个纵容惯了的孩子，平时有求必得，而今破题儿第一遭尝到不如意事的滋味似的。（傅东华译）

  译文 b 是说事，译文 a 是说物。译文 a 更为抽象，不如译文 b 更流畅。

  （7）Despite the touches of barbarism in his contours, <u>there was a singular force</u> in the gentleman's face, and in his bold rolling eye. (Thomas Hardy: *Tess of the D'Urbervilles*)

  a. 虽然他全身的轮廓带着<u>一</u>些粗野的神气，但是在他脸上和他那双滴溜溜转的眼睛里，<u>却含着一种特殊的力量</u>。（张谷若译）

  b. 这人形象虽带有几分野蛮，其面庞和灵活大胆的眼神里却<u>有一种特别的力量</u>。（晓燕译）

  c. 尽管在他的身上带有粗野的神气，但是在他的绅士的脸上，在他那双滴溜直转的眼睛里，<u>却有一种奇怪的力量</u>。（王忠祥、聂珍钊译）

  整句只有一个主结构 there be，是说物。三位译者都对译了 a singular force。若译为说事，可以译为：这人形象虽有几分粗野，但脸色刚毅，眼神灵活有力。

  （8）<u>A difficulty of</u> arranging their lips in this crude exposure to public scrutiny, <u>an inability</u> to balance their heads, and to dissociate self-consciousness from their features, was apparent in them. (Thomas Hardy: *Tess of the D'Urbervilles*)

a. 由于在众目睽睽之下抛头露面，很明显她们对如何安排她们的嘴唇就感到困难了，对如何摆放她们的脑袋，如何使她们的自我意识同她们的形体分开，她们也感到无能为力。（王忠祥、聂珍钊译）

b. 显然，像这样不自然地受到公众注视使她们不安，嘴唇不知道怎么办，脑袋也不知道怎么放，心里总牵挂着自己的外表。（孙法理译）

c. 由于她们硬得这样抛头露面，让大家细看，所以她们的嘴唇该轻启还是固闭，分明使她们感到困难了，她们的头该微俯还是高举，她们的面目该紧绷还是松弛，才能神态自若，免于做作，也分明使她们觉得不好办了。（张谷若译）

原文为了显示队伍中年轻姑娘们的拘束不安，描写了这些姑娘们在 arrange their lips、balance their heads、dissociate self-consciousness from their feature 三方面所面临的困难，采用了 a difficulty 和 an ability 这种说物的表述方式，而三个译文都将其转换为说事的方式。

(9) Even in their absolute immobility, complete as that of the morning, she felt a purpose, a working over something, a direction, an act of creation different from any she had known. (F. Scott Fitzgerald: *Tender Is the Night*)

a. 即使像那天上午，他们全都一动不动地待着，她仍然从中感到一个目标、一项工作、一个方向、一个有创意的行动，这一切都与她以前所了解的截然不同。（主万、叶尊译）

b. 即使他们全部一点不动，静得如同清晨，她也能察觉到一个目的存在着，在改变什么，觉察到一个方向，一个她前所未见的创造行为。（陈正发、吕筱梅、张宜林译）

c. 连他们动也不动，完全配合早上情调的时候，她也觉得他们有目的、有方向地在干一件什么事，在进行和她以前所知道的大不相同的一种创造行为。（汤新楣译）

原文用 a purpose、a working、a direction 及 an act 几个名词来说物，译文 a 对译，意义不够清晰，其他两个译文译为说事，相对清晰一些。

（10）He was a clever man; <u>a pleasant companion</u>; <u>a careless student</u>; with a great propensity for running into debt, and <u>a partiality for the tavern</u>. (William Makepeace Thackeray: *Vanity Fair*)

a. 他是个聪明人，<u>谈吐非常风趣</u>，可是<u>不肯用苦功</u>。他老是东借西挪，又<u>喜欢上酒店喝酒</u>。（杨必译）

b. 他是个聪明人，<u>谈吐风趣</u>，可是<u>读书不肯用功</u>；动不动就伸手借钱，<u>好酒贪杯</u>。（彭长江译）

两个译文基本较好地把说物转换为说事，都较为流畅。

（11）He managed the introduction so that her name wasn't mentioned and then let her know easily that everyone knew who she was but were respecting the completeness of her private life—a <u>courtesy</u> that Rosemary had not met with save from professional people since her success. (F. Scott Fitzgerald: *Tender Is the Night*)

a. 他设法在介绍她的时候不提她的名字，而让她轻易地就明白大家都知道她是谁，但完全尊重她的私生活——<u>这种谦恭有礼的举动</u>自从她成名以来，除了来自职业老手，罗丝玛丽还没有见识过。（主万、叶尊译）

b. 他设法在做介绍时不提她的名字，却又让她很容易就明白，每个人都知道她的身份，但同时又尊重她的私生活的完整——自成名以来，罗斯玛丽还从未碰上过<u>这么彬彬有礼的举止</u>，只有这方面的老手才做得到这一点。（陈正发、吕筱梅、张宜林译）

c. 他介绍的方式十分高明，并没提起她的姓名，却让她轻易知道人人都明白她是谁，不过都十分尊重她的私生活——自从她成功之后，除了同业以外，还没有人<u>对她如此有礼貌</u>。（汤新楣译）

courtesy 一词是抽象名词，译文 a 和 b 用"举动/举止"一词对应。但这两个译文的扩展程度都不如译文 c。对于一个完整的动作行为，一般情况下多有实施者、动作、受动者这三大要素，译文 a 和 b 只保留了类似受动者的要素（举动/举止），译文 c 却将施动者、动作与受动者都扩展显化了出来，使整个动作行为表述完整，将原文的说物扩展成了说事，感觉更为流畅。

（12）His brother-in-law, Mr. Hurst, merely looked the gentleman; but his friend Mr. Darcy soon drew the attention of the room by his fine, tall person, handsome features, noble mien; and the report which was in general circulation within five minutes after his entrance, of his having ten thousand a year. (Jane Austen: *Pride and Prejudice*)

a. 他的姐夫赫斯脱只不过像个普通绅士，不大引人注目，但是他的朋友达西却立刻引起全场的注意，因为他身材魁伟，眉清目秀，举止高贵，于是他进场不到五分钟，大家都纷纷传说他每年有一万镑的收入。（王科一译）

b. 他姐夫赫斯特先生只不过像个绅士，但是他的朋友达西先生却立即引起了全场的注意，因为他身材魁伟，眉清目秀，举止高雅，进场不到五分钟，人们便纷纷传说，他每年有一万镑收入。（孙致礼译）

c. 他的姐夫赫斯特先生仅仅只是看上去颇有教养，没有什么过人之处；而他的朋友达西先生则身材高大，相貌不俗，英俊潇洒，气宇超凡，很快就赢得满堂注目。更有甚者，他入场不足五分钟，关于他年进万镑的话就在人群中传开了。（罗良功译）

原文中 the report which was in general circulation 用的是名词结构，侧重于说物，在三个译文中分别译为"大家都纷纷传说""人们便纷纷传说""在人群中传开了"，均为动词结构，侧重于说事。另外，his entrance 译为"他进场""他入场"，充分体现出说事的特点。

(13) It was <u>a relief</u> to her tongue to find from the faces of her parents that they already knew of their loss, though this did not lessen the self-reproach which she continued to heap upon herself for her negligence. (Thomas Hardy: *Tess of the D' Urbervilles*)

a. 她父母脸上的神气，都表示他们已经知道了这场损失了，她才觉得<u>如释重负</u>，免得自己再费唇舌。但是她对自己的谴责，却并没有因此而减轻。这件事既然完全是由于她的疏忽所致，所以她继续把谴责都集于自己一人之身。（张谷若译）

b. 但她从父母的脸上看出他们早已听说了那倒霉的事。她虽然<u>感到免去了报告消息的痛苦</u>，心里的自责却未减轻。对自己疏忽所感到的内疚越来越沉重地压在她心头。（孙法理译）

原文是 a relief，译文都译为一件事情：如释重负（译文 a）和感到免去了报告消息的痛苦（译文 b）。

3.6 重复意识与求异意识

英语不喜欢形式重复，意义重复时往往用同义词或代词替代，其中代词的使用频率也比汉语高许多，相比而言，英语表现出求异意识，汉语表现出求同意识即重复意识。因而，汉英翻译需要多考虑避免形式重复，英汉翻译则需要考虑是否使用零形式重复或同形语言结构重复。

3.6.1 汉英翻译

（1）<u>也有</u>给知县打枷过的，<u>也有</u>给绅士掌过嘴的，<u>也有</u>衙役占了他妻子的，<u>也有</u>老子娘被债主逼死的；（鲁迅《狂人日记》）

a. Some of them—have been bambooed and put into cangues by die magistrate, some have been slapped in the face by the gentry, some have had their wives assaulted by the constables, and some have seen

187

their parents hounded to death by creditors; （王际真译）

b. They have been pilloried by their magistrate, beaten by their squires, had their wives requisitioned by bailiffs, seen their parents driven to early graves by creditors. （蓝诗玲译）

汉语喜欢用排比句描写事物来增强某种情感或气势。译文 a 还原了原文的形式，模仿对译了 some have 几个小句的排比，稍显冗余，而译文 b 则把它们整合起来并列，比较精练。

（2）老头子坐着，闭了眼睛，<u>摸了好一会，呆了好一会</u>；便张开他鬼眼睛说，"不要乱想。"（鲁迅《狂人日记》）

a. The old man sat there with his eyes closed and <u>felt my hand and meditated for a long while</u>. Then he opened his ghostly eyes and said, "Do not worry too much."（王际真译）

b. The old man sat down, closed his eyes, <u>fumbled for some time and remained still for some time</u>; then he opened his shifty eyes and said, "Don't let your imagination run away with you."（杨宪益、戴乃迭译）

c. Sitting down, he closed his eyes and <u>felt my pulse for a good long while</u>. Then he froze. Just sat there without moving a muscle for another good long while. Finally he opened his spooky eyes and said: "Don't let your thoughts run away with you."（莱尔译）

原文中，"摸了好一会"和"呆了好一会"中重复了"好一会"。三个译文都只译了一次。

译文 a 为 felt my hand 和 meditated for a long while 并列，译文 b 为 fumbled for some time and remained still for some time。译文 c 为 felt my pulse for a good long while，只用了一个谓语动词，突显了"摸"（felt），隐含了"呆了好一会"。

从逻辑上来说，"呆了好一会"是伴随"摸了好一会"的，译文 c 更符合这种逻辑。当然,若原文如译文 a 那样可以理解为两件事即 felt 和 mediated,译文 a 也是可行的。

(3) 像今晚上,一个人在这苍茫的月下,什么都<u>可以</u>想,什么都<u>可以</u>不想,便觉是个自由的人。白天里<u>一定要做的事</u>,<u>一定要说的话</u>,现在都可不理。这是独处的妙处,我且受用这无边的荷香月色好了。(朱自清《荷塘月色》)

a. As it is tonight, basking in a misty moonshine all by myself. <u>I feel I am a free man, free to think of anything, or of nothing.</u> <u>All that one is obliged to do, or to say, in the daytime,</u> can be very well cast a side now. That is the beauty of being alone. For the moment, just let me indulge in this profusion of moonlight and lotus fragrance.(朱纯深译)

b. <u>I like both excitement and stillness</u>, under the full moon, I could <u>think of whatever I pleased or of nothing at all</u>, and that gave me a sense of freedom. <u>All daytime duties could be disregarded</u>. That was the advantage of solitude: I could savour to the full that expanse of fragrant lotus and the moonlight.(杨宪益、戴乃迭译)

两个译文没有对译原文画线部分的重复。译文 b 中对"一定"部分的翻译,更加体现了压缩意识。

(4) 当有殿头官喝道:"<u>有事出班早奏,无事卷帘退朝。</u>"(施耐庵《水浒传》)

a. The chief of ceremonies cried: "<u>If anyone has a petition, let him come forward. If there are none, this court will adjourn.</u>"(沙博理译)

b. When the rites of courtesy were over ten did the master of ceremonies call forth and say, "<u>Let him among you who has aught to say now come forth straightway. If there is no business, then roll up the curtain, for the Emperor retires.</u>"(赛珍珠译)

应该说，汉语画线的两个小句是相当对应的平衡结构，结构上高度重复。译文 a 重复了 if 引导的条件句结构，其他部分并没有重复。译文 b 则在结构上更没有重复。

3.6.2 英汉翻译

（1）the two youngest repaired to the lodgings of one of the officers' wives, and Elizabeth continued her walk alone, crossing field after field at a quick pace, jumping over stiles and springing over puddles with impatient activity, and finding herself at last within view of the house, with weary ancles, dirty stockings, and a face glowing with the warmth of exercise. (Jane Austen: *Pride and Prejudice*)

a. 两位妹妹上一个军官太太的家里去，留下伊丽莎白独个儿继续往前走，急急忙忙地大踏步走过了<u>一片片</u>田野，跨过了<u>一道道</u>围栅，跳过了<u>一个个</u>水洼，终于看见了那所屋子。她这时候已经双脚乏力，袜子上沾满了泥污，脸上也累得通红。（王科一译）

b. 两个妹妹朝一位军官太太家里走去，剩下伊丽莎白独自往前赶，只见她急急忙忙，脚步匆匆，穿过<u>一块块</u>田地，跨过<u>一道道</u>栅栏，跳过<u>一个个</u>水洼，最后终于看见了那幢房子。这时，她已经两脚酸软，袜子上沾满了泥浆。脸上也累得通红。（孙致礼译）

c. 两个小妹妹去了一位军官妻子的住所，伊丽莎白一个人继续赶路。她脚步匆匆，穿过<u>一片接着一片</u>的田地，跳过<u>一道又一道</u>的篱笆，跨过<u>一处又一处</u>的水洼，终于发现那幢别墅出现在视野之中。这时，她脚也酸了，袜子也脏了，脸颊却因为赶路而涨得通红。（罗良功译）

在王科一与孙致礼的译文中，出现了"一个个""一道道""一片片""一块块"等许多叠词，类似的在罗良功的译文中也有"一片接着一片""一道又一道""一处又一处"，这些都是汉语所特有的叠量词，加强了汉语的连续性。这些量词有一定的修辞意义，在英语中没有对等的形式，译者用这样的词将译文变得极具汉语色彩，也让中国读者更能接受。

（2）Everything about him was old except his eyes and <u>they</u> were the same color as the sea and were cheerful and undefeated. (Ernest Miller Hemingway: *The Old Man and the Sea*)

a. 除了<u>眼睛</u>，他身上处处都显得苍老，可是<u>他的眼睛</u>跟海水一样颜色，活泼而坚定。（余光中译）

b. 除了一双<u>眼睛</u>，他浑身上下都很苍老。<u>那双眼睛</u>乐观而且永不言败，色彩跟大海一样。（黄源深译）

c. 他的全身都像手上的疤痕一样古老，但只有那双海水般蔚蓝的<u>眼睛</u>例外，因为<u>它们</u>永远闪烁着欢快和永不言败的光芒。（陈加维译）

d. 他身上的一切都显得古老，除了那双<u>眼睛</u>，<u>它们</u>像海水一般蓝，显得喜洋洋而不服输。（吴劳译）

译文a、b读来更符合汉语习惯，因为译文a、b符合汉语的重复习惯，直接将原文中替代"眼睛"一词的they显化了出来，还用重复的方法起到了强调眼睛的作用。相比之下，译文c、d的表述就要差一些，直接使用代词"它们"，相对而言，会影响一些流畅度。

（3）The time came, <u>without bringing with it any relief to my feelings</u>, and the company came. (Charles Dickens: *Great Expectations*)

a. 午餐的时间到了，<u>但这没有使我心情轻松</u>；宾客纷至，<u>也没有使我负疚的情感如释重负</u>。（罗志野译）

b. 午餐的时间到了，客人们也都来了，<u>但我的心情却一点儿也没有感到轻松</u>。（主万、叶尊译）

without bringing with it any relief to my feelings，两个译文有着不同的处理方式。译文a处理成两个对称的结构，相当于重复了这个短语的

191

内容，增强了译文表达的感情色彩，文学味更浓。译文 b 则是直接对译。

(4) The evening was spent chiefly in talking over Hertfordshire news, and telling again what had been already written; and when it closed, Elizabeth, in the solitude of her chamber, had to meditate upon Charlotte's <u>degree</u> of contentment, to understand her address in guiding, and composure in bearing with her husband, and to acknowledge that it was all done very well. (Jane Austen: *Pride and Prejudice*)

a. 这一晚主要就谈论哈福德郡的新闻，又把以前信上所说的话重新再提一遍。大家散了以后，伊丽莎白孤单单地在房间里，不由得默默想起了夏绿蒂<u>对于现状究竟满意到什么程度</u>，<u>驾驭丈夫的手腕巧妙到什么程度</u>，<u>容忍丈夫的肚量又大到什么程度</u>。她不由得承认，一切都安排得非常好。（王科一译）

b. 晚上，主要在谈论赫特福德的新闻，并把信上早已写过的内容重述了一遍。大家散了以后，伊丽莎白孤零零一个人待在房里，不由得思谋起夏洛特究竟<u>满意到什么地步</u>，<u>用什么手腕驾驭丈夫</u>，<u>有多大肚量容忍他</u>，不得不承认，事情处理得相当不错。（孙致礼译）

c. 这整个晚上大家主要谈论的还是赫特福郡的新闻，又把原先在信中已经说过的事情又扯了一遍。谈话结束之后，伊丽莎白回到房间，独自一人在那里沉思，脑海里想着夏洛特<u>对眼前的生活到底有多满足</u>，琢磨着她<u>到底是怎样在操纵丈夫</u>，<u>又是怎样在忍受丈夫</u>，最后她不得不承认，这一切都做得无可挑剔。（罗良功译）

王译文重复使用"到什么"程度。孙译文译为"什么地步""什么手段"和"多大肚量"。罗译文也采用重复，译为"到底有多满足""到底怎样在操纵丈夫"和"又是怎样忍受丈夫"。这些译文都有形式和意义上的重复。

第三章　回顾意识和前瞻意识

(5) After <u>darkly</u> looking at his leg and me several times, he came closer to my tombstone, took me by both arms, and tilted me back as far as he could hold me; so that his eyes looked most <u>powerfully</u> down into mine, and mine looked most helplessly up into his. (Charles Dickens: *Great Expectations*)

　　a. 他<u>忧郁而又阴沉地</u>看看他的腿，<u>又看看我</u>。这么来回<u>看了</u>几次之后，他走近我坐着的墓碑，两手抓住我的双肩，尽量把我的身体向后按，以使他那双<u>威严无比、咄咄逼人</u>的眼睛紧盯着<u>我的双眼</u>，似乎眼光射进了我的眼球深处，而<u>我的两眼</u>只能无可奈何地仰望着他的眼睛。(罗志野译)

　　b. 他阴沉地<u>看了看</u>自己的腿，<u>又看了看我</u>，这样<u>看了</u>好几次，<u>随后</u>走到我坐的墓碑<u>前边</u>，抓住我两只胳膊，把我的身体拼命往后推去，两眼咄咄逼人地向下盯视着我的眼睛，我的眼睛却只是万般无奈地看着他。(主万、叶尊译)

looking at，两个译者都做了重复处理，都较为流畅。另外，本例中的副词如 darkly、powerfully，译文 a 进行了扩展，译成了"忧郁而又阴沉地""威严无比、咄咄逼人"，并列使用两个修饰词的方式增加了感情表现的力度。

(6) ... that he came down on Monday in a chaise and four to see the place, and was so much delighted with <u>it</u> that he agreed with Mr. Morris immediately; (Jane Austen: *Pride and Prejudice*)

　　a. ……他星期一那天，乘着一辆驷马大轿车来<u>看房子</u>，<u>看得非常中意</u>，当场就和莫理斯先生谈妥了；(王科一译)

　　b. ……他星期一那天乘坐一辆驷马马车来<u>看房子</u>，看得非常中意，当下就和莫里斯先生讲妥了；(孙致礼译)

　　c. ……那位阔少，星期一乘驷马大车<u>来看地方</u>，<u>对房子非常满意</u>，当即就与莫里斯先生拍板成交，(罗良功译)

193

三位译者在翻译 was so much delighted with it 时，都没有对译 it。前两个译文把其译为"看得非常中意"，最后一个译为"对房子非常满意"。汉语中能用名词重复或零形式，尽量少用第三人称代词。

(7) The <u>gold</u> of the summer picture was now <u>gray</u>, <u>the colours mean</u>, the rich soil mud, and the river cold. (Thomas Hardy: *Tess of the D'Urbervilles*)

　　a. 夏日<u>灿烂的金黄色</u>，现在变成<u>昏沉的灰色了</u>，<u>天地暗淡了</u>，<u>肥沃的土壤也泥泞了</u>，<u>河水也清冷了</u>。（张谷若译）

　　b. 只是夏季的<u>一片金黄</u>此时已变作了<u>灰黄一片</u>，显得<u>平淡乏味毫无生气了</u>，而<u>那肥沃的土壤也变作了泥泞</u>，<u>河水也凄凉冷清了</u>。（晓燕译）

原文中的 gold，张谷若译为"灿烂的金黄色"，使用了修饰词"灿烂的"；对于原文中 gray，张谷若译为"昏沉的灰色"，使用了修饰词"昏沉的"，更加明晰了作者想要营造的氛围。而晓燕的扩展方式有所不同，将 the colours mean 译为"显得平淡乏味毫无生气了"，也取得了相似的效果。

应该说，原文结构就有重复，译文结构基本上对应了，而且还有所发挥。

(8) The fiend pinning down the thief's pack behind him, I passed over quickly: <u>it was an object of terror</u>. <u>So was</u> the black horned thing seated aloof on a rock, surveying a distant crowd surrounding a gallows. (Charlotte Brontë: *Jane Eyre*)

　　a. 魔鬼从背后按住窃贼的包裹，我赶紧翻过去。<u>这是个可怕的景象</u>。那个生角的黑家伙高高地坐在岩石上，望着远处一群围着绞架的人。<u>这也是个可怕的景象</u>。（祝庆英译）

　　b. 魔鬼从身后按住窃贼的背包，<u>那模样实在可怕</u>，我赶紧翻了过去。<u>一样可怕的是</u>，那个头上长角的黑色怪物，独踞于岩石之上，

远眺着一大群人围着绞架。(黄源深译)

c. 魔鬼从后面按住窃贼背的包,我赶紧翻了过去,<u>那样子挺可怕</u>。头上长角的黑色怪物高踞在岩顶上,远望着一大群人团团围住绞架<u>也是这样</u>。(吴钧燮译)

原文中的 so 是一个副词,表示 so 后面的这句话与前文所叙述的情况相同,英语中只用这一个词就能表达出这层含义,汉语显然不能。祝译"这也是个可怕的景象",与其前文"这是个可怕的景象"呼应,意思清晰,但稍有翻译腔,黄译"一样可怕的是",也与其前文"那模样实在可怕"呼应,读起来较为流畅。吴译"也是这样",则有些交代不清,汉语还是尽量用实词重复为好。

(9) But Rebecca was a young lady of too much resolution and energy of character to permit herself much useless and unseemly sorrow for the irrevocable past; so, having devoted only the proper portion of regret to it, she wisely turned her whole attention towards the future, which was now vastly more important to her. <u>And she surveyed her position, and its hopes, doubts, and chances.</u> (William Makepeace Thackeray: *Vanity Fair*)

a. 幸而利蓓加意志坚决,性格刚强,觉得<u>既往不可追</u>,白白的烦恼一会子也没有用,叫别人看着反而不雅,因此恨了一阵便算了。她很聪明的用全副精神来盘算将来的事,因为未来总比过去要紧得多。她估计自己的处境,<u>有多少希望,多少机会,多少疑难</u>。(杨必译)

b. 但是丽蓓卡是个意志坚强、性格刚毅的年轻女子,觉得既然<u>往者不可追</u>,就不会让自己徒劳无益地过分伤心,让人耻笑,所以懊恼了一阵也就罢了。她明智地把全部注意力转向未来。对她来说,未来比过去远为重要。她全盘考虑了一下自己的处境、<u>希望、疑点和机会</u>。(彭长江译)

原文"And she surveyed her position, and its hopes, doubts, and chances",译文a处理为"多少希望,多少机会,多少疑难",通过重复"多少",体现出斟酌的过程,比译文b直接译为"希望、疑点和机会"更加生动。

(10) I desire you will do no such thing, Lizzy is not a bit better than the others; and I am sure she is not half so handsome as Jane, nor half so good humoured as Lydia. But you are always giving her the preference. (Jane Austen: *Pride and Prejudice*)

  a."我希望你别这么做。丽萃没有一点儿地方胜过别的几个女儿;我敢说,<u>论漂亮</u>,她抵不上吉英一半;<u>论性子</u>,她抵不上丽迪雅一半。你可老是偏爱她。"(王科一译)

  b."我希望你别做这种事。莉齐丝毫不比别的女儿强。我敢说,<u>论漂亮</u>,她远远及不上简;<u>论性子</u>,她远远及不上莉迪亚。可你总是偏爱她。"(孙致礼译)

  c."这种事我看你别干为好。与几个姐妹比,利齐没有哪点强。<u>论漂亮</u>,我看她绝对赶不上简一半,<u>论活泼</u>她又不及莉迪亚一半,可是你总对她存着偏心。"(张经浩译)

在三个汉语译文中,都出现了"论漂亮,论性子(论活泼)"的排比结构,体现了汉语文学作品擅用排比重复的特点。

(11) <u>Scarlett O'hara was not beautiful</u>, but men seldom realized <u>it</u> when <u>caught by her charm</u> as the Tarleton twins were. (Margaret Mitchell: *Gone with the Wind*)

  a.那郝思嘉小姐长得并不美,可是极富魅力,男人见了她,往往要<u>着迷</u>,就像汤家那一对双胞胎兄弟似的。(傅东华译)

  b.斯佳丽·奥哈拉长得并不美,但是男人们一旦像塔尔顿家孪生兄弟那样给她的魅力迷住往往就<u>不大理会这点</u>。(陈廷良等译)

  c.斯佳丽·奥哈拉并不漂亮,但男人们,如果像塔尔顿这对孪生兄弟那样,被她的魅力所迷倒的话,<u>就很少能看得出这一点了</u>。

(李明译)

原文中 it 指代 Scarlett O'hara was not beautiful，但是在译文 a 中，并没有将 it 所指代的内容对译出来，而是更加突出"极富魅力，男人见了她，往往要着迷"（caught by her charm），以此来隐含男人们意识不到郝思嘉小姐并不漂亮。译文 b、c 在处理上都将 it 指代内容对译出来，译文更有层次性和逻辑性，但不太符合汉语连续性强的特点，读起来不如译文 a 流畅。

英汉翻译中，能不对译代词最好，如译文 a；若需要对译，往往需要用名词短语来重复前面提及的内容，如译文 b 和 c。

（12）If there had not been a Netherfield ball to prepare for and talk of, the younger Miss Bennets would have been in a pitiable state at this time, for from the day of the invitation to the day of the ball, there was such a succession of rain as prevented their walking to Meryton once. (Jane Austen: *Pride and Prejudice*)

a. 如果不是要为内瑟菲尔德的舞会作准备，如果不是有内瑟菲尔德的舞会可谈，贝内特家的几位小姐一定会闷得发慌。从来人邀请那天起，直到舞会举行那天，雨下个没停，她们往梅里顿一趟也走不成。（张经浩译）

b. 若不是幸亏有个内瑟菲尔德舞会可以<u>准备准备</u>，<u>谈论谈论</u>，贝内特家的几个小女儿这时说不定有多可怜，因为自从接受邀请那天到举行舞会那天，雨一直下个不停，害得她们没到梅里顿去过一次。（孙致礼译）

c. 要不是有一场泥泽地别墅的舞会可以<u>准备准备</u>，<u>谈论谈论</u>，贝内特家的几个小姑娘这个时候还不知道有多可怜呢，因为从接到邀请的那天到舞会那天，雨就<u>一阵接一阵</u>地下个没停，害得她们一次也没去成麦里屯。（罗良功译）

译文中"准备准备""讨论讨论"读起来十分流畅，而译文 a 中没有采用重复，读来不及后两个译文生动。译文 c 将 succession 译为"一阵接一阵"，也十分符合汉语的行文习惯。

(13) "She is a <u>selfish, hypocritical</u> woman, and <u>I have no opinion of her</u>." (Jane Austen: *Pride and Prejudice*)

　　a."她是个<u>自私自利、假仁假义</u>的女人，<u>我瞧不起她</u>。"（王科一译）

　　b."她是个<u>自私自利、假仁假义</u>的女人，我<u>一点也瞧不起她</u>。"（孙致礼译）

　　c."况且她这个女人<u>又自私又虚伪</u>，我<u>还瞧不上她呢</u>。"（罗良功译）

原文中用了 selfish 和 hypocritical 两个形容词，译文 a 和 b 都译成了"自私自利、假仁假义"这两个四字成语，译文 c 译成了"又自私又虚伪"，三者都具有音韵美，符合汉语重重复的语言审美习惯。

(14) Their eyes were immediately <u>wandering</u> up in the street <u>in quest of</u> the officers, and nothing less than a very smart bonnet indeed, or a really new muslin in a shop window, could recall them. (Jane Austen: *Pride and Prejudice*)

　　a. 她们的眼睛立刻对着街头<u>看来看去</u>，<u>看看有没有军官们走过</u>，此外就只有商店橱窗里的极漂亮的女帽，或者是最新式的花洋布，才能吸引她们。（王科一译）

　　b. 她们的眼睛立刻对着街头<u>骨碌来骨碌去</u>，<u>看看有没有军官</u>，此外就只有商店橱窗里十分漂亮的女帽，或是委实新颖的细纱布，才能吸引她们。（孙致礼译）

　　c. 她们眼眸子<u>滴溜溜地转动起来</u>，满大街寻找着军官们的影子。除了偶尔哪家商店的橱窗里摆着顶漂亮帽子或是一块新潮的平纹布能吸引她们的眼球外，再没有什么能够让她们心动了。（罗良功译）

译者分别把 wandering 译为"看来看去""骨碌来骨碌去""滴溜溜"等重复性的结构，较为生动地体现了女生对寻找军官的热情。

译文 a 和 b 把 in quest of 译成"看看"，与前部分重复，读起来非常顺畅，体现了汉语的审美特点。

（15）I know not how to express my refusal in such a way as may convince you of its being <u>one</u>. (Jane Austen: *Pride and Prejudice*)

a. 那我真不知道怎么拒绝你才能让你死了这条心。（孙致礼译）

b. 那我可我不知道该怎么谢绝你，才能让你死心塌地。（王科一译）

c. 那我就真不知道用什么样的一种方式拒绝你，才能让你相信确实一点都不假了。（张玲、张扬译）

one 指代前文的 refusal，英语中可以精练地用 one 进行替代，但汉语中却不能炮制此法，也因此出现了三种对 one 具体含义进行解释的译法。

参考文献

[1] 艾米莉·勃朗特. 呼啸山庄 [M]. 方平译. 上海：上海译文出版社，1995.

[2] 艾米莉·勃朗特. 呼啸山庄 [M]. 杨苡译. 南京：译林出版社，2011.

[3] 艾米莉·勃朗特. 呼啸山庄 [M]. 代斌译. 长春：吉林出版集团，2009.

[4] 艾米莉·勃朗特. 呼啸山庄 [M]. 张玲，张扬译. 北京：人民文学出版社，2015.

[5] 艾米莉·勃朗特. 呼啸山庄 [M]. 宋兆霖译. 长春：吉林大学出版社，2018.

[6] 爱伦·坡. 红死之假面 [M]. 钱歌川译. 载 1929 年 11 月《文学周报》，1929（375）：59.

[7] 爱伦·坡. 爱伦·坡短篇小说集 [M]. 陈良廷，徐汝椿译. 北京：外国文学出版社，1982.

[8] 鲍川运. 打破汉英翻译思维定式 [Z]. 北京第二外国语学院讲座，2021.

[9] 鲍川运. 中译英的策略与方法（四）[J]. 英语世界，2022（9）.

[10] 曹雪芹. 红楼梦 [M]. 北京：人民文学出版社，2005.

[11] 查尔斯·狄更斯. 大卫·科波菲尔 [M]. 董秋斯译. 北京：人民文学出版社，1958.

[12] 查尔斯·狄更斯. 雾都孤儿 [M]. 荣如德译. 上海：上海译文出版社，1981.

[13] 查尔斯·狄更斯. 远大前程 [M]. 罗志野译. 南京：译林出版社，2001.

[14] 查尔斯·狄更斯. 远大前程 [M]. 主万，叶尊译. 北京：人民文学出版社，2004.

[15] 查尔斯·狄更斯. 雾都孤儿 [M]. 何文安译. 南京：译林出版社，2010.

[16] 查尔斯·狄更斯. 大卫·科波菲尔 [M]. 张谷若译. 天津：天津人民出版社，2015.

[17] 查尔斯·狄更斯. 远大前程 [M]. 王科一译. 上海：上海译文出版社，2017.

[18] 弗朗西斯·培根. 培根论说文集 [M]. 水天同译. 北京：商务印书馆，1983.

[19] 弗朗西斯·培根. 培根随笔 [M]. 王佐良译. 西安：西安交通大学出版社，2013.

[20] 何自然. 汉英翻译中概念结构的转换 [J]. 北京科技大学学报（社会科学版），2015（6）：1-6.

[21] 华盛顿·欧文. 见闻札记 [M]. 高健译. 上海：上海译文出版社，2011.

[22] 简·奥斯汀. 傲慢与偏见 [M]. 王科一译. 上海：上海译文出版社，2002.

[23] 简·奥斯汀. 傲慢与偏见 [M]. 张经浩译. 北京：中国对外翻译出版公司，2009.

[24] 简·奥斯汀. 傲慢与偏见 [M]. 孙致礼译. 南京：译林出版社，2010.

[25] 简·奥斯汀. 傲慢与偏见 [M]. 罗良功译. 武汉：长江文艺出版社，2011.

[26] 简·奥斯汀. 傲慢与偏见 [M]. 张玲，张扬译. 北京：人民文学出版社，2015.

[27] 老舍. 骆驼祥子 [M]. 北京：人民文学出版社，2000.

[28] 连淑能. 英语的"抽象"与汉语的"具体" [J]. 外语学刊（黑龙江大学学报），1993（3）：24-31.

[29] 连淑能. 论中西思维方式 [J]. 外语与外语教学，2002（2）：40-46+63-64.

[30] 连淑能. 英汉对比研究 [M]. 北京：高等教育出版社，2010.

[31] 刘丹青. 语义优先还是语用优先 [J]. 语文研究，1995（2）：10-15.

[32] 刘宓庆. 试论英汉词义的差异 [J]. 外国语，1980（1）：16-20.

[33] 刘宓庆. 新编汉英对比与翻译 [M]. 北京：中国对外翻译出版公司，2006.

[34] 刘士聪. 英汉·汉英美文翻译与鉴赏 [M]. 南京：译林出版社，2011.

[35] 鲁迅. 鲁迅全集·第一卷 [M]. 北京：人民文学出版社，2005.

[36] 吕叔湘. 汉语语法分析问题 [M]. 北京：商务印书馆，1979.

[37] 马洪林. 戊戌后康有为对西方世界的观察与思考 [J]. 传统文化与现代，1994（1）：19-28.

[38] 马克·吐温. 马克·吐温中短篇小说选 [M]. 叶冬心译. 北京：人民文学出版社，2015.

[39] 马克·吐温. 马克·吐温文集 [M]. 张友松译. 北京：人民文学出版社，

2016.

[40] 玛格丽特·米切尔. 飘 [M]. 陈良廷等译. 上海：上海译文出版社，1990.

[41] 玛格丽特·米切尔. 飘 [M]. 戴侃，李野光，庄绎传译. 北京：外国文学出版社，1990.

[42] 玛格丽特·米切尔. 飘 [M]. 李明译. 武汉：武汉大学出版社，2006.

[43] 玛格丽特·米歇尔. 飘 [M]. 傅东华译. 杭州：浙江文艺出版社，2008.

[44] 玛格丽特·米歇尔. 飘 [M]. 贾文渊，贾文浩，贾令仪译. 西安：陕西师范大学出版社，2019.

[45] 纳撒尼尔·霍桑. 红字 [M]. 胡允桓译. 北京：人民文学出版社，1991.

[46] 纳撒尼尔·霍桑. 红字 [M]. 侍桁译. 上海：上海译文出版社，2002.

[47] 欧内斯特·海明威. 老人与海 [M]. 海观译. 上海：上海译文出版社，1979.

[48] 欧内斯特·海明威. 老人与海 [M]. 宋碧云译. 台北：桂冠出版社，2000.

[49] 欧内斯特·海明威. 老人与海 [M]. 吴劳译. 上海：上海译文出版社，2004.

[50] 欧内斯特·海明威. 永别了，武器 [M]. 林疑今译. 上海：上海译文出版社，2006.

[51] 欧内斯特·海明威. 老人与海 [M]. 黄源深译. 南京：译林出版社，2007.

[52] 欧内斯特·海明威. 老人与海 [M]. 陈加雏译. 武汉：武汉出版社，2010.

[53] 欧内斯特·海明威. 老人与海 [M]. 余光中译. 南京：译林出版社，2012.

[54] 欧内斯特·海明威. 永别了，武器 [M]. 方华文译. 南京：译林出版社，2012.

[55] 欧内斯特·海明威. 老人与海 [M]. 张爱玲译. 北京：北京出版集团，2015.

[56] 潘文国. 英汉对比纲要 [M]. 北京：北京语言文化大学出版社，1997.

[57] 乔治·奥威尔. 一九八四 [M]. 董乐山译. 上海：上海译文出版社，2011.

[58] 乔治·奥威尔. 一九八四 [M]. 刘绍铭译. 北京：北京十月文艺出版社，2012.

[59] 邵志洪. 英汉词语语义容量比较 [J]. 外语与外语教学，1996（2）：15-20.

[60] 沈从文. 边城 [M]. 武汉：武汉出版社，2013.

[61] 沈复. 浮生六记 [M]. 北京：人民文学出版社，2018.

[62] 沈家煊. 关于词法类型和句法类型 [J]. 民族语文，2006（6）：3-9.

[63] 沈家煊. 怎样对比才有说服力——以英汉名动对比为例 [J]. 现代外语，

2012（1）：1-13.

[64] 沈家煊. 从语言看中西方的范畴观 [J]. 中国社会科学，2017（7）：131-143+207.

[65] 沈家煊. 说四言格 [J]. 世界汉语教学，2019（3）：300-316.

[66] 沈家煊. 有关思维模式的英汉差异 [J]. 现代外语，2020（1）：1-17.

[67] 施耐庵. 水浒传 [M]. 北京：人民文学出版社，2005.

[68] 斯科特·菲茨杰拉德. 夜色温柔 [M]. 陈正发，吕筱梅，张宜林译. 合肥：安徽文艺出版社，2003.

[69] 斯科特·菲茨杰拉德. 夜色温柔 [M]. 汤新楣译. 上海：上海译文出版社，2011.

[70] 斯科特·菲茨杰拉德. 夜色温柔 [M]. 主万，叶尊译. 北京：人民文学出版社，2011.

[71] 孙会军. 过程导向 vs. 结果导向：汉英翻译探微 [J]. 英语世界，2021（7）：111-116.

[72] 孙隆基. 中国文化的深层结构 [M]. 桂林：广西师范大学出版社，2004.

[73] 托马斯·哈代. 德伯家的苔丝 [M]. 张谷若译. 北京：人民文学出版社，1984.

[74] 托马斯·哈代. 德伯家的苔丝 [M]. 吴笛译. 杭州：浙江文艺出版社，1991.

[75] 托马斯·哈代. 德伯维尔家的苔丝 [M]. 孙法理译. 南京：译林出版社，1994.

[76] 托马斯·哈代. 德伯家的苔丝 [M]. 晓燕译. 哈尔滨：哈尔滨出版社，1999.

[77] 托马斯·哈代. 德伯家的苔丝 [M]. 孙致礼，唐慧心译. 北京：北京燕山出版社，2000.

[78] 托马斯·哈代. 德伯家的苔丝 [M]. 郑大民译. 上海：上海译文出版社，2000.

[79] 托马斯·哈代. 德伯家的苔丝 [M]. 王忠祥，聂珍钊译. 广州：花城出版社，2015.

[80] 王建国. 汉英翻译学：基础理论与实践 [M]. 北京：中译出版社，2019.

[81] 王建国. 英汉翻译学：基础理论与实践 [M]. 北京：中译出版社，2020.

[82] 王建国，何自然. 重过程，还是重结果——译者的母语对英译文本的影响

[J]. 上海翻译，2014（2）：7-12.

[83] 王建国，谢飞. 论汉英语用差异对翻译的影响——基于对《边城》四译本的对比分析 [J]. 中国翻译，2020（3）：100-109+189.

[84] 王文斌. 论英语的时间性特质与汉语的空间性特质 [J]. 外语教学与研究，2013（2）：163-173+318.

[85] 威廉·福克纳. 献给艾米莉的玫瑰 [M]. 杨瑞，何林译. 广州：花城出版社，1980.

[86] 威廉·福克纳. 献给爱米丽的一朵玫瑰花 [M]. 杨岂深等译. 南京：译林出版社，2015.

[87] 威廉·萨克雷. 名利场 [M]. 彭长江译. 北京：中国书籍出版社，2006.

[88] 威廉·萨克雷. 名利场 [M]. 杨必译. 北京：人民文学出版社，2015.

[89] 威廉·莎士比亚. 哈姆莱特 [M]. 朱生豪译. 北京：人民文学出版社，2001.

[90] 威廉·莎士比亚. 四大悲剧 [M]. 梁实秋译. 北京：中国广播电视出版社，2002.

[91] 威廉·莎士比亚. 哈姆雷特 [M]. 孙大雨译. 上海：上海译文出版社，2012.

[92] 夏济安. 名家散文选读 [M]. 香港：今日世界出版社，1976.

[93] 夏洛蒂·勃朗特. 简·爱 [M]. 曾凡海，吴江皓译. 北京：北京燕山出版社，1995.

[94] 夏洛蒂·勃朗特. 简·爱 [M]. 祝庆英译. 上海：上海译文出版社，1995.

[95] 夏洛蒂·勃朗特. 简·爱 [M]. 吴钧燮译. 北京：人民文学出版社，2003.

[96] 夏洛蒂·勃朗特. 简·爱 [M]. 黄源深译. 南京：译林出版社，2010.

[97] 徐英才. 英译中国经典散文选 [M]. 上海：上海外语教育出版社，2014.

[98] 许地山. 许地山文集 [M]. 北京：新华出版社，1998.

[99] 姚斌，冯爱苏. 会议发言中"前言"和"结语"的汉英口译策略 [J]. 英语学习，2020（8）：65-68.

[100] 詹姆斯·乔伊斯. 尤利西斯 [M]. 金隄译. 北京：人民文学出版社，1997.

[101] 詹姆斯·乔伊斯. 尤利西斯 [M]. 萧乾，文洁若译. 南京：译林出版社，2010.

[102] 张梦井，杜耀文. 中国名家散文精译（汉译英）[C]. 青岛：青岛出版社，1999.

[103] 张培基. 英译中国现代散文选（一）[M]. 上海：上海外语教育出版社，2007.

[104] 张培基. 英译中国现代散文选 [C]. 上海：上海外语教育出版社，1999.

[105] 朱自清. 朱自清散文 [M]. 北京：北京出版社，2008.

[106] 朱自清. 荷塘月色 [J]. 朱纯深译. 中国翻译，1992（1）：58-60.

[107] 朱自清. 匆匆 [J]. 朱纯深译. 中国翻译，1994（4）：63-64.

[108] 宗白华. 美从何处寻 [J]. 画刊（学校艺术教育），2015（6）：1.

[109] Austen, J. (1983). *Pride and Prejudice*[M]. New York: Random House.

[110] Bacon, B. (2000). *Essays*[C]. Beijing: Foreign Language Teaching and Research Press.

[111] Brontë, E. (2009). *Wuthering Heights*[M]. New York: Harper Collins Publishers.

[112] Cao Xueqin (1893). *The Dream of the Red Chamber*[M]. H. Bencraft Joly(tr.). Macao: Typographia Commercial.

[113] Cao Xueqin (1973). *The Story of the Stone*[M]. David Hawkes and John Minford(tr.). Harmondsworth: Penguin Books.

[114] Cao Xueqin (1978). *A Dream of Red Mansions*[M]. Yang Xianyi and Gladys Yang(tr.). Beijing: Foreign Languages Press.

[115] Charles Dickens (1992). *David Copperfield*[M]. Hertfordshire: Wordsworth Editions.

[116] Charles Dickens (2005). *Oliver Twist* [M]. New York: New American Library.

[117] Charles John Huffam Dickens(1982). *Great Expectations*[M]. New York: Bantam Classics.

[118] Charlotte Brontë (2000). *Jane Eyre*[M]. New York: Houghton Mifflin Harcourt.

[119] Faulkner, W. (2003). *A Rose for Emily*[M]. Beijing: Foreign Language Teaching and Research Press.

[120] Fitzgerald, F. S. (2001). *Tender Is the Night*[M]. London: Penguin Classic.

[121] Hardy, T. (2007). *Tess of the D'Urbervilles*[M]. New York: Broadview Press.

[122] Hawthorne, N. (2004). *The Scarlet Letter*[M]. New York: Pocket Books.

[123] Hemingway, E. (1989). *The Old Man and the Sea*[M]. Beijing: World Publishing Corporation.

[124] Hemingway, E. (1999). *A Farewell to Arms*[M]. New York: Random House.

[125] Irving, W. (2007). *The Sketch Book of Geoffrey Crayon, Gent*[M]. Fairford: Echo Library.

[126] Joyce, J. (2016). *Ulysses*[M]. Nanjing: Yilin Press.

[127] Lao She (2010). *Rickshaw Boy*[M]. Howard Goldblatt(tr.). New York: Harper Collins.

[128] Lao She (2014). *Camel Xiangzi*[M]. Shi Xiaojing(tr.). Beijing: Foreign Languages Press.

[129] Lau, J. & H. Goldblatt. (1995). *The Columbia Anthology of Modern Chinese Literature*[C]. New York: Columbia University Press.

[130] Lawrence, D. H. (2005). *Lady Chatterley's Lover*[M]. Hertfordshire: Wordsworth Editions Ltd.

[131] Leech, G. (1983). *Principles of Pragmatics*. New York: Longman Inc.

[132] Li, C. & S. Thompson (1976). Subject and Topic: A New Typology of Language[A]. In C. Li (ed.), *Subject and Topic*[C]. New York: Academic Press.

[133] Lu Xun (1941). *Ah Q and Others: Selected Stories of Lusin*[M]. Wang Chi-chen(tr.). New York: Columbia University Press.

[134] Lu Xun (1990). *Diary of a Madman and Other Stories*[M]. William A. Lyell(tr.). Honolulu: University of Hawaii Press.

[135] Lu Xun (2009). *Selected Stories of Lu Hsun*[M]. Yang Xianyi and Gladys Yang(tr.). Beijing: Foreign Languages Press.

[136] Lu Xun (2009). *The Real Story of Ah-Q and Other Tales of China*[M]. Julia Lovell(tr.). London: Penguin Group.

[137] Mitchell, M. (2008). *Gone with the Wind*[M]. London: Pan Macmillan.

[138] Orwell, G. (1961). *1984*[M]. New York: New American Library.

[139] Pinkham, J. (2000). *The Translator's Guide to Chinglish*[M]. Beijing: Foreign Language and Research Press.

[140] Poe, E. A. (2008). *The Masque of the Red Death*[M]. Lexing ton: Quill Pen Classics.

[141] Pollard, D. (2000). *The Chinese Essay*[C]. New York: Columbia University Press.

[142] Shakespeare, W. (1998). *Hamlet*[M]. New York: Oxford University Press.

[143] Shen Congwen (1947). The Frontier City[A]. Ti Ching, Robert Payne(tr.). In Ching Ti & Robert Payne (eds.), *The Chinese Earth*[C]. London: George Allen & Unwin, Ltd.: 190-289.

[144] Shen Congwen (1981). *The Border Town and Other Stories*[M]. Glady Yang (tr.). Beijing: Panda Books.

[145] Shen Congwen (2009). *Border Town*[M]. Jeffrey C. Kinley(tr.). New York: Harper Collins Publishers.

[146] Shen Congwen (1936). Green Jade and Green Jade[J]. Emily Hahn, Molei Shing(tr.). *T'ien Hsia Monthly*, 87-390.

[147] Shen Fu (1960). *Chapters from a Floating Life*[M]. Shirley M. Black(tr.). New York: Oxford University Press.

[148] Shen Fu (1999). *Six Chapters of a Floating Life*[M]. Lin Yutang(tr.). Beijing: Foreign Language Teaching and Research Press.

[149] Shi Nai'an (2006). *The Outlaws of the Marsh*[M]. Sidney Shapiro(tr.). Beijing: Foreign Languages Press.

[150] Shih Nai'an (1937). *Water Margin*[M]. J. H. Jackson(tr.). Shanghai: The Commercial Press.

[151] Shih Nai'an (2010). *All Men Are Brothers*[M]. Pearl S. Buck(tr.). New York: Mayor Bell Company.

[152] Thackeray, W. (1994). *Vanity Fair*[M]. London: W. W. Norton & Company.

[153] Twain, M. (2013). *Selected Short Stories of Mark Twain*[C]. Beijing: Foreign Language Teaching and Research Press.

[154] Wang Yuwei. (2013). Fleeting Days[A]. In J. Yao(ed.), *Classics of Modern Chinese Literature: A Zhu Ziqing Reader*[C]. Beijing: China Intercontinental Press.

后　记

　　没有我多届学生的帮助，本书是很难完成的。这些学生包括华东理工大学英语系 2009 级到 2018 级的全体本科生和研究生同学，尤其是近五届的学生做了大量的工作，他们帮助收集了大量的语料，并做了一些初步分析。更重要的是，一些学生跟着我写本科毕业论文、硕士毕业论文或课程小论文，对其中的一些观点做过较为深入的探讨，如邬俊波、李婕、徐婉晴、李淼、廖琦玉、郭倩霞、刘珊珊、陈敏、卢玉婷、戴菁篁、丁悦等。本书参考文献等核对工作也是由 2019 级翻译专业硕士生王佳敏同学帮助完成的。

　　本文框架得益于北京第二外国语学院的张颖教授。虽然这本书的写作一直在我的写作计划之内，但始终没有成体系的框架。2022 年 5 月张颖教授邀请我参加会议。为了参加会议，我写了一篇非常相关的论文，论文的框架正好可以给本书使用。

　　当然，本书能写成离不开许多专家的帮助和支持。鲍川运教授常常给予我学术指导，王树槐教授提供了大量的译著，侯林平教授奉献了多个平行语料库，等等。同时，诸多师友给我创造了学习和讨论的平台，如冯奇、孙会军、武光军、赵刚、姚斌、王炎强、管新潮、冯爱苏（Ursula Deser Friedman）、冯佳、黄晓佳、路东平、许丹丹、谢世坚、张顺生、何绍斌、傅敬民、刘康龙、吴建伟、郑国锋、徐宝华，等等。

　　最后，我还要感谢中译社范祥镇老师、钱屹芝老师，感谢华东理工大学、上海外国语大学贤达经济人文学院以及本人新单位对外经济贸易大学英语学院对本研究的帮助。期待在新的单位，与新同事、新学生一起继续研究，继续为汉英翻译学和英汉翻译学的建设贡献微薄之力。

王建国
2022 年 6 月 25 日于上海